工业和信息化部"十二五"
规划教材

会计名校名师
新形态精品教材

国家精品资源共享课
配套教材

财务管理

微课版 第3版

李延喜 张悦玫 刘井建◎编著

Financial
Management

ACCOUNTING

人民邮电出版社
北 京

图书在版编目（CIP）数据

财务管理 : 微课版 / 李延喜，张悦玫，刘井建编著.
3 版. -- 北京 : 人民邮电出版社, 2025. --（会计名校
名师新形态精品教材）. -- ISBN 978-7-115-65756-5

Ⅰ . F275

中国国家版本馆 CIP 数据核字第 2024GN8226 号

内 容 提 要

财务管理是工商管理学科的核心课程之一。本书吸收了前沿的财务管理理论和研究进展，系统介绍
了财务管理理论、方法和技术。全书分为五个部分，共 16 章。第一部分（第 1 章～第 3 章）为企业财
务管理概述，第二部分（第 4 章～第 7 章）为企业筹资管理，第三部分（第 8 章～第 11 章）为企业投
资管理，第四部分（第 12 章和第 13 章）为企业业绩管理，第五部分（第 14 章～第 16 章）为企业财务
战略与控制。

本书每一章都包括引导案例、学习目标、正文、讨论案例、复习思考题，具有较强的理论性、实践
性、针对性和可读性。

本书可作为管理类本科生和 MBA、EMBA 的教材或参考书，也可作为企业中高级专业管理人员的
培训教材和自学读物。

◆ 编　　著　李延喜　张悦玫　刘井建
　　责任编辑　刘向荣
　　责任印制　胡　南
◆ 人民邮电出版社出版发行　　北京市丰台区成寿寺路 11 号
　　邮编　100164　　电子邮件　315@ptpress.com.cn
　　网址　https://www.ptpress.com.cn
　　北京市艺辉印刷有限公司印刷
◆ 开本：787×1092　1/16
　　印张：16.25　　　　　　　　　　　2025 年 1 月第 3 版
　　字数：430 千字　　　　　　　　　2025 年 8 月北京第 2 次印刷

定价：59.80 元

读者服务热线：(010)81055256　印装质量热线：(010)81055316
反盗版热线：(010)81055315

本书自 2015 年第 1 版出版以来，得到了读者和业界的认可与厚爱，入选了工业和信息化部"十二五"规划教材，并获评中国电子教育学会 2016 全国电子信息类和财经类优秀教材。伴随本科生《财务管理》课程建设，经过五年的教学使用与读者反馈，2020年修订并出版了本书第 2 版，以本书为参考教材的《财务管理》课程同年也被教育部认定为国家一流课程。社会的发展永不停歇，新鲜的经济事件层出不穷。这家公司发行股票了，那家公司发行债券了，还有的公司发行了可转换债券……这些事件及其后果，我们如何去品评？一本教材的日臻完善必须是与时俱进的。因此，就有了本书第 3 版及将来的更多版。

"健全资本市场功能，提高直接融资比重"，是党的二十大报告为新形势下的资本市场改革发展部署的重要任务。健全资本市场功能及其普惠能力，形成适应不同类型、不同发展阶段企业差异化融资需求的多层次资本市场体系，提高直接融资比重，是缓解企业融资约束进而实现企业高质量发展的关键，也是打造高质量可持续发展的资本市场的必然要求。每一个经济发展阶段有各阶段共性的、为满足人民美好生活需要的发展目标，也有其个性化的发展任务。

实践没有止境，理论创新也没有止境。党的二十大报告指出，继续推进实践基础上的理论创新，首先要把握好新时代中国特色社会主义思想的世界观和方法论，做到"守正创新、问题导向、系统观念"。本书深入贯彻了这一思想。例如，结合我国资本市场和上市公司的特征，以我国企业最新的财务管理案例反映本土化的财务管理实践及理论创新；在"正道"上花费更大的心思——着重价值观念，具体以货币时间价值、风险与收益、利率、现金流转来统领整个知识体系，以解决实际问题为导向。无论世界如何发展和变迁，一本书若能让读者体会到万变不离其宗的学科之"正道"，使读者能够更从容地接受新的变化，则谓之好书。这也是我们编写本书所追求的目标。本书主要特色如下。

第一，突出广度。海纳百川，本书融合学术前沿，呈现多样的学术观点，给读者更多的自由思考空间。

第二，突出实用。知识本身并非学习的终极目的，学习的关键在于读者能否将知识转化为生产力，能否改变现实，这取决于知识的运用。本书的一大特色正是如此，简明的学习目标引导、规范的习题式知识运用与创造性的案例群讨论并用。

第三，突出案例。本书章前有引导案例，章末有讨论案例，中间有案例贯穿，内容风趣幽默，既能激发读者的学习兴趣，也给教师们提供了丰富的讲课素材，可以达到教学相长的效果。

第四，突出通俗。理论往往是复杂的，关键在于如何用通俗的文字将其清楚地表达。本书一方面对财务学理论保持了阳春白雪般的尊崇，另一方面对理论的解释则追求通俗易懂。

本书由李延喜、张悦玫、刘井建共同编写。其中，李延喜负责第 1 章至第 7 章的编写；张悦玫负责第 9 章至第 13 章的编写；刘井建负责第 8 章及第 14 章至第 16 章的编写。在编写本书的过程中，编者借鉴了大量的文献资料，在此特向给予灵感的专家学者表示衷心的感谢！

人们在现代经济社会的生存和发展，离不开理财能力的建立和提高。财务管理正是这样一门学问，它不仅为现代企业制定提高价值的策略，更成为每个经济社会参与者实现和拓展自身价值的利器。编者怀着这样的初衷，力求让本书内容触及国内外理论研究前沿，并以通俗的生活案例启发个人财富智慧。虽然我们一直在努力，但书中难免有疏漏及不当之处，恳请广大读者批评指正。您如果有任何意见和建议，请向编者反馈（电子邮箱为：zymay@dlut.edu.cn）。

我们相信读者一定能够从本书中受益。

编者

2025 年 1 月于大连

微课视频列表说明

下表为《财务管理（微课版 第3版）》（978-7-115-65756-5）的配套微课视频，详细说明如下。

项目	视频名称
第2章	财务报表分析概述
第3章	资金时间价值计算中的两个问题
第5章	短期融资券案例
第7章	每股收益无差别点法
第8章	流动资产概述
第10章	投资组合的内涵
第13章	股利分配案例
第15章	财务规划概述

第一部分　企业财务管理概述

第1章　绪论

引导案例 / 1

学习目标 / 1

1.1　财务管理的概念和内容 / 1

1.1.1　财务管理的产生和
发展 / 2

1.1.2　财务管理的基本理念 / 3

1.1.3　企业财务活动 / 4

1.1.4　企业财务关系 / 7

1.2　财务管理目标 / 7

1.3　财务管理环境 / 9

1.3.1　财务管理的内部环境 / 9

1.3.2　财务管理的外部环境 / 9

1.4　财务管理的组织 / 10

讨论案例 / 11

复习思考题 / 12

第2章　财务报表分析

引导案例 / 14

学习目标 / 14

**2.1　财务报表分析的原理和
方法 / 14**

2.1.1　财务报表分析的内涵 / 14

2.1.2　财务报表的使用者 / 15

2.1.3　财务分析方法 / 15

2.2　资产负债表分析 / 17

2.2.1　资产负债表的分析
要点 / 18

2.2.2　资产负债表分析的
内容 / 18

2.3　利润表分析 / 19

2.3.1　利润表的分析要点 / 19

2.3.2　利润表分析的内容 / 20

2.4　现金流量表分析 / 20

2.4.1　现金流量表的分析
要点 / 22

2.4.2　现金流量表分析的
内容 / 22

2.5　企业财务能力及综合分析 / 23

2.5.1　基本的财务比率分析 / 23

2.5.2　综合财务分析方法 / 27

讨论案例 / 29

复习思考题 / 29

第3章　财务管理的基本价值观念

引导案例 / 31

学习目标 / 31

3.1　货币时间价值 / 31

3.1.1　货币时间价值的意义 / 32

3.1.2　货币时间价值的工具——
现金流量示意图 / 33

3.1.3　货币时间价值的计算 / 33

3.2　风险与收益 / 40

3.2.1 风险的含义与分类 / 40

3.2.2 风险与收益的关系 / 41

3.2.3 风险收益的计量 / 42

3.3 利率与通货膨胀 / 45

3.3.1 利率的含义 / 45

3.3.2 利率与通货膨胀的

关系 / 45

3.3.3 财务活动与利率 / 47

3.4 现金流转 / 48

讨论案例 / 48

复习思考题 / 49

第二部分 企业筹资管理

第4章 筹资概述

引导案例 / 51

学习目标 / 51

4.1 企业筹资的动机与要求 / 51

4.1.1 企业筹资的动机 / 52

4.1.2 企业筹资的要求与基本

原则 / 53

4.2 筹资渠道与筹资方式 / 54

4.2.1 企业筹资渠道 / 54

4.2.2 企业筹资方式 / 55

4.3 资金需求量的预测 / 57

4.3.1 资金需求量的定性

预测法 / 57

4.3.2 资金需求量的定量

预测法 / 58

讨论案例 / 62

复习思考题 / 63

第5章 债务筹资

引导案例 / 64

学习目标 / 64

5.1 商业信用筹资 / 64

5.1.1 应付账款 / 65

5.1.2 商业票据 / 66

5.1.3 预收账款 / 68

5.1.4 商业信用的利弊分析 / 68

5.2 借款筹资 / 69

5.2.1 短期借款 / 69

5.2.2 长期借款 / 72

5.2.3 借款的特点 / 73

5.3 债券筹资 / 73

5.3.1 债券的种类 / 73

5.3.2 债券的发行价格 / 74

5.3.3 债券的信用等级 / 74

5.3.4 债券筹资的优缺点 / 75

5.3.5 可转换债券 / 75

5.4 其他筹资方式 / 77

讨论案例 / 79

复习思考题 / 79

第6章 股权筹资

引导案例 / 82

学习目标 / 82

6.1 吸收直接投资 / 82

6.1.1 吸收直接投资的类型 / 83

6.1.2 吸收直接投资的程序 / 84

6.1.3 吸收直接投资的

优缺点 / 84

6.2 普通股筹资 / 85

6.2.1 普通股概述 / 85

6.2.2 股票的发行与上市 / 87

6.2.3 普通股筹资的优缺点 / 91

6.3 优先股筹资 / 91

6.3.1 优先股及其分类 / 92

6.3.2 优先股筹资的优缺点 / 93

讨论案例 / 93

复习思考题 / 94

第7章 资本成本与资本结构

引导案例 / 96

学习目标 / 96

7.1 资本成本 / 96

7.1.1 资本成本概述 / 96

7.1.2 个别资本成本 / 98

7.1.3 综合资本成本 / 101

7.1.4 边际资本成本 / 103

7.2 企业杠杆原理 / 104

7.2.1 经营杠杆和经营

风险 / 105

7.2.2 财务杠杆与财务风险 / 106

7.2.3 联合杠杆与复合

风险 / 108

7.3 资本结构 / 108

7.3.1 资本结构理论 / 108

7.3.2 最佳资本结构的

确定 / 109

讨论案例 / 112

复习思考题 / 113

第三部分 企业投资管理

第8章 流动资产管理

引导案例 / 115

学习目标 / 115

8.1 现金管理 / 116

8.1.1 现金的概念 / 116

8.1.2 企业现金管理的

目标 / 116

8.1.3 现金管理主要环节 / 117

8.2 应收账款管理 / 121

8.2.1 应收账款的成本 / 121

8.2.2 应收账款政策 / 121

8.2.3 应收账款的信用

管理 / 123

8.3 存货管理 / 124

8.3.1 存货的含义及其

分类 / 125

8.3.2 存货管理的要求 / 125

8.3.3 存货经济订购批量

管理 / 125

讨论案例 / 128

复习思考题 / 129

第9章 项目投资决策方法

引导案例 / 131

学习目标 / 131

9.1 项目的现金流量 / 131

9.1.1 项目的现金流量

分析 / 132

9.1.2　项目的现金流量
　　　　估算 / 132

9.2　五种项目投资决策方法 / 134

9.2.1　净现值法 / 134

9.2.2　现值指数法 / 136

9.2.3　内含报酬率法 / 136

9.2.4　投资回收期法 / 138

9.2.5　会计报酬率法 / 140

9.3　投资敏感性分析 / 141

9.3.1　敏感性分析的含义 / 141

9.3.2　敏感性分析的步骤 / 141

9.3.3　敏感性分析的分类 / 142

讨论案例 / 143

复习思考题 / 144

第10章　证券投资分析

引导案例 / 146

学习目标 / 146

10.1　债券投资 / 146

10.1.1　债券的要素 / 147

10.1.2　债券的估价方法 / 147

10.1.3　债券价值的影响
　　　　因素 / 150

10.2　股票投资 / 151

10.2.1　股票估价的折现
　　　　模型 / 152

10.2.2　市盈率模型 / 154

10.2.3　市净率模型 / 154

讨论案例 / 155

复习思考题 / 156

第11章　投资风险管理

引导案例 / 158

学习目标 / 158

11.1　项目风险及其分析方法 / 158

11.1.1　项目风险的内涵 / 158

11.1.2　项目风险分析方法 / 160

11.2　投资组合的风险 / 162

11.2.1　证券组合的预期报酬率
　　　　和标准差 / 162

11.2.2　投资组合的风险
　　　　计量 / 164

11.3　风险定价模型 / 165

11.3.1　资本资产定价模型 / 166

11.3.2　套利定价模型 / 168

讨论案例 / 169

复习思考题 / 171

第四部分　企业业绩管理

第12章　业绩与考核管理

引导案例 / 173

学习目标 / 173

12.1　责任中心与考核指标 / 173

12.1.1　成本中心 / 174

12.1.2　利润中心 / 175

12.1.3　投资中心 / 176

12.2　绩效考核 / 177

12.2.1　绩效考核的目标 / 178

12.2.2　绩效考核的形式 / 178

12.2.3　企业绩效考核方法 / 179

12.3　EVA与BSC考核 / 181

12.3.1　EVA / 181

12.3.2　BSC / 183

讨论案例 / 185

复习思考题 / 186

第13章　股利分配管理

引导案例 / 188

学习目标 / 188

13.1　股利分配概述 / 188

13.1.1　利润分配原则 / 189

13.1.2　股利分配制度 / 189

13.2　股利分配内容 / 190

13.2.1　股利分配项目 / 190

13.2.2　股利支付方式 / 191

13.2.3　股利分配流程 / 192

13.3　股利分配的理论与实践 / 193

13.3.1　股利分配的相关

理论 / 193

13.3.2　股利分配的实践 / 195

13.3.3　股利分配的影响

因素 / 197

讨论案例 / 198

复习思考题 / 199

第五部分　企业财务战略与控制

第14章　财务战略

引导案例 / 201

学习目标 / 201

14.1　企业战略与财务战略 / 202

14.1.1　企业战略概述 / 202

14.1.2　财务战略的含义及

分类 / 202

14.1.3　企业战略与财务战略的

关系 / 203

14.2　财务战略的内容 / 204

14.2.1　筹资战略 / 204

14.2.2　投资战略 / 205

14.2.3　收益分配战略 / 207

14.3　财务战略管理流程 / 208

14.3.1　财务战略的制定 / 208

14.3.2　财务战略的实施 / 209

14.3.3　财务战略的评价 / 210

讨论案例 / 211

复习思考题 / 212

第15章　财务规划

引导案例 / 213

学习目标 / 213

15.1　利润规划 / 213

15.1.1　本量利分析 / 213

15.1.2　盈亏平衡分析 / 217

15.1.3　影响因素变动分析 / 219

15.2　全面预算体系 / 222

15.2.1　全面预算的内涵 / 222

15.2.2　全面预算的方法 / 223

15.2.3　经营预算的编制 / 224

15.2.4　财务预算的编制 / 227

15.2.5 全面预算的考核 / 229

讨论案例 / 229

复习思考题 / 230

第 16 章　财务控制

引导案例 / 233

学习目标 / 233

16.1　财务控制概述 / 233

16.1.1 财务控制特征 / 234

16.1.2 财务控制方式 / 234

16.2　采购中的财务控制 / 235

16.2.1 采购审批制度 / 236

16.2.2 采购价格管理 / 236

16.2.3 采购绩效考核与
评价 / 237

16.3　销售中的财务控制 / 237

16.3.1 销售预算控制 / 238

16.3.2 制订信用政策 / 238

16.3.3 销售收入与实物
控制 / 239

16.3.4 应收账款控制 / 239

16.4　生产中的财务控制 / 240

16.4.1 成本控制概述 / 240

16.4.2 标准成本控制系统 / 241

16.4.3 标准成本的制订 / 242

16.4.4 成本差异的计算
分析 / 243

讨论案例 / 246

复习思考题 / 246

第一部分

企业财务管理概述

第1章 绪论

📑 引导案例

　　中国东方红卫星股份有限公司（以下简称"中国卫星"）是一家主营卫星及相关产品的上市公司，参与了北斗三号全球卫星导航系统建设、嫦娥四号成功发射，并在世界上首次实现月球背面成功着陆与巡视探测等重大工程，在航天领域处于领先地位。在卫星上天的同时，公司将技术普及到百姓生活中，为居民出行带来便利。中国卫星上市以来，实现了技术创新、市场拓展、服务社会、创造价值的多元化目标。2024年上半年，中国卫星的营业收入实现10.32亿元。2023年净利润接近1.6亿元，2024年6月28日，宣布每股派息0.4元。

　　小到企业价值，大到国家财富都与财务管理息息相关，树立和培养健康的财务观念至关重要。如何才能稳定地创造和增加价值？如何合理利用资本市场？对这些问题的思考有助于读者对财务管理的学习。

📍 学习目标

- 了解财务活动、财务关系等财务管理的基本概念；
- 熟悉财务管理的基本内容；
- 掌握财务管理的基本理念；
- 掌握财务管理目标；
- 了解企业的组织形式以及首席财务官的职责；
- 了解财务管理的环境。

1.1 财务管理的概念和内容

　　与钱财有关的汉字，大都带有"贝"字旁，如"赚""赔""财"等。贝是我国最古老的货币，以"朋"为单位，十贝为一朋，历经夏、商、西周，一直沿用到战国。回顾使用至今的汉字，以"贪"和"贫"为例：上今（同"含"上之今）下贝，意为将钱财含在嘴里，为"贪"；反之，上分下贝，意为将钱财分散，为"贫"。

　　财务管理就是企业获得资金并有效使用资金的管理活动，是企业管理的重要组成部分，其表现在对企业资金供需的预测、组织、协调、分析、控制等方面。具体来讲，财务管理就是围绕企业资金流转而进行的投资管理、筹资管理、收益分配管理及资金运用和控制等活动。

1.1.1　财务管理的产生和发展

财务管理的萌芽最早可追溯到15世纪，意大利出现了类似基金公司的商业组织，被称为"大商业公司"，入股者有商人、贵族、廷臣和平民。这些大商业公司负责筹集资本，由专人经营，利润在集资者与经营者之间协商分配。由此产生的红利分配和股本回收等问题，促成了财务管理的萌芽。19世纪末20世纪初，股份公司迅速发展，企业规模不断扩大，公司面临如何筹资、资金如何投放、盈利如何分配等问题，能够承担此项职能的财务管理部门在各个公司成立。由此，财务管理在19世纪后期作为一项独立职能从企业管理中分离出来，成为一门独立学科。

财务管理主要经历了以下几个阶段。

1. 筹资财务管理阶段

"英国南海泡沫事件"就是因为过度筹资，无法偿还债务而导致股价崩盘引发的。南海公司利用证券市场的投机特性哄抬股价，进行金融诈骗，导致股市暴跌，造成千百万人破产，就连英国科学家牛顿都为此损失了一大笔钱。牛顿在南海泡沫破灭后发出感慨："我能计算出天体运行的轨迹，却难以预料人们的疯狂。"

20世纪之前，财务管理一直被认为是经济理论的应用学科，是经济学的一个分支。到了20世纪初，西方国家资本市场初具规模，各种证券开始在市场上发行和流通。由于资本市场尚不成熟，存在会计信息不可靠、不规范，以及股票买卖中内幕交易严重等问题，投资者对待自己的投资行为十分谨慎，不愿购买股票和债券。而另一面，企业由于扩大规模的需求，急需资金扩大再生产。因而，如何利用股票、债券等融资工具进行外部资金筹集成为当时财务管理的重要职能，包含选择筹资方式、减少筹资风险、降低筹资成本等具体筹资决策内容。

2. 内部控制财务管理阶段

20世纪30年代，西方资本主义国家爆发大规模经济危机。美国、德国、法国、英国等资本主义国家的数十万家企业破产，失业工人超过3 000万人。受恐慌心理的影响，储户纷纷从银行提款导致发生挤兑，造成9 000多家银行破产。由于经济危机的出现，财务管理的重点转变为如何维持企业的生存，如维持企业资产的流动性、清偿企业债务、防范破产、企业合并重组等。

20世纪50年代中期，财务管理的重点从企业的外部转向企业的内部，注重企业的内部决策和控制。如何管理资金、降低成本、减少资金浪费和加速资金周转，成为该阶段财务管理工作的主要内容。在实践中，计算机技术开始逐渐应用于财务分析与计划，以及现金、应收账款、库存和固定资产的管理与控制等领域。

3. 投资财务管理阶段

20世纪末，海尔公司决定投资3 000万美元在美国南卡罗来纳州建立海尔家电工厂。此消息一出，质疑声不断，许多人认为海尔公司是在盲目扩张。其实，海尔公司正在逐步打造自己的全球竞争体系，通过海外投资以提高其品牌在全球市场的影响力与竞争力，这才是其在美国建厂的真正动力。后来，海尔公司在"一带一路"倡议下的全球化战略，旨在深耕国际化版图，投资海外市场，实践本土化研发、制造和营销的"三位一体"运营模式，满足全球用户需求，创建知名国际品牌。最终，海尔公司完成了从"世界第一白电品牌"向"世界第一家电品牌集群"的跨越，实现营业额突破2 400多亿元，同时连续多年蝉联全球白电品牌第一名。

随着企业经营环境的不断变化，资金运用日趋复杂，加上通货膨胀和市场竞争的加剧，投资风险日益加大。在企业资金充足、内部控制严格的情况下，由于投资决策失误造成的损失则更大。资金运用效率和效益的提高，更大程度上取决于投资决策，而非日常的财务管理与控制。因此，投资管理日益受到重视，投资管理的思想和方法开始发生重大转变。

4. 数智化财务管理阶段

随着科技进步和企业业务规模扩大，数字化和信息化在财务管理中的应用越来越广泛。人工智能、大数据等技术，使得财务管理更加高效、准确和透明，从而为企业决策提供更有力的支持。智能预测和基于大数据的评估使得公司能够更早地发现潜在风险，及时采取应对措施，降低了财务风险的发生概率和不良后果。

JD电商公司是一家快速发展的在线零售企业，随着业务规模的扩大，公司面临着财务管理上的挑战，如数据处理量大、财务决策需要更快速和准确等。为了应对这些挑战，公司决定引入数智化财务管理系统，系统的自动化和智能化处理提高了财务工作的效率和质量；智能决策支持功能为公司的战略规划和业务发展提供了有力支撑。

总之，财务管理已从描述性内容转到严格的分析和研究；从单纯的筹资转到资产管理、资金配置和企业估价；从单纯注重企业外部分析转到注重企业外部分析和内部决策的有效结合；从人工决策为主向人工与数智化结合转变。

1.1.2 财务管理的基本理念

在财务管理中，最基本、最重要的理念至少包括以下 5 个：货币的时间价值、风险报酬、利率与通货膨胀、现金流转、有效市场假说。

1. 货币的时间价值

1626年5月24日，荷兰移民用24美元的物品从印第安人手中买下曼哈顿岛。398年后的2024年5月24日，如果按照7%的复利计算，这笔钱价值11.8万亿美元，这高于同期美国住房房地产不到3万亿美元的总值，这就是货币的时间价值！

财务管理中最基本的理念就是货币的时间价值。随着时间的延续，货币经过投资和再投资的过程而不断增值，这就是货币的时间价值。在有效经营的状况下，现在的一元钱在未来可以带来价值的增加。货币在理想化的资本市场中会不断升值，也就是说现在的一元钱比未来的一元钱更值钱。在财务管理中，为了衡量价值，通常使用货币的时间价值将企业现金流入量和现金流出量进行折现，并以折现净值作为估值。

2. 风险报酬

《犹太人的智慧》中讲述了这样一个故事：某航空公司要招聘一名飞行员，分别有一个德国人、一个法国人和一个犹太人前来面试。航空公司询问他们各自对薪金的要求。德国人说：我要3 000美元，其中1 000美元给妻子和家庭，1 000美元用来购买保险，1 000美元留给自己用。法国人说：我要4 000美元，其中1 000美元给妻子和家庭，1 000美元用来购买保险，1 000美元留给自己用，1 000美元留给我的情人。而犹太人说：先生，请给我5 000美元。因为你把这个项目给了我，其中的1 000美元应该留给您做保证金，1 000美元属于我自己，另外3 000美元我将用来雇用一个德国飞行员来完成这个项目。我们可以看到犹太人要求的报酬最高，但其权衡了各方面的风险与利益。

不同投资项目的风险与收益是不同的，由于种种的不确定性，任何投资都会有风险：风险越高，其预期收益也越大，反之亦然。现在的一元钱是确定的，而其未来具有不确定性，我们并不能保证未来这一元钱仍然存在。因此，在财务管理过程中，我们要对风险与收益不断权衡来做出最优的财务决策。需要注意的是，这里所说的收益是对未来收益的预期而不是实际收益。这是因为，人们只能对未来的结果做出预期，但不能预先得知其实际发生的情况。由此可引出风险报酬的概念，即承担较高风险的同时，相应地会获得较高的报酬。

3. 利率与通货膨胀

利率的波动会影响企业的融资成本、投资预期等财务管理活动结果。我国利率市场化改革之后，利率随着市场的变化而发生波动，这将给企业财务管理工作带来压力。通货膨胀是经济发展过程中的产物，对于企业财务工作也会产生巨大影响，增加企业采购成本、人工成本等。对通货膨胀的控制通常伴随利率的调整。当利率下调时，人们会增加消费，这拉动了经济的增长，同时可能导致通货膨胀的发生；相反，利率上调时，会抑制通货膨胀。

据环球杂志报道：土耳其通货膨胀率高位运行，2023年通胀率大约为58%至65%，使土耳其国内物价开启了"坐火箭"模式。越来越多的人入不敷出，购买二手商品已成为常态，高通胀造成的财政困难和手头拮据也影响到人们的文化生活。为保证基本生活，人们不得不削减社交和娱乐活动的支出。土耳其统计局近期公布的一项调查结果显示，超过90%的土耳其人在过去12个月内没有参加过任何文化活动。土耳其政府将2024年通胀预期从24.9%上调至33%。

4. 现金流转

相信全世界的华人都不会对一个穿着白色围裙的妇女感到陌生，众多海外留学生的宿舍中几乎都会有一瓶印有她头像的辣酱，这就是"老干妈"陶华碧。老干妈之所以能坚持不上市、不贷款、不融资和现款现货的经营原则正是源于公司充足的现金流。

在财务管理中，现金流量的充足与否将影响公司的生存，因此人们非常重视现金流量。通常来说，为保证正常运营，企业必须保持其所持有的现金流量足以偿还债务。盈利企业可能由于现金流量不足，无法偿还到期债务而陷入经营困境甚至遭遇破产危机。

5. 有效市场假说

有效市场假说最早是由诺贝尔经济学奖获得者尤金·法玛提出的，他借助萨缪尔森的分析方法和罗伯特提出的三种有效形式，根据历史信息、全部公开信息和内幕信息对股票价格的不同影响，将资本市场分为三种：弱式有效市场、半强式有效市场和强式有效市场。在财务管理中，有效市场假说意味着以下两点。第一，证券价格的合理性。与企业价值有关的所有公开信息都通过证券价格反映，这就说明在其他条件不变的情况下，管理者可以通过财务决策影响证券市场的价格，实现企业目标。第二，会计方法的变更所导致的收益变化不会引发证券市场的价格变化，证券的价格反映企业价值。然而，在现实中，这个假说往往站不住脚，即市场并非强式有效。因而，后文所阐述的许多财务模型和公式在实践过程中可能需要根据实际情况加以修正。

1.1.3 企业财务活动

财务活动是企业围绕资金运动的重要活动，是企业再生产过程中的资金活动，它表现为资金形态的不断转化和增值过程。企业的财务活动包括筹资、投资、日常资金营运和收益分配等一系列活动，而其中的投资活动和日常资金运营活动都属于企业对资金的运用范畴，因此可统称为投资活动。从总体上看，企业财务活动主要包括三个决策过程：筹资决策、投资决策和股利分配决策。

1. 筹资决策

2010年，小米科技有限公司（以下简称"小米"）正式成立，它的手机产品逐渐进入大众视野。随着公司的快速发展，小米在2017年第四季度创造了全球手机销量第四名、实现97.4%增长的佳绩。为了满足后续的发展需要，2018年6月小米开始接受股票认购，预计筹资480亿港元，并在招股文件中表明资金用途，预计将30%募集的资金用于研发及开发核心产品；30%用于扩大投资规模及强化生活消费品与移动互联网产业链；30%用于全球扩张；10%用作日常运营。2018年7月9日，小米完成IPO进程，在香港证券交易所挂牌上市，开盘价16.6港元，继续以"让每个人都能享受科技的乐趣"为愿景，打造小米王国。2020年，小米进行了大规模的融资，其中：其全资子公司在4月29日发行6亿美元的2030年到期的利率为3.375%优先票据，12月9日小米配售10亿新股，在12月17日发行了8.55亿美元7年期零息有担保的可换股债券。2021年7月14日，小米发行8亿美元于2031年到期的利率为2.875%优先债券及4亿美元于2051年到期的利率为4.100%的优先绿色债券，其债券期限已经达到30年。

企业筹资是企业根据生产经营、对外投资和调整资本结构等需要，通过金融机构和金融市场，运用适当的方式获取所需资金的一种财务活动。在筹资决策过程中，企业要确定筹资总规模，以保证投资所需资金；同时，企业要选择适当的筹资渠道、筹资方式或工具，合理确定筹资结构，降低筹资成本和风险，以提高企业价值。

（1）企业筹资的目的

① 企业生产经营及扩张。为了提高产品的产量和质量，增加新品种，满足不断增加的市场需求，企业往往需要扩大生产经营规模，对设备进行更新和技术改造，需要筹集以长期资金为主的大量资金。

② 偿还债务。利用负债进行生产经营，是企业获得杠杆利益的一种方式。如果企业现有支付能力不足以偿还到期债务，那么其必须通过筹集资金偿还到期债务。

③ 调整资本结构。资本结构是企业各种资金的构成及其比例关系，它是由企业采用各种筹资方式的不同组合而形成的。当企业的资本结构不合理时，企业可以通过筹资方式的变化对其进行调整。

（2）筹资决策的内容和作用

企业在做出投资决策的同时，必须要考虑如何进行筹资决策，为企业投资筹集所需要的资金。具体来说，企业的筹资决策应包括预测企业资金的需要量、规划企业资金的来源、研究企业可行的筹资方式和确定企业资本结构等内容。

企业筹资可以形成两种不同性质的资金来源：一是企业权益资金，通过向投资者吸收直接投资、发行股票、用留存收益转增资本等方式取得，其中的投资者包括国家、法人、个人等；二是企业债务资金，企业通过借款、发行债券等方式取得。企业筹集资金，主要表现为现金流入，而企业偿还贷款、支付利息、支付股利及支付各种筹资费用等，则表现为资金的流出。

筹资活动能够改变企业的资本结构，由于债务融资成本通常低于股权融资成本，众多企业选择债务融资方式。但是，负债率过高将加大企业财务风险，引发财务危机。因此在筹资过程中，企业必须综合考虑企业内外和将来的各种不确定因素，审慎地选择融资方式，确定合理的资本结构，提高企业价值。

2. 投资决策

李开复博士创建了创新工场，创新工场成立之初就瞄准了移动互联网方向，并对图片应用时代的到来做好了准备。凭借对互联网市场的精准认知，创新工场早早便认定了美图的未来，并帮助美图创始人蔡文胜开发美图秀秀的移动端，同时也成为美图最早的投资人。2016年，美图顺利在香港上市，是继腾讯之后在香港上市的最大的互联网企业，而作为美图最早的投资者，创新工场获得了超40倍的投资回报。美图的上市不仅是我国科技市场上一个里程碑式的事件，也是企业投资中非常成功的例子。截至2023年12月，美图公司月活跃用户总数为2.5亿，其中，海外月活跃用户约7 768万。

投资是指发生的以未来收回现金并获得收益为目的的现金流出。对于企业而言，投资决策就是为使企业在长时期内生存和发展，在充分估计影响企业长期发展的内外环境等因素的基础上，对企业长期投资做出的总体规划和部署。

（1）投资决策的分类

① 稳定性投资决策。在外部环境不发生重大变化的情况下，企业选择将现有决策继续进行下去，最有效地利用现有的资金和条件，继续保持现有市场，维持现有投资水平，降低成本和改善企业现金流量，以尽可能多地获取利润，积累资金为将来发展做准备。这种决策是一种维持现状的决策，实际上是产品转向的一个前期准备阶段。

② 扩张性投资决策。扩张性投资决策的核心是发展和壮大。企业通过扩大生产规模，增加新的产品生产和经营项目，具体包括市场开发决策、产品开发决策和多元化成长决策等。

③ 紧缩性投资决策。紧缩性投资决策是从现有经营领域抽出投资，缩小经营范围的投资决策。这种决策适用于以下两种情况：一是当企业受到全面威胁，欲将全部资产清算以收回资金、偿还债务时，这是一种完全紧缩性投资决策；二是当企业在经营决策严重失误，经营优势丧失，或者在取得竞争胜利后，放慢竞争节奏时，这是一种部分紧缩性投资决策。

④ 混合性投资决策。混合性投资决策是指企业在一定时期内综合稳定性、扩张性、紧缩性等几种决策，做出的多管齐下、全面出击的投资决策。其核心是在不同阶段或不同经营领域，采取不同的投资决策。

（2）投资决策的内容和作用

财务管理的一个重要任务就是为企业投资决策提供方法上的支持，从而最大限度地保证投资决策的科学性。具体来说，企业投资决策应包括预测企业的投资规模、确定企业的投资结构、研究企业的投资环境、评价企业的投资方案和选择可行的投资方案等内容。

由于不同的投资活动，企业将产生不同的资产配置结构，进而影响企业经营的风险和收益。为实现最佳的资产结构，即价值最大化的资产配置，企业要注意不同收益率的资产、不同风险资产的合理匹配，从而达到提高收益、降低风险的目标。同时，投资决策的优劣决定了企业在项目运作后所获得的现金流量的多少，现金流量越多、越稳定，企业价值越大；现金流量越少、越不稳定，企业价值也越小。

3. 股利分配决策

贵州茅台是我国白酒业的龙头企业，2017年实现营业收入582.18亿元，推出每10股派现金红利109.99元（含税）的方案，创造了A股上市公司每股现金分红的最高纪录。2024年8月8日，贵州茅台发布三年分红规划：在2024—2026年度原则上每年进行两次现金分红，每年分红总额不低于当年实现归母净利润的75%。

股利分配决策是企业如何分配税后净利润的决策，即多少用于发放股利，多少用于企业留存。在进行股利分配决策时，企业需要对股东的近期利益和长远利益进行合理权衡[1]。股利分配水平过低，导致股东近期利益要求得不到满足；而股利分配水平过高，又会使保留盈余过少，不利于投资及企业长期发展，损害股东长远利益。同时，现金或者股票不同的股利分配形式影响着股东的现金收入及企业的现金流出。因此，股利分配决策主要研究的问题包括：股东对分红的要求，企业发展对保留盈余的要求，股利政策的连续性等。

投资、筹资和股利分配三项决策是有机地联系在一起的，如图1-1所示。

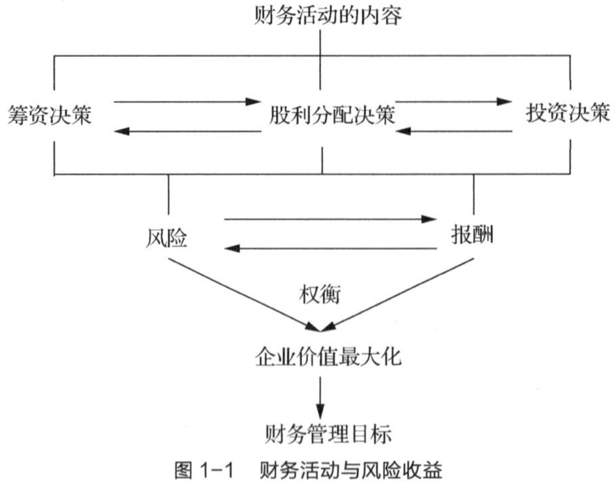

图1-1 财务活动与风险收益

---

① Lintner J. Distribution of incomes of corporations among dividends, retained earnings, and taxes[J]. American economic review, 1956, 46(2): 97-113.

正是这相互联系又有一定区别的三个方面，构成了完整的企业财务活动。企业在筹资时若能采用适当的方式，以较低的成本和较小的风险筹集到所需资金，就有可能找到更多有利的机会盈利，也可以将更多的股利分配给股东。投资也会影响资金筹集和股利分配，若企业有较多高回报的投资机会，那其必须筹集较多的资金及保留更多的盈余。企业财务活动的筹资决策、投资决策和股利分配决策，通过影响企业的风险与收益来影响企业价值。企业财务管理的目的是在风险和收益之间做出适当的权衡，使企业价值达到最大。

1.1.4　企业财务关系

企业财务关系是指企业在组织财务活动的过程中与利益相关者所发生的经济利益关系。正确处理财务关系是财务管理的重要内容。企业财务关系主要包括以下几类。

1. 企业与政府的关系

政府和企业是现代社会两大最有力量的公共机构，正确处理政府与企业的关系是企业不可忽视的关键问题。政府作为市场上"看得见的手"对企业的发展影响深远，其以社会管理者的身份无偿参与企业利润的分配，并委托税务机关向企业强制征收有关税金，包括所得税、流转税和其他形式的税金，这是国家财政收入的主要来源。企业必须按照国家颁布的税法和有关规定及时缴纳各种税款。

2. 企业与所有者（股东）的关系

根据科斯的产权理论[1]，企业的股东就是企业的所有权人，股东对企业享有所有权。企业是资金接收者，利用资金营运实现利润后，向其所有者支付投资报酬。通常，所有者与企业发生以下财务关系：参与企业利润分配；对企业净资产享有分配权；对企业承担一定的经济法律责任。企业管理者要对股东负责，受股东委托管理企业，形成委托代理关系。

3. 企业与债权人的关系

企业的债权人主要有本公司债券的持有人、贷款机构、商业信用提供者及其他出借资金给企业的单位和个人。根据债务契约理论[2]，企业同债权人的关系属于债务与债权关系，债权人为了保护自身利益会通过限制性条款来规范企业行为。

4. 企业与内部单位的关系

企业内部各单位之间的财务关系是一种企业内部的资金结算关系，它表现在两个方面：一方面是企业财务部门与企业内部各部门、各单位之间的收支结算关系，如向财务部门领款、报销及代收、代付等，它体现了企业内部资金集中管理的要求；另一方面是企业内部各单位之间由于提供产品或劳务而发生的资金结算关系，它体现了企业内部资金在分散管理上的要求。这种集中和分散的财务关系反映了企业在生产经营中的分工和协作的权责关系。现代企业要对内部各单位进行充分了解，提高财务信息质量，完善企业内部控制，提高经营质量。

1.2　财务管理目标

财务管理目标是企业在特定的财务环境中，通过组织财务活动，处理财务关系所达到的目的。根本而言，财务管理目标取决于企业生存目的或企业目标。企业财务管理目标具有体制性特征，整个社会经济体制、经济模式和企业所采用的组织制度，在很大程度上决定了企业财务管理目标的选取。根据现代财务管理的理论和实践，具有代表性的财务管理目标主要

① Coase T. H. . The Problem of Social Cost [J]. Journal of Law and Economics, 1960, (3): 1-44.
② Chava S, Roberts M R. How does financing impact investment? The role of debt covenants [J]. The Journal of Finance, 2008, 63(5): 2085-2121.

有以下几种。

1. 利润最大化

"天下熙熙，皆为利来；天下攘攘，皆为利往。"这里所说的"利"，如果用财务语言来解释，那么最接近的应当是"利润"。

如果在企业投资预期收益确定的情况下设定利润最大化目标，财务管理行为将朝着有利于企业利润最大化的方向发展。企业在经营期间，不仅要求获取利润，而且要求获取最大利润。这里的利润指的是，企业收入减去总成本之后的剩余利润。当企业的边际收益等于边际成本时，企业的利润达到最大化。从传统观点来看，作为经营机构的企业以利润作为衡量其工作效率的公认指标，有一定的合理性。

然而，在实践中，利润最大化作为财务管理目标，难以解决以下问题。

（1）它不是一个很明确的概念。利润有很多不同角度的指向，如短期利润或者长期利润、税前利润或者税后利润、经营总利润或者支付给股东的利润。

（2）没有考虑利润形成的时间，没有体现货币时间价值。利润最大化通常是指当期或最近几期的利润总额最大，对于企业较长的经营时期，并不适用。也就是说，利润最大化只适合作为企业的短期或单期目标，而不适合作为企业的长期或多期目标。

（3）没有有效考虑风险问题。高额利润往往导致更大风险，可能导致管理人员盲目追求利润，忽视风险。由于过高的风险会抵消利润的绝对值优势，所以较高利润额和较低利润额之间不一定具有可比性。

（4）没有考虑所获利润与资本额的关系，有可能会使财务决策优先选择高投入而低效率的项目。在不同企业之间进行比较时，利润总额有时是毫无意义的。

（5）容易导致企业行为短期化，只考虑眼前利益，忽略暂时降低利润的企业长远发展投入。

2. 股东财富最大化

管理学家彼得·德鲁克认为，企业存在的目的就是使股东利益最大化[①]。股东财富最大化是指股东持有股份的市场价值达到最大，将利润动机明确集中于企业所有者。企业通过股东财富最大化，可以直接阐明利润最大化的问题：首先，股东财富非常明确，它是基于期望流向股东的未来现金流，而不是会计上的利润或收入，克服了企业在追求利润上的短期行为。其次，考虑了风险与收益之间的联系，能有效克服企业管理人员不顾风险大小，盲目追求利润的倾向。最后，股东财富的计量考虑了风险与收益的时间因素，实现科学地计量。

股东在实现自身价值的同时，可能会损害债权人的利益。由于委托代理问题存在，股东相比于债权人更能影响企业决策，股东可能会通过操纵利润来影响股票价格，可能为了自身利益而损害债权人的利益，从而不利于整个企业价值的增长。

3. 企业价值最大化：适宜的选择

企业价值最大化是指通过企业的合理经营，采用最优的财务决策，在考虑货币时间价值和风险的情况下，使企业的总价值达到最高，进而使股东价值和债权人价值达到最大。这是现代财务管理公认的目标，是企业衡量财务行为和财务决策的合理标准。

在市场经济条件下，企业财务管理应以追求企业价值最大化为目标。企业价值最大化在股份制企业里体现为股东财富最大化，在非股份制企业里体现为企业投资者财富最大化。同时，企业价值最大化包含债权人价值最大化，当企业不断降低财务风险，提高偿债能力和盈利能力，并增强资产流动性后，债权人的价值会得到提高。

企业价值最大化需要持续的价值增长来实现，而持续的价值增长需要通过科学有效的投资来保证。有效的投资又需要相应的资金支持，企业通过股权融资和债务融资来获取资金。在融

---

① （美）彼得·德鲁克. 管理的实践[M]. 齐若兰，译. 北京：机械工业出版社，2006.

资时企业要考虑融资风险和融资成本，实现最佳资本结构。这样，从资金筹集到企业价值最大化，形成了企业价值最大化目标的实现路径。

1.3 财务管理环境

财务管理环境是指对企业组织财务活动和处理财务关系产生影响的企业内外部环境的统称。企业只有适应周围环境，才能够生存和发展。财务管理环境的构成因素十分复杂，它们对公司财务状况的影响方式、方向和强度各不相同。

1.3.1 财务管理的内部环境

企业财务管理的内部环境指各财务个体内部的财务管理环境，主要由企业组织形式、企业执行的基本制度、企业业务类型和财务管理的基础工作这四部分组成。

1. 企业组织形式

企业组织形式包括个人独资企业、合伙企业和公司制企业。个人独资企业是指依照《中华人民共和国独资企业法》在中国境内设立，由一个自然人投资，财产为投资人个人所有，投资人以其个人财产对企业债务承担无限责任的经营实体。合伙企业是指依照《中华人民共和国合伙企业法》设立的由自然人、法人和其他组织在中国境内设立的普通合伙企业和有限合伙企业。其中：普通合伙企业由普通合伙人组成，合伙人对合伙企业债务承担无限连带责任。有限合伙企业由普通合伙人和有限合伙人组成，普通合伙人对合伙企业债务承担无限连带责任，有限合伙人以其认缴的出资额为限对合伙企业债务承担责任。公司制企业是指有限责任公司或股份有限公司。

2. 企业执行的基本制度

为管理和规范现代企业的组织形式、生产经营活动和财务活动，我国企业改革的目标是建立现代企业制度。具体到企业内部，需要自主制订适合本企业的、合法的管理工作制度。就会计制度而言，国家制定了会计法、企业会计准则、具体会计准则和分行业会计制度等。

3. 企业业务类型

对于不同的行业，财务管理模式也不同。企业的生产特点也会对企业财务管理有所影响。例如，生产型企业的财务管理重点为成本费用管理，而商品流通型企业的财务管理则更加注重销售收入的提高和销售款项的回收管理。

4. 财务管理的基础工作

财务管理的基础工作包括定额管理、物资的计量验收、收发制度、原始记录和内部的计划价格制度等。企业财务管理人员的业务水平差异，使得其对财务基础工作的执行产生影响。

1.3.2 财务管理的外部环境

企业财务管理的外部环境是指处于财务个体之外或间接影响企业财务管理活动的各种条件和因素的总和，包括政治政策环境、市场经济环境、法律环境和金融市场环境等。

1. 政治政策环境

政治政策环境是有关国家法治、社会制度、政治形势、方针政策等条件和因素的统称。政治政策环境是企业财务管理的大环境，从整体上影响着企业财务管理活动的策划和运行。

2. 市场经济环境

市场经济环境是指社会的生产力和生产关系等条件的组合。它主要包括经济体制的类型、经济结构的状况、经济资源的供求等。市场经济环境下，企业要以市场为基础来合理有效地配置资源。同时由于经济的全球化，市场竞争的多元性问题也日益突出。

3. 法律环境

法律环境主要包括企业组织法规、税务法规、财务会计法规等，是指企业所处社会的法制建设及其完善程度。企业需考虑不同法治水平下法律环境对财务管理的影响和约束，在守法的前提下进行财务管理工作，实现企业价值的最大化。

4. 金融市场环境

金融市场是指资金融通的场所。它可以为企业投资和筹资活动提供平台，也可实现长期与短期资金的相互转化，促使资金合理流动，从而对企业财务管理产生重要影响。

5. 其他外部环境

地理、自然、社会环境等外部环境也会对企业财务管理工作产生一定影响，如企业所处社会的地理位置、气候特征、人口特征、民族习惯、社会文化等。

1.4 财务管理的组织

1. 企业财务管理组织结构

健全的企业财务管理组织机构是开展财务活动、实现财务目标的重要条件。企业财务决策在战略决策中占有重要地位，因此企业均单独设立财务管理组织机构，并设一名专管财务的副总经理（又称首席财务官，即 CFO），负责制订企业财务政策和决策，解决企业生产经营中涉及的财务问题，影响企业产品开发、生产、经营、销售、人事任免等。在 CFO 之下，设有两位重要管理人员：财务长和会计长。财务长负责资金筹集和使用以及股利分配工作；会计长主要负责会计、税务以及成本工作，如图 1-2 所示。

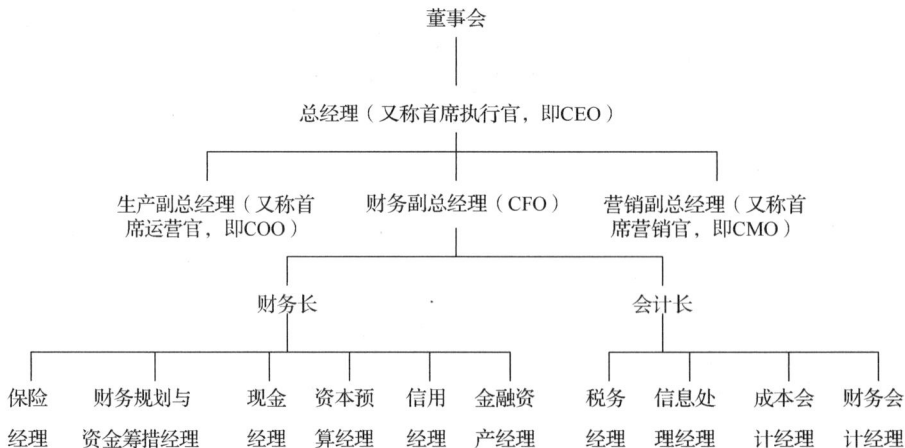

图 1-2 财务管理组织机构

除财务部门管理财务之外，大型公司往往还采取财务委员会形式，即利用委员会中拥有不同背景和知识结构的委员来制订财务政策并做出重大的财务决策。委员们是来自各个职能部门和重要的生产经营部门的主要负责人。财务委员会协同董事会对资本投资和融资等重大财务事项进行决策。

2. 首席财务官（CFO）

早在清代，店铺里就设有账房先生的职位，"上奉业主使命，下管全店收支，对内有监督保管之权，对外有制约营业之职能，具左右逢源，上下沟通之管理机能"。

企业财务副总经理，是企业财务部门的主要负责人，在大型企业中常被称为财务总监、总会计师、财务主管、首席财务官等。

（1）首席财务官的主要作用

企业所有者通过授予首席财务官以监督和约束经营者行为的权力，规范企业财务行为，限制"内部人控制"。由于现代企业经营权和所有权的分离，企业经营者的利益和所有者的利益并不完全一致，这就可能引发经营者为了自身利益而背离甚至损害所有者利益的情况，即所谓的"内部人控制"。首席财务官行使监督职能，其监督贯穿于企业生产经营和财务收支的事前、事中和事后的全过程，可以随时掌握企业各部门活动的各种信息。因此，相比企业的其他监督形式，CFO 监督和约束具有不可替代的重要作用。

（2）首席财务官的职责

首席财务官的主要职权有：参与制订公司财务管理制度，监督检查公司各级财务活动和资金收支情况；参与拟订财务预算、决策方案和发行股票、债务方案；审核公司新项目的可行性；与总经理共同批准规定限额内的经营性、投资性资金支出；参与拟订公司利润分配方案和亏损弥补方案；审核公司财务报表，与总经理共同确定其真实性，并上报本公司董事会；定期向董事会报告本企业资产和经济效益变化情况，及时报告企业重大经营问题。

首席财务官的主要责任是：对上报公司财务报表的真实性，与总经理共同承担责任；对国有资产的流失承担相应责任；对公司重大投资项目决策失误造成的经济损失承担责任；对公司严重违反财经纪律的行为承担责任。

📁 讨论案例

龙飞厂的财务问题

年初，刘明理应聘至龙飞重型机械厂（以下简称"龙飞厂"）担任总会计师。刘明理系国内某名牌大学的研究生，毕业后一直在国有大中型企业工作，从会计、科长、财务部部长，一直做到了总会计师。年纪轻轻就担任大型国有企业的高级领导，他主要依靠丰富的理论基础和勤奋、刻苦的工作态度。

报到后的第一天，刘总会计师开始熟悉工厂的业务。

龙飞厂是全国最大的重型机械专业制造厂，建于1960年，目前资产规模超过20亿元，净资产3亿元。其大型压力容器的销售量占全国市场的1/13，拥有雄厚的技术优势和品牌优势，产品质量过硬，一直是全国同类企业的排头兵，而且在生产管理、财务管理等方面积累了丰富的经验。但是近年来，由于竞争激烈，龙飞厂遇到麻烦，资金周转非常紧张。

刘明理请来财务处处长，了解了账面资金情况。财务处处长简单地汇报了一下情况，但是刘明理想了解的具体数据，财务处处长都没有讲清楚。同时还发一通牢骚，说工厂待遇低，财务处没有福利，财务人员每天工作非常繁忙，有时还要加班，但是却没有相应的奖励。同时财务人员每天要遭受许多埋怨，工厂各个部门对财务处的工作都不满意，经常在厂长办公会上受到批评，主要原因在于没有从财务处拿到钱，耽误了采购、生产和销售等。

财务处处长刚走，就有人进来申请资金。原来是厂办公室的小李，要申请10 000元支票购买办公用品，主管办公室和后勤的张副厂长已经签字同意，刘明理审核了一下资金申请单，询问了一下用途，正要签字批准。这时从门外又进来一个人，原来是采购处的老王，手里拿着经过主管采购的李副厂长的资金申请单，要求支付供货单位钢材款30万元。刘明理让老王把资金申请单放在办公桌上，先批准了小李的10 000元支票。

小李刚出去，又来了一位请款者，原来是一生产车间的董主任，他是经主管厂长同意后来申请设备维修资金的。不一会儿，刘明理的办公室里挤满了申请资金的人，都是经过主管副厂长同意的，只等刘明理审批后办理付款手续。

刘明理感到非常紧张，看了一下财务处处长提供的资金余额，发现与需求相差很大，于是让所有的请款者把资金申请单留下，待详细审查和调配。他数了一下资金申请单，总计36笔，合计金额1 500万元，请款部门有5个，包括生产部门、物资采购部门、后勤服务部门、销售部门和设计部门。突然他又想起财务处处长走时给他留下了一张银行的利息催款单，上月利息为300万元。刘明理发现工厂账面资金只有600万元，根本不够支付所有申请，于是开始给5个部门的主管副厂长打电话，核实资金需求的迫切程度，并在600万元的限度内支付了590万元的资金，只留下了10万元资金备急。他不明白，为什么有这么多的请款者来要钱，为什么主管副厂长都批准，为什么资金如此紧张。

这时销售处处长曲宏来了，带着一张400万元的汇票，是成都某厂定购产品的预付款。

刘明理非常高兴，因为这是唯一不向他要钱的人。于是向曲宏了解工厂的情况。

曲宏说，龙飞厂以前经济效益非常好，工厂有许多分厂，有的作为全资子公司独立经营，有的作为二级厂，行使子公司权利，有的作为生产车间，依附于总厂。由于层次繁多，而且依附于不同的主管领导，因此造成了目前争资金的情况。由于竞争激烈，销售收入已经大不如前了。

曲宏走后，刘明理又叫来了财务处处长，询问财务处的基本情况。财务处设有4个科室，分别是财务会计科、资金科、销售科和成本核算科，共50人，负责龙飞厂的所有会计业务。

（1）资金科，负责资金收支核算和处理银行事务。由于目前企业资金紧张，导致采购、生产等环节出现因为资金不足而延误的问题，这使企业的所有问题都集中在资金科。

（2）销售科，负责销售核算、应收账款回收、内部往来结算、销售发票、合同管理等业务。由于部分产品拖期，导致经常出现违反合同交货延期的现象。

（3）成本核算科，负责所有产品的成本核算和费用核算。成本实行二级核算，由车间一级进行成本归集和汇总，月末上报到财务处成本核算科，成本核算科进行产品的成本核算。

（4）财务会计科，主要负责龙飞厂的记账、过账、结账、科目汇总、报表编制等方面的业务核算。

去年龙飞厂制订了一套财务核算办法，目前基本遵照执行。资金使用方面比较严格，经过部门经理、主管副厂长、总会计师的签字后才能付款。龙飞厂的会计核算及财务科室划分得非常细致，完全是工厂全盛时期的组织机构，虽然其中有些岗位业务大幅度萎缩。目前由于工厂接不到订单，许多工人下岗，由5 000人减少到2 500人，并且有一些大学毕业生在一年的实习期过后直接跳槽。财务处人员也由53人减少到50人。企业欠了很多债务，尤其是银行的债务，将近5亿元，每年的利息大约4 000万元。

了解了基本情况后，刘明理准备再对工厂的情况进行详细了解，并采取一些应急措施，但是一时不知如何下手。请你帮助他整理头绪，制定具体措施。

◎ 复习思考题

一、概念题

1. 财务管理　　2. 企业价值最大化

二、单选题

1. 财务管理的基本观念不包括（　　）。
   A. 货币的时间价值　　B. 风险报酬　　C. 利率与通货膨胀　　D. 核算企业效益
2. 企业财务管理是（　　）的管理活动。
   A. 获得资金和有效使用资金　　　　　B. 组织资金活动
   C. 处理企业和各方面财务关系　　　　D. 组织企业经济效益核算

3. 企业价值最大化，包括债权人财富最大化和（　　　）。

  A. 股东财富最大化 B. 收入最大化   C. 利润最大化   D. 成本最大化

4. 现代企业财务管理最优的整体目标是（　　　）。

  A. 总产值最大化 B. 利润最大化   C. 股东财富最大化 D. 企业价值最大化

5. 资金活动的起点和投资的前提是（　　　）。

  A. 投资活动   B. 资金耗费   C. 资金分配   D. 筹资活动

三、判断题

1. 在不同的时间点，资金价值不一样。   （　　　）

2. 资金在企业经营的各个环节流动，形成企业的财务问题。   （　　　）

3. 财务管理活动是企业管理的重要组成部分，它是核心并且是唯一的核心。 （　　　）

4. 企业的财务活动就是企业的资金活动。   （　　　）

5. 企业的财务关系就是企业活动的过程中会涉及的各方面的经济关系。 （　　　）

6. 企业资金的回收是以价值形式反映生产成果的实现，它虽然不能实现企业利润，但它可以补偿产品成本，是企业财务活动中的关键环节。   （　　　）

7. 股东财富最大化是指股东持有股份的市场价值达到最大，股东不会损害债权人的利益。

                          （　　　）

8. 外部环境是指影响企业财务活动的各种宏观因素，它可以概括为政策环境、市场经济环境、法律环境和其他环境。   （　　　）

四、简答题

企业财务管理的目标有哪几种？请列举最适宜的一种并进行简单论述。

第2章　财务报表分析

证监会制定上市公司信息披露规则

2020年3月1日，新修订的《中华人民共和国证券法》正式施行。结合新的情况与形势，中国证券监督管理委员会2021年第3次委务会议审议通过了《上市公司信息披露管理办法》，对披露信息质量、信息披露义务人、定期报告与临时报告、信息披露事务管理、监督管理与法律责任等进行了权威说明和规定，并于2021年5月1日起施行。

📍 **学习目标**

- 认识财务报表的构成；
- 熟悉财务报表的分析方法；
- 应用各种分析方法对报表进行指定目的的分析。

财务报表涵盖了企业经济活动的各个方面，可以提供企业在某一时点所掌握的经济资源、所负担的债务及所有者在企业所拥有的权益等信息，反映企业的资源配置、偿债能力和财务前景。财务报表可以用于了解企业一定时期内的盈利能力或亏损状况，评价经营业绩，反映企业收益分配状况。财务报表可以提供企业的现金流量状况，评价企业获取现金的能力。投资者通过对企业财务报表进行分析，能够了解企业的财务状况和经营成果，提高投资决策的有效性。

2.1　财务报表分析的原理和方法

2.1.1　财务报表分析的内涵

财务报表分析是指以企业财务报表为基础，采用一系列的分析方法和指标，对企业的财务状况和经营成果所进行的分析与评价，以反映企业经营过程中的利弊得失及未来发展前景，为改进企业财务管理工作和优化管理决策提供重要的财务信息。

最早的财务报表分析，主要是为银行的信用分析服务，银行需要对贷款人进行信用调查和分析，于是逐步形成了偿债能力分析等内容。资本市场出现以后，社会筹资范围扩大，非银行债权人和股权投资人增加，公众进入资本市场，财务报表分析由为贷款银行服务扩展到为各种投资人服务，形成了盈利能力、筹资结构和利润分配等新的分析内容。公众公司发展起来以后，经理人员为获得股东的好评和债权人的信任，需要改善公司的盈利能力和偿债能力，旨在明确管理行为和报表数据关系的内部分析逐步形成。内部分析不仅可以使用公开报表的数据，而且可以利用内部的数据（预算、成本数据等），致力于通过管理活动改善经营。

财务报表分析的技术日趋复杂，广义上，其逐步扩展成为包括经营战略分析、会计分析、财务分析和前景分析四个部分组成的完善体系。经营战略分析的目的是确定主要的利润动因和经营风险，以及定性评估公司的盈利能力，包括行业分析和公司竞争战略分析等内容；会计分析的目的是评价公司会计反映基本经济现实的程度，包括评估公司会计的灵活性和恰当性，以及会计数据的修正等内容；财务分析的目的是运用财务数据评价公司当前和过去的业绩并评估其未来发展的可持续性等内容；前景分析的目标侧重于预测公司的未来，包括财务报表预测和公司估价等内容。狭义上，财务报表分析仅指财务分析。

2.1.2 财务报表的使用者

对外发布的财务报表，是根据所有使用者的一般要求设计的，并不是针对特定报表使用者的特定目的设计的。报表使用者要从中选择分析需要的信息，重新组织并研究其相互关系，使之符合特定决策的要求。企业财务报表的主要使用者有以下几类。

（1）投资人。为决定是否投资，需要分析企业盈利能力；为决定是否转让股份，需要分析盈利状况、股价变动和发展前景；为考察经营业绩，需要分析资产盈利水平、破产风险和竞争能力；为决定股利分配政策，需要分析盈利增长、筹资状况等。

（2）债权人。为决定是否给企业贷款，需要分析贷款报酬和风险；为了解债务人短期偿债能力，要分析其资金流动状况；为了解债务人长期偿债能力，需要分析其盈利状况和资本结构。

（3）经理人员。为改善财务决策，需要进行内容广泛的财务分析，几乎包括报表外部使用者关心的所有问题。

（4）供应商。为决定建立长期合作关系，需要分析企业的长期盈利能力和偿债能力；为决定信用政策，需要分析企业的短期偿债能力。

（5）政府及其他机构。政府及其他机构包括财政、税务、统计、工商、社会保障等机构。政府为履行政府职能，需要了解企业纳税情况、遵守政府法规和市场秩序的情况及职工的收入和就业状况。

（6）审计师。为减少审计风险，需要评估企业的盈利性和破产风险；为确定审计的重点，需要分析财务数据的异常变动。

（7）社会公众。社会公众是企业的潜在合作者。公众通过企业提供的报表信息，分析企业盈利能力、支付能力、股利分配政策等，有可能发展为企业的股权投资人、债权人、供应商等，从而夯实企业生存基础。

2.1.3 财务分析方法

1. 水平分析法

水平分析法是将报表资料中不同时期的同项财务指标进行比较，揭示企业经营业绩或财务状况的各项指标发展变动情况的财务分析方法。水平分析法是最基本、最主要的财务分析方法。

根据财务分析的要求与目的的不同，水平分析法分为以下三种基本类型：（1）将分析期的实际指标与计划指标进行对比，以确定实际与计划的差异，检查计划的完成情况。（2）将分析期的实际指标与前期指标（或过去某期指标，如历史最好水平）进行对比，以确定本期实际与前期（或某期）实际的差异，提示有关指标的增减变动情况，预测企业未来的发展趋势。（3）将本企业的实际指标与同行业相应指标的平均水平或先进水平做比较，以确定本企业与行业平均水平或先进水平的差异，分析存在的问题，不断提高企业的管理水平。

比较的方式有以下几种。

一是绝对值增减变动：变动绝对数=分析期实际数-基期实际数；

二是增减变动率：增减变动率（%）=变动绝对数/基期实际数×100%；

三是变动比率：变动比率=分析期实际数/基期实际数×100%。

2. 垂直分析法

垂直分析法是通过计算报表中各项目占总体的比重或结构，反映报表中项目与总体的关系情况及其变动情况的方法。垂直分析法的一般步骤如下。

第一步，确定报表中各项目占总额的比例或百分比，其计算公式是：

$$某项目的比重=该项目金额/各项目总金额$$

第二步，通过各项目比重，分析其在企业经营中的重要性。一般项目比重越大，说明其重要程度越高，对总体影响越大。

第三步，将分析期各项目比重与计划比重或前期同项目比重对比，研究各项目比重的差异或变动情况。也可将其与同类企业的可比项目比重进行对比，研究本企业与同类企业的差距。

3. 趋势分析法

趋势分析法是将企业连续几年的财务报表的有关项目进行比较，用以分析企业财务状况和经营成果的变化情况及发展趋势的一种方法。趋势分析法的一般步骤如下。

第一步，计算趋势比率或指数。通常指数有两种，一是定基指数，二是环比指数。定基指数是将各个时期的指数都以某一固定时期为基期进行计算的。环比指数是将各个时期的指数以前一期为基期来计算的。趋势分析法通常采用的是定基指数。

第二步，根据指数计算结果，评价与判断企业各项指标的变动趋势及其合理性。

第三步，预测未来发展趋势。根据企业以前各期变动情况，研究其变动趋势或规律，从而预测企业未来发展变动情况。

下面举例说明趋势分析法的应用。某企业2019～2023年有关销售额、税后利润、每股收益及每股股息的资料如表2-1所示。

表2-1　　　　　　　　　　2019～2023年销售及利润等资料

项目	2019年	2020年	2021年	2022年	2023年
销售额/万元	10 600.00	17 034.00	13 305.00	11 550.00	10 631.00
税后利润/万元	923.00	1 397.00	1 178.00	374.00	332.00
每股收益/元	2.54	4.31	3.52	1.10	0.97
每股股息/元	1.60	1.90	1.71	1.63	1.62

根据表2-1，运用趋势分析法可得趋势分析表，如表2-2所示（以2019年为基准期进行比较）。

表2-2　　　　　　　　　　趋势分析表　　　　　　　　　　（单位：%）

项目	2019年	2020年	2021年	2022年	2023年
销售额	100.0	160.7	125.5	109.0	100.3
税后利润	100.0	151.4	127.6	40.5	36.0
每股收益	100.0	169.7	138.6	43.3	38.2
每股股息	100.0	118.8	106.9	101.9	101.3

从表2-2中可以看到，该企业几年来销售额和每股股息逐年增长，特别是2020年和2021年增长较快。税后利润和每股收益在2022年和2023年大幅下降，从各项指标的关系来看，销售额和每股股息的平均增长速度较快，高于税后利润和每股收益的平均增长速度。

4. 比率分析法

在同一期财务报表上有一些项目或类别之间彼此存在着一定的关系。我们可用相对数来表示它们之间的相互关系，据以分析和评价企业的财务状况和经营成果，以表明企业某一方面的情况。这种分析就是比率分析。比率分析法是最重要的财务分析方法。

5. 因素分析法

因素分析法依据分析指标和影响因素的关系，从数量上确定各因素对分析指标的影响程度。从数量上测定各因素的影响程度，可以帮助人们抓住主要矛盾，更有说服力地评价经营状况。因素分析法具体又分为差额分析法、指标分解法、连环替代法、定基替代法等。在实际的分析中，各种方法通常是结合使用的。

2.2 资产负债表分析

资产负债表是全面反映企业在某一特定日期的资产、债务和资本存量，是将资产、负债和所有者权益各项目适当整理和排列后编制而成的，表明了企业的财务状况，反映了企业所拥有或控制的经济资源、所承担的负债义务和所有者对净资产的要求权。其可以提供某一日期资产的总额及其流动性结构分布情况与偿债能力、企业的负债总额及其清偿时间结构、所有者所拥有的权益及资产保值、增值情况与对负债的保障程度。

目前，我国企业资产负债表的基本格式如表 2-3 所示（以 ABC 公司为例）。

表 2-3　　　　　　　　　　　ABC 公司资产负债表

编制单位：ABC 公司　　　　　　　　××××年 12 月 31 日　　　　　　（单位：万元）

资产	年末余额	年初余额	负债及股东权益	年末余额	年初余额
流动资产：			流动负债：		
货币资金	56	37	短期借款	60	45
交易性金融资产	0	0	交易性金融负债	0	0
应收票据	8	11	应付票据	5	4
应收账款	398	199	应付账款	100	109
预付账款	22	4	预收账款	10	4
应收股利	0	0	应付职工薪酬	2	0
应收利息	0	0	应交税费	5	5
其他应收款	12	22	应付利息	12	16
存货	119	326	应付股利	28	10
待摊费用	32	7	其他应付款	23	18
一年内到期的非流动资产	45	4	预计负债	2	4
其他流动资产	8	0	一年内到期的非流动负债	50	0
流动资产合计	700	610	其他流动负债	3	5
			流动负债合计	300	220
			非流动负债：		
非流动资产：			长期借款	450	245
可供出售金融资产	0	45	应付债券	240	260
持有至到期投资	0	0	长期应付款	50	60
长期股权投资	30	0	专项应付款	0	0
长期应收款	0	0	递延所得税负债	0	0
固定资产	1 238	955	其他非流动负债	0	15
在建工程	18	35	非流动负债合计	740	580
固定资产清理	0	12	负债合计	1 040	800
无形资产	6	8	股东权益：		
开发支出	0	0	股本	100	100

（续表）

资产	年末余额	年初余额	负债及股东权益	年末余额	年初余额
商誉	0	0	资本公积	10	10
长期待摊费用	5	15	盈余公积	100	40
递延所得税资产	0	0	未分配利润	750	730
其他非流动资产	3	0	减：库存股	0	0
非流动资产合计	1 300	1 070	股东权益合计	960	880
资产总计	2 000	1 680	负债及股东权益总计	2 000	1 680

2.2.1 资产负债表的分析要点

1. 企业的短期偿债能力主要体现为变现能力

变现能力是指资产转变为现金所需要的时间。企业的债权人和投资人都对此极为关心。企业是否拥有足够的可及时转变为现金的资产，直接关系到企业短期债权人能否及时收回到期借款和应得利息；企业向投资人分配利润和向长期债权人支付利息，也受到现金充裕程度的制约。因此，利用资产负债表提供的资料，计算流动比率、速动比率等，就可以分析企业的短期偿债能力。

2. 企业的长期偿债能力取决于其获利能力和资本结构

企业资本结构，就是企业负债与所有者权益的比例、负债中流动负债与长期负债的比例、所有者权益与留存收益的比例等比例关系。其中，负债与所有者权益的比例关系最为基础，会影响债权人和所有者的相对风险和企业长期偿债能力。一般而言，负债比重越大，债权人的风险越大，企业长期偿债能力也越差；否则反之。

3. 企业经营绩效主要表现为获利能力的大小

利润表直接反映企业获利能力，而资产负债表也能提供衡量获利能力的一些指标。

资产负债表作为"第一报表"的重要性就在于：它表明一定时点企业在资产、负债和所有者权益各方面的状况，反映企业经济活动的基础，同时反映企业的规模和发展能力，能够提供评价企业偿债能力和筹资能力的重要信息，也为预测将来的财务状况提供起点资料。因此，资产负债表在一定程度上反映了企业的总体财务状况，反映了企业与企业外的社会各界的关系，对于我们了解和把握特定时点上的企业财务结构状况有很大的帮助。但是，资产负债表并不直接反映企业的财务业绩如何，也不直接反映企业在某一时期是否有足够的现金用以偿还其债务，以及是否为企业的投资者增加了价值。

2.2.2 资产负债表分析的内容

1. 资产负债表的水平分析

资产负债表的水平分析，就是要通过对企业各项资产、负债和所有者权益实际规模与目标或标准的对比分析，解释企业在筹资与投资过程中的差异，从而分析与揭示企业会计政策、会计变更及经营管理水平对投资的影响。

2. 资产负债表的垂直分析

资产负债表的垂直分析，就是通过资产负债表中各项目与总资产或总权益的对比，分析企业资产、负债和所有者权益的构成，揭示企业资产结构和所有者权益的合理程度，探索企业资产结构和资本结构的优化方式。

3. 资产负债表的趋势分析

资产负债表的趋势分析，就是通过对长时期企业总资产及主要资产、总负债及主要负债、所有者权益及主要项目的变化趋势分析，揭示企业筹资和投资活动的状况、规律及特征，发现企业在财务活动中取得的成绩与存在的问题。

4. 资产负债表的项目分析

资产负债表的项目分析，就是深入分析企业资产、负债和所有者权益等主要项目的变动并找出可能的影响因素，特别要注意会计政策等变动对有关项目的影响。

2.3 利润表分析

利润表，又称损益表，它是反映企业在一定会计期间经营成果的会计报表，是企业主要财务报表之一。利润表把一定期间的收入与费用相配比，表明企业某一时期的净收益数额及其形成情况，能够据以分析企业经济效益及盈利能力，评价企业管理绩效。

我国目前采用多步式利润表格式。其格式如表 2-4 所示。

表 2-4　　　　　　　　　　ABC 公司利润表

编制单位：ABC 公司　　　　　　　　××××年度　　　　　　　　（单位：万元）

项目	本年金额	上年金额
一、营业收入	3 000	2 850
减：营业成本	2 644	2 503
税金及附加	28	28
销售费用	22	20
管理费用	46	40
财务费用	110	96
资产减值损失	0	0
加：公允价值变动收益	0	0
投资收益	6	0
二、营业利润	156	163
加：营业外收入	45	72
减：营业外支出	1	0
三、利润总额	200	235
减：所得税费用	50	58
四、净利润	150	177

2.3.1 利润表的分析要点

1. 反映企业财务成果的信息分析

企业的财务成果即企业实现的利润，是企业经营者、投资者以及债权人十分关心的根本目标。利润表系统地提供了企业不同业务的财务成果信息，有利于使用者分析评价企业各方面的经营业绩，以及与同类企业同类业务的对比状况。

2. 反映企业盈利能力的信息分析

盈利能力通常由财务成果与相关指标的比率关系所体现，如财务成果与收入的比率关系，财务成果与费用的比率关系等。企业的盈利能力是投资者和经营者都很关心的问题。

3. 反映企业主营业务收入与成本费用状况的信息分析

企业主营业务收入和成本费用状况是企业生产经营状况的具体体现，因此主营业务的分析往往会成为经营分析中的重点。使用者通过对主营业务收入和成本费用的分析，可以找出企业生产经营中存在的不足，这对于现阶段企业业绩评价和未来的规划都有重要作用。

2.3.2 利润表分析的内容

1. 利润表的水平分析

利润表的水平分析，就是通过对企业各项利润额与目标或标准的对比分析，分析企业在经营过程中的利润水平，以及会计政策、会计变更及经营管理水平对业绩的影响。

2. 利润表的垂直分析

利润表的垂直分析，就是通过利润表中各项目与收入的对比，揭示各项利润及成本费用与收入的关系，反映企业各环节的利润构成、利润及成本费用水平。

3. 利润表的趋势分析

利润表的趋势分析，就是通过对长时期企业收入、成本及各项利润的变化趋势分析，揭示企业经营活动规律及特征，发现企业经营过程中的成绩与问题。

4. 利润表的项目分析

利润表的项目分析，就是在对其进行了上述全面分析后，针对影响企业利润的主要项目进行深入分析，主要包括：（1）主营业务利润分析，主要对销售利润进行因素分析，确定销售量、品种、价格、成本费用对主营业务利润的影响。（2）企业收入分析，包括收入的确认与计量分析，影响收入的价格因素与销售量因素分析，企业收入的构成分析。（3）成本费用分析，包括销售成本分析和期间费用分析。销售成本分析主要是指销售总成本和单位销售成本分析；期间费用分析主要是销售费用和管理费用分析。

利润表所提供的信息对评估投资价值、管理业绩等起着重要的作用。为了便于报表使用者和分析者更深入地认识企业经营成果的特征，我们还要对利润表加以附注说明。附注说明也由文字说明和各种项目明细表所组成。一般而言，文字说明中应说明企业收入、成本计算等方法，项目明细表则应反映各项目的组成内容及其变化状况。在市场竞争日趋激烈的今天，为了保护企业的商业秘密，若干与企业经营秘密有关的信息已不再列示于对外的利润表附注说明中。这类信息主要包含产品销售利润明细信息、产品生产成本信息等。这样，就限制了外部会计报表使用者对企业财务状况、盈利能力的深入分析。这种分析目前只局限于内部分析。

2.4 现金流量表分析

现金流量表又称为现金流动表或现金流转表，是《企业会计准则》规定的主要报表之一。现金流量表是反映一定会计期间现金和现金等价物流入和流出状况，反映企业在特定期间的营业、投资和理财活动现金流量情况的基本财务报表。资产负债表和利润表都不能真实地反映一个企业的现金流量状况，只有现金流量表才能反映企业的现金流量状况。

表 2-5 所示是 ABC 公司的现金流量表。

表 2-5   ABC 公司的现金流量表

编制单位：ABC 公司   ××××年度   （单位：万元）

项目	金额
一、经营活动产生的现金流量：	
销售商品、提供劳务收到的现金	2 810

项目	金额
收到的税费返还	
收到其他与经营活动有关的现金	10
经营活动现金流入小计	2 820
购买商品、接受劳务支付的现金	2 363
支付给职工及为职工支付的现金	29
支付的各项税费	91
支付其他与经营活动有关的现金	14
经营活动现金流出小计	2 497
经营活动产生的现金流量净额	323
二、投资活动产生的现金流量：	
收回投资收到的现金	4
取得投资收益收到的现金	6
处置固定资产、无形资产和其他长期资产收回的现金净额	12
处置子公司及其他营业单位收到的现金净额	
收到其他与投资活动有关的现金	
投资活动现金流入小计	22
购置固定资产、无形资产和其他长期资产支付的现金	369
投资支付的现金	30
支付其他与投资活动有关的现金	
投资活动现金流出小计	399
投资活动产生的现金流量净额	−377
三、筹资活动产生的现金流量：	
吸收投资收到的现金	
取得借款收到的现金	270
收到其他与筹资活动有关的现金	
筹资活动现金流入小计	270
偿还债务支付的现金	20
分配股利、利润或偿付利息支付的现金	152
支付其他与筹资活动有关的现金	25
筹资活动现金流出小计	197
筹资活动产生的现金流量净额	73
四、汇率变动对现金及现金等价物的影响	
五、现金及现金等价物净增加额	19
加：期初现金及现金等价物余额	37
六、期末现金及现金等价物余额	56

2.4.1　现金流量表的分析要点

1. 企业一定期间的现金流入和流出的原因

现金流量表将现金流量划分为经营活动、投资活动和筹资活动所产生的现金流量，按照流入和流出现金项目分别反映，因此能够说明企业一定期间的现金流入和流出的原因，即现金从哪来又流到哪去。

2. 企业实际偿债能力和支付股利的能力

现金流量表以收付实现制为基础，消除了会计核算采用权责发生制所含估计因素对企业获利能力和支付能力的影响，能够说明企业实际偿债能力和支付股利的能力，从而增强投资者和债权人的信心，促进社会资源有效配置。

3. 分析企业未来获取或支付现金的能力

现金流量表中经营活动、投资活动和筹资活动所产生的现金流量，分别代表企业运用资金及其投资、筹资活动创造或获得现金流量的能力，可用于分析企业未来获取或支付现金的能力。

4. 连接资产负债表和利润表

现金流量表的表内信息反映了企业现金流入和流出的全貌，而附注则提供了不涉及现金的投资和筹资方面的信息，能够说明资产、负债和净资产的变动原因，对资产负债表和利润表起到补充说明的作用，是连接两张主要报表的桥梁。

2.4.2　现金流量表分析的内容

1. 现金流量分析

现金流量分析以现金流量表作为依据，分析各主要项目变动对经营活动、投资活动和筹资活动现金流量的影响，以说明企业现金流入和流出量的规模及特点。现金流量分析方法包括一般分析、水平分析和结构分析。现金流量的一般分析，就是根据现金流量表的数据，对企业现金流量变动情况进行分析与评价。现金流量的水平分析，主要是通过对比不同时期的现金流量变动情况，揭示当期企业现金流量水平及变动情况，反映企业现金管理水平及特点。现金流量的结构分析，是通过计算企业各项现金流出量占总现金流出量的比重，揭示企业经营活动、投资和筹资活动的特点及对现金净流量的影响方向和程度。

（1）经营活动产生的现金流量

经营活动产生的现金流量是企业通过运用所拥有的资产自身创造的现金流量，是企业净利润的主要来源，表明企业净利润的质量，可以判断在企业不动用外部筹资的情况下，企业经营活动产生的现金是否可以偿付贷款、维持经营、支付股利及对外投资等；同时可以预测未来同类现金流量的变化趋势。

（2）投资活动产生的现金流量

投资活动产生的现金流量可以用来分析企业通过投资获取现金流量的能力，以及通过投资活动产生的现金流量对现金流量净额的影响程度。

（3）筹资活动产生的现金流量

通过分析现金流量表中筹资活动产生的现金流量，人们可以了解企业筹措资金的能力，以及筹资活动产生的现金流量对现金流量净额的影响程度。

2. 现金流量和利润的相互关系分析

现金流量指标与利润指标的对比分析，一方面揭示现金流量与利润的区别，另一方面可以透视企业的盈利质量。主要包括经营活动现金净流量与净利润关系分析，经营活动现金净流量与净利润的项目对应分析及现金流量与利润的相互关系的比率分析等。

2.5 企业财务能力及综合分析

2.5.1 基本的财务比率分析

基本财务比率分析包括偿债能力分析、营运能力分析、盈利能力分析等。

1. 偿债能力分析

偿债能力是企业偿还到期债务（包括本息）的能力。

（1）短期偿债能力

短期偿债能力是指企业流动资产对流动负债及时足额偿还的保证程度，是衡量企业当期财务能力，特别是流动资产变现能力的重要标志。短期偿债能力的衡量指标主要有营运资本、流动比率、速动比率和现金比率等，如表2-6所示。

表2-6　　　　　　　　　　　　短期偿债能力指标

指标	计算公式	ABC 公司的计算结果
营运资本	营运资本=流动资产－流动负债	本年营运资本=700-300=400（万元）；上年营运资本=610-220=390（万元）
流动比率	流动比率=$\dfrac{流动资产}{流动负债}$	本年流动比率=$\dfrac{700}{300}\approx 2.33$；上年流动比率=$\dfrac{610}{220}\approx 2.77$
速动比率	速动比率=$\dfrac{速动资产}{流动负债}$	本年速动比率=$\dfrac{(56+8+398+22+12)}{300}\approx 1.65$ 上年速动比率=$\dfrac{(37+11+199+4+22)}{220}\approx 1.24$
现金比率	现金比率=$\dfrac{现金资产}{流动负债}$	本年现金比率=$\dfrac{56}{300}\approx 0.19$；上年现金比率=$\dfrac{37}{220}\approx 0.17$

其中，构成流动资产的货币资金、交易性金融资产和各种应收、预付款项等，可以在较短时间内变现，被称为速动资产。另外的流动资产，包括存货、待摊费用、一年内到期的非流动资产及其他流动资产等，被称为非速动资产。

流动比率、速动比率和现金比率是相对数，排除了企业规模等其他因素的影响，适合同业比较以及本企业不同历史时期的比较。通常认为流动比率在2左右比较适宜。如果流动比率低于1，表明企业的偿债能力较弱；如果流动比率大于3，则表示企业财务政策过于保守，将资金过多用于流动资产上，从而放弃了某些可以获利的机会。在流动资产中，存货的变现能力最差，速动比率是假设企业存货不能脱手变现或即使能脱手变现但价值要降低的情况下，企业可动用其他流动资产清偿流动负债的能力。因此，速动比率较流动比率能更准确地衡量企业的短期偿债能力。一般认为速动比率为1比较适宜。速动资产中，流动性最强、可直接用于偿债的资产为现金资产。现金资产包括货币资金、交易性金融资产等。现金比率表明每1元流动负债有多少现金资产作为偿还保障。

根据ABC公司的财务报表数据：其现存300万元流动负债的具体到期时间不易判断，现存700万元的流动资产生成现金的数额和时间也不好预测。营运资本400万元是流动负债"穿透"流动资产的"缓冲垫"。因此，营运资本越多，流动负债的偿还越有保障，短期偿债能力越强。本年同上年相比，其流动比率降低了0.44（2.77-2.33），即每1元流动负债提供的流动资产保障减少了0.44元，表明短期偿债能力减弱。将计算出来的流动比率与同行业平均流动比率、本企业的历史流动比率进行比较，才能得出这个比率是否合理的结论。本年速动比率比上年提高了0.41，说明为每1元流动负债提供的速动资产保障增加了0.41元。本年ABC公司的现金比率比上年增加0.02，说明企业为每1元流动负债提供的现金资产保障增加了0.02元。

（2）长期偿债能力

长期偿债能力是指企业对长期债务的偿还能力。长期债权人由于涉及长期本金和利息的偿还，因此不仅需要关心企业是否有足够的资产实力，还要关注企业的盈利能力。分析企业长期偿债能力的主要指标有资产负债率、产权比率和权益乘数、利息保障倍数及经营现金流量债务比率，如表2-7所示。

表2-7　　　　　　　　　　　　　　　长期偿债能力指标

指标	计算公式
资产负债率	$资产负债率 = \dfrac{负债总额}{资产总额} \times 100\%$
产权比率	$产权比率 = \dfrac{负债总额}{股东权益}$
权益乘数	$权益乘数 = \dfrac{资产总额}{股东权益} = 1 + 产权比率 = \dfrac{1}{1 - 资产负债率}$
利息保障倍数	$利息保障倍数 = \dfrac{息税前利润}{利息费用} = \dfrac{净利润 + 利息费用 + 所得税费用}{利息费用}$
经营现金流量债务比率	$经营现金流量债务比率 = \dfrac{经营活动产生的现金净流量}{债务总额} \times 100\%$

其中，资产负债率反映了总资产中有多大比例是通过负债取得的，可以衡量企业在清算时保护债权人利益的程度。资产负债率越低，企业偿债越有保证，贷款越安全。资产负债率还代表企业的举债能力，资产负债率越低，举债相对越容易。如果资产负债率高到一定程度，没有人愿意提供贷款，则表明企业的举债能力已经丧失。产权比率和权益乘数是资产负债率的另外两种表现形式。产权比率表明1元股东权益借入的债务数额。权益乘数表明1元股东权益拥有的总资产。利息保障倍数表明1元债务利息有多少倍的息税前收益做保障，反映债务偿还风险。如果利息保障倍数小于1，说明利息支付已缺乏保障，则归还本金就更难指望了。利息保障倍数越大，利息支付越有保障。经营现金流量债务比率反映了企业用经营现金流量偿付全部债务的能力。该比率越高，企业承担债务的能力越强。表2-7所示公式中的数据，一般情况下使用年末和年初的加权平均数。为了计算简便，也可以使用期末数。如果企业一直保持按时付息的信誉，则长期负债可以延续，举借新债也比较容易。

根据ABC公司的财务报表数据：

$本年资产负债率 = \dfrac{1\,040}{2\,000} \times 100\% = 52\%$　　　　$上年资产负债率 = \dfrac{800}{1\,680} \times 100\% \approx 48\%$

$本年产权比率 = \dfrac{1\,040}{960} \approx 1.08$　　　　　　　$上年产权比率 = \dfrac{800}{880} \approx 0.91$

$本年权益乘数 = \dfrac{2000}{960} \approx 2.08$　　　　　　　$上年权益乘数 = \dfrac{1680}{890} \approx 1.91$

$本年利息保障倍数 = \dfrac{150 + 110 + 50}{110} \approx 2.82$　$上年利息保障倍数 = \dfrac{177 + 96 + 58}{96} \approx 3.45$

$本年的经营现金流量债务比率 = \dfrac{323}{1\,040} \times 100\% \approx 31\%$

从上述比率综合来看，ABC公司的长期偿债能力比上一年有所下降。

2. 营运能力分析

营运能力分析主要是分析企业资产的运用效率，即资金周转循环的状况。一般而言，企业资产的运用效率越高，企业资金的周转速度越快，企业经营管理水平越高。其主要指标反映了企业在一定时期内资金的周转率（周转次数）或周转期（周转一次所需要的天数），周转率和周转天数两者的乘积为 360 天（即一年），主要可按应收账款、存货、流动资产和固定资产等来计算，如表 2-8 所示。

表 2-8 营运能力指标

指标	计算公式
周转率指标	$应收账款周转率 = \dfrac{营业收入}{平均应收账款余额}$ ；$存货周转率 = \dfrac{营业成本总额}{平均存货余额}$ $流动资产周转率 = \dfrac{营业收入}{平均流动资产}$ ；$固定资产周转率 = \dfrac{营业收入}{平均固定资产}$ $总资产周转率 = \dfrac{营业收入}{平均资产总额}$
周转天数指标	$应收账款周转天数 = \dfrac{360}{应收账款周转率（次）}$ ；$平均存货周转天数 = \dfrac{360}{存货周转率}$

表中：平均某类资产余额=（期初某类资产余额+期末某类资产余额）/2

其中，应收账款周转率用来衡量应收账款的回收速度，其值越小，表明企业应收账款的收现越缓慢，管理效率越低，如收款工作不力、赊账条件比较宽松，发生坏账损失的可能性越大等。相应地，应收账款周转天数通常越小越好，说明企业应收账款周转一次只要较少的天数，资金的利用水平较高。

存货周转率用来衡量企业销货能力的强弱和存货是否适量。存货周转率越高，表明积压的存货越少，存货费用等支出也越少。但如果比率过高，则说明企业不能应付顾客的需要，没有充分发挥企业的潜力。如果存货周转慢，则可能表明存货中残次货品增加或者存货积压，不适销对路；或者表明过多的营运资本在存货上沉淀下来，不能更多地供经营使用。平均存货周转天数越多，表明存货数额越大，存货周转越慢；反之亦然。

流动资产周转率反映流动资产的周转速度。周转速度快，会相对节约流动资金，等于相对增加资产投入，增强企业盈利能力；而延缓周转速度，需要补充流动资产参加周转，形成资金浪费，降低企业盈利能力。

固定资产周转率也称固定资产利用率，表示固定资产全年的周转次数，用来衡量企业固定资产的利用程度。一般来说，该比率越高，表明固定资产周转的速度越快，闲置的固定资产越少；反之，该比率越低，则表示固定资产存在闲置现象，或者固定资产的投资过多。

资产周转率用来衡量企业总资产是否得到充分利用，反映了资产总额的周转速度。周转越快，表明企业销售能力越强。企业可以通过薄利多销的办法，加速资产的周转，带来利润增加。

根据ABC公司的财务报表数据：

$$本年应收账款周转率 = \frac{3\ 000}{（398+199）/2} \approx 10.05 ；$$

$$本年应收账款周转天数 = \frac{360}{10.05} \approx 35.82$$

$$本年存货周转率 = \frac{2\ 644}{（326+119）/2} \approx 11.88 ；$$

$$本年平均存货周转天数 = \frac{360}{11.88} \approx 30.30$$

$$本年流动资产周转率=\frac{3\,000}{(700+610)/2}\approx4.58$$

$$本年固定资产周转率=\frac{3\,000}{(955+1\,238)/2}\approx2.74$$

$$本年总资产周转率=\frac{3\,000}{(1\,680+2\,000)/2}\approx1.63$$

ABC 公司可以通过周转率或者周转天数指标同行业比较或者历史数据比较，判断各类资产的运营效率。

3. 盈利能力分析

盈利是企业最直接的经营目标，也是企业生存和发展的重要保证，从分析主体的角度看，无论是投资人、债权人还是企业经营者，都重视企业的盈利能力分析。企业的盈利能力分析，也称收益性分析。企业盈利能力分析主要从销售、费用、资产和权益资本的占用等方面来进行，衡量企业管理效率的高低。常用的反映企业盈利能力的指标如表 2-9 所示。

表 2-9　　　　　　　盈利能力指标

指标	计算公式
利润类指标	$销售毛利率=\frac{销售毛利}{营业收入}\times100\%$；$销售净利率=\frac{净利润}{营业收入}\times100\%$；$资产利润率=\frac{净利润}{总资产}\times100\%$；$权益净利率=\frac{净利润}{股东权益}\times100\%$
成本费用类指标	$销售成本率=\frac{营业成本（费用）}{营业收入总额}\times100\%$；$成本利润率=\frac{净利润}{营业成本（费用）}\times100\%$

表中的"总资产"有三种计量方式：一是使用年末总资产；二是使用总资产的年末数与年初数的平均数；三是使用全年 12 个月各月月末总资产的平均数。

其中，销售毛利率反映了销售收入扣除销售成本后，有多少钱可以用于各项期间费用和形成盈利，是一个非常重要的反映企业市场竞争能力的指标。这个指标越大，说明企业销售收入的实际盈利能力越强。销售净利率反映了企业营业收入最终能获取多少税后利润，它包含了企业当期的投资收入和营业外收支。该比率越大，说明企业整体盈利能力越强。资产利润率反映企业单位资产得到的净利润，是衡量企业盈利能力的关键指标。权益净利率反映股东资本赚取的净收益，可以衡量企业的总体盈利能力。

成本费用类指标是财务分析的重要内容，高水平的盈利离不开高水平的成本管理和费用控制，成本和费用控制水平是衡量一个企业是否具有较强市场竞争力的关键因素。成本费用类指标包括销售成本率和成本利润率等。销售成本率一般越低越好，说明企业只需支付较少的成本费用代价，便能获取较多的收入。通常成本利润率越大，说明企业盈利能力越强，只要付出较少的成本代价，便能获得较多的利润，说明企业对成本费用的管理水平较高。

根据ABC公司的财务报表数据：

$$本年销售毛利率=\frac{3\,000-2\,644}{3\,000}\approx11.87\%；上年销售毛利率=\frac{2\,850-2\,503}{2\,850}\approx12.18\%$$

$$本年销售净利率=\frac{150}{3\,000}\times100\%=5\%；上年销售净利率=\frac{177}{2\,850}\times100\%=6.21\%$$

$$本年资产利润率=\frac{150}{2\,000}\times100\%=7.5\%；上年资产利润率=\frac{177}{1\,680}\times100\%\approx10.54\%$$

$$本年权益净利率 = \frac{150}{960} \times 100\% \approx 15.63\% \ ; \ 上年权益净利率 = \frac{177}{880} \times 100\% \approx 20.11\%$$

$$本年销售成本率 = \frac{2\,644}{3\,000} \times 100\% = 88.13\% \ ; \ 上年销售成本率 = \frac{2\,503}{2\,850} \times 100\% \approx 87.82\%$$

$$本年成本利润率 = \frac{150}{2\,644} \times 100\% \approx 5.67\% \ ; \ 上年成本利润率 = \frac{177}{2\,503} \times 100\% \approx 7.07\%$$

反映了ABC公司本年利润类指标减少，成本类指标增加，付出的成本获得了更低的净利润，总体上看公司经营情况不如上一年。

2.5.2 综合财务分析方法

1. 综合财务分析的特点

财务分析的目的是全方位了解企业经营管理情况，并对企业经济效益的优劣做出系统合理的评价。单独一项财务指标通常无法用来对企业的财务状况和经营成果做出全面评价。综合财务分析将偿债能力指标、营运能力指标、盈利能力指标等纳入一个整体，运用适当标准进行综合性评价。

综合财务分析的特点体现在其指标体系的要求上，必须具备以下三个基本要素：（1）指标要素齐全适当，涵盖企业偿债能力、营运能力、盈利能力等各个方面。（2）主辅指标功能匹配，明确总体结构中主要指标和辅助指标的主辅地位，有机统一考核指标所反映的财务状况、经营成果。（3）满足多方面信息需要，既能满足企业内部管理部门决策需要，又能满足外部投资者和监管部门的需要。

2. 杜邦财务分析体系

杜邦财务分析体系，简称杜邦体系或杜邦分析法，由杜邦公司在 20 世纪 20 年代首创，其基本原理是利用财务指标间的内在关系，通过一个多层次的财务比率分解体系，逐步覆盖企业经营活动的每一个环节，可以实现系统、全面比较和评价企业经营成果和财务状况的目的。通过与上年比较可以识别变动的趋势，通过与同业的比较可以识别存在的差距。分解的目的是识别引起变动（或产生差距）的原因，并计量其重要性，为后续分析指明方向。

权益净利率是杜邦财务分析体系的核心指标，它有很好的可比性，可以用于不同企业之间的比较，而且有很强的综合性，其可以分解为式（2-1）的三个比率指标，即销售净利率、总资产周转率和权益乘数。

$$权益净利率 = 销售净利率 \times 总资产周转率 \times 权益乘数 \tag{2-1}$$

其中，$销售净利率 = \dfrac{净利润}{营业收入} \times 100\%$

$$总资产周转率 = \frac{营业收入}{总资产}$$

$$权益乘数 = \frac{资产总额}{股东权益} = \frac{1}{1-资产负债率}$$

无论提高其中的哪一个比率，权益净利率都会提高。其中，"销售净利率"是对利润表的概括，"营业收入"和"净利润"均在利润表中，两者相除可以概括全部经营成果；"总资产周转率"把利润表和资产负债表联系起来，使权益净利率可以综合整个企业的经营活动和财务活动的业绩；"权益乘数"是对资产负债表的概括，表明资产、负债和股东权益的比例关系，可以反映最基本的财务状况。这三个比率在各企业之间可能存在显著差异。通过对差异的比较，可以观察本企业与其他企业的经营战略和财务政策有哪些不同。

销售净利率和总资产周转率，可以反映企业的经营战略。一些企业销售净利率较高，而资产周转率较低；另一些企业与之相反，资产周转率较高而销售净利率较低。两者经常呈反方向变化。这是因为，为了提高销售净利率，增加产品的附加值，企业往往需要增加投资，从而引起总资产周转率的下降。与此相反，为了加快周转，企业就要降低价格，从而引起销售净利率下降。因此，仅根据销售净利率的高低并不能判断业绩好坏，把它与总资产周转率联系起来可以考察企业经营战略。真正重要的是两者共同作用而得到的资产利润率。资产利润率可以反映管理者运用受托资产赚取盈利的业绩，是重要的评价企业盈利能力的指标。

权益乘数可以反映企业的财务政策。在资产利润率不变的情况下，提高权益乘数可以提高权益净利率，但同时也会增加财务风险。如何配置资产负债比率是企业最重要的财务决策。一般来说，负债比例大，权益乘数就高，反之亦然。为了提高权益乘数，企业倾向于尽可能提高负债比例，但这样往往会给企业带来较高风险。因此，经营风险低的企业可以得到较多的贷款，其资产负债比率较高；经营风险高的企业，只能得到较少的贷款，其资产负债比率较低。资产利润率与资产负债比率呈现负相关，共同决定了企业的权益净利率。

3. 杜邦财务分析体系的应用

下面以ABC公司权益净利率的比较和分解为例，说明其一般方法。

权益净利率的比较对象，可以是其他企业的同期数据，也可以是本企业的历史数据，这里仅以本企业的本年与上年的比较为例（资产以当期期末资产计算）。

$$权益净利率=销售净利率×总资产周转率×权益乘数$$

$$即本年权益净利率=\left(\frac{150}{3\,000}×100\%\right)×\frac{3\,000}{2\,000}×\frac{2\,000}{960}=15.63\%$$

$$上年权益净利率=\left(\frac{177}{2\,850}×100\%\right)×\frac{2\,850}{1\,680}×\frac{1\,680}{880}=20.11\%$$

$$权益净利率变动=-4.48\%$$

与上年相比，权益净利率降低，公司整体业绩不如上年。其中，不利因素是销售净利率和总资产周转率下降；有利因素是权益乘数提高。利用连环替代法可以定量分析它们对权益净利率变动的影响程度。

（1）销售净利率变动的影响

$$按本年销售净利率计算的上年权益净利率=5\%×\frac{2\,850}{1\,680}×\frac{1\,680}{880}=16.19\%$$

$$销售净利率变动的影响=16.19\%-20.11\%=-3.92\%$$

（2）总资产周转率变动的影响

$$按本年销售净利率、总资产周转率计算的上年权益净利率=5\%×1.5×\frac{1\,680}{880}=14.32\%$$

$$总资产周转率变动的影响=14.32\%-16.19\%=-1.87\%$$

（3）权益乘数变动的影响

$$权益乘数变动的影响=15.63\%-14.32\%=1.31\%$$

通过分析可知，销售净利率降低构成了最重要的不利因素，使权益净利率减少3.92%；此外，资产周转率降低使权益净利率减少1.87%。权益乘数提高是有利的因素，使权益净利率增加1.31%。但不利因素超过有利因素，所以权益净利率减少4.48%。由此应重点关注销售净利率降低的原因。在分解之后进入下一层次的分析，分别考察销售净利率、资产利润率和权益乘数的变动原因。根据ABC公司的财务报表数据，杜邦财务分析体系的基本框架如图2-1所示。由此，可以层层分解找到权益净利率变动的底层影响因素。

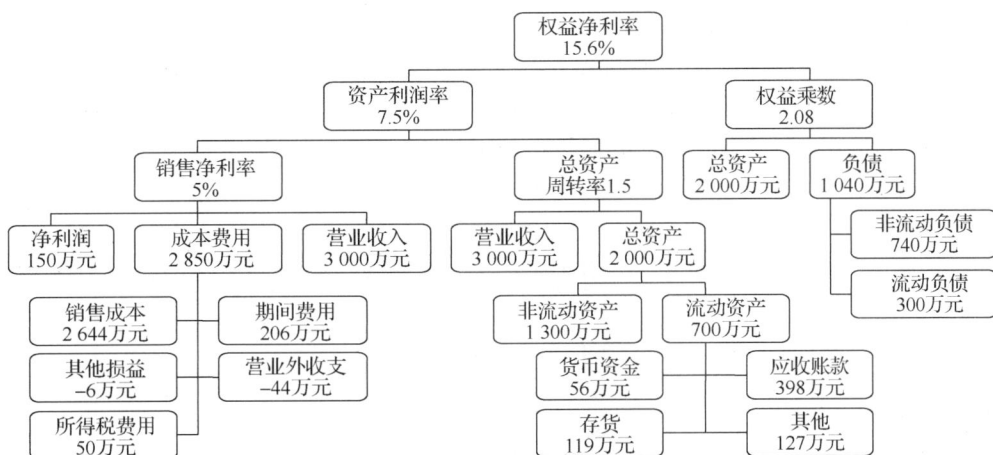

图 2-1 杜邦财务分析体系的基本框架

注：为方便计算，图中数据差异是四舍五入导致的，并非计算错误，余同。

讨论案例

正在受到"审计"的审计师们

21世纪初，安然公司由于伪造有关盈利、负债、支付给执行官的非法津贴和其他项目信息，受到严厉的处罚而破产。公司的审计师阿瑟·安德森及审计事务所一起制造了这些虚假信息。当证券交易委员会开始调查这一不法行为时，阿瑟·安德森不仅不予合作，而且销毁了重要文件。最终，安然公司破产，审计师阿瑟·安德森及其审计事务所也受到相应的惩罚。

为何阿瑟·安德森要冒巨大的审计风险而且核准了安然公司的财务报表？要得出答案就要联系往事。阿瑟·安德森利润最高的业务并不是审计，而是信息技术（IT）咨询业务。这些咨询业务是安然公司委托阿瑟·安德森及其审计事务所做的。对于阿瑟·安德森来说，一份5 000万美元的业务当然比一份500万美元的审计合同重要得多。很多情况下，为了拿到一份咨询合同，其就不得不在审计业务上"支持"客户。

其实，在安然公司丑闻出现之前，"五大"会计师事务所已经被迫把它们的咨询业务和审计业务分开，形成独立的法律实体。但是许多会计师事务所因规模所限，业务分离的进程比较缓慢。

2002年，美国批准了历史上最严厉的《萨班斯-奥克斯利法案》。该法案的主要规定有：成立一个独立的委员会，监督会计行业；制定新的处罚办法，包括伪造和销毁公司文件的长期监禁条款；限制审计事务所为委托人提供咨询服务，如果实际提供了咨询服务，需要充分公开披露；公司CEO和CFO对财务报表的真实性负有法律责任等。

该法案的目的不仅在于保证公司财务报告的真实性，而且也让投资者明白他们为投资所做分析的依据——财务报表的信息值得信任。

思考：本案例对你有何启示？

复习思考题

一、简答题

1. 财务报表分析服务的对象有哪些？
2. 分析财务报表时应选择哪些财务指标？除了这些财务指标还需要考虑哪些因素？
3. 财务报表分析的方法有哪些？如何加以应用？
4. 在进行财务综合分析时，一般使用什么方法？

二、计算题

RS 公司 2023 年资产负债表和利润表如表 2-10 和表 2-11 所示，试根据以下资料，简要分析讨论以下内容：（1）分析公司的偿债能力；（2）分析公司的营运能力；（3）分析公司的盈利能力；（4）对公司进行综合财务分析并对其经营状况提出建议。

表 2-10　　　　　　　　　　　　　　　　　RS 公司资产负债表

编制单位：RS 公司　　　　　　　　　　　2023 年 12 月 31 日　　　　　　　　　　（单位：万元）

资产	年初余额	年末余额	负债及股东权益	年初余额	年末余额
流动资产：			流动负债：		
货币资金	240	394	短期借款	200	160
应收账款	440	412	应付账款	360	480
存货	860	880	应交税费	196	210
流动资产合计	1 540	1 686	流动负债合计	756	850
非流动资产：			非流动负债：		
固定资产原值	1 350	1 400	长期借款	400	500
减：累计折旧	292	350	应付债券	300	300
固定资产净值	1 058	1 050	非流动负债合计	700	800
长期投资	160	460	负债合计	1 456	1 650
无形资产	200	300	所有者权益：		
			股本	720	720
			资本公积	156	156
			盈余公积	300	334
			未分配利润	326	636
非流动资产合计	1 418	1 810	所有者权益合计	1 502	1 846
资产总计	2 958	3 496	负债及股东权益总计	2 958	3 496

表 2-11　　　　　　　　　　　　　　　　　RS 公司利润表

编制单位：RS 公司　　　　　　　　　　　2023 年度　　　　　　　　　　　　　（单位：万元）

项目	上年金额	本年金额
一、营业收入	3 300	4 360
减：营业成本	1 900	2 982
税金及附加	165	260
销售费用	280	460
管理费用	212	240
财务费用	90	96
其中：利息费用	60	75
加：投资收益	18	64
二、营业利润	671	384
加：营业外收入	15	100
减：营业外支出	30	20
三、利润总额	656	464
减：所得税费用	170	124
四、净利润	486	340

第3章 财务管理的基本价值观念

📋 引导案例

慈善家贝特希·惠特尼女士以3万美元购得毕加索名画——《拿烟斗的男孩》。50多年后，该女士的后人将《拿烟斗的男孩》在纽约索思比拍卖行拍卖，并最终以创纪录的1.04亿美元（包括竞拍者的额外费用）价格成交，《拿烟斗的男孩》成为世界上"最昂贵的绘画"。该女士的后人从中可以获利1亿多美元，由此可见当初的投资是多么正确的选择！

可是，倘若当时的惠特尼女士没有购买这幅名画，而是拿着这3万美元去投资，若按照20%的投资收益率计算，50年后，这笔投资价值约为2.73亿美元，是拍卖价值的2倍多！究竟是什么神奇的力量在推动这些资产增值呢？

答案是货币时间价值，也就是本章重点阐述的内容之一。企业财务管理的目标是实现企业价值最大化，而这一目标很大程度上依赖于企业现金流量发生的时间，离开货币时间价值，许多财务决策将无法正确做出。要想取得满意的经济效益，企业就必须研究风险与收益的均衡。利率和通货膨胀直接关系到企业筹资成本的高低，从而影响其利润水平。以上这些基本观念构成了现代企业财务管理的基础。

⭐ 学习目标

- 掌握货币时间价值的基本概念；
- 掌握复利终值和复利现值的计算公式并熟练应用；
- 掌握各类年金终值与年金现值的计算公式并熟练应用；
- 理解风险和收益的含义，风险的类别、产生原因；
- 理解利率和通货膨胀的含义及其对财务管理活动的影响。

3.1 货币时间价值

如果你突然收到一张事先不知道的1 260亿美元的账单，你一定会大吃一惊。瑞士田纳西镇的一家银行收到应向投资者支付1 260亿美元的账单时，也惊呆了。原来，这一切源于1966年的一笔存款。1966年，斯兰黑不动产公司在田纳西镇的一家银行存入一笔6亿美元的存款，并要求银行按每周1%的利率（复利）支付利息。1994年，纽约布鲁克林法院做出判决：从存款日到对田纳西镇该银行进行清算的7年中，这笔存款按每周1%的复利计息，而在银行清算后的21年中，每年应按8.54%的复利计息，共计1 260亿美元。货币时间价值导致了这笔巨额账单的产生！

货币时间价值，即货币在使用过程中随着时间变化发生的增值，是货币经历一定时间的投资和再投资所增加的价值，也称资金时间价值。货币为什么会产生时间价值，主要原因如下。

一是货币时间价值是货币在周转使用中产生的，货币投入生产经营过程后，随着时间的持续价值不断增长。时间价值是在生产经营中产生的。企业资金循环和周转的起点是投入货币资金，企业用它来购买所需的资源，然后生产出新的产品，产品出售时得到的货币量大于最初投入的货币量。资金的循环和周转及因此实现的货币增值是需要时间的，每经过一次循环，货币就增加一定数额，周转的次数越多，增值额也越大。随着时间的延续，货币总量在循环的周转中按几何级数增长，使得货币具有时间价值。

马克思在《资本论》中指出："作为资本，货币的流通本身就是目的，因为只有在这个不断更新的运动中才有价值的增值。""如果把它从流通中取出来，那它就凝固为贮藏货币，即使藏到世界末日，也不会增加分毫。"

正如培根所说："金钱就像粪土，只有播撒出去后才是好东西。"

二是货币时间价值是货币的所有者让渡货币使用权参与社会财富分配的一种形式。在市场经济条件下，货币作为一种必需的生产要素，在投入生产过程后，会取得相应的报酬。经过一段时间的周转之后，货币自身的价值得到增加。今天的一元钱和明天的一元钱，价值不相等。

总之，货币资金在资金循环过程中一直不断增值，不同时间点上资金的筹集、投放、使用和回收的价值是不等的，这就是货币时间价值的本质。

3.1.1 货币时间价值的意义

如何成为百万富翁？这里有三个简单的致富计划。计划1：每月将500元投入到年回报为10%的投资产品中（如投资基金和股票），29年后，你就会成为百万富翁。计划2：每月将2 500元投入到年回报为2%的投资产品中（如银行存款），26年后，你就会成为百万富翁。计划3：每月将1 000元投入到年回报为5%的投资产品中（如投资基金和债券），33年后，你就会成为百万富翁。由此不难发现，时间长度和回报率决定了时间价值的大小，特别是时间长度。活得久的人常常是富有的。

货币时间价值原理不仅对个人理财具有很大帮助，而且广泛应用于公司的价值评估、项目投资预算、债券价值评估、股票价值评估等各方面，对公司财务管理影响重大。

树立货币时间价值的观念，在公司财务管理活动中具有重要意义。从量上分析资金筹集、投放、使用和收回，了解不同时点上收到或付出的资金价值之间的数量关系，寻找适用于决策方案的数学模型，均有助于提升财务决策的质量。

利洁公司是一家物业管理公司，发展处于同行业领先水平。企业拟增加经营项目，引进先进的生产设备。该设备的引进不仅可以提高保洁员工的工作效率，同时也能够为公司承揽技术含量高的保洁业务做好准备。该设备价款100万元，公司计划从银行获取贷款，贷款的年利率为10%，贷款期限为10年。银行提出以下4种还款方式让公司自行选定，以便签订借款合同。这4种还款方式为：（1）每年末只付利息，贷款期末一次付清本金；（2）全部本息在贷款到期时一次付清；（3）贷款期间每年末偿还等额本息；（4）在贷款期限过半后，每年末再偿还等额本息。如何选择正确的还款方式，货币时间价值能够帮助公司做出正确决策，从而对公司财务管理产生重大影响。

通过理解和掌握货币时间价值的意义，公司和家庭可改变财务管理的思想和陈旧观念，采取动态、主动、积极的态度来进行财务管理，用动态的眼光去看待资金，加强资金管理工作，提高资金使用的经济效率。

首先，货币资金不能存储起来，因为其丧失交换功能后就会随着时间的持续而贬值。

其次，货币资金要参与到资本市场中。在资本市场中，投资方（资金拥有者）和融资方（资金需求者）交换货币资金的使用权，融资方要为使用权付出代价（即资金成本），投资方获取让渡使用权的收益（即投资收益），若不存在所得税和交易费用、信息完全透明，则投资收益等于资金成本，参与到市场中的货币资金可以获得市场的平均收益率。

最后，货币资金要抵御风险。由于未来的投资收益具有风险，目前投入的货币资金在未来回收时可能完全回收并取得收益，也可能血本无归，这就促使资金拥有者在考虑未来收益的同时考虑风险承受能力。

3.1.2 货币时间价值的工具——现金流量示意图

时间价值与现金流有关。为了在价值上进行比较，我们需要将不同时点上的现金流，按一定的折现率，折算到同一时点上。现金流量示意图能够直观地反映每一时点上资金的流向和数量。它明确了不同时点上具体发生的资金情况，即资金运动发生的时间、流向和数量。现金流量示意图将资金情况作为时间的函数用图形和数字表示出来。在现金流量示意图中，横轴表示时点，从各个时点上引出的不同方向的纵向箭头线表示发生在那个时点上的现金的流入或流出，现金流的大小由箭头线旁的数字表示。图3-1所示就是一个现金流量示意图，表示在0时点和2时点分别有100单位和200单位的现金流入，在1时点有150单位的现金流出。

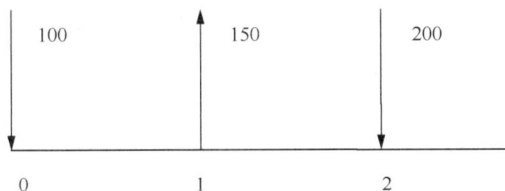

图3-1 现金流量示意图

3.1.3 货币时间价值的计算

由于货币具有时间价值，不同时间的单位货币价值不相等，不同时间的货币收入不能直接进行比较，需要使用计算利息的各种方法，把不同时间的货币折算到相同的时间基础上，然后才能进行大小的比较和比率的计算。换算时主要有单利的现值和终值、复利的现值和终值，以及各种年金的现值和终值。

1. 单利的现值和终值

单利是指在规定的期限内只计算本金的利息，每期的利息不计入下一期计息的本金，不产生新的利息收入。

假如，期初投入资金为P，每期利息率为i，则经过n期后，可以获得资金F的计算公式为：

$$F=P(1+i \cdot n) \tag{3-1}$$

单利法下的现值为：

$$P = \frac{F}{1+i \cdot n} \tag{3-2}$$

从单利法计算公式中可以看到，在本金P和利息率i一定的情况下，每期的利息是相同的。若期数n相同，则整个期间的利息总额也是相同的，与开始计息的起点无关。

2. 复利的现值和终值

复利现象在生活中很常见，在自然界中也可以找寻到它的存在。初夏时节，荷塘里嫩绿的浮萍开始零星地出现，最初荷塘里只有一两片，然后每天慢慢地增加，直到蝉声四起的时候，一半荷塘还是空荡荡的。但是一夜之间，浮萍会突然奇迹般地占满整个水面。其实，浮萍是以指数增长的形式分蘖的，越到后来，增长速度就会越快。

很多人小时候都曾有过小储蓄罐，事实上，如果你能够每天成倍地往储蓄罐里丢一枚一分钱硬币，结果是相当令人吃惊的。也就是说，第一天丢进一枚硬币，第二天丢进两枚，第三天四枚，第四天八枚，每天成倍地投入进去。只要你能按这种方法严格执行一个月，到了月底，你的储蓄罐如果还没有爆裂的话，你将会成为百万富翁，而且是五个百万富翁，因为里面已经有了5亿枚一分钱的硬币，这就是复利的威力。正如爱因斯坦所说："复利的计算是人类世界的第八大奇迹。"

复利，不同于单利，它将每期的利息收入在下期转化为本金，产生新的利息收入，即所谓的"利滚利"，充分体现了货币时间价值。企业一旦掌握了可供使用的资金，应尽快将其投入合适的使用活动，以获取新的收益，否则将会造成资金的浪费。在讨论货币时间价值时，均采用复利的计算方法。

（1）终值计算

富兰克林利用风筝捕捉雷电，从而发明了避雷针。这位在美国历史上享有国际声誉的科学家，死后留下的遗嘱甚为有趣。遗嘱的内容大概是这样的："我将从财产中拿出1 000英镑赠送给波士顿的居民。他们如果接受了这笔钱，就应该挑选公民代表来经营这笔钱。首先，按5%的年利率，将这笔钱借给年轻的手工业者，那么100年之后这笔钱就增加了130 000英镑。然后，拿出其中的100 000英镑来建一所公共建筑物，剩下的30 000英镑继续用来借贷生息，那么第二个100年之后，这笔钱就增加到了4 061 000英镑。此时，我想拿出3 000 000英镑让马萨诸塞州的公众来支配，剩下的仍然由波士顿的居民来管理。之后，这笔钱的管理，我也不敢多作主张了！"富兰克林本来只有1 000英镑遗产，但在遗嘱中却包含了几百万英镑财产的分配，这究竟是"信口开河"，还是"言而有据"呢？事实上，只要借助复利公式，我们完全可以通过计算而做出自己的判断。

如果期初（第一年年初或第 0 年年末）投入为 P，以后不再投入，n 年后的本利和为 F_n，图 3-2 所示为其现金流量示意图。

按照复利法计算第 n 年年末本利和 F_n，如表 3-1 所示。

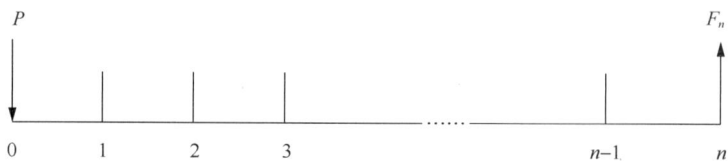

（0点表示第一年年初，1点表示第一年年末，同时又是第二年年初，余下的依次类推）

图 3-2　资金一次投入现金流量示意图

表 3-1　　　　　　　　　　　　　复利法各年本利和

年	各年年初本金	各年利息	各年年末本利和
1	P	Pi	$P+Pi=P(1+i)$
2	$P(1+i)$	$P(1+i)i$	$P(1+i)+P(1+i)i=P(1+i)^2$
3	$P(1+i)^2$	$P(1+i)^2i$	$P(1+i)^2+P(1+i)^2i=P(1+i)^3$
…	…	…	…
n	$P(1+i)^{n-1}$	$P(1+i)^{n-1}i$	$P(1+i)^{n-1}+P(1+i)^{n-1}i=P(1+i)^n$

从表 3-1 中可知，第 n 年年末的本利和为：

$$F_n=P(1+i)^n \tag{3-3}$$

在式（3-3）中，P 为现值，F_n 是终值，$(1+i)^n$ 常用符号（F/P，i，n）表示，称为复利终值系数。则：

$$F_n=P(F/P,\ i,\ n) \tag{3-4}$$

对不同的 i 和 n，其终值系数可通过查阅终值系数表直接得到。

例3-1　某人以10%的年利率从银行借款10 000元，期限为5年，如图3-3所示，采用复利计息，求第5年年末时他应该偿还的本金和利息共为多少钱？

其现金流量示意图如图3-3所示。

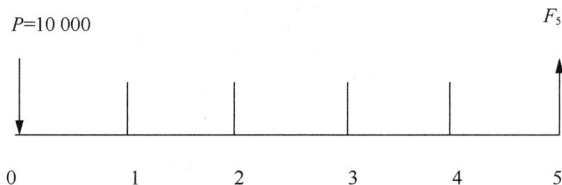

图 3-3　现金流量示意图

解： $F_n = P(1+i)^n$

$F_5 = 10\,000 \times (1+10\%)^5 = 10\,000 \times 1.610\,5^① = 16\,105$（元）

或者：$F_n = P(F/P, i, n)$

$F_5 = 10\,000(F/P, 10\%, 5) = 10\,000 \times 1.610\,5 = 16\,105$（元）

（2）现值计算

复利现值是复利终值的逆运算，指未来一定时间的特定资金按复利计算的现在价值，或者说是为取得未来一定本利现在所需要的本金。

由式（3-3）可以得出：

$$P = F_n \frac{1}{(1+i)^n} \tag{3-5}$$

在式（3-5）中，$\dfrac{1}{(1+i)^n}$ 可以用符号 $(P/F, i, n)$ 表示，称为复利现值系数。则：

$$P = F_n(P/F, i, n) \tag{3-6}$$

例3-2　某人想进行投资，如果已知投资报酬率为10%，希望5年后能获得本利和10 000元，如图3-4所示，那么现在他应该投入多少钱？

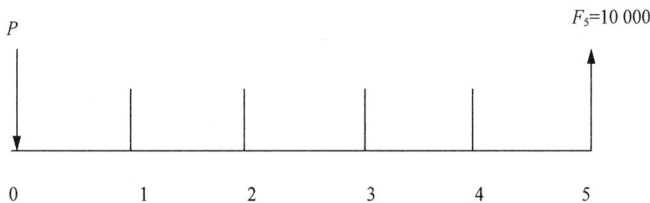

图 3-4　现金流量示意图

解： 由式（3-5）和式（3-6）可得：

$$P = F_n \frac{1}{(1+i)^n} = 10\,000 \times \frac{1}{(1+10\%)^5} = 10\,000 \times 0.621\,0 = 6\,210 \text{（元）}$$

或者：$P = F_n(P/F, i, n) = 10\,000 \times (P/F, 10\%, 5) = 10\,000 \times 0.621\,0 = 6\,210$（元）

3. 年金的现值和终值

在现实经济生活中，分期付款赊购、分期偿还贷款、发放养老金等，具有每次收付相同金额的特点，这样的系列收付款我们称为年金，即等额、定期的系列收支[②]。年金按其每次收付发生的时点不同，可分为普通年金、预付年金、递延年金和永续年金。

（1）普通年金

普通年金是指一定时期内每期期末等额收付的系列款项，又称后付年金。

① 普通年金终值

普通年金终值是一定时期内每期期末收付款项的复利终值之和。这种年金最为常见，它相当于零存整取的本利和，各期收支款项的复利终值之和，如图 3-5 所示。

---

① 为便于计算，此类数据有些保留至小数点后四位，有些保留至后三位。

② Megginson W, Smart S. Introduction to Corporate Finance[M]. Cengage Learning, 2008.

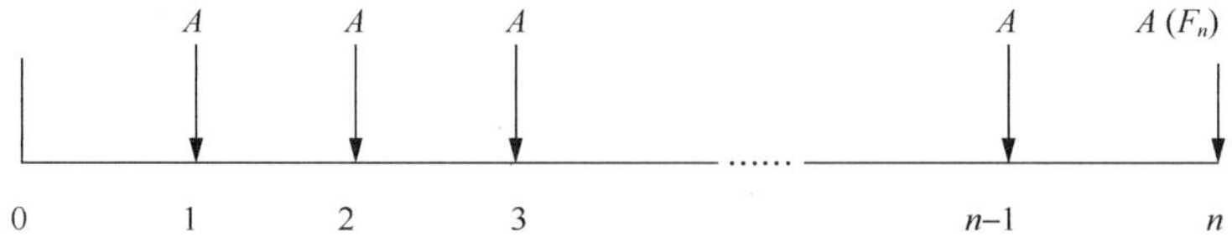

图 3-5 等额发生示意图

设各年年末投入的等额资金量为 A，年利率为 i，则终值 F_n 的计算方式如下。

第 1 年年末的 A 折现到第 n 年年末的本利和为：$A(1+i)^{n-1}$

第 2 年年末的 A 折现到第 n 年年末的本利和为：$A(1+i)^{n-2}$

第 3 年年末的 A 折现到第 n 年年末的本利和为：$A(1+i)^{n-3}$

第（$n-1$）年年末的 A 折现到第 n 年年末的本利和为：$A(1+i)^{n-(n-1)}=A(1+i)^1$

第 n 年年末的 A 折现到第 n 年年末的本利和为：$A(1+i)^{n-n}=A(1+i)^0$

因此

$$F_n = \sum_{j=1}^{n} A(1+i)^{n-j} = A\sum_{j=1}^{n}(1+i)^{n-j}$$

$$= A[(1+i)^{n-1}+(1+i)^{n-2}+\cdots+(1+i)^2+(1+i)^1+(1+i)^0]$$

$$= A\frac{(1+i)^n-1}{i} \qquad (3-7)$$

将 $\frac{(1+i)^n-1}{i}$ 用符号表示为 $(F/A, i, n)$，称为年金终值系数，则式（3-7）可以表示为：

$$F_n = A(F/A, i, n) \qquad (3-8)$$

所以，已知终值（F_n）求各年等额发生量的公式为：

$$A = F_n\frac{i}{(1+i)^n-1} \qquad (3-9)$$

将 $\frac{i}{(1+i)^n-1}$ 用符号表示为 $(A/F, i, n)$，称为偿债基金系数，则式（3-9）可以表示为：

$$A = F_n(A/F, i, n) \qquad (3-10)$$

例3-3 某人每年年末均可获得公司分红5万元，如果其将这部分钱进行投资，投资报酬率为10%，到第5年年末时一次取出的本利和为多少？

现金流量示意图如图3-6所示。

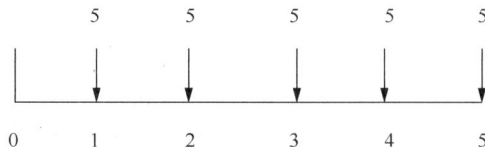

图 3-6 现金流量示意图

解： 由式（3-7）得：

$$F_n = A\frac{(1+i)^n-1}{i}$$

$$F_5 = 5\frac{(1+10\%)^5-1}{10\%} = 5\times6.1051 = 30.5255（万元）$$

② 普通年金现值

普通年金现值是指为在每期期末取得相等金额的款项，现在需要投入的金额，如图 3-7 所示。

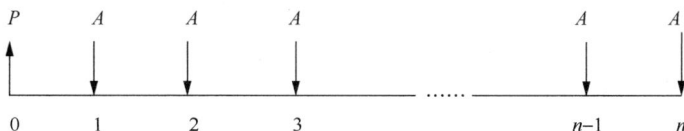

图 3-7 等额投入与现值关系示意图

由式（3-5）和式（3-7）不难得到：

$$P = A\frac{(1+i)^n - 1}{i(1+i)^n}$$ （3-11）

将 $\frac{(1+i)^n - 1}{i(1+i)^n}$ 用符号（P/A，i，n）表示，称为年金现值系数。则：

$$P = A(P/A，i，n)$$ （3-12）

由式（3-11）和式（3-12）可知，若已知一次期初（第一年年初或第 0 年年末）投入，求各年年末等额量为多少，则很容易得到下式：

$$A = P\frac{i(1+i)^n}{(1+i)^n - 1}$$ （3-13）

将 $\frac{i(1+i)^n}{(1+i)^n - 1}$ 用符号（A/P，i，n）表示，称为投资回收系数，则式（3-13）可以表示为：

$$A = P(A/P，i，n)$$ （3-14）

例3-4 某企业从银行贷款50万元投资于某项目，若偿还期为10年，每年年末偿还相等的金额，贷款年利率为8%，试求每年年末应偿还多少？

现金流量示意图如图3-8所示。

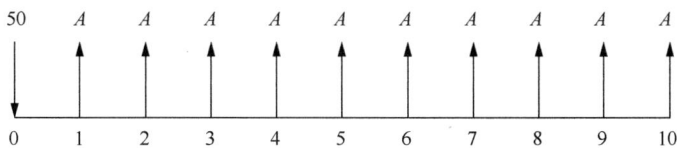

图 3-8 现金流量示意图

解： 由式（3-13）可得：

$$A = P\frac{i(1+i)^n}{(1+i)^n - 1} = P(A/P，i，n) = 50(A/P，8\%，10) = 7.45（万元）$$

（2）预付年金

预付年金是指一定时期内每期期初等额收付的系列款项，又称即付年金、先付年金。预付年金与普通年金的区别仅在于付款时间不同。

① 预付年金终值

预付年金终值是其最后一期期末的本利和，是各期收付款项的复利终值之和。n 期预付年金终值与 n 期普通年金终值之间的关系如图 3-9 所示。

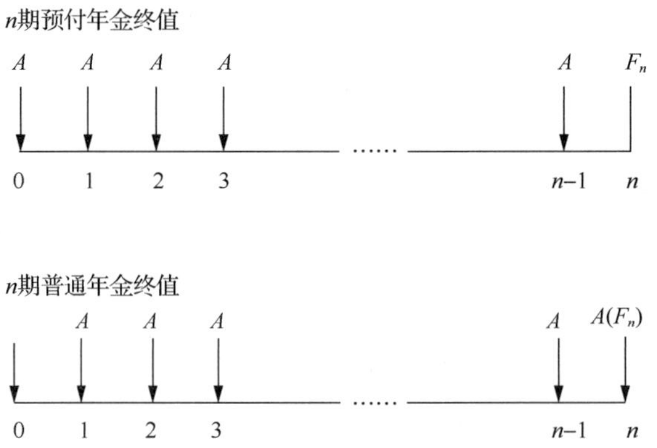

*n*期预付年金终值

*n*期普通年金终值

图 3-9　预付年金终值与普通年金终值关系图解

从图 3-9 中可知，*n* 期预付年金与 *n* 期普通年金的付款次数相同，但由于付款时间不同，*n* 期预付年金终值比 *n* 期普通年金终值多计算一期利息。因此，在 *n* 期普通年金终值的基础上乘以（1+*i*），就是 *n* 期预付年金终值。即：

$$F_n = A \cdot [\frac{(1+i)^n - 1}{i}] \cdot (1+i)$$

$$= A \cdot [\frac{(1+i)^{n+1} - (1+i)}{i}] \quad (3\text{-}15)$$

将 $[\frac{(1+i)^{n+1} - 1}{i} - 1]$ 用符号表示为 $[(F/A, i, n+1) - 1]$，称为预付年金终值系数。

$$F_n = A \cdot [(F/A, i, n+1) - 1] \quad (3\text{-}16)$$

我们可在年金终值系数表中查得（*n*+1）期的值，然后减去 1，便可得到对应的预付年金终值系数。

例3-5　某公司决定连续5年每年年初存入100万元作为住房基金，银行存款利率为10%。则该公司在第5年年末一次取出本利和多少元？

现金流量示意图如图3-10所示。

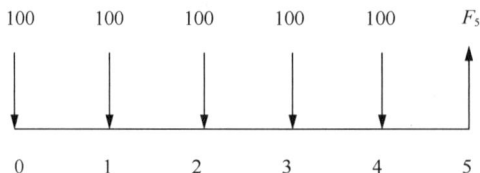

图 3-10　现金流量示意图

解： 由式（3-15）可得：

$$F_5 = A\left[\frac{(1+i)^{n+1} - 1}{i} - 1\right] = 100\left[\frac{(1+10\%)^{5+1} - 1}{10\%} - 1\right] = 671.56（万元）$$

② 预付年金现值

n 期预付年金现值与 *n* 期普通年金现值之间的关系如图 3-11 所示。

从图 3-11 中可知，*n* 期预付年金现值与 *n* 期普通年金现值的期限相同，但由于付款时间不同，*n* 期预付年金现值比 *n* 期普通年金现值多折现一期。所以，在 *n* 期普通年金现值的基础上乘以（1+*i*），便可求出 *n* 期预付年金的现值。即

n期预付年金现值

$$P, A \quad A \quad A \quad A \qquad\qquad A \quad F_n$$

```
0    1    2    3  ......        n-1   n
```

n期普通年金现值

$$P \quad A \quad A \quad A \qquad\qquad A \quad A(F_n)$$

```
0    1    2    3  ......        n-1   n
```

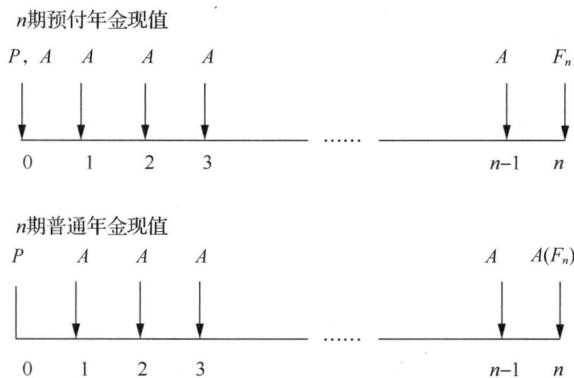

图 3-11　预付年金现值与普通年金现值关系图解

$$P = A \cdot \left[\frac{(1+i)^n - 1}{i(1+i)^n} \right] \cdot (1+i)$$

$$= A \cdot \left[\frac{1-(1+i)^{-(n-1)}}{i} + 1 \right] \tag{3-17}$$

将 $\left[\dfrac{1-(1+i)^{-(n-1)}}{i} + 1 \right]$ 用符号表示为 $[(P/A,\ i,\ n-1)+1]$，称为预付年金现值系数，则式（3-17）可以表示为：

$$P = A[(P/A,\ i,\ n-1)+1] \tag{3-18}$$

我们可在一元年金现值系数表中查得（$n-1$）期的值，然后加上 1，便可得到对应的预付年金现值系数。

例3-6　某公司现购得一台设备，在5年中每年年初支付购买货款10万元，利息率为8%，这种分期付款相当于一次现金支付的购价是多少？

现金流量示意图如图3-12所示。

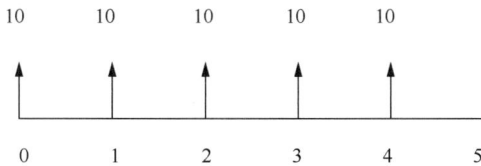

$$10 \qquad 10 \qquad 10 \qquad 10 \qquad 10$$

```
0     1     2     3     4     5
```

图 3-12　现金流量示意图

解： 由式（3-17）可得：

$$P = A \cdot \left[\frac{1-(1+i)^{-(n-1)}}{i} + 1 \right] = 10 \times 4.3121 = 43.121 \text{（万元）}$$

（3）递延年金

递延年金是指第一次收付发生在第二期或以后各期的年金，是普通年金的特殊形式。显然，递延年金终值与递延期数无关，其计算方法与普通年金终值相同。

例3-7　某公司向银行借入一笔钱，贷款年利率为10%，银行规定前5年不用还本付息，但从第6年到第10年每年年末偿付本息10 000元。问该笔贷款的现值是多少？

现金流量示意图如图3-13所示。

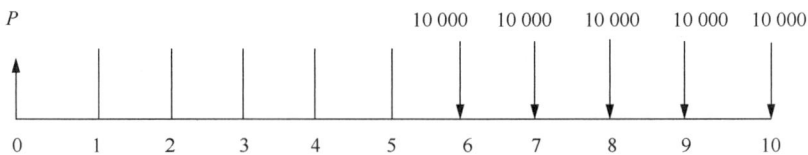

图3-13 现金流量示意图

解： 由式（3-12）和式（3-6）可得

$$P=10\,000\,(P/A, 10\%, 5)\,(P/F, 10\%, 5)=23\,537.08\,（元）$$

（4）永续年金

拿破仑时期，英国政府曾经发行一种债券，每年利息为90英镑，债权人的下一代也可以领取。著名的诺贝尔奖是以阿尔弗雷德·贝恩哈德·诺贝尔的部分遗产作为基金创立的，他在遗嘱中提出，将部分遗产（920万美元）作为基金，以其利息分设物理学、化学、生理学或医学、文学及和平（后添加了经济学奖）五个奖项，授予世界各国在这些领域对人类做出重大贡献的学者。这些都是典型的永续年金的例子。

永续年金是指支付限期为无限期的年金。在实际经济生活中，无限期债券、优先股股利、奖励基金都属于永续年金。永续年金没有终止的时间，所以没有终值。

永续年金现值公式可从普通年金现值的计算公式中推导出来：

$$P = \lim_{n \to \infty} \left[A \cdot \frac{(1+i)^n - 1}{i(1+i)^n} \right] = \frac{A}{i} \tag{3-19}$$

例3-8 某人持有某公司的优先股，每年年末获得10 000元固定股息，若利息率为10%，则其永续年金现值为多少？

解： 根据式（3-19）可得

$$P = \frac{A}{i} = \frac{10\,000}{10\%} = 100\,000\,（元）$$

3.2 风险与收益

3.2.1 风险的含义与分类

1. 风险的含义

一般来说，风险是指在一定条件下和一定时期内可能发生的各种结果的变动程度。变动程度越大，风险越大。风险是事件本身的不确定性，具有客观性。

关于"风险"一词的由来，最为普遍的说法是：远古时期，渔民们以打渔捕捞为生，每次出海前都要祈祷神灵保佑自己在出海时能够风平浪静，满载而归；通过长期捕捞实践，他们深深地体会到"风"会带来许多不确定的危险，换句话说，"风"即意味着"险"，"风险"的定义便由此而来。

风险是在"一定条件下"的风险，在不同的条件下，如在不同的时间买不同的股票、买不同数量的股票，其风险是不一样的。这就是说，投资的风险是客观存在的，是否愿意去冒风险及冒多大风险是可以选择的，是可以主观决策的。风险的大小随时间的变化而变化，可以说是"一定时期内"的风险。例如，对一个投资项目进行成本估计，事先的预计可能不会很准确，但随着时间的延续，事件的不确定性在减少，越接近完工则预计越准确，项目完成，其结果也就完全确定了。

风险的产生,来自获取某些信息的成本过高,或者对有些事情的未来发展事先不能确知,或者即使知道事情未来可能会发生但无法控制。如政府政策的变化,顾客需求的改变,供应商的违约等都会导致价格、销量、成本等发生预想不到并且无法控制的变化,从而使企业面临风险。

2. 风险与不确定性

严格来说,风险和不确定性是有区别的。风险是指事先可以知道所有可能的结果,以及每种结果发生的概率;而不确定性则是指事前并不知道所有可能的结果,或者虽然知道可能的结果但无法知道它们发生的概率。在实务操作中对风险和不确定性不做严格区分,都视为"风险"问题对待,一般把风险理解为"可测定概率"的不确定性。

风险可能给投资人带来超出预期的收益,也可能带来超出预期的损失。从财务的角度来说,风险主要是指无法达到预期收益的可能性。一般来说,投资者对意外损失的关注要比对意外收益的关注多。因此,人们研究风险时侧重于减少风险,经常把风险看成不利事件发生的可能性而要求规避风险。

3. 风险的分类

风险从不同的角度看有不同的分类,如分为纯粹风险和投机性风险[1];固有风险和剩余风险[2]。本书从单个投资主体和企业经营本身两个角度对风险进行了如下分类。

(1)从单个投资主体的角度,根据能否被分散,风险分为系统风险和非系统风险。系统风险是指那些影响所有企业的因素引起的风险,也称为市场风险,如经济危机、自然灾害、战争等。这类风险影响所有的投资对象,不能通过多样化投资来分散,因此,又称为不可分散风险。非系统风险是指只影响个别企业的特有事件而造成的风险,又称为特有风险。例如,企业新产品开发风险、事故风险等。这种风险是随机发生的,有时是可以避免的,可通过多样化投资来分散,又称为可分散风险。

2024年8月5日,美国资本市场遭遇黑色星期一。英伟达开盘大跌超过12%,市值蒸发超过3 000亿美元;苹果大跌超过7%,市值蒸发近3 000亿美元;谷歌大跌5%,市值蒸发超过千亿美元,亚马逊大跌超过9%,市值蒸发超过1 600亿美元。资本市场下跌就是发生了系统风险,其中的上市公司难以幸免。就像乘船旅行,在巨大的暴风雨面前,几乎所有旅客的危险程度都是一样的,这就是系统风险。而在一场陆地越野赛中,即使偶遇暴风雨,有预防装备与极端天气知识准备的参赛者相比而言更安全,这是一种非系统风险。

(2)从企业经营本身的角度,风险分为经营风险和财务风险。经营风险是指生产经营的不确定性带来的风险,它是任何企业经营活动都会面临的风险。企业经营活动的每一环节都会有风险,而且有些风险往往是企业无法控制的。财务风险是指企业因负债经营而增加的风险。若企业不借钱,全部使用股东的资本,那么就不会出现财务风险,而只有经营风险。企业只要负债经营,就可能发生财务风险。

当今世界上因财务风险而倒闭破产的公司,甚至是特大公司不在少数,如安然公司。因此,忽视财务风险给公司带来的后果是很严重的。

3.2.2 风险与收益的关系

传统经济学家在分析风险与收益之间的关系时,一般都会基于传统经济学的假设认为两者

---

[1] Mowbray AH, Blanchard RH, Williams CA. Insurance; Its Theory and Practice in the United States[M]. McGraw-Hill, 1969.

[2] Committee of Sponsoring Organizations of the Treadway Commission. (COSO). Enterprise Risk Management–Integrated Framework: Executive Summary,2004.

存在正相关关系，即高风险高收益[1][2]。然而，著名的"Bowman 悖论"表明两者关系存在不确定性，风险与收益也会存在负相关的关系[3]。

公司的任何活动都是在有风险的情况下进行的。投资者在有风险的条件下进行投资而获得的超过货币时间价值的额外收益，称为风险收益，或风险报酬。在企业财务管理中，风险收益通常用相对数即风险收益率来表示。所谓风险收益率，是指投资者因冒风险进行投资活动而获得的超过时间价值率的那部分额外收益率，即风险报酬额与原投资额的比率。风险收益率的大小主要取决于两个因素：风险大小和风险价格。在风险市场上，风险价格的高低取决于投资者对风险的偏好程度。

如果忽略通货膨胀因素的影响，投资收益率就是无风险收益率——货币时间价值率和有风险的投资收益率即风险收益率之和。用公式表示就是：

投资收益率=无风险收益率+风险收益率

一般投资者总是力求冒较小的风险，得到尽可能多的收益，至少是风险与收益大体相当。

未来的不确定性如同云缠雾绕一般，令人茫然无措。若有清风吹散一些迷雾，会帮人们把前路看得清楚些。风向难以掌握，但我们应该学会感知风向。所谓"感知风向"，就是指事先对风险进行衡量。

3.2.3 风险收益的计量

财务人员为了通过财务活动达到企业价值最大化的目标，必须正确地处理风险与收益这一对财务过程中的基本矛盾。这就要对风险进行科学的衡量，以实现在收益最大化的情况下将风险降至最低的目的。衡量风险主要使用概率和统计的方法。

1. 概率分布

某一事件出现的可能性可以用概率表示。而把每种可能性或结果列示出来，并给予一种概率，就构成了概率分布。概率分布是指某一事件各种结果发生可能性的概率分配。任何一个事件的概率分布都必须符合以下两个规则。

① $0 \leqslant P_i \leqslant 1$；② $\sum_{i=1}^{n} P_i = 1$。

例3-9 假设某企业有一个投资项目，现有A、B两个方案可供选择。这两个方案在未来三种经济状况下的预期收益率及其概率分布如表3-2所示。

表3-2　　　　　　　　A、B两个方案预期收益率及其概率分布表

经济情况	发生概率	A方案预期收益率	B方案预期收益率
繁荣	30%	90%	20%
正常	40%	15%	15%
衰退	30%	-60%	10%
合计	1.0		

在这里，概率既表示每一种经济状况出现的可能性，又表示各种不同预期收益率出现的可能性。例如，当未来经济情况出现繁荣的可能性有30%时，A方案可以获得高达90%的收益率，这也就是说，采纳A方案获利90%的机会是30%。为了方便分析，这里我们只考虑了经济情况这一个影响收益率的因素，当然，收益率还受到其他多种因素的影响。

分析师喜欢说："你有80%的概率获得7%的回报，但是可能有20%的概率会失去投资总额的

① Schwert G W. A Theory of Market Equilibrium under Conditions of Risk[J]. Journal of Finance, 1989, 19: 425-442.
② Fama E F, MacBeth J D. Risk, Return, and Equilibrium: Empirical Tests[J]. The Journal of Political Economy, 1973, (3): 607-636.
③ Bowman E H. A Risk/Return Paradox for Strategic Management[J]. Sloan Management Review, 1980,21(3): 17-31.

三分之一。"概率的好处是可度量，但是概率只对长期普遍的情形有效，对具体的一次性的决策作用不大。

2. 期望收益率

期望收益率是概率分布的平均值，即对每种可能的收益率按其各自的概率进行加权平均所得的收益率。期望收益率可按下列公式计算：

$$\overline{K} = \sum_{i=1}^{n} K_i P_i \tag{3-20}$$

式中：$\overline{K}$——期望收益率；

K_i——第 i 种可能的收益率；

P_i——第 i 种可能结果的概率；

n——所有可能结果的数目。

在例 3-9 中，A 方案的期望收益率为：

$$\overline{K} = 30\% \times 90\% + 40\% \times 15\% + 30\% \times (-60\%) = 15\%$$

B 方案的期望收益率为：

$$\overline{K} = 30\% \times 20\% + 40\% \times 15\% + 30\% \times 10\% = 15\%$$

两个方案的预期收益率相同，但其概率分布并不相同，A 方案收益率的分散程度大于 B 方案。这说明两个方案风险程度不同，要运用离散程度来定量地衡量风险大小。

3. 离散程度

最常用的表示随机变量离散程度的参数是方差和标准差。

人们常采用收益分布的方差对风险进行测算，方差是用来表示随机变量与期望值之间离散程度的一个量数，通常用 σ^2 表示。其计算公式为：

$$\sigma^2 = \sum_{i=1}^{n} (K_i - \overline{K})^2 \times P_i \tag{3-21}$$

标准差也称为均方差，是方差的平方根。它是各种可能的收益率偏离期望收益率的综合差异。实际上人们一般都是运用标准差来衡量某一事件可能结果的概率分布的宽窄程度，以此来对决策对象各种可能结果的离散程度进行衡量。标准差越小，说明离散程度越低，风险也就越小。标准差通常用 σ 表示，其计算公式为：

$$\sigma = \sqrt{\sum_{i=1}^{n} (K_i - \overline{K})^2 \times P_i} \tag{3-22}$$

例 3-9 中方案 A 的标准差为：

$$\sigma_A = \sqrt{(90\% - 15\%)^2 \times 30\% + (15\% - 15\%)^2 \times 40\% + (-60\% - 15\%)^2 \times 30\%} = 58.09\%$$

方案 B 的标准差为：

$$\sigma_B = \sqrt{(20\% - 15\%)^2 \times 30\% + (15\% - 15\%)^2 \times 40\% + (10\% - 15\%)^2 \times 30\%} = 3.87\%$$

可见，A 方案和 B 方案的期望收益率相同，但 A 方案的风险要比 B 方案的风险大得多。

4. 标准差率

标准差是反映随机变量离散程度的一个指标。但它是一个绝对值，而不是一个相对量，只能用来比较期望收益率相同的各项投资的风险程度，而不能用来比较期望收益率不同的各项投资的风险程度。为了比较不同期望收益率的项目的风险程度，需要用到标准差同期望收益率的比值，即标准差率，也称为标准差系数。其计算公式为：

$$V = \frac{\sigma}{\overline{K}} \times 100\% \tag{3-23}$$

式中：V——标准差率。

例 3-9 中，A 方案的标准差率为：

$$V_A = \frac{\sigma_A}{\overline{K}_A} \times 100\% = \frac{58.09\%}{15\%} \times 100\% \approx 387.3\%$$

B 方案的标准差率为：

$$V_B = \frac{\sigma_B}{\overline{K}_B} \times 100\% = \frac{3.87\%}{15\%} \times 100\% = 25.8\%$$

这个结果说明 A 方案为了获得 1%的收益而承担了 387.3%的标准差，而 B 方案只承担了 25.8%的标准差，所以 B 方案更优。例 3-9 中，两个方案的期望收益率相等，可直接根据标准差来比较方案的风险程度，但如果期望收益率不等，则必须计算标准差率才能比较方案的风险程度。

假设例 3-9 中 A 方案的期望收益率为 20%，B 方案的期望收益率为 15%，则在此情况下需要求出这两个方案的标准差率后才能比较。计算方法为：

$$\sigma_A = \sqrt{(90\%-20\%)^2 \times 30\% + (15\%-20\%)^2 \times 40\% + (-60\%-20\%)^2 \times 30\%} = 58.3\%$$

$$\sigma_B = \sqrt{(20\%-15\%)^2 \times 30\% + (15\%-15\%)^2 \times 40\% + (10\%-15\%)^2 \times 30\%} = 3.87\%$$

则标准差率分别为：

$$V_A = \frac{\sigma_A}{\overline{K}_A} \times 100\% = \frac{58.3\%}{20\%} \times 100\% = 291.5\%$$

$$V_B = \frac{\sigma_B}{\overline{K}_B} \times 100\% = \frac{3.87\%}{15\%} \times 100\% = 25.8\%$$

用标准差率判断后得出的结论仍然与原来的计算结果一样。但是，需要注意的是各方案的标准差率随着收益率的提高而下降，当 A 方案的收益率增加，而 B 方案的收益率降低，也可能会改变最终的结论。

5. 风险收益率

为了正确地进行投资决策，投资者除了需要了解投资风险的大小，也需要确定投资风险收益的高低。

风险收益的多少与风险的大小成正比。因此，表示风险价值的风险收益率也应与反映风险程度的标准差率成正比关系。但是，将标准差率转换成风险收益率，还必须借助另外一个参数——风险价值系数 b。即：

风险收益率=风险价值系数×标准差率

用符号表示为：

$$R_R = b \times V \qquad (3\text{-}24)$$

于是，投资的总收益率为：

$$R = R_F + R_R = R_F + b \times V \qquad (3\text{-}25)$$

式中：R——投资收益率；

R_F——无风险收益率；

R_R——风险收益率；

b——风险价值系数；

V——标准差率。

无风险收益率就是加上通货膨胀率后的货币时间价值。通常情况下，把投资于国库券的收益率视为无风险收益率。风险价值系数一般由投资者根据以往同类项目或主观经验加以确定。

例如，例 3-9 中，假设 A、B 两个方案的风险价值系数分别为 8%和 12%，则两个方案的风险收益率分别如下。

    A方案：$R_{R(A)} = b_A \cdot V_A = 8\% \times 387.3\% \approx 31\%$

    B方案：$R_{R(B)} = b_B \cdot V_B = 12\% \times 25.8\% \approx 3.1\%$

6. 风险收益

计算出风险收益率后，就可以根据有关的投资数据资料计算风险收益。其计算公式为：

$$P_R = C \cdot R_R \text{ 或 } P_R = P_m \cdot \frac{R_R}{K} = P_m \cdot \frac{R_R}{R_F + R_R} \tag{3-26}$$

式中：P_R——风险收益；

    C——总投资额；

    P_m——投资总收益。

如例 3-9 中，假设总投资额为 100 000 元，则两个方案的风险收益分别如下。

    方案A：$P_{R(A)} = C_{(A)} \cdot R_{R(A)} = 100\,000 \times 31\% = 31\,000$ （元）

    方案B：$P_{R(B)} = C_{(B)} \cdot R_{R(B)} = 100\,000 \times 3.1\% = 3\,100$ （元）

在进行投资决策时，要树立风险价值观念，认真权衡风险与收益的关系，选择有可能避免风险、分散风险并获得较多收益的投资方案。

3.3 利率与通货膨胀

3.3.1 利率的含义

利率表示一定期间内利息与本金的比率，通常用百分比形式表示。利率又称利息率，是衡量资金增值量的基本单位，也就是资金的增值与投入资金的价值之比。

从资金流通的借贷关系来看，利率是一个特定时期运用资金这一资源的交易价格。也就是说，资金作为一种特殊商品，在资金市场上的买卖是以利率作为价值标准的，资金的融通实质上是资金通过利率这个价格体系在市场机制作用下的再分配。从投资者角度看，利率是投资者期望获得的收益率。所以，利率在资金的分配及个人和企业做出财务决策的过程中起重要作用。例如，一个企业拥有投资收益率很高的投资机会，它就可以发行较高利率的证券来筹资，投资者会把过去投资利率较低的证券卖掉，来购买这种利率较高的证券，这样，资金将从低利率的投资项目不断向高利率的投资项目流动。因此，在有效的资本市场中，资金从低收益项目到高收益项目的集聚与配置，是由市场机制通过资金的价格与利率的差异来决定的。

利率是资金这种特殊商品的价格，主要由供求关系决定。除此之外，产业平均利润水平、市场经济发展状况、货币供求状况、经济周期、通货膨胀、物价水平、国家货币政策和财政政策、国际经济政治关系、国家利率管制程度等，对利率变动均有不同程度的影响。

3.3.2 利率与通货膨胀的关系

第一次世界大战后，协约国要求德国支付巨额赔款。这使得德国出现了严重的财政赤字，为了筹集赔款的资金，德国政府大量发行货币，引起了严重的通货膨胀。例如，拿报纸的价格来说，1921年1月，仅需0.3马克就可以买一份报纸，但是到1923年9月，一份报纸的价格竟然涨到了1 000马克。更令人惊奇的是，1923年11月，一份报纸的价格竟然高达7 000万马克！

1. 通货膨胀的含义

通货膨胀是指一个时期内物价普遍上涨，货币购买力下降，相同数量的货币只能购买较少的商品。经济学界对此的解释并不完全一致[1][2]，但普遍认可的定义是：一定时期内纸币的发行量超过流通中所需的金属货币量而导致的物价上涨现象。

《宋书·列传》卷七十五中记载："前废帝即位，铸二铢钱，形式转细。官钱每出，民间即模效之，而大小厚薄，皆不及也。景和元年，沈庆之启通私铸，由是钱货乱败，一千钱长不盈三寸，大小称此，谓之鹅眼钱。劣于此者，谓之綖环钱。入水不沉，随手破碎，市井不复料数，十万钱不盈一掬，斗米一万，商货不行"。

在现代社会中，通货膨胀的起因主要是由于财政收支不平衡，国家不得不增加货币发行量，由此造成流通中的货币量增加，币值下降，物价上涨，就是老百姓常说的"钱毛了"。除此之外，产业结构不合理等因素也会引发通货膨胀。

2. 通货膨胀对财务管理的影响

德国在1923～1924年遇到恶性通货膨胀。在1922年，最高的货币面值是5万马克；而在1923年，最高的货币面值就是100兆马克（即100万亿马克）。在最严重的时候，4.5兆马克只与1美元等值。旧中国时期，国民党政府实施法币改革，发行大量纸币，使得货币贬值，物价疯涨，粮食涨价尤其突出，大街上经常可以看到有人拎着一麻袋钱，排着长长的队，只为等待买一斤粮食，人民生活苦不堪言。

通货膨胀对财务管理活动的影响主要如下。

（1）通货膨胀对财务管理信息资料的影响

通货膨胀必然引起物价变动，但会计核算一般维持成本计价原则，导致资产负债表所反映的资产价值低估，不能反映企业的真实财务状况。而资产低估会造成产品成本中原材料、折旧费等低估，而收入却按现时价格计算，使经营成果不真实。同时，固定资产价值低估，企业折旧提取不足，实物资产和生产能力发生减损。由于收入高估，成本费用低估，企业利润虚增，税负增加，现金流失。

（2）对企业成本的影响

由于通货膨胀使利率上升，企业使用资金的成本增加。另外，通货膨胀加剧，会使物价水平全面提高，购置同样物资的资金需要量大幅增加。由于价格上涨，材料成本和加工费用增加，同样会使成本增加。

（3）对财务决策的影响

通货膨胀会使预测、决策及预算不实，使财务控制失去意义。如果企业持有债券，则债券价格将随着通货膨胀加剧、市场利率的提高而下降，使企业遭受损失。

3. 费雪效应

当物价总体水平发生变化时，通货膨胀将影响购买力。对通货膨胀的预期将直接影响利率水平，因为预期的现金购买力降低，则资金的供应者将会要求增加回报，而引发利率上升。当通货膨胀率较高时，利率上升；当通货膨胀率较低时，利率下降。

预期通货膨胀率与名义利率之间的关系被称为费雪效应[3]。名义利率，即名义无风险利率，其等于实际利率加预期通货膨胀率，即：

名义利率=实际利率+预期通货膨胀率

在一般经济制度下，实际利率往往是不变的，因为它代表的是实际购买力。当预期通货膨胀率变化时，为了求得平衡，名义利率——也就是公布在银行利率表上的利率会随之变化。

---

① Friedman M, Schwartz A J. The role of money[M]//Monetary Trends in the United States and United Kingdom: Their Relation to Income, Prices, and Interest Rates, 1867-1975. University of Chicago Press, 1982: 621-632.

② Hanel R, Conrath B, Flasar M, et al. Infrared observations of the Jovian system from Voyager 1[J]. Science, 1979, 204: 972-976.

③ Fisher I. The Theory of Interest[M]. New York, 1930, 43.

4. 利率的构成

考虑到通货膨胀的影响，利率通常由以下三个部分构成：

利率=纯利率+通货膨胀补偿率+风险收益率

（1）纯利率是指无通货膨胀、无风险情况下的平均利率。在没有通货膨胀时，国库券的利率可以视为纯利率[1][2]。纯利率的高低，受平均利润率、资金供求关系和国家宏观调控的影响。

（2）通货膨胀补偿率。通货膨胀使货币贬值，造成投资者的真实报酬下降而要求在纯利率的水平上再加上通货膨胀补偿率，以弥补通货膨胀造成的购买力损失。每次发行国库券的利息率通常也随预期的通货膨胀率变化，它近似等于纯利率加预期通货膨胀率。

（3）风险收益率是投资者要求的除纯利率和通货膨胀补偿率之外的风险补偿。风险越大，投资人要求的收益率越高。一般来说，公司长期债券的风险大于国债，对此投资者要求的收益率也高于国债；普通股票的风险大于公司债券，对此投资者要求的收益率也高于公司债券；小公司普通股票的风险大于大公司普通股票，对此投资者要求的收益率也大于大公司普通股票。

3.3.3 财务活动与利率

1. 对筹资和投资决策的影响

利息是企业使用资金必须支付的代价，要用企业收益进行补偿，利率越高，说明企业所要支付的使用资金的代价就越高，要用企业收益补偿的数额也就越大。因此，利率高低对企业收益将产生直接影响。企业筹措资金的目的是用于投资，如果投资收益不足以补偿利息，则该项投资就无利可图。只有当利率小于投资收益率时，投资才是可取的。所以，利率高低是企业筹资、投资决策必须考虑的重要因素。

另外，长期借贷资金利率和短期借贷资金利率往往是不同的，前者高于后者。如果企业为了节省资金成本而举借短期资金以满足长期资金需要，则企业将不断借新债还旧债。如果新债利率较高，企业使用资金的成本就会提高，从而导致利润下降，一旦到期不能偿还本息，企业信誉就会下降。而企业信誉下降，举借新债时，债权人所要求的报酬率就会提高，企业将举债困难。若信誉持续下降，资金周转不畅，企业将面临破产危险。

2. 利率高低对证券价格的影响

利率是企业使用资金的成本，它将直接影响企业的财务费用，从而影响利润水平。而上市公司利润的提高或下降将会影响股价。利率水平的高低对上市公司发行的股票、债券价格将产生双重影响。如果在证券市场上，债券利率上升，则债券筹资费用增加，公司的利润下降，股价下降；同时，投资者会将投资于股票的资金转向债券以取得更高的投资收益，这样也会造成股价下跌。反之亦反。因此，利率增加对股价产生了双重影响。

另外，利率与证券收益的相关程度很高，一般来说，如银行利率上升，证券价格就会下跌。原因是：企业持有金融资产的目的是获取较高的收益，而根据收益与风险的关系可知，当利率相同时，企业一般会选择风险小的金融资产，因此，当银行利率上升，存款利息增多时，资金就会从证券市场流向银行，证券投资需求减少，证券价格便会下跌。银行贷款利息上升，信贷市场银根紧缩，上市公司资金周转不畅，利息成本增加，获利能力降低，同样会使公司发行的股票和债券价格下跌，使持有这些证券的企业遭受损失。

---

① Ahn D H, Dittmar R F, Gallant A R. Quadratic Term Structure Models: Theory and Evidence[J]. Review of Financial Studies, 2002, 15(1): 243-288.

② Ahn D H, Gao B. A Parametric Nonlinear Model of Term Structure Dynamics[J]. Review of Financial Studies, 1999, 12(4): 721-762.

3.4 现金流转

企业资产的流动性越来越受到重视，现金流量及其流转是重要的一环。企业的现金流量必须足以偿还债务和购置为达到其经营目标所需要的资产，现金流量的充足与否将影响企业的偿债能力。

2008年，美国第四大投资银行雷曼兄弟因为资本结构问题、房地产市场崩溃等原因导致现金流断裂，最终宣布破产。2017年，美国玩具零售巨头Toys "R" Us由于市场竞争加剧、债务违约等原因导致现金流断裂，最终申请破产保护。2023年，比宜德超市宣布暂停营业，前CEO贾宏斌回应称，关停的核心原因是现金流断裂。这些案例表明，即使是大型企业，如果不能妥善管理现金流，也可能面临破产的风险。企业需要通过有效的财务管理和战略规划来确保现金流的稳定。

比较而言：会计学中的现金流量是按照会计准则提供的企业现金流量信息，通常是指现金及现金等价物，按照经营活动的现金流量、投资活动的现金流量、筹资活动的现金流量进行分类，并分别按照流入量、流出量和净流量计量；财务上的现金流量特指某一活动所引起的企业现金支出和现金收入的增减变动量，包括货币资金及有关的各种非货币资产，同样按照流入量、流出量和净流量分类计量。其中，非货币资产一般用它们的重置成本或变现价值来表示。

现金流量是企业投融资评价及价值评估的重要基础。现金流对企业的重要性就如同血流对人体的重要性。如果在流转的任何环节出现了问题而导致企业供血不足，轻则造成企业出现财务困难，重则造成投资失败，甚至破产，因此企业必须重视现金流量。

📁 讨论案例

拿破仑带给法兰西的尴尬

拿破仑1797年3月在卢森堡（全称为卢森堡大公国）一所小学演讲时说了这样一番话："为了答谢贵校对我，尤其是对我夫人约瑟芬的盛情款待，我不仅今天呈上一束玫瑰花，并且在未来的日子里，只要我们法兰西存在一天，每年的今天我将亲自派人送给贵校一束价值相等的玫瑰花，作为法兰西与卢森堡友谊的象征。"时过境迁，拿破仑穷于应付连绵的战争和此起彼伏的政治事件，最终惨败而被流放到圣赫勒拿岛，把在卢森堡的诺言忘得一干二净。可卢森堡对这位"欧洲巨人与卢森堡孩子亲切、和谐相处的一刻"念念不忘，并载入他们的史册。1984年年底，卢森堡旧事重提，向法国提出"违背赠送玫瑰花"诺言案的索赔：要求其要么自1797年起，用3路易作为一束玫瑰花的本金，以5厘复利（即利滚利）计息全部清偿这笔玫瑰案赔款；要么法国政府在法国各大报刊上公开承认拿破仑是个言而无信的人。起初，法国政府准备不惜重金赎回拿破仑的声誉，但却被计算出的数字惊呆了：原本3路易的许诺，本息高达1 375 596法郎。经过苦思冥想，法国政府斟词酌句的答复是："以后，无论在精神上还是物质上，法国将始终对卢森堡大公国的中小学教育事业予以支持与赞助，来兑现我们的拿破仑将军那一诺千金的玫瑰花信誓。"这一措辞最终得到了卢森堡人民的认同。

（资料来源：《读者》）

思考：

（1）法国政府是如何得出1 375 596法郎这个结果的？它的理论依据是什么？

（2）以上案例给你什么启发？

复习思考题

一、概念题

1. 货币时间价值　　2. 单利　　3. 复利
4. 风险　　　　　　5. 利率　　6. 通货膨胀

二、单选题

1. 甲方案在 3 年中每年年初付款 500 元，乙方案在 3 年中每年年末付款 500 元，若利率为 10%，则两个方案第 3 年年末的终值相差（　　　　）。

    A. 105 元　　　　　　B. 165.50 元　　　　　C. 665.50 元　　　　D. 505 元

2. 在复利条件下，已知现值、年金和折现率，求计息次数时，应先计算（　　　　）。

    A. 年金终值系数　　B. 年金现值系数　　C. 复利终值系数　　D. 复利现值系数

3. 某企业拟存入银行一笔款项，以备在 5 年内每年年初以 2 000 元的等额款项支付车辆保险费，利率为 6%，该企业应存入（　　　　）。

    A. 11 274 元　　　　B. 8 930 元　　　　　C. 10 000 元　　　　D. 9 040 元

4. 一项 100 万元的借款，借款期限 5 年，年利率为 10%，每半年复利一次，则实际利率比其名义利率高（　　　　）。

    A. 5%　　　　　　　B. 0.4%　　　　　　C. 0.25%　　　　　D. 0.35%

5. 从财务的角度来看，风险主要指（　　　　）。

    A. 生产经营风险　　　　　　　　　　B. 筹资决策带来的风险
    C. 无法达到预期报酬率的可能性　　D. 不可分散的市场风险

6. 当甲乙两个项目期望收益率相同时，甲项目的标准差率小于乙项目，则（　　　　）。

    A. 甲项目的风险小于乙项目　　　　B. 甲项目的风险等于乙项目
    C. 甲项目的风险大于乙项目　　　　D. 难以判断风险大小

三、判断题

1. 货币时间价值有两种表现形式。一种是相对数，即资金成本，通俗说法是利率；另一种是绝对数，即资金成本额，又称利息额。（　　　）

2. 货币时间价值表明在不同时点上资金的筹集、投放和回收价值是不等的。（　　　）

3. 永续年金可视作期限无限的普通年金，终值与现值可在普通年金的基础上求得。（　　　）

4. 风险和收益是对等的。风险越大，要求的报酬率就越高。（　　　）

5. 在终值与利率一定的情况下，计息期越多，复利现值就越小。（　　　）

6. 风险报酬率是指投资者因冒风险进行投资而获得的额外报酬率。（　　　）

7. 由于通货膨胀会导致市场利息率变动，企业的筹资成本就会增加，因此通货膨胀给企业带来的风险是财务风险，即筹资风险。（　　　）

8. 期望收益率不等的两个方案必须通过标准差率来比较其风险程度。（　　　）

四、计算题

1. 假设某厂有一笔 123 600 元的资金准备存入银行，希望在 7 年后利用这笔资金的本利和购买一套生产设备。银行存款利率为复利 10%。该设备的预计价格为 240 000 元。问 7 年后用这笔款项的本利和能否购买该设备？

2. 某公司向银行借入一笔钱，贷款年利率为 15%，期限为 10 年。银行规定前 5 年不用还本付息，从第 6 年到第 10 年每年年末偿付本息 5 000 元。问该笔贷款的现值是多少？

3. 银行 A 的贷款利率：年度百分率为 10%，按年计息；银行 B 的贷款利率：年度百分率为 9.8%，按月计息；银行 C 的贷款利率：年度百分率为 9.6%，按季度计息；那么，哪个银行的贷款实际年利率低?

4. 某化工厂 2017 年年初对一台设备投资 100 万元，该项目 2019 年年初完工投产，2019 年、2020 年、2021 年、2022 年年末现金流量分别为 50 万元、40 万元、30 万元、20 万元，银行利率为 9%。要求：（1）按复利计算 2019 年年初投资额的终值，（2）按复利计算各年现金流入量在 2019 年年初的现值。

5. 某企业的投资项目，有 A、B 两个方案可供选择。在未来三种经济状况下，这两个方案的预期收益率及其概率分布如表 3-3 所示。从风险与收益关系的视角，应该选取哪个方案?

表 3-3   A、B 两个方案预期收益率及其概率分布

经济情况	发生概率	A 方案预期收益率	B 方案预期收益率
繁荣	20%	80%	60%
正常	50%	50%	30%
衰退	30%	−70%	20%
合计	1.0		

第二部分

企业筹资管理

第4章 筹资概述

📑 **引导案例**

　　拥有2亿多元资产、占有全国泡菜市场60%份额的新蓉新公司,近年来却被流动资金的"失血"折磨不堪。企业创始人、总经理田玉文(人称"田大妈")在一次座谈会上大倒苦水。这位宣称"除了'田玉文'不认得其他字"的企业家当场发问:"我始终弄不懂,像我们这样的企业,一年缴税三四百万元,解决了附近十几个县的蔬菜出路问题,安排了六七千农民就业,从来没有烂账,为啥就贷不到款呢?"

　　新蓉新公司最近的流动资金状况的确很成问题。四五月正是蔬菜收购和泡菜出厂的旺季,该公司在这段时间每天从农民手中购进价值70余万元的大蒜、萝卜等蔬菜,但田大妈坦言,她已经向农民打了400多万元的"白条"。这种状况让田大妈非常苦恼。她能有今天,据她自己说全靠她一诺千金。在她看来,"白条"所带来的信誉损失是难以接受的。新蓉新公司发展至今只向中国工商银行借有少量贷款,大部分资金是"向朋友借的"。也正是为了维护这种民间信用关系,田大妈按期偿还了"朋友"共2 000多万元的借款。现在新蓉新公司的民间借款几乎已经偿清。这也正是新蓉新公司目前面临流动资金困境的主要原因之一。此外,为了引进设备建一个无菌车间,田大妈花了将近100万元,购进土地110亩,之后却有了新的烦恼:如果得不到800万元贷款,收购四季豆时就没资金了。[①]

　　这使我们思考这样一些问题:企业为什么要进行筹资?企业筹集资金需要具备哪些条件?企业有哪些筹资渠道?企业筹资是一个复杂的决策过程,是关系企业生产和发展的重要活动,筹资渠道和方式有很多,本章将对企业筹资进行概述。

📍 **学习目标**

- 了解企业筹资的动机和要求;
- 熟悉企业的筹资渠道;
- 掌握资金需求量的预测方法。

4.1　企业筹资的动机与要求

　　企业筹资,是指企业根据其生产经营、对外投资和调整资本结构等需要,通过筹资渠道和

---

① 案例来源于《成都商报》。

金融市场，运用债务、股权等筹资方式，有效地筹措和集中资本的活动[①]。企业资金来源主要有三个：短期负债筹资、长期负债筹资与股权资本筹资。企业筹资是一个复杂的决策过程，它位于企业生产活动的前端。具有长期影响的长期负债与股权资本筹资决策，被称为资本结构决策。实践中，企业筹资活动涉及企业为满足筹资需要，对筹资途径、筹资数量、筹资时间、筹资成本、筹资风险和筹资方案等要素进行评价和选择的具体工作，其目标是确定企业的最优资本结构。此外，筹资带来的后续股息分配、企业控制权改变等情况，亦对企业经营的稳定性与发展起到不容忽视的影响。

在筹资过程中，企业管理者必然要面对如下问题：该选择哪种筹资方式，是利用权益资本还是债务资本？通过什么渠道筹措权益资本或债务资本？企业该如何控制权益资本与债务资本的比例？企业的长期资金与短期资金比例该如何设置？这一系列问题正是企业筹资管理的重点，关系到是否可以保证企业生产经营过程中资金的正常周转，避免支付困境的出现。一旦筹资行为导致企业的资产结构失衡、偿付风险激化，那么随之而来的财务困境将威胁企业的生存。因此，对筹资产生的风险进行分析是不容忽视的。

4.1.1 企业筹资的动机

资金是企业的血液，维系着企业经营、发展、获利等各种活动的养分需求。在市场经济条件下，企业对资金的需求日益增加，同时对提高资金管理效率的要求也在不断提高。有效的资金管理不仅强调有效运用自身已有资金，而且强调充分利用已有资源来吸纳外部资金，利用合理的财务杠杆增加收益、规避可能出现的偿付危机。企业的资金在某一时点上会出现短缺，这种现象时常会发生，这涉及企业资金的流动性问题。解决流动性危机的办法，就是合理规划企业资金支出与资金收入。

企业筹资的动机主要分为以下几类。

1. 扩张筹资动机

戴维·帕卡德和比尔·休利特于1939年1月1日创办了合伙企业——惠普公司，在当年年底公司就开始盈利。惠普公司将大部分盈利用于再投资，再将职工购买股票的资金和其他现金收入，作为发展所需的资金，而不依赖长期贷款。惠普公司自1959年开始实行职工购买股票计划，使职工可依照其工资的一定比例以优惠价格购买一部分公司股票，为公司筹集了可观的发展资金。

扩张筹资动机是指企业为扩大生产经营规模、追加额外投资、建设新生产基地等投资目的而产生的筹资动机。由于企业经营存在周期性和成长性，因此企业的扩张筹资需求是不间断的、持续的，于是扩张筹资动机具备了多次性特征。有良好发展前景、处于成长时期的公司通常会有扩张筹资动机。

2. 偿债筹资动机

偿债筹资动机是指企业出于对自身流动性的考虑，不得已筹集资金偿付债务的动机，即借新债还旧债。偿债筹资有两种情形：一是调整性偿债筹资，即企业虽有足够的能力支付到期旧债，但为了调整现有的资本结构，继续举债；二是恶化性偿债筹资，即企业现有的支付能力已不足以偿付到期旧债，但为缓解财务危机而被迫举新债还旧债。一般而言，偿债筹资动机引发的是企业借款行为，而非企业股权筹资行为。这是考虑到股权资金的使用存在约束，同时也可以保护企业投资者的合理权益。

通常而言，企业适度负债经营可以提高经营效率，如果企业没有负债或者负债比率较低，通常认为该企业的资源没有被完全运用。

[①] Amihud Y, Lev B, Travlos N G. Corporate control and the choice of investment financing: The case of corporate acquisitions[J]. The Journal of Finance, 1990, 45(2): 603-616.

一般企业的资产负债率适宜水平为40%~60%，通常资产负债率达到70%便到了警戒线。当然，不同行业对于企业资产负债率的要求也不尽相同，不可一概而论。有人曾对比1 000多家上市公司和5 000家非上市公司的资产负债率，发现上市公司的资产负债率低于40%的占总数的5成以上，40%~70%的占4成多，而只有极少数的上市公司资产负债率超过70%，与之相对应的是，非上市公司的资产负债率平均为65%，有4成以上高于80%，这表明上市公司的资本结构普遍要比非上市企业稳健。虽然财务风险的主要影响因素是经营风险，但保持合理的负债率对筹资风险来说仍是非常重要的。

3. 混合筹资动机

多数情况下，企业既有扩大经营规模的长期资金需求（扩张筹资动机），又有偿还债务的现金需求（偿债筹资动机），此时企业拥有混合筹资动机。

事实上，详细区分企业筹资动机对于企业财务管理的意义并不大。因为在企业经营中出现资金需求时，无论出于哪种动机，管理者都需要执行。相对而言，区分企业筹资动机对于投资者预测资金投资的风险具有一定意义。

4.1.2 企业筹资的要求与基本原则

1. 确定资金需求量——规模适当

任何一个企业，要实现价值最大化，都必须进行合理筹资。企业要保证其筹资的科学合理，必须做到量力而行，正确预测资金的需要量，制订一个资金的合理界限，以规模适当原则使资金的筹集量与需求量达到平衡，既防止资金不足影响生产经营，又防止资金过剩导致资金使用效率降低。规模适当决定了企业筹集资金的数量，也间接约束了企业筹资的途径与方式。企业在不同的经营时期，对资金的需求量会发生改变，企业财务人员需要综合考虑企业的生产经营情况，预测资金的需求数量。在全球知名企业中，沃尔玛的筹资预测做得很好，它对资金流动循环速度的控制非常到位，有效地管理了所筹集的资金。

2. 分析资金使用效率——来源合理

企业筹资时应根据不同的资金需求与筹资政策，考虑各种渠道的潜力、约束条件、风险程度，综合考察、分析各种资金的使用成本和投资收益率，求得最优的筹资组合，力求以最小的资金成本实现最大的投资收益。企业筹资的方式和渠道，不仅反映了资金的分布状况和供求关系，也决定了筹资的难易程度与成本。不同来源的资金，对企业的收益和成本的要求不同，企业应全面考虑资金的筹集方式和渠道，合理选择适宜企业发展的资金来源。此外，企业应注意长期资本与短期资本结构的合理性。

3. 合理安排资本结构——经济可行

不同投资主体对资金的使用代价要求不同。同时，各类筹资方式也根据资金使用的时间、回收风险等提出了不同的回报要求。企业的资本结构一般是由自有资本和借入资本构成的。负债水平要与自有资本和偿债能力的要求相适应，既要防止负债过多，导致企业财务风险加大、偿债能力降低，又要合理有效地负债经营，提高自有资本的收益水平。当负债超过总资产时，"资不抵债"是导致企业破产的主要原因。故而，对于原本缺乏资金的企业而言，融资会产生短期成本支出增加、未来成本支出改变等附带影响。所以，企业在做出筹资决策时必须以经济可行原则安排资本结构。

4. 快速满足需求——筹措及时

筹资是一个过程，因此企业需要考虑货币时间价值。对企业而言，短平快的筹资过程可以节省许多中间成本，且企业在筹资过程中无须担心当前的偿债压力。而过长的筹资周期，如上市增发股票，则提高了企业资金成本，又要求企业在筹集之前资金保持一定的流动性，以防不测。因此，企业对筹资时间的估算应该准确，以实现及时、合理筹资。

4.2 筹资渠道与筹资方式

在过去几年里，不少企业家开始把互联网作为寻找资金的一种渠道。网络开始逐渐为小企业获得资金提供机会。最早在网上筹资的企业家是安德鲁·克莱恩，在1995年利用互联网平台筹资160万美元。

实践中，企业进行筹资决策时需要重点考虑的是筹资渠道与筹资方式的选择，它们之间有密切的关系。一定的筹资方式可能适用于多种筹资渠道，也可能只适用于某一特定的筹资渠道；对于同一渠道的资金，企业也可能采取不同的筹资方式取得。因此企业在筹资时，应注意两者的合理搭配，以提高资金的使用效率。

4.2.1 企业筹资渠道

企业在金融市场中可以从多种渠道获得资金，包括国家财政资金、银行信贷资金、非银行金融机构资金、其他法人单位资金、民间资金、企业内部资金、风险投资资金等[①]。每种筹资渠道均代表了一种投资主体，而投资主体目标的差异决定了企业选择该渠道的成本与代价。

1. 国家财政资金

国家财政资金是代表国家投资的政府部门或者机构，以国有资金投入企业的资金。国家财政资金对企业的投资多数出于国家扶植行业发展、稳定市场环境的目的。对国有企业来说，国家财政资金是其主要资金来源[②]。

新一轮专精特新中小企业财政补贴政策首批支持1 000多家重点领域"小巨人"企业发展，国家中小企业发展基金规模在2024年上半年达到350多亿元。

2. 银行信贷资金

我国银行主要分为商业性银行和政策性银行，商业性银行为各类企业提供贷款，政策性银行主要为特定企业提供政策性贷款。因此，对于具备良好信誉又缺乏资金的企业而言，银行信贷资金更是必不可少的资金来源。银行信贷资金是商业银行出于赚取贷款利息的目的而投放在资本市场中的资金。这是社会上最常见的一种筹资渠道。其特征是筹资金额适当、筹资便利、定期付息、到期还本。银行最大的风险是不良贷款，一般银行只能收回违约贷款的40%。这样计算的话，每100笔贷款如果有3笔违约，那么银行就会倒闭。因此银行在放贷时审查非常严格，这增加了企业筹集资金的难度。

3. 非银行金融机构资金

非银行金融机构主要包括保险公司、信托投资公司、证券公司、租赁公司、企业集团的财务公司等，它们提供包括信贷资金投放、资金融通、为企业承销证券等金融服务。

4. 其他法人单位资金

其他法人单位资金是指其他法人单位在企业之间相互融通而形成的资金。在生产经营过程中，企业往往会产生部分暂时闲置的资金，可以与其他法人之间相互调剂余缺，这种资金既可以是短期的临时资金融通，也可以相互投资形成长期稳定的经济联合。随着横向经济联合的发展，这种资金来源渠道得到了越来越广泛的应用。

5. 民间资金

企业通过发行股票、债券等方式将民间闲置资金积聚起来形成企业资金。

---

① Allen F, Qian J, Qian M. Law, finance, and economic growth in China[J]. Journal of Financial Economics, 2005, 77(1): 57-116.

② La Porta R, Lopez-de-Silanes F, Shleifer A, et al. Investor protection and corporate governance[J]. Journal of Financial Economics, 2000, 58(1): 3-27.

为了更好地解决"三农"问题,我国政府从2004年开始试图从金融角度找到破解"三农"问题的关键,从根本上提高农民收入,小额贷款公司便是一种积极尝试。小额贷款公司最初的定位是服务"三农",完善农村金融体系,增加对农户、农业小企业的贷款额度,实现民间资本的阳光化、规范化发展。

6. 企业内部形成资金

企业内部形成资金,主要指提取盈余公积和未分配利润而形成的资金,以及一些经常性的延期支付款项,如应付职工薪酬、应交税费、应付股利等。

惠普公司曾经有很长时间都采用拒绝长期借债的保守方式,完全依靠自身力量高速发展。这也就要求惠普公司必须在没有长期负债的情况下,以平均每年20%的增速发展,其发展过程中对资金的需求是通过公司内部的积累和努力而满足的。

7. 风险投资资金

风险投资活动起源于美国,根据美国风险投资协会的定义,风险投资是对新兴的有巨大市场潜力的企业的一种股权资本投资。

美国著名的苹果公司就是在20世纪70年代由风险投资家——马克库拉进行创业风险投资而发展起来的,马克库拉当年对苹果公司投资9.1万美元,十几年后便拥有了苹果公司1.54亿美元的股票。这种有高风险、高回报可能性的创业风险投资也正是我国目前正在大力发展的事业。1998年年初,上海新黄浦集团投资1亿元与复旦大学合作开发人类基因工程,就是一种创业风险投资。

风险投资的投资对象多为处于创业期的中小型企业,而且多为高新技术企业;投资期限为3~5年或更久,通常投资人占被投资企业15%~20%的股权,不要求取得控股权,也不需要任何担保或抵押;投资人积极参与被投资企业的经营管理,提供增值服务,二者同舟共济;投资人通过被投资企业上市、收购、兼并或其他股权转让方式,在产权流动中实现投资回报。

风险投资与银行贷款、一般投资的区别如表4-1所示。

表4-1 风险投资与银行贷款、一般投资的区别

	抵押资产	与被投资人的关系	回报方式	时间	考虑重点
风险投资	无	同舟共济	转让股权	中长期	企业发展前景
银行贷款	有	不参与	利息	短期	企业有无资产
一般投资	无	控股	红利股息	长期	能否控股企业

上述各种渠道的资金供应量存在很大差别,有些渠道如银行信贷资金和非银行金融机构资金供应量较多,而企业内部形成资金的供应量则相对较少。资金供应量在一定程度上取决于财务管理环境的变化,特别是宏观经济体制、银行体制和金融市场发展速度等。值得注意的是,企业资金来源的合理性需额外关注,不同的筹资渠道暗含了对企业权益的各种约束机制,投资人凭此来获得企业的所有权或收益分配权。

4.2.2 企业筹资方式

1. 按照筹资工具分类

现存的筹资方式主要分为吸收直接投资、股权筹资、银行借款、发行债券、商业信用、发行筹资券、租赁筹资等类型[①]。通过观察实践可知,这种基础的筹资方式分类亦可衍生出多种细致分类。例如,银行借款分为长期借款和短期借款,发行债券分为普通债券、可赎回债券、可转换债券、零息债券等。现代金融创新使企业筹资方式变得复杂多样。随着各项附带权利加

---

① Myers S C, Majluf N S. Corporate financing and investment decisions when firms have information that investors do not have[J]. Journal of Financial Economics, 1984, 13(2): 187-221.

入筹资工具，企业筹资的规模逐渐扩大，筹资更加有效率，但随之而来的是筹资风险逐渐增大。这是一个管理者在选择筹资方式时不可忽视的关键问题。

2. 按照筹集资金的所有权属性分类

企业筹资方式分为自有（权益）资金筹集和债务资金筹集两大类，如图4-1所示。

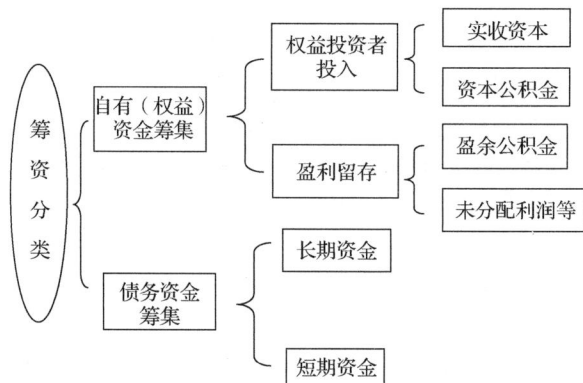

图4-1 按所有权属性分类

自有（权益）资金筹集是指企业通过发行股票、吸引直接投资、盈利存留等方式增加企业所拥有的资本总量。它的特点是资金一旦筹集，便成为企业自有资本，不需要归还。这种筹资方式有助于企业提高自身资本充足率，增强债务和信用的偿付能力，有利于企业抵御潜在的财务困境风险[1]。在这种筹集过程中，企业可以更多地利用留存收益，企业在使用留存收益时所受限制较少，具有更大的灵活性，财务负担和风险都较小。

债务资金筹集是指企业通过契约、合同等法律方式，向投资人有时限地借贷资金。其特点是投资人凭借合同、契约获得企业债权，并凭借债务的优先级别享有企业破产资产分配权，同时企业需要按时偿还利息与本金。这种筹资方式事实上是帮助企业获得了有限时间的资金使用权。由于资金最终要归还给借款人，故而企业也将随着债务资金的融入而产生未来的偿付风险。

3. 按照资本来源的范围分类

企业资金筹集方式分为外部筹资和内部筹资，如图4-2所示。

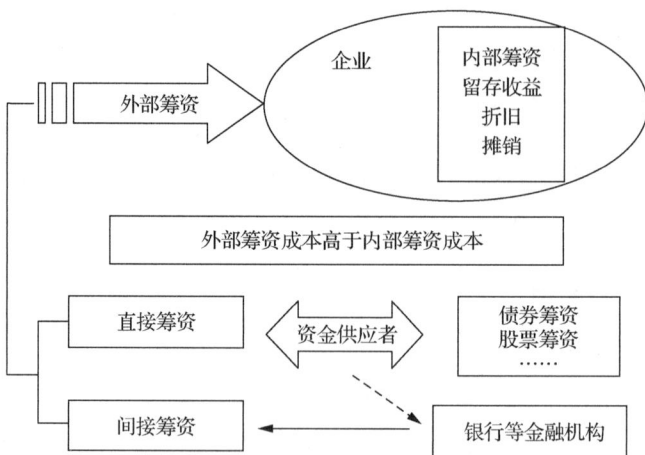

图4-2 按照资本来源的范围分类

外部筹资包括直接筹资（企业与资金供应者之间）和间接筹资（企业、金融机构、资金供

---

① Bergemann D, Hege U. The financing of innovation: Learning and stopping[R]. Cowles Foundation for Research in Economics, Yale University, 2001.

应者三者间传递）。内部筹资主要是指企业不经过外部协商，仅凭借其经营手段和内部股东会议，通过留存收益、折旧、摊销等方式完成自我资本的增长与补充。

尽管企业筹资方式存在多种分类方式，但本质上看，企业都是希望通过权衡各种筹资方式的利弊、成本等因素，来选择对企业最为有利的筹资决策。

4.3　资金需求量的预测

资金需求量预测是对企业未来筹资需求的估计和推测。预测资金需求量需以预测期企业生产规模的扩张和资金利用效果的提高为依据[1]。企业一方面需要预知自身的财务需求，即通过预测投资、偿付、采购等需求，来确定资金的需求量，提前安排筹资计划，以免影响资金周转；另一方面，企业根据可能筹措到的资金来安排销售增长及有关的投资项目，使投资决策建立在可行的基础上。因此，对资金需求量的预测涉及投资与筹资的双向分析。

企业筹集资金的数量应该满足《公司法》关于注册资本限额的规定，同时满足其当前偿债能力和负债水平限额的法律规定。一般而言，企业规模越大，筹资数额越多。影响企业筹资数量的其他因素包括企业对外投资情况、企业信用状况、企业产品类型、企业销售地区分布等。实践中，根据资产的性质、用途和占用资金的数额不同，企业应分别预测固定资产和流动资产资金需求量[2]。企业固定资产资金需求量的预测，一般是通过投资决策和编制资本预算来完成的，而且其需求量比较稳定，预测不需频繁进行。通常情况下，企业是在预测资金流动性需求的基础上来确定企业资金筹集数量的。

4.3.1　资金需求量的定性预测法

定性预测是指预测者依靠熟悉业务知识、具有丰富经验和综合分析能力的人员或专家，根据已掌握的企业历史经营资料和直观材料，运用个人的经验和分析判断能力，对事物的未来发展做出性质和程度上的判断，并通过一定方法综合各方面的意见作为预测未来的主要依据[3]。

1. 定性预测法的特征及优缺点

定性预测侧重于对企业所处行业发展方向的分析，能发挥专家经验和主观能动性，简便易行，可以较快地得出预测结果。但是人们在进行定性预测时，也要尽可能地搜集数据。定性预测特别适合对预测对象的数据资料（包括历史的和现实的）掌握不充分，或影响因素复杂、难以用数字描述，或对主要影响因素难以进行数量分析等情况。但定性预测比较依赖人的经验和主观判断能力，从而易受人的知识、经验和能力的束缚和主观因素的限制，尤其是缺乏对企业财务资金需求在数量上的精确描述。

2. 定性预测法的分类

（1）德尔菲法

德尔菲法是一种通过向专家进行几轮咨询，获得专家一致性意见的预测方法，能加快预测速度和节约预测费用，有助于获得各种不同但有价值的观点和意见，适用于长期预测和对新事件的预测，在历史资料不足或不可测因素较多时尤为适用，因而在社会科学领域中被广泛应用。

德尔菲法用于企业资金需求的判断、预测问题，选择合适的专家是关键环节，实施过程如下。① 组成十几人的专家小组，包括经理、财务主管、销售主管、营销负责人等。② 提出所要预

① Ando H. Demand forecasting method, demand forecasting system, and recording medium: U.S. Patent 6,032,125[P], 2000.

② Carpenter S, Demiralp S. The liquidity effect in the federal funds market: evidence from daily open market operations[J]. Journal of Money, Credit and Banking, 2006: 901-920.

③ Makridakis S, Wheelwright S C, Hyndman R J. Forecasting methods and applications[M]. John Wiley & Sons, 2008.

测的资金问题及要求：企业未来发展战略、资金使用情况、成本支出变化、收入与利润及可能的筹资途径和成本代价等。并附所有背景材料，然后由上述人员做出书面答复、判断。③ 每个专家根据已知材料提出本人预测意见并提出预测值。④ 将第一次判断意见汇总、列表、对比，再发还回去判断和修改，逐轮收集意见并向专家反馈信息，直到各个专家不再改变自己的意见为止。⑤ 组织人员对专家意见进行综合处理，得出最终预测结论：企业在未来一段时间内需要以何种方式、从何途径来筹集多少资金，以应对何种情况。

德尔菲法的缺点在于：对于经营范围较分散及投资活动频繁的企业的资金需求预测可能不可靠；责任比较分散；专家的意见有时可能不完整或不切合实际。

（2）主观概率法

主观概率是人们凭经验或预感而估算出来的概率，是判断者对中心假设的相对支持的反映，受到描述的影响，具有描述的依赖性。而客观概率是根据事件发展的客观性统计出来的一种概率。在很多情况下，人们没有办法计算事情发生的客观概率，只能用主观概率来描述事件发生的概率。主观概率法是一种适用性很强的统计预测方法，可以用于人类活动的各个领域。

（3）领先指标法

领先指标法就是将财务、经营指标分为领先指标、同步指标和滞后指标，并根据这三类指标之间的关系进行分析预测的方法。领先指标是指能够对经济趋势进行前瞻性预测的指标[1]，领先指标法不仅可以预测企业财务和经营的发展趋势，而且可以预测其转折点。

（4）厂长（经理）评判意见法

厂长（经理）评判意见法，就是由企业的负责人把与市场有关或者熟悉市场情况的各种负责人员和中层管理部门的负责人召集起来，让他们对未来的市场发展形势或某一种大市场问题发表意见，并结合财务人员对企业市场经营活动的分析，做出判断；然后，将各种意见汇总起来，进行分析研究和综合处理；最后得出市场预测结果的方法。

（5）相互影响法

相互影响法就是通过分析企业经营中各个事件之间由于相互影响而引起的变化，以及变化发生的概率，来研究各个经营事件在未来发生的财务资金需求可能性的一种预测方法。

（6）情景预测法

情景预测法把研究对象分为主题和环境，通过对环境的研究，识别影响主题发展的外部因素，模拟外部因素可能发生的多种交叉情景，以预测主题发展的各种可能前景[2]。由于它不受任何条件限制，应用起来较为灵活，能充分调动预测人员的想象力，全面考虑，有利于决策者客观决策，在制定经济政策、公司战略等方面有很好的应用。但大家在应用过程中一定要注意具体问题具体分析。同一个预测主题，由于所处环境不同，最终的前景可能会有很大的差异。

4.3.2 资金需求量的定量预测法

定量预测法主要是依据企业有关历史资料，采用一定的数学模型预测企业资金需求量的方法[3]。定量预测法的预测结果较精确，注重事物发展的分析，重视对事物发展变化的程度做数量上的描述，更多地依据历史统计资料，较少受主观因素的影响。但其计算较繁杂，并且必须具备完备的历史资料，不易处理有较大波动的资料，难于预测事物的变化。定性预测和定量预

① Kaminsky G, Lizondo S, Reinhart C M. Leading indicators of currency crises[J]. Staff Papers-International Monetary Fund, 1998: 1-48.
② Feng H H, Liu H P, LUe Y. Scenario prediction and analysis of urban growth using SLEUTH model[J]. Pedosphere, 2012, 22(2): 206-216.
③ Kopecky K J, VanHoose D. A model of the monetary sector with and without binding capital requirements[J]. Journal of banking & finance, 2004, 28(3): 633-646.

测并不是相互排斥的，而是可以相互补充的，在实际预测过程中人们常常把两者结合起来使用。其中常用的定量预测法有销售百分比法、因素分析法和资金习性预测法等。

1. 销售百分比法

销售百分比法是根据预测的销售额与资产负债表和利润表项目之间的比例关系，预测企业筹资需求数量的一种方法[①]。这种方法可以揭示企业资金需求量同销售数量及经营规模等一些相关因素之间存在的数量关系，较清晰地预测企业在未来所需的资金数量及规模等。

销售百分比法的运用有两个前提：一是假定未来销售预测已经完成，将销售预测作为财务预测的起点。二是假设收入、费用、资产、负债与销售收入存在稳定的百分比关系。在实际运用销售百分比法时，一般是借助预计利润表和预计资产负债表进行的，通过预计利润表预测企业留存利润这种内部资金来源的增加额，通过预计资产负债表预测企业资金需求总额和外部筹资数额。其预测步骤如下。

（1）预计利润表——内部筹资量的预测

运用预计利润表预测留存利润的基本步骤如下。

第一步，取得基准年度的利润表，并计算利润表各项目与销售额的百分比。计算公式为：

$$某项目销售百分比=\frac{该项目金额}{基期销售额}\times100\% \tag{4-1}$$

第二步，用预测年度的预计销售额乘以第一步计算出的利润表各项目销售百分比，计算预计利润表各项目的预计数。计算公式为：

$$利润表各项目的预计数=预计销售额\times某项目销售百分比 \tag{4-2}$$

第三步，根据预测年度净利润预计数与企业预定的留用比率，计算预计留存利润额。计算公式为：

$$预计留存利润额=预计净利润\times（1-股利支付率） \tag{4-3}$$

上述预计留存利润额并不是真正的内部筹资量，还要加上非付现成本。

（2）预计资产负债表——外部筹资量的预测

运用预计资产负债表预测外部筹资额的基本步骤如下。

第一步，分析基期资产负债表各个项目与销售收入总额之间的依存关系，划分敏感项目和非敏感项目。敏感项目的项目金额因销售额的增长而相应地增加，如现金、应收账款、存货、应付账款、应付费用和其他应付款等。非敏感项目的项目金额一般不随销售的增长而相应地增加，如对外投资、固定资产净值、短期借款、长期负债和实收资本等。

第二步，根据资产负债表资料，计算各敏感项目销售百分比。计算公式为：

$$各敏感项目销售百分比=（该敏感项目/销售额）\times100\% \tag{4-4}$$

第三步，计算预测期各敏感项目预计数。计算公式为：

$$资产负债表各敏感项目预计数=预计销售额\times某项目销售百分比 \tag{4-5}$$

第四步，计算预测期需要增加的流动资金额。非敏感项目预计数等于基期数。计算公式为：

$$预测期需要增加的流动资金额=预计资产总额-预计负债总额-$$
$$预计所有者权益总额 \tag{4-6}$$

第五步，计算预测期外部筹资额。计算公式为：

$$预测期外部筹资额=预测期追加投资额-预测期内部筹资额 \tag{4-7}$$

例4-1 A公司融资需求表如表4-2所示，上年销售额3 000万元，预计下一年度销售额4 000万元，该公司销售净利润率为4.5%，股利支付率为30%，试求筹资数额。

---

① Arundel A, Kabla I. What percentage of innovations are patented? Empirical estimates for European firms[J]. Research policy, 1998, 27(2): 127-141.

表 4-2 　　　　　　　　　　A 公司融资需求表　　　　　　　　　　金额单位：万元

资产负债表数据	上年期末实际	占销售额百分比（销售额 3 000 万元）	本年计划（销售额 4 000 万元）
资产			
流动资产	700	23.33%	933.33
长期资产	1 300	43.33%	1 733.33
资产合计	2 000		2 666.66
负债及所有者权益			
短期借款	60	N	60
应付票据	5	N	5
应付款项	176	5.87%	234.8
预提费用	9	0.3%	12
长期负债	810	N	810
负债合计	1 060		1 121.8
实收资本	100	N	100
资本公积	16	N	16
留存收益	824	N	950（见下面步骤③）
所有者权益合计	940		1 066
融资需求			478.86

根据上述公式，确定筹资数额的步骤如下。

① 确定销售百分比。其中，流动资产和长期资产、应付款项和预提费用与销售额成正比；其余的与销售额无关（在表 4-2 中用 N 表示）。

② 计算下一年的资产和负债。

总资产=2 666.66（万元）

总负债=1 121.8（万元）

③ 计算预计留存利润额。

预计留存利润额=预计销售额×销售净利润率×（1−股利支付率）=4 000×4.5%×（1−30%）

　　　　　　　=126（万元）

④ 预计外部筹资数额。

外部筹资额=预计资产总额−预计负债总额−预计所有者权益总额=2 666.66−1 121.8−1 066

=478.86（万元）

可见，A 公司为了实现 4 000 万元的销售额，需要增加资产 666.66 万元（2 666.66−2 000），其中负债增长提供 61.8 万元，留存利润额增长提供 126 万元。本年度再融资 478.86 万元。

销售百分比法是资金需求量预测中比较简单的一种方法，这种方法的优点是使用成本低，便于了解主要变量之间的关系，缺点是假设资产、收入、负债、成本与销售收入呈正比例关系，与实际不符，并且无法对长期资金需求量进行准确预测。现实中由于存在规模经济和批量采购问题，许多情况下资产、负债、成本与销售收入不呈正比例变化。所以这种方法适合预测较短期的资金变动，还可作为复杂方法的补充或检验。

2. 因素分析法

因素分析法又称分析调整法，是根据企业基期实际资金占用数额和预测期有关因素的增减变化情况，测算企业预测期的资金需求量的方法。该方法计算比较简单但预测结果不太准确。

采用这种方法时首先应在上年度流动资金平均占用额基础上，剔除其中呆滞积压不合理的部分，然后根据预测期的生产经营任务和加速流动资金周转的要求进行测算。

这种方法的运用步骤：第一步，确定基期资金中的合理占用数额和不合理占用数额；第二步，确定预测期有关因素变动对资金需求量的影响。一般影响资金需求量的因素有：业务量、资产价格的升降和资金周转速度的快慢。

采用因素分析法预测资金需求量的公式为：

预测期的资金需求量=（基期资金实际占用额-其中不合理的占用额）×（1±预测期业务量变化率）×（1±预测期资产价格变化率）×（1±预测期资金周转速度变化率）　　（4-8）

例4-2 X公司基期资金平均占用额为7 000 000元，其中不合理占用额经分析为500 000元，假设其他因素不变，即预测期业务量变化率、预测期资产价格变化率和预测期资金周转速度变化率均为零，求预测期资金需求量。

由上述公式计算预测期流动资金需求量：

（7 000 000-500 000）×（1±0）×（1+0）×（1±0）=6 500 000（元）

3. 资金习性预测法

资金习性预测法是根据资金习性预测未来资金需求量的方法[①]。资金习性是指资金变动与产销量变动之间的依存关系。按照资金习性，资金可分为不变资金、变动资金和半变动资金。其中，不变资金指在一定产销量范围内，不受产销量变动影响的资金。变动资金指随产销量变动而同比例变动的资金。半变动资金指随产销量变动而变动，但不成正比例变动的资金。这种方法首先要求把企业的总资金划分为变动资金和不变资金两部分，然后再进行预测。资金习性预测法具体包括高低点法和资金增长趋势预测法。

（1）高低点法

这种方法通过分别观察相关范围内产销量的最高点和最低点，以资金的最高点和最低点之差来推算不变资金 a 和单位产销量所需变动资金 b 的数值。其基本原理是：在产销量与资金变动的历史数据中，找出产销量最高和最低的两点及其所对应的资金占用，根据这两对历史数据求出直线方程，作为预测资金需求量的模型。

由于收集的历史数据处在一个相关范围内，因而可以假定资金与产销量之间存在线性联系，用公式（4-9）表示：

$$Y = a + bX \qquad\qquad (4\text{-}9)$$

式中：X——产销量；

Y——资金需求量。

高点的资金性态：$Y_H = a + bX_H$。

低点的资金性态：$Y_L = a + bX_L$。

所以 $a = Y_H - bX_H$ 或 $a = Y_L - bX_L$，$b = (Y_H - Y_L) / (X_H - X_L)$。于是，当 a、b 已知之后，即可根据已经预测的产销量 X，计算预测资金需求量。

（2）资金增长趋势预测法

资金增长趋势预测法亦称线性回归分析法，是假定资金需求量与销售额之间存在线性关系，然后根据一系列历史资料，利用数学上最小二乘法原理，计算能代表平均资金水平的直线截距和斜率，建立回归直线方程，并利用其预测资金需求量的方法。对比前面预测资金需求量的方法，更为精确。

预测模型与高低点法相同：

---

① Mansoorian A, Michelis L. Money, habits and growth[J]. Journal of Economic Dynamics and Control, 2005, 29(7): 1267-1285.

$$Y = a + bX \qquad\qquad (4\text{-}10)$$

式中：Y——资金需求量；

$\quad\quad a$——不变资金；

$\quad\quad b$——单位变动资金；

$\quad\quad X$——销售额。

只要求出 a、b，就可在 X 预测值的基础上，确定其资金总需求量。在预测出资金总需求量后，扣除已有资金来源和留存收益增加额，即可计算外部筹资需求。

利用资金习性预测法预测资金需求量，应事先对历史数据进行相关性检验，且在相关性较高的情况下采用，否则预测值会出现较大的偏差。在很多情况下，数据的线性拟合程度不够理想会限制线性回归分析法的精确度。

📁 讨论案例

连发汽车公司的筹资案例

连发汽车公司是一家大型企业集团。公司现有57个生产厂，还有物资、销售、进出口、汽车配件4家专业子公司，一个轻型汽车研究所和一所汽车工业学院。公司现在急需3亿元的资金用于技术改造项目。为此，总经理孙连发召开了专家研讨会，讨论筹资问题。下面是会议发言和有关资料。

总经理孙连发首先发言，他说技术项目经专家、学者的反复论证，已被有关部门正式批准。这个项目的投资额预计为6亿元，生产能力为4万辆。项目改造完成后，公司的两个系列产品的各项性能可达到国际先进水平。现在项目正在积极实施中，但目前资金不足，准备筹措3亿元资金，请大家讨论如何筹措这笔资金。

生产副总经理张伟说，目前筹集的3亿元资金主要用于技术改造项目。估计这笔投资在投产后3年内可完全收回，所以应发行5年期的债券筹资。

财务副总经理王超提出了不同意见，他说，目前公司全部资金总额为10亿元，负债比率为60%，负债比率已经较高。如果再利用债券筹资，财务风险太大，应依靠发行普通股或优先股筹集资金。

但金融专家周明认为，在目前条件下发行3亿元普通股十分困难。发行优先股还可以考虑，但估计发行时年股息率不能低于16.5%。如果发行债券，则年息率约为12%。

公司的销售副总经理李立认为，产品销售量较好。在近几年全国汽车行业质量评比中，公司的轻型客车销售量连续夺魁。

财务副总经理王超补充说，公司属于高新技术企业，执行特殊政策，所得税税率为15%，税后资金利润率为15%。准备上马的技术改造项目将使税后资金利润率达到18%左右，所以该项目应付诸实施。

来自某大学的财务学者郑教授听了大家的发言后指出：以16.5%的股息率发行优先股不可行，因为把优先股较高的筹资费用加上后，优先股筹集成本将达到19%，这已高出公司税后资金利润率，所以不可行。但发行债券则可将实际成本控制在9%左右。

财务副总经理王超听了郑教授的分析后，也认为按16.5%发行优先股，的确会给公司造成沉重的财务负担。

思考：（1）总结这次筹资研讨会上提出了哪几种筹资方案，并对各方的筹资方案进行评价。

（2）听了与会人员的发言后，你会做出何种决策？

（3）本案例对你有何启示？

复习思考题

一、单选题

1. 下列属于企业间接筹资方式的是（　　　）。

    A. 发行债券　　　　B. 发行股票　　　　C. 商业信用　　　　D. 融资租赁

2. 根据资金需要量预测的销售百分比法，下列负债项目中通常会随销售额变动而呈正比例变动的是（　　　）。

    A. 应付款项　　　　B. 长期负债　　　　C. 短期借款　　　　D. 短期融资券

二、多选题

1. 下列各项中，企业的筹资动机有（　　　）。

    A. 新建筹资动机　　B. 扩张筹资动机　　C. 偿债筹资动机　　D. 混合筹资动机

2. 下列各项中，企业筹资的基本原则有（　　　）。

    A. 规模适当原则　　B. 筹措及时原则　　C. 来源合理原则　　D. 经济可行原则

3. 企业以内部资金进行筹资时，主要资金来源有（　　　）。

    A. 资本公积　　　　B. 盈余公积　　　　C. 未分配利润　　　　D. 营业外收入

4. 某公司连续五年各年产品销售收入分别为 400 万元、480 万元、520 万元、560 万元和 600 万元；对应各年年末现金余额分别为 22 万元、26 万元、28 万元、32 万元和 30 万元。若采用高低点法预测未来资金需要量，则下列计算正确的有（　　　）。

    A. 现金占用项目中变动资金为 4 万元　　B. 现金占用项目中变动资金为 0.04 万元

    C. 现金占用项目中不变资金为 6 万元　　D. 现金占用项目中不变资金为 5 万元

5. 在不考虑筹资规模的前提下，以下各项筹资方式资本成本高于留存收益筹资的有（　　　）。

    A. 发行普通股　　B. 吸收直接投资　　C. 发行公司债券　　D. 银行借款

三、计算题

某企业当年资金占用额为 3 000 万元，经分析，其中不合理部分 500 万元，因为市场行情变差，预计第二年销售将下降 15%，但资金周转加速 8%。根据因素分析法预测第二年资金需要量为多少万元？

第5章　债务筹资

引导案例

中国南方航空股份有限公司（以下简称"南航"）2003年在上海证券交易所上市，是典型的高固定资产投资企业。随着我国旅游业的高速发展，南航为维持领军地位，以高额的债务融资增加飞机数量。而这巨大的债务给南航带来了高财务杠杆的收益。在2006年，南航的总资产收益率为0.4%，由于当时财务杠杆高达7.56倍，使得净资产收益率达到1.17%。可见，南航的负债变相增加了它的收益。南方航空在2020年和2023年期间进行了多次融资活动，包括公开发行可转债、非公开发行A股股票等，以增强公司的流动性和抗风险能力。2023年，南方航空宣布了175亿元人民币的定增预案，这是近三年来最大规模的再融资，计划用于引进50架A320NEO系列飞机并补充流动资金。

相比之下，长航凤凰股份有限公司（以下简称"长航凤凰"）就没这么幸运了。2008年以来，长航凤凰的财务费用负担加重。2013年，它的负债总额达到58.6亿元，而净资产为-9.2亿元，已严重资不抵债。2014年5月，因连续三年亏损，不得不暂停上市，并进入破产重整程序。

几乎没有一家企业是只靠自有资本，而不运用负债就能满足资金需要的。然而，为什么南航的负债筹资方式能给企业带来巨大经济效益？长航凤凰却面临破产的危险呢？两家公司为什么会有不一样的命运？

本章主要介绍各种债务筹资方式，使我们能够在具体的环境下选择并运用具体的债务筹资方式解决企业对资金的需求问题。

学习目标

- 了解短期借款的种类、信用条件及各种信用条件下实际利率的计算方法；
- 了解长期借款的种类及成本；
- 了解其他短期资金来源；
- 熟悉商业信用的形式、商业信用条件及优缺点；
- 掌握债券融资的种类及债券发行价格的确定方法；
- 了解债券的信用等级及债券融资的优缺点；
- 理解可转换债券筹资的利弊。

5.1　商业信用筹资

孔子说"民无信不立"，说明信用的地位举足轻重。唐太宗历来被称为有道明君，不仅表现在他的文治武功上，更表现在他的胸襟气度上。《资治通鉴》中的一个故事让人读来不禁会被唐太宗的气度折服，更感叹死囚的诚信："辛未，帝亲录系囚，见应死者，闵之，纵之归家，期以来秋来就死。仍敕天下死囚，皆纵遣，使至期来诣京师"。"去岁所纵天下死囚凡三百九十人，无人督帅，皆如期自诣朝堂，无一人亡匿者"。这也许是世界上绝无仅有的奇迹，390名死囚信守承诺，从容赴死！而让这一奇迹发生的，只是信任。

商业信用是指在商品交易中由于延期付款或预收货款所形成的企业间的借贷关系，是所谓的"自发性筹资"。它运用广泛，在短期负债筹资中占有相当大的比重①。随着市场经济的发展，信用结算方式已成为企业竞争的有力手段。商业信用筹资可以满足企业短期资金占用需要，通常表现为以赊账方式向其他企业购买所需材料物资，形成企业资产与负债的同时增加，在会计报表上，即为应付账款、应付票据和预收账款。

晋商是明清时期活跃在中国大地上的一支强大的商业团队，他们之所以能够从卖豆芽、卖豆腐这样的小本生意发展成为雄霸全国的商业巨擘，关键在于他们能够恪守原则并坚持信誉至上。梁启超曾感慨地说："鄙人在海外十余年，对于外人批评吾国商业能力，常无辞以对。独至有此历史、有基础、以继续发达的山西商业，鄙人常以自夸于世界人之前。"在纵横明、清商界的500年中，晋商把商人的伦理道德和经济效益有机地融合起来，市场竞争中不仅靠谋略权变制胜，还靠诚信开路，以义制利，用信义折服天下人。他们认为"诚招天下客""信纳万家财"，诚信不欺是经商长久取胜的基本因素，信是处世立业的基础，是人际关系的美德，"言而信""言必信"是经商者必须遵循的准则。"经营信为本，买卖礼当先""童叟无欺，诚信为本"等，都是经商重信的经验总结，并作为商业道德代代相传。

5.1.1 应付账款

应付账款是企业购买货物暂未付款而欠对方的账项，即卖方允许买方在购货后一定时期内支付货款的一种形式。卖方利用这种方式促销，而对买方来说延期付款则等于向卖方借用资金购进商品，可以满足短期的资金需要。这种由于商业信任而产生的流动负债，一般利息非常低，甚至没有利息，所以很多企业在资金短缺时会争取采用延期付款、月结等方式。但一个企业的应付账款必然是另一个企业的应收账款，所以应付账款不太可能成为企业短期融资的主要渠道。也就是说，每个企业会尽力争取多的应付账款，使买卖双方企业产生零和博弈。

1. 应付账款的信用形式

据史书记载：晋文公在攻打原国的时候，只携带了可供10天食用的粮食，于是和士兵们约定，以10天作为期限，要攻下原国。可是到10天了却没有攻下原国，晋文公便下令敲锣退军，准备收兵回晋国。这时，有战士报告说："再有3天就可以攻下原国了。"这是攻下原国千载难逢的好机会，眼看就要取得胜利了。晋文公身边的群臣也劝谏说："原国的粮食已经吃完了，兵力也用尽了，请国君再等待一些时日吧！"晋文公语重心长地说："我跟士兵们约定以10天为期，若不回去，会令我失去信用啊！为了得到原国而失去信用，我办不到。"于是下令撤兵回晋国去了。古人攻城略地、带兵打仗尚且如此讲究信用，更何况身处现代社会的我们呢。

应付账款一般可以享受现金折扣优惠，信用条件按其是否负担代价，分为免费信用、有代价信用和展期信用。

（1）免费信用

免费信用即买方企业在规定的折扣期内享受折扣而获得的信用，一般包括销货企业允许的折扣额和折扣期限，是购货企业不支付任何代价而获得的"免费筹资额"。对于销货企业，为了促使购货企业按期付款，甚至提前付款，其往往会规定一些信用条件。例如，信用条款中的规定"2/10，n/30"，即购货企业若10天内付款，则可享有2%的折扣，超过10天，需要付全款，且全部货款需在30天内付清。其中10天内付款可享有的2%折扣，即为免费信用。

（2）有代价信用

有代价信用指购货企业放弃折扣需要付出代价而取得的信用。例如，信用条款中的规定

① Summers B, Wilson N. An empirical investigation of trade credit demand [J]. International Journal of the Economics of Business, 2002, 9(2): 257-270.

"2/10，n/30"，购货企业若超过 10 天且在 30 天内付清，取得延期 20 天付款的信用，则必须付全额货款，即丧失折扣优惠，这种信用就是有代价信用。因此，购货企业在选择是否采用有代价信用付款时，需要对其资金成本加以合理分析。

（3）展期信用

展期信用即购货企业在规定的信用期限届满后推迟付款而强制取得的信用，这是违反常规的做法。展期信用隐含着两种成本：一是购货企业放弃折扣的机会成本；二是由于推迟付款购货企业信誉可能受到损害的成本。自身信誉的降低，对今后的筹资将产生不利影响。

2. 应付账款的成本

如果销货企业提供了现金折扣条件，而购货企业没有利用，从而丧失了减少支付货款的优惠条件，这种优惠条件是销货企业向购货企业提供超过折扣期限的信用资金而索要的报酬，可以定义为应付账款隐含的利息成本。其计算公式如下：

$$隐含利息成本 = \frac{现金折扣率}{1-现金折扣率} \times \frac{360}{信用期-折扣期} \tag{5-1}$$

公式表明，放弃现金折扣的成本与现金折扣率的大小、折扣期的长短同方向变化，与信用期的长短反方向变化。可见，如果购货企业放弃折扣而获得信用，其需要付出较高的代价。

例5-1 某企业按 "1/10，n/20" 的条件购入货物20万元。如果该企业在10天内付款，便享受了10天的免费信用期，并获得折扣0.2万元，免费信用额为19.8万元。

倘若购货企业放弃折扣，在10天后（不超过20天）付款，该企业便要承受因放弃折扣而造成的隐含利息成本。运用上式，该企业放弃折扣所负担的成本为：

$$\frac{1\%}{1-1\%} \times \frac{360}{20-10} = 36.36\%$$

从上式中可以看出，若购货企业放弃现金折扣，其付出成本是非常高的。通常而言，这种成本要高于短期借款。大多数企业都会尽可能保证在折扣期限内付款。而且，一个企业随便放弃现金折扣往往意味着企业财务状况不佳，对它的信用会带来不利影响。

3. 现金折扣的选择

在附有信用条件的情况下，由于信用条件的差异，导致获得信用要负担的代价不同。一般来说，若能以低于放弃折扣的隐含利息成本（实质是一种机会成本）的利率借入资金，便应在现金折扣期内用借入资金支付货款，享受现金折扣。

如果在折扣期内将应付账款用于短期投资，所得的投资收益率高于放弃折扣的隐含利息成本，则应放弃折扣而去追求更高的收益。当然，假如企业放弃折扣优惠，也应将付款日推迟至信用期内的最后一天，以降低放弃折扣的成本。

如果企业因缺乏资金而欲展延付款期，则需要在享受销货企业提供的超过折扣期限的信用资金与展延付款带来的损失之间做出选择。展延付款带来的损失主要是因企业信誉恶化而丧失供应商乃至其他贷款人的信用，日后导致苛刻的信用条件，对企业的长期发展带来影响。

5.1.2 商业票据

商业票据是在应付账款基础上发展起来的商业信用。买方可以根据购销合同，向卖方开出或承兑商业票据。商业票据分为由买方开出的商业本票和由买方开出并由承兑人承兑的商业汇票。票据中明确规定了具体的付款日期、付款金额、是否计息等相关内容，从而为双方的债务管理提供了严格的法律依据，使其规范化、制度化和法定化，有利于债权债务的清偿。

1. 商业汇票

商业汇票是出票人签发的，委托付款人在指定日期无条件支付确定的金额给收款人或者持票人的票据。商业汇票可以由付款人签发并承兑，也可以由收款人签发交由付款人承兑。按承兑人不同分为商业承兑汇票和银行承兑汇票两种。

（1）商业承兑汇票

商业承兑汇票是由银行以外的付款人承兑的商业汇票。商业承兑汇票按双方约定，由卖方或者买方签发，由买方承兑。承兑时，买方应在汇票正面记载"承兑"字样和承兑日期并签章。承兑不得附有条件，否则视为拒绝承兑。汇票到期时，买方的开户银行凭票将相应金额的票款划给卖方或者贴现银行。卖方应在提示付款期内通过开户银行委托收款或者直接向付款人提示付款。

（2）银行承兑汇票

银行承兑汇票是由银行承兑的商业汇票，由在承兑银行开立账户的存款人签发。买方在汇票到期前将票款足额交存其开户银行，以备由承兑银行在汇票到期日或者到期日后的见票当日支付票款。卖方应在汇票到期时将汇票连同进账单送交开户银行以便转账收款。承兑银行应将款项无条件转给卖方，如果买方未能于汇票到期日足额交存票款，承兑银行仍须向持票人无条件付款，同时可以对出票人计收罚息。

2. 票据贴现

姚公鹤的《上海闲话》中记载："唯间有持票者不及守候支票之届期。拟先期向该钱店兑取现款者，持票人按照未到期之日数，扣还该店利息若干日，名曰贴现"。巴金在《谈〈秋〉》中提到："他做的是所谓'贴现'，这种生意只要有本钱，赚钱也很容易"。说明票据贴现由来已久、广泛存在。

票据贴现是指票据持有人将未到期的商业票据让渡给银行，银行按照票面金额扣除自贴现日至汇票到期日期间的利息，将余额交付给汇票持有人。这是票据持有人取得银行资金的一种融资行为。商业票据持有人在资金不足的情况下，可以将商业票据贴现作为一种融资方式，以提前取得货款[①]。

在贴现商业票据时，银行会计部门对银行信贷部门审查的内容进行复核，并审查汇票盖印及压印金额是否真实有效。审查无误后按规定计算并在贴现凭证上填写贴现率、贴现利息和实收贴现金额。其中，贴现率是国家规定的年贴现率；贴现利息是指汇票持有人向银行申请贴现后付给银行的贴现利息；实收贴现金额是指汇票金额（即贴现金额）减去贴现利息后的净额，即汇票持有人办理贴现后实际得到的款项金额。按照规定，贴现利息应根据贴现金额、贴现天数（自银行向贴现单位支付贴现票款日起至汇票到期日前一天止的天数）和贴现率计算求得。

按照汇票是否带息，其可分为带息汇票和不带息汇票。带息汇票到期值即为票面金额加利息，而不带息汇票的到期值即为票面金额。相关计算公式为：

如果为带息汇票，则：

$$票据到期值=票面金额×（1+票面利率×票据期限/360）\tag{5-2}$$

$$贴现利息=票据到期值×贴现天数×年贴现率/360\tag{5-3}$$

$$实收贴现金额=票据到期值-贴现利息\tag{5-4}$$

如果为不带息汇票，则：

$$实收贴现金额=票面金额-贴现利息\tag{5-5}$$

例5-2 甲厂向乙厂购进材料一批，价款5 000元，商定6个月后付款，采取商业承兑汇票结算且为不带息汇票。乙厂于4月10日开出汇票，并经由甲厂承兑。汇票到期日为10月10日，后乙厂急需用款，于6月10日办理贴现。其贴现日为120天，贴现率按月息6‰计算。则：

$$贴现利息=5 000×120×6‰/30=120（元）$$

---

① Essayyad M. Essentials of Financial Management [M]. Research & Education Assoc, 2001.

应得贴现金额=5 000-120=4 880（元）

3. 公司短期债券

发行短期公司债券是上市公司的一种融资渠道。例如，北京科技园建设股份有限公司的短期债券按面值发行，为期一年，实际发行总额5亿元；杭州中策橡胶有限公司的短期债券贴现发行，每张票面价格为95.69元，为期一年，实际发行总额3.6亿元；浙江农资集团有限公司的短期债券贴现发行，每张票面价格为95.97元，为期一年，实际发行总额3.4亿元。

随着金融市场业务的发展，原来与商品劳务交易相联系的商业票据，已经发展成为一种与商品劳务交易没有关系的独立融资性票据，成为一种信誉较佳的企业在金融市场上筹措短期资金的债务凭证。商业票据凭信用发行，面额较大，期限为 30 天至 270 天不等，比较多见的一般在 90 天以内。与银行贷款中借款人与银行协商取得贷款方式相比，商业票据则是向公众发行。规模较大的金融公司可直接将它的票据销售给投资者，而较小的金融公司和大多数非金融公司则需要通过商业票据商卖出商业票据。商业票据的主要销售对象是其他企业、保险公司、养老基金、货币市场共同基金和商业银行。为了与传统的商业票据相区别，人们通常把这种专门用于融资的票据称作短期融资券或短期商业债券。因此，随着金融市场的业务发展，现代意义上的商业票据，实质上是一种公司短期债券。

5.1.3 预收账款

房地产业存在预售制度，而预收款是一种典型的负债，房地产公司正是利用超高的负债率超常发展起来的。2016年房地产企业自筹资金中仅有34%是自有资金，而66%以上都来源于国内银行贷款和预收款，说明房地产的开发基本上依靠银行和预收账款来完成。这在某种程度上推动了房地产市场的繁荣，但与此同时也存在一些弊端，如房地产商圈积抬价，以及"跑路"现象。

预收账款是指卖方按照合同或协议的约定，在货物交付之前，向买方预先收取部分或全部货款的一种信用形式。与应付账款不同，这是由买方向卖方提供的一种商业信用，对于卖方而言，预收的货款成为其筹集的短期资金的一种形式。而且这种资金筹集方式一般不需要支付任何代价，完全属于免费信用。然而，这种信用形式多适用于市场上比较紧俏，同时买方又急需的商品或者生产周期较长、售价较高的货物，如电梯、轮船和房地产等。

5.1.4 商业信用的利弊分析

1. 商业信用使用方便

商业信用属于"自发性融资"行为（商业信用伴随着商品交易自然产生），只要企业生产经营活动持续进行，商业信用融资行为就不会停止，是一种持续性的信用形式，而且不需要做特殊安排，能够作为企业经常性资金的一个组成部分。

2. 商业信用融资容易取得且弹性较好

商业信用能否取得、何时取得、取得多少等基本上由买方企业自主决定，在取得时间和偿还时间（必要时可以展期）的确定上买方企业都有一定的自主权，时间上更有弹性；同时，商业信用融资能够随着购买和销售的变化而自动地扩张或缩小，在规模上也具有较大的弹性。

3. 商业信用融资的限制较少

与短期借款相比，企业使用商业信用融资一般没有过多限制条款，即使有也不是十分严格，而且无须正式办理筹资手续。只要商业信用保持在适度的范围内，企业后续融资行为也不会因此受到不利的影响。

4. 商业信用融资的融资成本较低

如果信用条件中没有现金折扣，或者企业不放弃现金折扣，或者使用不附息的应付票据，则商业信用融资的融资成本总体上是比较低的，有时甚至是免费的。

一个富人走进一家银行。"请问先生，您有什么事情需要我们效劳吗？"贷款部营业员一边小心地询问，一边打量着来人的穿着：名贵西服、高档皮鞋、昂贵手表，还有镶宝石的领带夹子……"我想借点钱。""完全可以，想借多少呢？""1美元。""1美元？"贷款部的营业员十分惊愕，他想："1美元？他是在试探我们的工作质量和服务效率吧？"便说："当然，只要有担保，无论借多少，我们都照办。""好吧。"富人从皮包里取出一大堆股票、债券等放在柜台上："这些做担保可以吗？"营业员清点了一下，"先生，总共50万美元，做担保足够了，不过先生，您真的只借1美元吗？""是的，有问题吗？""好吧，请办理手续，年息为6%，只要您付6%的利息，且在一年后归还贷款，我们就把这些做担保的股票和证券还给您……"旁观的银行经理怎么也弄不明白，一个拥有50万美元的人怎么会跑到银行来借1美元呢？他追了上去："先生，对不起，能问一个问题吗？""当然可以。""您拥有50万美元的家当，为什么只借1美元呢？""哦，我来这里办一件事，随身携带这些票券很不方便，这里租保险箱的租金都很昂贵。所以我就到贵行将这些东西以担保的形式寄存了，由你们替我保管，况且利息很便宜，存一年才不过6美分。"经理如梦初醒。

5.2 借款筹资

中国古代的典当是一种早期的借贷形式。典当行业产生于封建社会初期，到了清代出现极盛景象。

理论上[1]，企业筹资存在一种优先顺序，即企业在拥有内部自有资本的情况下，往往首先利用自有资本为其投资项目筹资，然后考虑资本成本较低的债务筹资，最后才会选择股权筹资。借款筹资是企业常用的筹资方式之一。借款筹资是指企业向银行或非银行等金融机构以及其他单位借入的，用来满足其资金需要的筹资方式。按照借款期限的不同可以分为短期借款和长期借款。负债经营也就是"借鸡生蛋"，用别人的钱替自己赚钱。如果借款的成本即利息率低于经营获得的利润率，这种负债就是好的负债。

5.2.1 短期借款

借贷活动在民间非常普遍。一年秋天，胡雪岩在办事途中不小心把一个孩子拎着的竹篮撞翻了。那小孩拉住胡先生的衣服哭着要他赔钱。胡雪岩边安慰他边从衣袋里摸出一小块银子。小孩说："先生，不要这么多，只要六文钱。"可胡雪岩身边没有零钱，正犯愁时，身后有个人说："先生，我借给你。"胡雪岩回头一看，原来是个陌生人。胡雪岩便接过了钱，交给了小孩，然后写了一张借据递给这个陌生人，说："借条上有我的地址，请你随时来我家做客。"这就是民间借款行为。

短期借款[2]指企业用来维持正常的生产经营所需的资金或为偿债而向银行或其他金融机构借入的、还款期限在一年以内或不超过一年的一个经营周期内的各种借款。在我国，短期借款是绝大多数企业短期资金来源中最重要的组成部分。它主要是企业为了弥补自身资金不足，通过借贷而得来的。

1. 短期借款的种类

按照国际惯例，短期借款可按偿还方式的不同，分为一次性偿还借款和分期偿还借款；依

---

① Myers S C. The search for optimal capital structure[J]. Midland Corporate Finance Journal, 1984, 1(1): 6-16.

② Keown A J, Scott D F, Martin J D, et al. 现代财务管理基础[J]. 第 7 版中译本. 北京：清华大学出版社，1997-10.

利息支付方法的不同，分为收款法借款和贴现法借款；依有无担保分为抵押借款和信用借款等。我国目前的短期借款按照目的和用途分为若干种，主要有生产周转借款、临时借款和结算借款等。企业在申请借款时，需要根据企业需求和具体的借款条件加以选择。

2. 短期借款的条件

按照国际通行做法，银行发放短期借款往往带有一些信用条件，主要有以下几个。

（1）信贷额度

信贷额度是银行对借款人规定的无担保贷款的最高数额。信贷额度的有效期限通常为1年，但根据情况也可延期1年。信贷额度的数量，即规定银行能贷款给企业的最高限额。一般来讲，企业在批准的信贷限额内，可随时使用银行借款，但积累的未偿还借款资金额不能超过核定的信贷额度。例如，一家企业的信贷限额有100万元，在已经借款80万元且尚未归还的情况下，信贷限额就只剩下20万元了。此时，在计算利息时，通常是以已经使用的信贷额度而不是核定的信贷额度作为计息标准。在正式协议下，商业银行要承担按最高限额保证贷款的法律义务。在非正式协议下，商业银行不承担按最高限额保证贷款的法律义务。

（2）周转信贷协定

周转信贷协定是银行承诺提供不超过某一最高限额的贷款协定，这种承诺具有法律义务。在协定的有效期内，企业付给银行一定费用，享用周转信贷协定。周转信贷协定具有法律约束力，只要企业的借款总额未超过最高限额，银行必须满足企业任何时候提出的借款要求。周转信贷协定的期限通常为2~6年。在期限内企业不仅要对其已使用的信用额度支付利息费用，还要对未使用的信用额度支付一定的承诺费。

（3）补偿性余额

补偿性余额是银行要求借款企业在银行中保留按贷款限额或实际借用额一定百分比（一般为10%~20%）的最低存款余额。从银行的角度讲，补偿性余额可降低贷款风险，补偿其遭受的贷款损失。对于借款企业来讲，补偿性余额则提高了借款的实际利率。相关计算公式如下：

$$R_0 = \frac{R}{1-r} \times 100\% \tag{5-6}$$

式中：R_0——实际利率；

R——名义利率；

r——补偿性余额比例。

例5-3 某企业按年利率8%向银行借款10万元，银行要求维持贷款限额15%的补偿性余额，那么企业实际可用的借款为：

$$10 \times (1-15\%) = 8.5 \text{（万元）}$$

该项借款的实际利率则为：$\frac{8\% \times 10}{10 \times (1-15\%)} \times 100\% \approx 9.4\%$

（4）抵押担保

20世纪60年代早期，50多家银行和其他贷款人向联合菜油加工公司（Allied Crude Vegetable Refining Corporation）提供了大约2亿美元的贷款。这些贷款以价值近20亿英镑的植物油作为担保。但是，在流于形式的检查中，检查人员并未发现相互连接的输油管道可以将油从一个油库输送到另一个油库，而且薄薄的油层下面常常是海水和淤泥。18.5亿镑油的短缺终于被曝光了。结果该中转仓储公司破产，贷款人丧失了2亿美元贷款的绝大部分。

银行向财务风险较大的企业或对其信誉不甚有把握的企业发放贷款，有时需要有抵押品担保，以减少自己蒙受损失的风险。短期借款的抵押品经常是借款企业的应收账款、存货、股票、债券等。银行接受抵押品后，将根据抵押品的面值、变现能力和银行的风险偏好决定贷款金额，一般为抵押品面值的30%~90%。抵押借款的成本通常高于非抵押借款，这是因为银行主要向信誉好的客户提供非抵押贷款，而将抵押贷款看成一种风险投资，故而收取较高的利率；同时银行管理抵押贷款要比管理非抵押贷款困难，为此往往另外收取手续费。

（5）偿还条件

贷款的偿还有到期一次偿还和在贷款期内定期（每月、季）偿还两种方式。一般来说，企业不希望采用后一种偿还方式，因为这会提高借款的实际利率；而银行不希望采用前一种偿还方式，因为这会加重企业一次性偿还的财务负担，增加企业的拒付风险，同时会降低实际贷款利率。

3. 短期借款的成本

短期借款的成本主要表现在利率和利息支付方法两个方面。

（1）短期借款利率

利率多种多样，利息支付方法也有很多种，银行将根据借款企业的情况进行选择。主要有优惠利率、浮动优惠利率和非优惠利率。其中，优惠利率是商业银行向财力雄厚、经营状况好的企业贷款时收取的名义利率，为贷款利率的最低限。浮动优惠利率是一种随其他短期利率的变动而浮动的优惠利率，即随市场条件的变化而随时调整变化的优惠利率。非优惠利率是指银行贷款给一般企业时收取的高于优惠利率的利率。非优惠利率与优惠利率之间差距的大小，由借款企业的信誉、与银行的往来关系及当时的信贷状况所决定。

（2）借款利息的支付方法

一般来讲，借款企业可以用三种方法支付银行贷款利息。

① 期末一次还本付息法。期末一次还本付息是指企业在借款合同开始时得到了全部借款，到期后企业以规定的利率计算利息，然后将本息一并支付给银行。借款合同上规定的利率为名义利率。当短期贷款期限等于一年时，名义利率与实际利率相等；当短期贷款期限小于一年时，实际利率会高于名义利率；而且期限越短，实际利率与名义利率的差距越大。实际利率的计算公式如下：

$$实际利率=(1+\frac{名义利率}{m})^m-1 \tag{5-7}$$

式中：m —— 一年内计息次数。

例5-4 某企业从银行获得一笔名义利率为8%的贷款150 000元，若年内计息次数为5次，则其实际利率为：

$$(1+\frac{8\%}{5})^5-1\approx8.26\%$$

② 贴现法。贴现法是指银行向企业发放贷款时，先从本金中扣除利息部分，而到期时要求借款企业偿还贷款全部本金的一种计息方法。采用这种方法，企业可利用的贷款额只有本金减去利息部分后的差额，因此贷款的实际利率高于名义利率。而且，期限越短，实际利率越低，即实际利率与名义利率的差距越小。

若为一年期的贴现贷款，该笔贷款的实际利率为：

$$实际利率=\frac{利息支出}{借款总额-利息支出}\times100\% \tag{5-8}$$

如果借款期限在1年以下，则实际利率为：

$$实际利率=[(1+\frac{利息支出}{借款总额-利息支出})^m-1]\times100\% \tag{5-9}$$

例5-5 某企业从银行取得借款10 000元，期限1年，年利率（即名义利率）为8%，按照贴现法付息，该笔贷款的实际利率为多少？

$$实际利率 = \frac{800}{10\ 000-800} \times 100\% \approx 8.7\%$$

③ 加息法。加息法也称加息分摊法，是指在分期等额偿还贷款的情况下，贷款人通常按照加息分摊法计算利息。这时银行将根据名义利率计算的利息加到贷款本金上，计算出贷款的本息和，要求贷款人在贷款期内分期偿还本息之和的金额。由于分期等额还款，企业从第一期就开始偿还本金，直到借款全部还清。就本金来讲，借款企业实际上只借用了一半的资金，却要支付全额利息。因而，借款企业所负担的实际利率高于名义利率大约1倍。例如，银行对于为期一年的贷款会要求借款企业在 12 个月内平均偿还，每月偿还 1/12。在这种情况下，贷款的实际利率将会大大高于名义利率。实际利率计算公式如下：

$$实际利率 = \frac{利息}{年平均借款额} = \frac{利息}{借款总额 / 2} \tag{5-10}$$

例5-6 某企业借入年（名义）利率为12%的贷款20 000元，分12个月等额偿还本息。该项借款的实际利率为：

$$实际利率 = \frac{20\ 000 \times 12\%}{20\ 000 / 2} = 24\%$$

各种还款方式足以让人眼花缭乱。具有代表性的有传统还款类型："等额本息""等额本金"；充裕还款类型："气球贷"；加快还款型："双周供""按周还"；延后还款型："宽限期"、还款"合力贷"；散钱活用型："存抵贷""存贷通"。所有的还款方式都不会导致银行吃亏，但我们也很难说清哪种还款方式最有利于客户"省钱"。还款方式没有十全十美的，只有"最适合"的，没有"最便宜"的，企业应视收入能力和特点选择。

5.2.2 长期借款

长期借款是指借款人向银行或其他非银行金融机构及其他单位借入的、期限超过一年的借款，主要用于构建固定资产和满足长期流动资金占用的需要。

1. 长期借款的种类

基于不同的分类标准，我们可以把长期借款分为很多类，企业可以根据自身的情况并与各种借款条件相结合做出最佳的借款决策。目前我国长期借款的类别主要有：按照发放贷款金融机构的不同，分为政策性银行贷款、商业银行贷款和其他金融机构贷款等；按照是否提供抵押品，分为信用贷款和抵押贷款；按照付息方式与本金的偿还方式不同，可分为分期付息到期还本的长期借款、到期一次还本付息的长期借款和分期偿还本息的长期借款。

2. 长期借款的成本

2000年2月前后，中国香港地区商界展开了一场收购大战。由香港地区商人李嘉诚之子李泽楷任主席的盈科数码动力，和由新加坡前总理李光耀之子李显扬任总裁的新加坡电信，同时争夺香港电信的收购权。双方斗智斗勇，几经波折，最终盈科数码动力胜出。这场收购大战中，盈科数码动力获胜的一个重要因素，是其为争夺香港电信控制权，向汇丰投资、法国国家巴黎银行及中银等多家银行筹措了100亿美元（约770亿港元）的过渡性贷款，不惜每年负担50亿港元的利息支出，打破了以往银行财团贷款的最高纪录。但是，公司随后面临着巨大的还款压力，一年后，该公司由于负担过重出现亏损。

长期借款的成本主要表现为借款利率，其主要取决于资本市场的供求关系、借款期限、有无担保和公司信用等级等因素。

长期借款的利率通常高于短期借款。但信誉好或抵押品流动性强的借款企业，仍然可以争取到利率较低的长期借款。长期借款利率有固定利率和浮动利率两种。固定利率以相同资信水平公司发行的债券利率为基准，是借贷双方商定的利率，一经确定，不得随意变动。浮动利率通常有最高限、最低限，并在借款合同中明确。借款企业若预测市场利率将上升，应与商业银行签订固定利率合同；反之，则应签订浮动利率合同。

除了借贷双方商定的利息之外，商业银行还会向借款企业收取其他费用，如实行周转信贷协定所收取的承诺费，要求借款企业在该商业银行中保持补偿余额所形成的间接费用等，这些因素都会使借款企业实际使用资金的实际利率提高，因此会提高长期借款的成本。

例5-7 2024年1月1日，某公司从银行借入5年期借款200万元，借款利率为6%，分析不同偿还方式下的偿付金额。

第一种偿还方式，到期一次还本付息：$200 \times (1+6\%)^5 \approx 267.65$（万元）

第二种偿还方式，每年等额还本付息：$200 \times (A/P, 6\%, 5) = 47.48$（万元）；$47.48 \times 5 = 237.4$（万元）

第二种偿付方式付出的资金总额更少，但开始偿付的时点也更早。对企业而言，需要根据企业的现金流情况和资金回报率情况进行判断。

5.2.3 借款的特点

（1）筹资速度快。长期借款的手续比发行债券简单，取得借款的时间较短。

（2）借款弹性较大。借款时企业与商业银行直接交涉，有关条件可谈判确定；用款期间发生变动，亦可与商业银行再协商。而债券筹资所面对的是社会广大投资者，协商改善筹资条件的可能性很小。

（3）借款成本较低。相对于股权融资，借款利息可以在税前支付，能够降低成本；与长期债券融资相比，借款属于直接筹资，不需要经过证券公司等中介服务机构，使得成本较低。

（4）筹资风险高。借款附有固定的利息支付和偿付期限，企业在经济不景气或经营状况不佳时，可能会因不能按时偿付而面临破产。

（5）限制性条款较多。负债是一把"双刃剑"。借款的限制性条款比较多，因而制约了企业的生产经营活动。

5.3 债券筹资

中国金融博物馆完整保存了一张1911年5月20日发行的债券，面值20英镑，年息5厘，九五折实付，期限40年。就是这张沉浸了历史的旧债券，告诉了我们金融与辛亥革命的关联。债券的历史比股票悠久，其中最早的债券形式是在奴隶制时代产生的公债券。据文献记载，古希腊和古罗马在公元前4世纪就开始出现国家向商人、高利贷者和寺院借债的情况。进入封建社会之后，公债得到进一步的发展，许多封建主、帝王和城市共和国每当遇到财政困难，特别是发生战争时便发行公债。

债券是经济主体为筹集资金而发行的，用以记载和反映债权债务关系的，依照法定程序发行的，约定在一定期限内还本付息的有价证券。由企业发行的债券为企业债券或公司债券，通常是指期限超过一年的债券。

5.3.1 债券的种类

债券按照不同的标准可以分为不同的类别。

（1）按是否可以转换为公司股票，分为可转换债券和不可转换债券。可转换债券是指根据债券合同规定，可以在一定时期内按照事先规定的转换比率或转换价格转换为一定数量的普通股股票的债券。

（2）按有无财产担保，分为有担保债券和信用债券。有担保债券是指以一定的公司财产作为担保而发行的公司债券，当发行的有担保债券无法到期偿付时，债权人可以根据合同对抵押的财产进行处理，以抵押财产变现值优先受偿。信用债券①是指发行人完全凭自己的信誉发行的债券，由于没有财产作为担保，因而其利率通常要比有担保债券的利率高。

5.3.2　债券的发行价格

公司债券发行价格是发行公司（或其承销机构）发行债券时的价格，亦即投资者向发行公司认购其所发行债券时实际支付的价格。债券的发行价格由其未来现金流入量的现值决定，由各期利息收入现值和票面金额现值两部分组成。

5.3.3　债券的信用等级

债券的信用等级表示债券质量的优劣，反映债券偿本付息能力的强弱和债券投资风险的高低。债券的信用等级，对于发行公司和投资者都有重要的影响，它直接影响公司发行债券的效果和投资者的投资选择。公司公开发行债券通常需要债券评信机构评定等级。债券的评级制度最早源于美国。1909 年，美国人约翰·穆迪首先采用了债券评级法，从此，债券评级的方法开始推广。国外流行的债券等级，一般分为 3 等 9 级，表 5-1 所示是美国穆迪投资服务公司和标准普尔采用的债券信用等级。

表 5-1　　　　　　　　　　　　　债券信用等级表

标准普尔		穆迪投资服务公司	
AAA	最高级	Aaa	最高质量
AA	高级	Aa	高质量
A	上中级	A	上中质量
BBB	中级	Baa	下中质量
BB	中下级	Ba	具有投机因素
B	投机级	B	通常不值得投资
CCC	完全投机级	Caa	可能违约
CC	最大投机级	Ca	高级投机级，经常违约
C	规定盈利付息但是未能付息	C	最低级

近年来，国际评级机构标准普尔对美国州及地方政府债券评级逐级下调，令美国市政债券市场陷入动荡局面，部分原因就在于投资者对州及地方政府出现债务违约的担忧与日俱增。随着投资者从市政债券共同基金中撤资的规模达到创纪录水平，市政债券的收益率也达到了金融危机最严重时期以来的最高水平。

中国人民银行发布的《信贷市场和银行间债券市场信用评级规范》，将银行间债券市场中长期债券、借款企业和担保机构信用等级划分为三等九级，用符号表示为 AAA、AA、A、BBB、BB、B、CCC、CC、C；银行间债券市场短期债券信用等级划分为四等六级，用符号表示为 A-1、A-2、A-3、B、C、D。根据中国人民银行的有关规定，凡是向社会公开发行企业债的企业，需要由中

---

① Altman E I. The importance and subtlety of credit rating migration[J]. Journal of Banking & Finance, 1998, 22(10): 1231-1247.

国人民银行认可的资信评级机构进行评信。我国的资信评级机构在企业债券信用评级工作中，一般主要考查：企业概况、企业素质、财务质量、投资项目状况、项目发展前景和偿债能力等。

5.3.4 债券筹资的优缺点

1. 债券筹资的优点

中银国际分析师托马斯·庄（Thomas Chong）指出："发行债券速度更快、程序更简单，发行股票会导致股权被稀释，而且需要较长的时间。"中国三家主要互联网公司——百度、阿里巴巴和腾讯都成功地从国际债券市场筹集资金，共发行了60亿美元债券。这三家公司利用这些资金强化了其在国内的产业优势地位及在海外的竞争实力，并不失时机地收购了资金匮乏的竞争对手。

（1）财务杠杆作用。债券的利息是固定的，除获取利息外，债券持有人不能参与公司净利润的分配。因而，如果债券筹集到的资本收益率高于成本，则可以提高普通股的每股收益，即具有财务杠杆作用。

（2）不会稀释股东控制权。债券持有人无权直接参与公司的经营管理，不分享或稀释公司原有股东对企业的控制权，只能从公司获得固定利息。

（3）债券的成本较低。债券的利息在税前支出，具有税盾作用，可为企业带来税收方面的好处。

（4）债券筹资方式灵活。与长期借款相比，企业发行债券可以根据自己的现状，结合现在的利率水平灵活设计债券的面值、票面利率、债券存续期、偿还方式等。

2. 债券筹资的缺点

（1）加大了企业的财务风险。企业发行债券必须按时还本付息，若企业因一时资金周转不畅而不能按时还本付息，企业将陷入财务危机，甚至会导致企业破产；债券有固定的到期日和固定的利息支出，当企业资金周转出现困难时，易使企业陷入财务困境，甚至破产清算。

（2）限制性条款多。由于债权人没有参与企业管理的权利，为了保障债权人债权的安全，通常债券合同中会包括各种限制性条款，这将在一定程度上限制企业的经营决策，这些限制性条款会影响企业资金使用的灵活性。

5.3.5 可转换债券

宝安公司最先于1992年10月在国内发行了针对A股的可转换债券。1997年3月5日，中国证券监督管理委员会（简称证监会）发布的《可转换公司债券管理暂行办法》为可转换债券提供了法规依据。1998年8月，南宁化工和吴江丝绸作为非上市公司，在上述办法发布后发行了可转换债券。创新创业可转换债券是中国资本市场为支持科技创新型企业发展而推出的一种新型债券品种。它允许符合条件的创新创业公司及创业投资公司非公开发行，在一定期间内依照约定条件转换成公司股份的公司债券。2022年7月，新三板挂牌公司三景科技（430393.NQ）定向发行可转债，募资金额2 000万元。

可转换债券又称为可转换公司债券，是指发行人依照法定程序发行，在一定期间内依据约定的条件可以转换成股份的公司债券。可转换债券兼具债券和股票的特征，它赋予持有人在发债后一定时间内，可依据本身的意志，选择是否依约定的条件将持有的债券转换为发行公司的股票（或者相关公司股票）的权利。

1. 可转换债券的要素

可转换债券的要素指构成其基本特征的必要因素，它们表明了可转换债券与不可转换债券的区别。在我国目前的经济环境下，发行可转换债券必须经过国家有关部门的批准。

（1）标的股票

可转换债券实际上是一种期权类的二级派生产品，即一种股票期权或股票选择权，它的标的物就是可以转换成的股票。可转换债券的标的股票一般是发行公司自己的股票，但也有其他公司的股票，如可转换债券发行公司的上市子公司的股票。可转换债券的价值中包含了买入标的股票的权利，因此，可转换债券的价格必然依赖标的股票价格的变动情况，并与标的股票的价格同向变动。

（2）转换价格或转换比率

可转换债券的转换价格是指可转换债券转换为每股股份所支付的价格。上市公司发行的可转换债券，一般以发行可转换债券前若干天的股票平均价格为基准，上浮一定比例作为转换价格；重点国有企业发行的可转换债券，以拟发行股票的价格为基准，折扣一定比例作为转换价格。

例如，某公司在2006年发行的可转换债券就设定：在2011年之前，持有该转换债券者可转换成12.5股，2011～2016年可转换成11.76股，2017～2021年可转换成11.11股。转换价格由开始时的80元上涨到85元，然后涨至90元。像大多数可转换债券一样，该公司的可转换债券在10年后成为可赎回债券，赎回期为10年。

转换比率是每张可转换债券能够转换的普通股股数。可转换债券的面值、转换价格、转换比率之间存在下列关系：

$$转换比率 = 可转换债券面值 \div 转换价格 \tag{5-11}$$

（3）转换期

转换期是指可转换债券转换为股份的起始日至结束日的期间。

转换期可以与债券的期限相同，也可以短于债券的期限，主要有四种：发行一段时间后的某日至到期日前的某日、发行一段时间后的某日至到期日、发行后某日至到期日前的某日、发行后某日至到期日。在前两种情况下，发行了可转换债券之后，发行公司锁定了一段特定的期限，在该期限内公司不受理转股事宜，它这样做的目的是不希望过早地将负债变为资本金而稀释原有的股东权益；在后两种情况下，发行公司在可转股之前对可转换债券没有锁定一段期限，这样做的目的主要是吸引更多的投资者[①]。

（4）赎回条款

赎回是指在一定条件下，发行公司按事先约定的价格买回未转股的可转换债券，赎回条款是发行公司为了保护自己利益设置的。发行公司在赎回债券之前，要向债券持有人发出通知，要求他们在将债券转换为普通股与卖给发行公司之间做出选择。一般而言，债券持有人会将债券转换为普通股。

举个例子，如果一个公司的转股价是1元，面值100元的可转换债券能转100股该公司股票。若此时股价1元，转股价就是100元。一段时间后，该公司的股价从1元上涨到1.3元，此时的转股价为130元，可转换债券价格肯定不低于转股价（否则存在套利空间）。如果该公司正股股价可以在30个交易日里至少15个交易日超过了1.3元，触发强制赎回条款，该公司有权以105元强制赎回可转换债券，所以债券持有人会将债券转换为普通股。

可见，设置赎回条款是为了促使债券持有人转换股份，因此又被称为加速条款；同时也能使发行公司避免市场利率下降后，继续向债券持有人支付较高的债券票面利率所蒙受的损失；或限制债券持有人过分享受公司收益大幅度提高所带来的回报。

（5）回售条款

回售条款是为投资者提供的一项安全性保障，当可转换债券的转换价值远低于债券面值时，债券持有人必定不会行使转换权利，此时投资者依据一定的条件可以要求发行公司以面额加计利息补偿金的价格收回可转换债券。为了降低投资风险，吸引更多的投资者，发行公司通常设置该条款。它在一定程度上保护了投资者的利益，是投资者向发行公司转移风险的一种方式。回售实质上是一种卖出权，是赋予投资者的一种权利，投资者可以根据市场的变化而选择是否行使这种权利。

---

① Stein J C. Convertible bonds as backdoor equity financing [J]. Journal of Financial Economics, 1992, 32(1): 3-21.

（6）强制性转换条款

强制性转换条款是在某些条件具备之后，债券持有人必须将可转换债券转换为股票，无权要求偿还债券本金的规定。发行公司设置强制性转换条款，在于保证可转换债券顺利地转换成股票，实现发行公司扩大权益筹资规模的目的。

2. 可转换债券筹资的优缺点

（1）可转换债券筹资的优点

① 筹资成本低。可转换债券给予了债券持有人以优惠的价格转换公司股票的权利，因而其利率低于同一条件下的不可转换债券的利率，降低了公司的筹资成本。此外，在可转换债券转换为普通股时，公司无须另外支付筹资费用，又节约了股票的筹资成本。

② 便于筹集资金。可转换债券一方面可以使投资者获得固定利息；另一方面又向其提供了进行债权投资或股权投资的选择权，对投资者具有一定的吸引力，有利于债券的发行，便于资金的筹集[①]。

③ 有利于稳定股票价格和减少对每股收益的稀释。由于可转换债券规定的转换价格一般要高于其发行时的公司股票价格，因此在发行新股或配股时机不佳时，公司可以先发行可转换债券，然后通过转换实现较高价位的股权筹资。这样，一方面，不至于因为直接发行新股而进一步降低公司股票的市价；另一方面，因为可转换债券的转换期较长，即使在将来转换股票时，对公司股价的影响也较小，从而有利于稳定公司股票[②]。

④ 减少筹资中的利益冲突。由于日后会有相当一部分投资者将其持有的可转换债券转换成普通股，发行可转换债券不会过多地增加公司的偿债压力，因而其他债权人对此的反对程度较低，这使得发行可转换债券受其他债务的限制性约束较少。同时，可转换债券持有人是公司的潜在股东，与公司有着较大的利益趋同性，因而与公司的冲突较少。

（2）可转换债券筹资的缺点

① 股价上扬风险。虽然转换价格高于其发行时的股票价格，但是如果转换时股票价格大幅度上扬，公司只能以较低的固定转换价格换出股票，这样会降低公司的股权筹资额。

② 财务风险。发行可转换债券后，如果公司业绩不佳，股价长期低迷，或虽然公司业绩尚可，但股价随大盘下跌，债券持有人没有如约转换普通股，则会增加公司偿还债务的压力，加大财务风险。特别是在订有回售条款的情况下，公司短期内集中偿还债务的压力明显[③]。

③ 丧失低息优势。可转换债券转换成普通股后，其原有的低息优势不复存在，公司将要承担较高的普通股成本，从而导致公司的综合资本成本增加。

5.4 其他筹资方式

1. BOT 筹资（Build—Operate—Transfer）

17世纪英国的领港公会负责管理海上事务，拥有建设和经营灯塔并向船只收费的特权。但据罗纳德·科斯（R. Coase）的调查，1610～1675年，领港公会一个灯塔也未建成。而同期私人建成的灯塔至少有10座，其投资方式与现在所谓的BOT如出一辙。即私人首先向政府提出准许建造和经营灯塔的申请，申请中必须包括许多船主的签名以证明将要建造的灯塔对他们有利，并且表示愿意支付过路费；在申请获得政府的批准以后，私人向政府租用建造灯塔必须占用的土地，在特许期内管理灯塔并向过往船只收取过路费；特许期满以后，政府将灯塔收回并交给领港公会管理和继续收费。到1820年，在全部46座灯塔中有34座是私人投资建造的。

---

① Drazen A, Grilli V. The benefits of crises for economic reforms[R]. National Bureau of Economic Research, 1990.

② Shi C. On the trade-off between the future benefits and riskiness of R&D: A bondholders' perspective[J]. Journal of Accounting and Economics, 2003, 35(2): 227-254.

③ Black F, Cox J C. Valuing corporate securities: Some effects of bond indenture provisions[J]. The Journal of Finance, 1976, 31(2): 351-367.

BOT 是 Build（建设）、Operate（经营）和 Transfer（转让）的简称，代表着一个完整的项目融资的概念[①]。BOT 模式在发展之初主要是用于基础设施建设的项目融资模式。它由项目所在国政府或所属机构对项目的建设和经营提供一种特许权协议作为项目融资的基础，由本国公司或者外国公司作为项目的投资者和经营者安排融资，承担风险，开发建设项目，并在有限的时间内经营项目，获取商业利润，最后，根据协议将该项目转让给相应的政府机构。采用 BOT 模式，资金可以由项目经营者通过自有资金或银行借款等途径获得，也可以利用 BOT 项目自身通过项目融资方式筹集，这拓宽了筹资渠道。同时企业还可以通过特许经营期间的特许经营提高基础设施项目运营管理水平，引进先进技术。应用 BOT 模式的基础设施项目在特许经营期间必须要有一定的现金流量，即该基础设施项目有一定的盈利性，能够通过运营期间获得的现金流量收回投资并获取合理的投资回报。

我国BOT模式的试点工作进展顺利，成功的例子不胜枚举，如咸阳渭河三桥、京承高速公路二期、遂渝高速公路和南京过江隧道等。福建省泉州刺桐大桥是我国首例由民营企业发起兴建的BOT融资项目，项目由项目投资法人建设经营30年，期满后全部无偿移交给政府，以解决基础建设资金不足的问题。总投资为2.5亿元，全长1 530m、宽27m，双向6车道，于1996年建成通车。泉州15家私有企业合股成立的名流公司BOT大桥建设项目获市政府批准后，注册资金为6 000万元的泉州刺桐大桥投资开发有限公司随即成立了，其中名流公司占60%的股份，泉州市政府占40%的股份。一年后，代表市政府的路桥公司又将其中的30%股份转给福建省公路开发总公司和福建省交通建设投资有限公司。投资超出本金不足的部分，由各股东按比例分别筹措。这样，一个国家与民营相结合、以民营为主的基础设施建设投资主体率先出现在泉州。泉州刺桐大桥真正实行了建设项目的法人责任制，资金及时到位，责、权、利明确，机制灵活，建设效率很高，仅一年多时间便建成通车，创造了国内同类桥梁建设罕见的高速度。

BOT 项目投资大，风险多，但又回报丰厚，被业内称为"带刺的玫瑰"，并不是所有领域、所有企业都适合去摘取这朵"带刺的玫瑰"。

2. ABS 筹资（Asset Backed Securitization）

ABS（资产证券化）是以某一目标项目所拥有的资产为基础，以项目资产所产生的、独立的、可识别的未来收益（现金流量或应收账款）作为抵押（金融担保），通过在资本市场上发行具有固定收益率的债券来筹集资金的一种项目融资方式。资产证券化的实质是将资产的未来收益以证券的形式预售，其基本交易结构是将资产的原始权益人从证券化的资产中剥离出来，出售给一个特设机构，该机构以其获得的这项资产的未来现金收益为担保，发行证券，以证券发行收入支付购买证券化资产的价款，以证券化资产产生的现金流向证券投资者支付本息。

1998年4月13日，我国第一个以获得国际融资为目的的ABS证券化融资方案率先在重庆市推行。其首次运作将投入2亿美元。滚动资金可达10亿~20亿美元。以后运用的债券发行收益还将投资于交通、能源、城市建设、工业、安居工程、农业与旅游业等方面。

通过资产证券化，发起人能将流动性低的资产转换为流动性高的、标准化的证券工具。ABS筹资，增强了资产的流动性。用于资产证券化的资产通常都是不能随时出售变现，但根据合同或事先约定而具有可预见、稳定的未来现金收入的资产。资产证券的投资者或持有人在证券到期时，可以获得本金和利息的偿付。偿付资金来源于证券化基础资产所创造的现金流量，风险取决于可以预测的现金收入，而不是项目原始收益人自身的信用状况，并且不受发起人破产等风险的牵连，债券可以在证券市场上流通，由众多投资者购买，进一步分散了投资风险。ABS通过特有的信用增级过程，提高债券发行人的信用等级，使其能够发行高等级的债券，减少利息的支付，降低 ABS 筹资成本。

[①] Xi Gao . The risk analysis on the BOT financing mode[J]. Water Power, 2002, 4: 003.

讨论案例

山鹰纸业可转换债券筹资

山鹰纸业本次发行的可转换公司债券，采取向原有股东全额优先配售，原有股东放弃优先配售后的可转债余额，向社会公众投资者公开发行的方式。原有股东可优先认购的可转换债券（以下简称"可转债"）数量为其在股权登记日收市后登记在册的持有山鹰纸业股份数乘以1.1元（即每股配售1.1元），再按1 000元1手转换成手数，优先配售不足1手的部分按照有关规定处理。截至可转债募集说明书签署日，该公司总股本为426 730 834股，原有股东最多可优先认购此次发行可转债的金额为46 940.40万元（即4 694 040张，469 404手），约占此次发行的可转债总额的99.87%。此次发行可转债的承销起止日为当年的8月31日至9月11日。上市流通后不设持有期的限制。其可转债发行条款如下。

（1）发行总额：本次可转债的发行总额为47 000万元。

（2）票面金额：本次发行可转债的票面金额为100元，共计发行470万张。

（3）债券期限：本次发行可转债的期限为5年，自当年的9月5日（发行日）起至五年后的9月5日（到期日）止。

（4）票面利率和付息：本次发行的可转债票面利率第一年为1.4%，第二年为1.7%，第三年为2.0%，第四年为2.3%，第五年为2.6%，到期未转股按2.8%进行补偿。

（5）可转债转股条款。

① 转股期。此次发行可转债的转股期自公司可转债发行结束之日（募集资金划至发行人账户之日）起6个月后至可转债到期日止。

② 转股价格。此次发行可转债的初始转股价格为募集说明书公告日前20个交易日公司股票交易均价和前1交易日的交易均价之间的较高者，即7.31元。初始转股价格自此次发行结束后开始生效。

（6）回售条款。自可转债发行之日起24个月内，若公司A股股票在任意连续20个交易日的收盘价格低于当期转股价格的70%，则可转债持有人有权以面值的105%（含当期利息）的价格将其持有的可转债全部或部分回售给山鹰纸业。可转债持有人在回售条件首次满足后不实施回售的，当年不应再按上述约定条件行使回售权。

（7）赎回条款。自可转债发行之日起12个月内，若公司A股股票任意连续20个交易日的收盘价高于当期转股价格的125%，则公司有权以面值的105%（含当期利息）的价格赎回全部或部分未转股的可转债。在赎回条件首次满足时不行使赎回权的，则公司当年内不能再行使赎回权。

试根据上述资料分析以下问题。

（1）结合本案例分析可转债在转换为股票之前和之后对公司财务状况的影响。

（2）结合本案例分析可转债筹资与银行借款、普通长期债券及股权筹资方式对企业的不同影响？

（3）假如你是该公司的财务总监，结合当前的宏观环境，分析如何进行当前筹资决策？

复习思考题

一、概念题

1. 商业信用　　　　2. 短期借款　　　　3. 信贷额度　　　　4. 补偿性余额

5. 长期负债　　　　6. 债券　　　　　　7. 可转换债券　　　8. 债券的信用等级

二、单选题

1. 某企业按年利率4.5%从银行借入款项200万元，银行要求企业按贷款的10%保留补偿性余额，则该借款的实际年利率为（　　）。

　　A. 4.95%　　　　　B. 5%　　　　　　C. 5.5%　　　　　　D. 9.5%

2. 放弃现金折扣的成本大小与（　　）。

　　A. 折扣百分比的大小呈反向变化

　　B. 信用期的长短呈同向变化

　　C. 折扣百分比的大小、信用期的长短均呈同方向变化

　　D. 折扣期的长短呈同方向变化

3. 在下列各项中，不属于商业信用融资内容的是（　　）。

　　A. 赊购商品　　　　　　　　　　　　B. 预收货款

　　C. 办理应收票据贴现　　　　　　　　D. 用商业汇票购货

4. 不属于商业信用的是（　　）。

　　A. 应收账款　　　B. 应付账款　　　C. 应付票据　　　D. 预收账款

5. 下列说法正确的是（　　）。

　　A. 短期融资券不可超过半年

　　B. 短期融资券的发行利率以央行票据利率为标准

　　C. 应计项目是非自发性融资

　　D. 应计项目包括应缴税费、应付股利、应付工资及应付福利费

6. 与普通股筹资相比，下列选项中不属于长期负债筹资特点的是（　　）。

　　A. 筹资风险较高　　　　　　　　　　B. 筹资成本较高

　　C. 具有资金使用期限上的时间性　　　D. 不分散公司的控制权

7. 企业向银行借入长期借款，若预测市场利率将下降，企业应与银行签订（　　）。

　　A. 浮动利率合同　　　　　　　　　　B. 固定利率合同

　　C. 有补偿余额合同　　　　　　　　　D. 周转信贷协定

8. 关于长期借款成本，说法错误的是（　　）。

　　A. 长期借款的利率通常高于短期借款

　　B. 长期借款利率有固定利率和无限额的浮动利率

　　C. 银行向借款企业收取周转信贷协定的承诺费

　　D. 银行向借款企业收取补偿余额的间接费用

9. 下列不属于长期借款的特殊保护性条款的有（　　）。

　　A. 企业可以投资于短期内不能收回资金的项目

　　B. 贷款专款专用

　　C. 限制企业高级职员的薪金和奖金总额

　　D. 要求企业主要领导人在合同有效期间担任领导职务

10. 长期借款筹资不包括（　　）。

　　A. 政策性银行贷款　　　　　　　　　B. 商业银行贷款

　　C. 信托投资公司贷款　　　　　　　　D. 非法高利贷

11. 债务筹资的三种基本形式是（　　）。

　　A. 发行债券、银行借款、经营租赁　　B. 发行债券、经营租赁、融资租赁

　　C. 发行债券、银行借款、商业信用　　D. 发行债券、银行借款、融资租赁

12. 下列关于可转换债券基本要素的说法中，错误的是（　　）。

　　A. 标的股票既可以是发行公司自己的股票，也可以是其他公司的股票

　　B. 票面利率一般会低于普通债券，高于同期银行存款利率

　　C. 可转换债券在标的股票价格等于转股价时，必须转换成股票

　　D. 赎回条款是为保护发行公司的利益而设置的

13. 下列关于决定债券发行价格的因素的说法中，不正确的是（　　）。
  A. 票面金额是决定债券发行价格的最基本因素
  B. 票面利率越高，发行价格就越高
  C. 市场利率越高，发行价格就越低
  D. 债券期限越长，发行价格越低

14. 有关发行债券的资格与条件，下列说法错误的是（　　）。
  A. 我国《公司法》规定，股份有限公司、国有独资公司和两个以上的国有企业或其他国有投资主体投资设立的有限责任公司，有资格发行公司债券
  B. 累计债券总额不超过公司净资产额的 30%
  C. 债券的利率不得超中国人民银行限定的水平，最近 3 年平均可分配利润足以支付公司债券 1 年利息
  D. 所筹集的资金不得用于补亏和非生产性支出

15. 决定债券发行价格的因素不包括（　　）。
  A. 债券的市场价值　　B. 债券的票面利率　　C. 市场利率　　D. 债券期限

三、计算题

1. 某公司发行面值 1 000 元，票面年利率为 10%，期限为 10 年，每年年末付息的债券，发行时，市场利率可能会发生变化，试确定市场利率分别为 8%、10%、12% 时债券的发行价格。

2. 某企业按 "2/10，n/30" 的条件购入 10 万元货物。若同期的银行短期借款利率为 12%，该企业是否应放弃折扣？

3. 某借款企业按年利率 10% 向银行借款 100 万元，银行要求维持贷款限额 15% 的补偿性余额，则该借款企业实际可用的借款只有 85 万元，该笔借款的实际利率是多少？

4. 甲公司正面临两家提供不同信用条件的供应商，A 供应商的信用条件为 "3/10，n/30"，B 供应商的信用条件为 "2/20，n/30"。

（1）如果该公司在 10～30 天内有一次投资机会，回报率为 60%，公司应否在 10 天之内归还 A 供应商的应付账款。

（2）如果该公司只能在 20～30 天以内付款，应选择哪家供应商？

5. 某公司向银行借入短期借款 10 000 元，同银行协商后，支付银行贷款利息的方式有如下三种：到期还本付息，利率为 14%；贴现法付息，利率为 12%；利率为 10%，银行要求 20% 补偿性余额。在仅考虑利率成本的情况下，该公司应该使用哪种方式筹措所需资金？

6. 某集团是一家大型国有控股企业，持有甲上市公司 65% 的股权和乙上市公司 2 000 万股无限售条件流通股。集团董事长在年度的工作会上提出，"要通过并购重组、技术改造、基地建设等举措，用五年左右的时间使集团规模翻一番，努力跻身世界先进企业行列。"集团根据发展需要，经研究决定，拟建设一个总投资额为 8 亿元的项目，该项目已经国家有关部门核准，预计两年建成。集团现有自有资金 2 亿元，尚有 6 亿元的资金缺口。集团资产负债率要求保持在恰当水平。集团财务部提出以下方案解决资金缺口。

方案一：向银行借款 6 亿元，期限为 2 年，年利率为 7.5%，按年付息；

方案二：直接在二级市场上出售乙上市公司股票，该股票的每股初始成本为 18 元，现行市价为 30 元，预计未来成长潜力不大；

方案三：由集团按银行同期借款利率向甲上市公司借入其尚未使用的募股资金 6 亿元。

要求： 假定你是集团总会计师，请在比较三种方案后选择较优方案，并说明理由。

第6章 股权筹资

📑 引导案例

　　民生健康（301507）于2023年9月5日在深圳证券交易所创业板上市，发行价为10.00元/股，募集资金总额为89 138.60万元，扣除发行费用后的募集资金净额为79 329.73万元。民生健康的主营业务涵盖维生素与矿物质类非处方药品和保健食品的研发、生产、销售。其上市公告书详细列出了公司的基本情况、股票上市情况、发行人及股东持股情况、股票发行情况、财务会计资料、其他重要事项等。公司承诺将加快募集资金投资项目的建设进度，提高资金使用效率，努力提升公司核心竞争力和盈利水平，完善利润分配政策，强化投资者回报机制，加强经营管理和内部控制，提升经营效率，并采取其他措施以保护投资者的利益。公司上市的主要目的是扩大核心优势产品的产能、丰富产品结构，以及增强公司的核心竞争优势。公司的实际控制人为竺福江、竺昱祺父子，通过民生药业、景牛管理、景亿管理、瑞民管理间接控制公司92%的股权。在上市前的一段时间内，民生健康曾进行过一次1.5亿元的分红。

　　公司到底要不要进行股权筹资？本章将介绍股权筹资的知识。

⭐ 学习目标

- 了解吸收直接投资的概念、种类及特点；
- 掌握普通股的价值；
- 掌握普通股、优先股融资的优缺点；
- 了解普通股发行的规定与条件。

　　股份有限公司和有限责任公司是公司的两种基本组织形式。有限责任公司股权筹资以吸收直接投资为主，而发行股票则是股份有限公司进行股权筹资最主要的方式。

6.1 吸收直接投资

　　企业的筹资方式按其所有权的归属，可以分为股权筹资和债权筹资两种。企业的股权资本一般由资本金投入和留存收益构成，其中，资本金投入是企业所有者为创办和发展企业而投入的资本，是企业股权筹资最基本的部分。企业资本金投入因企业组织形式的不同而有不同的表现形式，在股份有限公司中称为"股本"，在有限责任公司中则称为"实收资本"。

　　具体来说，吸收直接投资指的是企业按照"共同投资、共同经营、共担风险、共享利润"的原则来吸收国家、法人、个人、外商投入资金的一种筹资方式，它是有限责任公司筹措资本金的基本形式。企业吸收直接投资无须公开发行证券，吸收直接投资与发行股票、留存收益都属于企业筹集自有资金的重要方式。

　　在吸收直接投资的筹资形式中，进行直接投资的出资者一般是企业的所有者，对企业享有经营管理权。若企业经营状况好，盈利多，则各方按投资比例分享利润；反之，若企业经营状况差，连年亏损，甚至破产清算，则投资各方按其投资比例在投资限额内承担损失。

6.1.1 吸收直接投资的类型

1. 按照资金的来源分类

（1）吸收国家投资

吸收国家投资是指有权代表国家投资的政府部门或者机构以国有资产投入企业形成的国家资本金。国家财政资金是国有独资企业和国有控股公司的重要资金来源渠道。目前，国家投资除了原来国家以拨款形式投入企业所形成的资金，还包括用利润总额归还贷款后所形成的国家资金、财政和主管部门拨给企业的专用拨款及减免税后形成的资金。因为产权归属国家，所以企业对于资金的运用和处置受国家约束较大。

（2）吸收法人投资

吸收法人投资是指其他企业单位以其可支配的资产投入企业形成的法人资本金。在生产经营过程中企业往往会产生部分暂时闲置的资金。这部分闲置资金可以在企业之间相互调剂余缺，作为短期的临时资金融通或者形成长期稳定的经济联合。吸收法人投资广泛适用于法人单位之间，具有灵活多样的出资方式。

（3）吸收个人投资

吸收个人投资是指社会个人或企业内部职工以个人合法财产投入企业所形成的个人资本金。由于参与投资的人员较多，因此每个人投资的数额相对较少。投资者一般是以参与企业利润分配为目的进行投资。

2. 按照出资方式分类

（1）吸收现金投资

董志江和搭档靳彩霞从美国回到武汉，建立了武汉迪源光电科技有限公司（以下简称"迪源"）。他们依托武汉光电国家实验室，不到半年时间就建成了第一条LED生产线，继而，迪源发布了融资扩产的消息。风投机构立刻蜂拥而至，美国天地基金注入了第一笔资金，来自四川的九洲集团投入2 000万元，本地的光谷基金、盈富泰克创业投资有限公司也投入了大笔资金。"这个项目本身的特性是需要大投资，几千万元都是少的。"董志江说，"大家都很看好这个项目。钱来得太汹涌，在融资的后期我们已经开始劝别人少投入一些，企业不能一口吃成一个胖子。"很快，迪源完成了2亿元的企业融资，一些后来者被婉拒在门外。董志江说："不能什么钱都要，要选择志同道合的投资机构。"投资迪源的机构，都和光电产业沾边，九洲集团正在向LED封装产业发展，已成为迪源的合作伙伴。

吸收现金投资是吸收直接投资中一种最主要的方式。现金可灵活方便地转换为其他经济资源，因此企业在投入资本筹资时应尽可能多地争取现金出资。国外大多数国家的法律对现金的出资比例均做出规定，我国目前尚无这方面的限制，一般由投资各方在投资过程中协商确定。

（2）吸收实物投资

吸收实物投资即投资者直接以房屋、建筑物、机器设备等固定资产和原材料、燃料、产品等流动资产作价投资。吸收实物投资与实际的物品和生产经营活动直接联系在一起。它是通过实物在市场中的销售利润谋取投资利润的一种投资方式。投资方在进行投资活动之前，要对实物的潜在价值进行深入分析，避免由于失误造成资金浪费。

吸收实物投资应注意实物资产确实是为企业科研、生产、经营所需要的，技术性能好的资产。同时，实物资产的作价公平合理。一般采用重置成本法或现行市价法估价。对具有独立获利能力的设备或房屋建筑物，也可采用收益现值法进行估价。具体作价可双方协商确定或聘请各方同意的专业资产评估机构确定。

（3）吸收无形资产投资

北玻股份股东会曾做出如下决议：高学明先生单方面追加投入已经评估的4台设备样机和两

项专利，共计作价2 838.53万元，其余股东同时承诺放弃同比例增资权利。此前，深圳维明资产评估事务所对高学明先生的4台设备样机和两项专利进行了评估，并出具了《资产评估报告书》，其中对4台设备样机采用市场比较法（现行市价法）确定其评估值为2 144万元；对两项专利采用收益现值法确定其评估值为694.53万元。

吸收无形资产投资即投资者直接以专利权、商标权、非专利技术、土地使用权等无形资产作价投资。吸收无形资产投资应注意在接受这种投资时应谨慎进行有关的调查和可行性研究，因为无形资产的价值相对于实物资产而言具有很大的不确定性。同时，我国《公司法》有以下规定：股东以实物、知识产权、土地使用权等可以用货币估价并可以依法转让的非货币财产作价出资。对作为出资的非货币财产应当评估作价，核实财产，不得高估或者低估作价。法律、行政法规对评估作价有规定的，从其规定。

6.1.2 吸收直接投资的程序

1. 确定筹资数量

吸收直接投资通常是有限责任公司在开办时所采用的一种筹资方式。企业在经营过程中，如果发现自有资金不足，也可采用此方式筹集资金，但必须根据企业的经营范围、生产性质、投资规模、最低注册资金要求、信贷筹资的可能性等情况，提前确定合理的筹资数量。在预测企业筹资数量之初，预测者应该了解并遵守如下基本依据。（1）法律依据。企业筹集资金的数量应该符合注册资本限额、当前偿债能力和负债水平限额的法律规定。（2）企业经营规模依据。一般而言，企业经营规模大小与企业筹资额度之间存在线性关系，即企业规模越大，筹资数额越多。（3）影响企业筹资数量预测的其他因素。如企业对外投资情况、企业信用状况、企业产品类型、企业销售地区分布等。

2. 寻找投资者

企业在吸收直接投资之前，必须做一些宣传推广工作，让投资者充分了解企业的发展方向和发展前景、经营性质和规模及获利能力等，以便找到合适的合作伙伴。

3. 协商投资事项

找到投资者后，双方应就有关的出资方式、出资比例、出资数量以及参与管理的形式等进行协商。在出资方式上，除了企业特别需要，一般情况下尽量使投资者以现金投入。特殊情况下，也可投资实物、无形资产等。

4. 签署投资协议

企业与投资者确定投资意向和具体条件后，应按公平合理的原则协商确定实物投资、工业产权投资、土地使用权投资的作价或聘请双方认可并具有专业资质的资产评估机构进行评定，确定出资资产价值后，双方应签署投资协议，明确双方法律上的义务、权利和责任。

5. 按期获取资金

企业根据投资协议中规定的出资期限、出资方式、出资比例、出资数额等，按规定获取资金。投资者若未按规定缴纳所认缴的出资额，应当对已足额出资的投资者承担违约责任。

6.1.3 吸收直接投资的优缺点

1. 吸收直接投资的优点

（1）有利于增强企业实力。吸收直接投资所筹集的资金属于自有资金，能增强企业的信誉和借款能力，有利于尽快形成和扩大生产经营规模，增强企业实力。

（2）能尽快形成生产能力。吸收直接投资有利于直接获取投资者的先进设备和先进技术，从而提高企业的生产水平，尽快形成生产能力，开拓市场。

（3）筹资风险小。吸收直接投资没有固定的利息费用，企业可以根据经营状况的好坏，向投资者进行回报，支付比例比较灵活，企业财务风险较小。

2. 吸收直接投资的缺点

（1）资本成本较高。与发行债券或向银行贷款相比，企业吸收直接投资支付给投资者的报酬是以税后利润部分支付的，不具抵税作用，因此资本成本比较高。

（2）容易分散控制权。在吸收直接投资方式下，投资者一般都要求获得与投资数量相适应的经营管理权，导致企业控制权的分散，如果投资达到一定的比例，投资者就能拥有对企业的完全控制权。

6.2 普通股筹资

6.2.1 普通股概述

股票最早出现于荷兰的东印度公司。在17世纪初，随着大工业、大企业的发展，企业生产经营规模不断扩大，由此出现资本短缺情况。为了筹集更多的资本，以股份有限公司为形态，由股东共同出资经营的企业组织出现，筹集资本的范围扩展至社会，产生了股票。股票即为投资者投资入股并按出资额的大小享受一定的权益和承担一定责任的有价凭证。企业组织将该凭证向社会公开发行，以吸收和集中分散在社会上的资金。最早的股份有限公司制度诞生于1602年，即在荷兰成立的东印度公司。股份有限公司组织形态出现以后，很快得到发展，以股票形式集资入股的方式也得到发展，并且产生了买卖交易转让股票的需求，带动了股票市场的出现和形成，并促使股票市场完善和发展。据文献记载，早在1611年就曾有一些商人在荷兰的阿姆斯特丹进行荷兰东印度公司的股票买卖交易，这催生了世界上第一个股票市场，即股票交易所。

目前，股份有限公司已经成为一种基本的企业组织形式；股票已经成为企业筹资的重要渠道和方式，也是投资者投资的基本选择方式；而股票的发行和市场交易也已成为证券市场的重要基本经营内容，成为证券市场不可缺少的重要组成部分。

1. 普通股及其股东权利

普通股是股份有限公司发行的无特别权利的、不加以特别限制、股利不固定的股份，也是最基本的、标准的股份。通常情况下，股份有限公司只发行普通股。

持有普通股股份者为普通股股东。《公司法》规定，普通股股东主要有如下权利。第一，表决权。普通股股东有权参与股东大会，并有建议权、表决权和选举权，也可以委托他人代其行使股东权利。第二，股份转让权。普通股股东持有的股份可以自由转让，但必须符合《公司法》、其他法规和公司章程规定的条件和程序。第三，股利分配请求权。普通股股东有权从公司利润分配中得到股息。普通股的股息是不固定的，由公司盈利状况及其分配政策决定。第四，对公司账目和股东大会决议的审查权和对公司事务的质询权。第五，分配公司剩余财产的权利。当公司破产或清算时，若公司资产在偿还债务后还有剩余，剩余部分要进行分配。第六，增发新股时，具有优先认购权。现有普通股股东有权按其持股比例，以低于市价的某一特定价格优先购买一定数量的新发行股票，从而保持其对企业所有权的原有比例。第七，公司章程规定的其他权利。

同时，普通股股东也对公司负有义务。我国《公司法》规定了普通股股东具有遵守公司章程、缴纳股款、对公司负有有限责任、不得退股等义务。

2. 普通股的分类

（1）按有无记名划分

普通股可分为记名股票和无记名股票。记名股票在发行时，票面上记载股东的姓名，并记载于公司的股东名册上。除持有者和其正式的委托代理人或合法继承人、受赠人外，任何人都不能行使记名股票的股权。记名股票的转让，必须由股票持有人以背书方式或者法律、行政法规规定的其他方式转让。无记名股票在股票上不记载股东的姓名，其持有者可自行转让股票，持有便享有股东的权利，无须再通过其他方式、途径证明自己有股东资格。

（2）按是否标明金额划分

普通股可分为面值股票和无面值股票。面值股票或称金额股票，指在股票票面上记载一定金额的股票，可以容易地确定每一股份在该股份有限公司中所占的比例。持有这种股票的股东以持有股票票面金额之和表示占公司总资本的份额，以此来确定股东对公司享有权利和承担义务的多少。无面值股票也称比例股票或无面额股票。股票发行时无票面价值记载，仅表明每股占资本总额的比例，其价值随公司财产的增减而增减。优点是避免了公司实际资产与票面资产的背离。发行这种股票对公司管理、财务核算、法律责任等方面要求极高。

（3）按投资主体划分

普通股可分为国家股、法人股、个人股和外资股。国家股是有权代表国家投资的部门或机构以国有资产向公司投资而形成的股份。法人股是企业法人依法以其可支配的财产向公司投资而形成的股份，或具有法人资格的事业单位和社会团体以国家允许用于经营的资产向公司投资而形成的股份。个人股是社会个人或公司内部职工以个人合法财产投入公司而形成的股份。外资股为外国投资者和我国港、澳、台地区投资者购买人民币特种股票而形成的股份。

（4）按发行对象和上市地区划分

普通股可分为 A 股、B 股、H 股、N 股和 S 股等。A 股是人民币普通股票，即供我国境内个人和法人买卖的，以人民币标明票面金额并以人民币认购和交易的股票。B 股、H 股、N 股和 S 股是人民币特种股票，即供外国和中国港、澳、台地区投资者买卖的，以人民币标明票面金额但以外币认购和交易的股票。其中，B 股在上海、深圳上市；H 股指中国企业在香港联合交易所发行并上市的股票，取 Hong Kong 第一个字母"H"为名；N 股指中国企业在纽约交易所发行并上市的股票，取 New York 第一个字母"N"为名；S 股指中国企业在新加坡交易所发行并上市的股票，取 Singapore 第一个字母"S"为名。

（5）按发行时间的先后划分

按发行时间的先后，普通股分为原始股和新股。原始股是公司设立时发行的股票，在中国证券市场上，"原始股"是初始投资者的代名词。新股是公司增资时发行的股票。原始股和新股发行的具体条件、目的、发行价格不尽相同，但其股东的权利、义务是一致的。

在其他一些资本市场中，还有按照是否完全拥有表决权和收益权的划分方式。例如，A 级普通股卖给社会公众，支付股利，但一段时间内无表决权；B 级普通股由公司创办人保留，有表决权，但一段时间内不支付股利；E 级普通股拥有部分表决权等。

3. 普通股股票的价值

（1）票面价值

普通股股票的票面价值是股票票面标明的金额，是股票的名义价值，其大小通常由公司章程规定。在我国一般为 1 元/股。股票的票面价值与其实际价值关联不大，有时甚至毫无关联。有的公司将股票的面值定得很低，而其实际价值却很高，如面值为 1 元的股票，其市价可能高达 30 元。较低面值的股票在发行时具有较大弹性，有利于股东的大众化，可吸引更多的投资者。票面价值可以确定每一股份在公司的全部股本总额中所占的比例，也可以表明公司股东对每股股份所负有限责任的最高限额。公司发行无面值股票时，往往会根据核定的股本和发行股数为股票确立一个价值，这一价值即无面值股票的设定价值。

（2）账面价值

普通股股票的账面价值指公司账面上普通股股票的价值，即每股股票对应的公司净资产，也称每股净资产或股票净值。通常情况下，账面价值并不等于股票价格。主要原因有两个：一是通常反映的是历史成本或者按某种规则计算的公允价值，并不等于公司资产的实际价值；二是账面价值并不反映公司的未来发展前景。其计算公式为：

$$账面价值 = \frac{公司净资产 - 优先股股份所享权益}{流通在外的普通股股份数额}$$

$$= \frac{公司资产 - 公司负债 - 优先股股份所享权益}{流通在外的普通股股份数额} \tag{6-1}$$

（3）清算价值

清算价值指公司清算时每股股票所代表的实际价值。从理论上讲，股票的每股清算价格应与股票的账面价值相一致，但实际上并非如此。由于清算时资产并非按其账面价值处置，再加上庞大的清算费用，导致股票的清算价值低于账面价值。

（4）市场价值

股票的市场价值即它的市场价格，是在股票交易过程中形成的价格。由于股票的市场价值受众多因素的影响会发生经常性的变化，并且这种变化是对股票市场行情的直接反映，因此，股票的市场价值是投资者购买股票的依据。

6.2.2 股票的发行与上市

股份有限公司在设立时要发行股票。公司设立之后，为了扩大经营规模、改善资本结构，也会增资发行股票。股票发行应执行的管理规定，主要包括股票发行条件、发行程序和方式、销售方式等内容。

1. 股票的发行

从美的集团股份有限公司（以下简称"美的集团"）1968年成立，1980年正式进军家电行业。至2018年，美的集团连续三年进入《财富》世界500强榜单，从当年唯一进入榜单的中国家电领军企业，到现在一年上升127位排名的智能家电企业，美的集团在创造中国新速度。2013年9月18日，美的集团在深圳证券交易所上市，成功发行6.86亿股普通股，共募集资金305亿元（扣除发行费用7 208万元后），每股发行价达到44.56元。

我国股票发行审核制度先后经历了行政主导的审批制和市场化方向的核准制两个阶段。其中，审批制包括"额度管理"（1993—1995年）和"指标管理"（1996—2000年）两个阶段，而核准制则包括"通道制"（2001—2004年）和"保荐制"（2004年至今）两个阶段。2015年12月27日，国务院实施股票发行注册制改革的举措获得中国最高立法机关的修法授权，并于2016年3月起施行股票发行注册制。2023年2月，全面实行股票发行注册制改革正式启动，这标志着注册制在我国股票发行市场中的全面应用。

注册制和审核制相比有以下新变化：① 理念的变化。注册制坚持以信息披露为核心，监管部门不再对企业的投资价值进行判断，而是由市场来决定。② 把关方式的变化。注册制主要通过问询把好信息披露质量关，压实发行人信息披露的第一责任，同时强调中介机构的"看门人"责任。③ 透明度的变化。注册制下，审核注册的标准、程序、问询内容、过程、结果全部公开，监督制衡更加严格，使公权力在阳光下运行。④ 监管执法的变化。注册制对欺诈发行、财务造假等各类违法违规行为采取"零容忍"的态度，实行行政、民事、刑事立体处罚，形成强有力的震慑。

（1）股票发行的基本条件

按照我国《公司法》和《证券法》的有关规定，股份有限公司发行股票，应符合以下规定与条件：① 每股金额相等。同次发行的股票，每股的发行条件和价格应当相同。② 股票发行价格可以按票面金额，也可以超过票面金额，但不得低于票面金额。③ 股票中应当载明公司名称、公司成立日期、股票种类、票面金额及代表的股份数、股票的编号等主要事项。④ 公司发行的股票，可以为记名股票，也可以为无记名股票。公司向发起人、法人发行的股票，应当为记名股票，并应当记载该发起人、法人的名称或者姓名，不得另立户名或者以代表人姓名记名。对社会公众发行的股票，可以为记名股票，也可以为无记名股票。⑤ 公司发行记名股票的，应当置备股东名册，记载股东的姓名或者名称及住所、各股东所持股份数、各股东所持股票的编号、各股东取得股份的日期。发行无记名股票的，公司应当记载其股票数量、编号及发行日期。⑥ 公司公开发行新股，必须具备下列条件：具备健全且运行良好的组织结构；具有持续盈利能力，财务状态良好；最近三年财务会计无虚假记载，无其他重大违法行为；证券监督管理机构规定的其他条件。

（2）公司首次发行股票还应具备的特殊条件

发起人认缴和社会公开募集的股本应达到法定资本的最低限额；发起设立时，应由公司发起人认购公司应发行的全部股份；募集设立时，发起人认购的股份不得少于公司股份总数的35%，其余股份应向社会公开募集；发起人应有5人以上，其中须有过半数人员在中国境内有住所；无形资产不超过公司注册资本的35%。

国有企业改组为股份公司，发起人可少于5人，但应采取募集设立方式发行股票，将有限责任公司改制为股份有限公司。折合的股份资本总额应等于公司净资产额；原有限责任公司的债权、债务由变更后的股份有限公司继承。

（3）配股发行的条件

浙商银行2023年6月成功完成了其A股配股发行，配股以每10股配售3股的比例向全体A股股东配售，配股价格为每股人民币2.02元。

股权登记日：2023年6月14日（T日），确定有权参与配股的A股股东的登记日期。

配股缴款期：从2023年6月15日（T+1日）开始至2023年6月21日（T+5日）结束，为股东可以参与配股缴款的时间段。

配股结果公告日：2023年6月27日（T+7日），公告配股发行的结果。

配股募集的资金将全部用于补充银行的核心一级资本，提高资本充足率，支持银行未来各项业务的持续健康发展。配股发行有效认购数量约为48.3亿股，最终获得了96.32%的高认配率，成功募集资金超过97亿元人民币。

配股是指上市公司在获得有关部门的批准后，向现有股东按持股比例认购配售股份的行为，它是上市公司发行新股的一种方式。

根据中国政府网发布的最新版《上市公司证券发行注册管理办法》（第206号令），上市公司配股发行需要满足以下条件：组织机构健全，运行良好，内部控制制度有效；董事、监事和高级管理人员符合任职要求，且最近三十六个月内未受到中国证监会的行政处罚；财务会计报告无虚假记载，最近三年财务会计报告被出具无保留意见审计报告；盈利能力稳定，最近两年盈利，净利润以扣除非经常性损益前后孰低者为计算依据；募集资金使用符合国家产业政策和相关法律法规规定，不得用于非生产性支出。此外，上市公司在发行证券前，需要股东大会作出决议，并且必须经出席会议的股东所持表决权的三分之二以上通过。对于特定对象发行证券，发行对象应当符合股东大会决议规定的条件，且每次发行对象不超过三十五名。

（4）股票发行的程序

股份有限公司在设立时发行股票与增资发行新股的程序有所不同。

① 设立时发行股票的程序：提出募集股份申请——公告招股说明书，制作认股书，签订承销协议和代收股款协议——招认股份，缴纳股款——召开创立大会，选举董事会、监事会——办理设立登记，交割股票。

② 增资发行新股的程序：股东大会做出发行新股的决议——由董事会向国务院授权的部门

或上级人民政府申请并经批准——公告新股招股说明书和财务会计报表及附属明细表，与证券经营机构签订承销合同，定向募集时向新股认购人发出认购公告或通知——招认股份，收缴股款——改组董事会、监事会，办理变更登记并向社会公告。

（5）股票的发行方式

公司发行股票筹资时，应当选择适宜的股票发行方式，并制定恰当的发行价格，以便及时募足资本。按是否面向社会大众，发行方式可分为公开发行和不公开发行两种方式。

① 公开发行。公开发行即公募发行，是指面向社会大众推销股票的证券发行方式。这种发行方式按有无中介机构参与，又可分为公开直接发行和公开间接发行。公开直接发行是发行公司不通过投资银行或证券公司等中介机构，自己办理发行事宜、自己承担发行风险的方式。公开间接发行指的是公司通过证券中介机构，公开向社会公众发行股票的方式。公开发行的发行范围广、发行对象多，易于足额募集资本；股票的变现性强，流通性好；还有助于提高发行公司的知名度和影响力。但这种发行方式也有不足，主要是手续繁杂，发行成本高。

辽宁科隆精细化工股份有限公司就成功地向社会大众发行了股票，首次公开发行不超过1 700万股人民币普通股（A股）并在创业板上市的申请已获得中国证券监督管理委员会（证监许可[2014]1057号文）核准。本次发行采用网下向符合条件的投资者询价配售和网上向持有深圳市场非限售A股股份市值的社会公众投资者定价发行相结合的方式进行。回拨机制启动前，网下初始发行数量为1 020万股，占本次发行规模的60%；网上初始发行数量为680万股，占本次发行规模的40%。

② 不公开发行。即私募发行，指的是公司不公开对外发行股票，只向少数特定的对象直接发行，不需中介机构承销。我国股份有限公司采用发起设立方式和以不向社会公开募集的方式发行新股的做法，即属于股票的不公开发行。这种发行方式灵活性较大，发行成本低，但发行范围小，发行价格可能比公开发行低，股票变现性差。

（6）股票的销售方式

① 自销，直接将股票出售给投资者，而不经过证券经营机构。自销在企业债券上运用较广，而在股票发行上运用得并不普遍，对尚不具备条件进入交易所上市的股票，企业往往自销，所售股票的转让通过地区交易市场进行。此种销售方式可以节省发行费用，同时由发行公司直接控制发行过程，比较可靠；但筹资时间较长，发行公司要承担全部发行风险。此外，发行公司需要自己制作发行申请书、招股说明书等有关文件，并开展征募活动，征收认缴款。采用自销的发行公司应具有较高的知名度、信誉和实力。

② 委托承销，是指发行公司将股票销售业务委托给证券承销机构代理。证券承销机构是指专门从事证券买卖业务的金融中介机构，在我国主要为证券公司、信托投资公司等，在美国一般是投资银行。我国规定，股票发行必须由依法设立的承销机构承销，一般是具有股票发行业务的综合性证券公司。

（7）股票的发行价格

阿里巴巴集团成功登陆美国纽约交易所时，以92.7美元的价格开盘，较68美元/股的发行价上涨36.32%。集团管理层仍倾向于较保守的定价策略，会优先满足长线大基金的认购要求。此前，阿里巴巴集团确定的发行价区间为每股66～68美元，此次确定的发行价位为此区间上限。阿里巴巴最初的IPO（首次公开募股）定价区间是每股60～66美元，但后来被提高到66～68美元。以首日开盘价计算，当时阿里巴巴的市值达到2 383亿美元。

股票的发行价格是投资者认购股票时所支付的价格。股票发行价格通常由发行公司根据股票面额、股市行情和其他有关因素决定。以募集设立方式设立的公司首次发行的股票价格，由发起人决定；公司增资发行新股的股票价格，由股东大会决定。股票的发行价格一般有三种。

① 等价发行。也称平价发行或面额发行，发行价格等于股票面额，如股票面额为1元，则

每股发行价格也为 1 元。在这种发行价格下，发行公司所得资本与公司股本是一致的。一般在股票的初次发行或在股东内部分摊增资的情况下采用。由于市价往往高于面额，因此以面额为发行价格能够使认购者得到价格差异带来的收益，促使股东认购。

② 时价发行。也称市价发行，是以本公司股票在流通市场上买卖的实际价格为基准确定的股票发行价格。以时价发行的原因是，股票在第二次发行时已经增值，收益率已经变化。这种价格一般高于票面金额，两者的差价为溢价，溢价带来的收益归该股份有限公司所有。公司选用时价发行股票，考虑了股票的现行市场价值，对投资者也有一定的吸引力。因为股票市场上行情变幻莫测，倘若该公司将溢价收益用于改善经营，将会提高公司和股东收益，促使股票价格上涨，此时投资者若能把握时机，适时卖出股票，收回的现款会远高于购买金额。

③ 中间价发行。即以时价和等价的中间值确定的股票发行价格。这种价格通常在时价高于面额，公司需要增资但又需要照顾原有股东的情况下采用。中间价的发行对象一般为原股东，在时价和面额之间采取一个折中的价格发行，实际上是将差价收益的一部分归原股东所有，另一部分归公司所有。因此，公司在进行分摊时要按比例配股，不能改变原本的股东构成。

按时价和中间价发行的实际发行价格，可能高于股票面值（溢价发行），也可能低于股票面值（折价发行），也可能等于股票面值（平价发行）。

如何合理确定股票的发行价格，是一个至关重要的问题。它不仅是保证股票市场价格稳定的前提条件，而且还关系到股份有限公司能否顺利地完成股票的发行任务，足额募集所需资本。因此，股票的发行价格过高或过低，都会造成不良后果。一般来说，合理确定股票的发行价格应考虑的因素有市盈率、每股净资产、行业前景及公司经营管理水平、股票市场的供求状况等。

2. 股票的上市

（1）股票上市的制度规定

境内企业申请首次公开发行股票并在沪深交易所上市，应当符合下列条件：① 公司符合证券法、中国证监会规定的发行条件。② 发行后公司股本总额不低于 5 000 万元。③ 公开发行的股份达到公司股份总数的 25%以上；公司股本总额超过 4 亿元的，公开发行股份的比例为 10%以上。④ 公司市值及财务指标符合交易所《上市规则》规定的标准。⑤ 交易所要求的其他条件。

符合《国务院办公厅转发证监会关于开展创新企业境内发行股票或存托凭证试点若干意见的通知》中规定：试点红筹企业股权结构、公司治理、运行规范等事项可适用境外注册地公司法等法律法规规定，但关于投资者权益保护的安排总体上应不低于境内法律要求。对存在协议控制架构的试点企业，证监会会同有关部门区分不同情况，依法审慎处理。试点红筹企业在境内发行以股票为基础证券的存托凭证应符合证券法关于股票发行的基本条件，同时符合下列要求：一是股权结构、公司治理、运行规范等事项可适用境外注册地公司法等法律法规规定，但关于投资者权益保护的安排总体上应不低于境内法律要求；二是存在投票权差异、协议控制架构或类似特殊安排的，应于首次公开发行时，在招股说明书等公开发行文件显要位置充分、详细披露相关情况特别是风险、公司治理等信息，以及依法落实保护投资者合法权益规定的各项措施。

（2）股票上市的意义

中国人民保险集团股份有限公司于2018年11月6日，以"网下询价配售、网上定价发行、战略配售"方式在上海证券交易所发行上市。其此次公开发行股票18亿股，实际募集资金58.5亿元（扣除发行费用1.64亿元后），每股发行价3.34元。在香港上市6年后，中国人民保险集团股份有限公司成为国内第五家"A+H"股上市的保险公司，同时是首家以财险业务为主的企业。其此次成功上市，是我国保险业的里程碑式事件，也为公司自身提高了影响力和核心竞争力。

股份有限公司申请股票上市，基本目的是增强本公司股票的吸引力，形成稳定的资本来源，从而在更大范围内筹措大量资本。股票上市对发行公司而言的意义包括：① 提高公司股票的流动性和变现性，实现资本大众化，便于投资者认购、交易，分散投资者风险；② 促进公司股权的社会化，防止股权过于集中；③ 提高公司的知名度，吸引更多顾客；④ 有助于确定公司增发新股的发行价格，便于筹措新资金；⑤ 便于确定公司的价值，以有利于促进公司实现财富最大化的目的；⑥ 便于利用股票良好的流通性，采用出让股票的方式收购其他公司。

但也有人认为，股票上市对公司不利，主要是：各种"公开"的要求可能会暴露公司的商业秘密；公司将负担较高的信息披露成本；在资本市场不完善的情况下，股价的人为波动可能歪曲公司的实际状况，损害公司形象；可能分散公司的控制权，限制经理人员的经营自由，造成管理上的困难。因此，有些公司即使已经符合上市条件，也主动放弃上市机会。

6.2.3 普通股筹资的优缺点

1. 普通股筹资的优点

（1）发行普通股筹集的资本具有永久性的特点，无固定到期日，无须归还。这对保证公司对资本的最低需要，维持公司长期稳定发展极为有益。

（2）发行普通股筹资没有固定的股利负担，股利的支付与否和支付多少视公司有无盈利和经营需要而定，并且公司认为适合分配股利，就可以分给股东；公司盈余少，或虽有盈余但资金短缺或者有有利的投资机会，就可以少支付或不支付股利。经营波动给公司带来的财务负担相对较小。由于普通股筹资没有固定的到期还本付息的压力，所以筹资风险较小。

（3）发行普通股筹集的资本是公司最基本的资金来源，它反映了公司的实力，增加了企业资本实力，可作为其他方式筹资的基础，尤其可为债权人提供保障，增强公司的举债能力。

（4）由于普通股的预期收益较高，并可一定程度地抵消通货膨胀的影响（通常在通货膨胀期间，不动产升值时普通股也升值），因此普通股筹资容易吸收资金。

2. 普通股筹资的缺点

（1）普通股的资本成本较高。投资者投资于普通股风险较高，相应地要求有较高的投资报酬率。此外，股息从税后利润中支付，不冲减应税所得，股东要求的回报较高。此外，普通股股票的发行费用一般也高于其他证券[①]。

（2）以普通股筹资会使公司增加新股东，这可能会稀释公司的控制权。而且当被其他企业收购和控股时，公司的长期经营方针和目标可能会改变。

（3）新股东分享公司未发行新股前积累的保留盈余，会降低普通股的每股净收益，从而可能引发股价的下跌。

（4）上市公司有完整的信息公布制度，经营者受各方面严格监督，容易泄露公司的商业机密，增加经营与管理的压力。

6.3 优先股筹资

20世纪80年代中期之后，金融公司、银行、储蓄机构、保险公司等逐渐替代电力公司成为优先股的主要发行公司。2013年10月10日，浙江朗诗德健康饮水设备股份有限公司采取非公开发行方式在温州首发优先股，首发当日共发行2 000万股，募集资金1.5亿元，发行数量和筹资总额皆超出预期。这次优先股的发行，是浙江乃至国内的优先股发行首例，无论是发行方式、发行价格、发行数量，还是优先股收益的分配，都为未来其他公司在证券市场上发行优先股提供了经验。

优先股是介于普通股与公司债券之间的一种筹资工具，它兼有股权性资本和债券的双重特

---

① Grossman S J, Stiglitz J E. On the Impossibility of Informationally Efficient Markets[J]. The American Economic Review, 1980: 393-408.

性。它是公司在筹集资金时，给予投资者有某些优先权的股票。这种优先权主要表现在两个方面：一是优先股有固定的股息，不随公司业绩好坏而波动，其股东可以先于普通股股东分配公司利润；二是当公司破产进行财产清算时，优先股股东对公司剩余财产有先于普通股股东的要求权，可以优先获得未支付的股息和清算金额。但优先股股东无表决权，不能参加公司的经营管理，除非在以下特殊事项发生时：修改公司章程中与优先股相关的内容；新发行优先股；一次或累计减少公司注册资本超过 10%；公司合并、分立、解散或变更公司形式；公司章程规定的其他情形。因此，优先股与普通股相比较，虽然收益和决策参与权有限，但风险较小。

6.3.1 优先股及其分类

1. 优先股及其特征

优先股股东对公司的投资在公司注册后不得抽回，其投资收益从公司的税后利润中提取，在公司清算时其对公司财产的要求权排在公司债权人之后。与普通股相比，优先股股东在利润分配和财产清偿方面又优先于普通股股东。在利润分配上，股份有限公司要在支付优先股股东应得的股利之后，才能向普通股股东支付股利。优先股股利通常按照其面值的固定比例支付。作为股权投资者，优先股股东的经营决策权是受限的，通常不具有表决权和经营决策权。特殊时期政府对大企业（包括民营特大型企业）进行救助，以避免经济系统可能产生重大系统性崩溃时，往往以优先股形式注资。

巴菲特投资高盛的方式值得参考——巴菲特购入了50亿美元的永久性优先股，每年将获得10%的股息，高盛有权在任何时候回购这部分优先股，条件是支付10%的溢价。欧美许多国家政府在救助大金融机构（如美国政府注资花旗银行）时，主要采取购买优先股的形式，也是为了维持公司的基本治理架构。

筹资企业的资本成本与投资者要求的收益是相对应的，而投资收益又是与投资风险相对应的。由于权限特征，优先股股东与债权人、普通股股东相比，承担的投资风险是介于两者之间的。另外，公司发行优先股筹集到的是股权资金，股息是在税后利润中扣除的，不存在抵税效应。所以，优先股筹资的资本成本通常要高于债务筹资成本，如银行借款和债券，而低于发行普通股筹资的资本成本。

2. 优先股的分类

（1）累积优先股和非累积优先股。累积优先股是指如果公司因故不能按期发放优先股股利，则这些股利将累积到以后年度一并发放，公司在发放完全部积欠的优先股股利之前，不得向普通股股东支付任何股利的优先股。对于非累积的优先股，虽然对于公司当年所获得的利润有优先于普通股获得分派股息的权利，但如果该年公司所获得的盈利不足以按规定的股利分配，非累积优先股的股东不能要求公司在以后年度中予以补发。

（2）可转换优先股与不可转换优先股。可转换优先股指有权按照发行时的规定，在将来的一定时期内转换为普通股的优先股。不可转换优先股则没有上述权利。可转换优先股是近年来日益流行的一种优先股。在美国，可转换优先股一直是用于筹集资金成立公司的主要方法[1]。

（3）可赎回优先股与不可赎回优先股。可赎回优先股指公司有权按照发行时规定的条件，在将来某一时刻从优先股股东手中收回的优先股。该公司认为能够以较低股利的股票来代替已发行的优先股时，往往行使这种权利。不可赎回优先股则没有上述权利。

（4）参与优先股与非参与优先股。参与优先股指其股东在获取定额股利后，还有权与普通

---

[1] Timothy J. Harris. Modeling the Conversions Decisions of Preferred Stock[J]. The Business Lawyer, 2003 (2).

股股东一起参与剩余利润的分配。非参与优先股则无此权利。

（5）有投票权优先股与无投票权优先股。某些优先股股东在公司于一定时期内始终未能发放优先股股利时，可以被赋予投票权，参加公司董事的选举，以保证公司管理当局能够维护优先股股东的利益，这种优先股便是有投票权优先股。有些优先股股东则不能获得这一权利，而这种优先股便是无投票权优先股。

6.3.2 优先股筹资的优缺点

1. 优先股筹资的优点

（1）优先股无固定到期日，公司不用偿付本金，事实上等于使用的是一笔无限期的贷款，无偿还本金义务，也无须再做筹资计划。

（2）大多数优先股附有回购条款，这就使得使用这种资金更有弹性。公司在财务状况较弱时发行，而在财务状况转强时收回，有利于满足资金需求，同时也能控制公司的资本结构。

（3）股利的支付既固定，又有一定的灵活性。一般而言，优先股都采用固定股利，但固定股利的支付并不构成公司的法定义务。当经营情况不好时，公司可以不支付股息而留待以后支付。

（4）有效地保持了原有普通股股东对公司的控制权和支配地位。优先股股东一般不享有投票权，所以公司能够避免优先股股东参与投票而分割掉对公司的控制权。

（5）发行优先股，可以使公司的自有资本实力增强，公司举债能力提高，信誉提高。

中国农业银行由于业务的快速发展，开始考虑发行优先股以缓解未来面临的资本压力。与国外银行相比，其资本结构较为单一，存在较大的改善空间。根据《国务院关于开展优先股试点的指导意见》《优先股试点管理办法》《商业银行资本管理办法（试行）》和《关于商业银行发行优先股补充一级资本的指导意见》等相关规定，为改善资本结构，建立健全资本管理长效机制，提高资本充足率水平，增强可持续发展能力，中国农业银行在境内发行优先股补充其他一级资本。2014年11月28日，中国农业银行完成首单优先股挂牌转让，该次发行共计800亿元优先股，首次发行400亿元，并在未来24个月内完成其余部分的发行工作。

2. 优先股筹资的缺点

（1）优先股股息属于资本收益，要在税后支付，不具有税盾作用，因而成本高。

（2）筹资限制多。发行优先股，通常有许多限制条款，如对普通股股利支付上的限制，对公司借债限制等。

（3）优先股股息固定，虽然在收益提高时有利，但在收益下降时不利，有时会成为公司一项沉重的财务负担。

讨论案例

腾讯、蒙牛、国美：境外融资解析

1. 腾讯融资得与失

从1998年注册资本仅为50万元的腾讯计算机（腾讯控股的前身）到2023年底的总市值为2.75万亿港元的腾讯控股（以下简称"腾讯"），国际投资机构功不可没。2000年4月，IDG资本和电讯盈科共投入220万美元风险投资，分别持有腾讯总股本的20%，马化腾及其团队持股60%。220万美元的风险资金，为腾讯日后的迅速崛起奠定了基础。

从2001年6月至2002年6月，起源于南非的MIH（米拉德国际控股集团公司）对腾讯连连出手，直至享有46.5%的股权，成为腾讯最大股东。此后，MIH始终扮演参股投资的安分角色。那么，在曾经占据股权优势的背景之下，MIH为何放弃绝对控股而接受与腾讯创业团队各占一定比例的股权安排呢？腾讯又有什么杀手锏让对方没对自己进一步"蚕食鲸吞"呢？

2. 是天使还是恶魔

2004年6月10日，蒙牛登陆中国香港股市，共募集资金13.74亿港元。尽管如此，蒙牛携手境外资本的发展路径也仍是毁誉参半。蒙牛2023年底的市值为826.35亿港元。

2002年10月和2003年10月，摩根、英联和鼎辉三家国际机构分别以2 597万美元（折合人民币约2.1亿元）和3 523万美元两次向蒙牛注资，出价公道。然而，第一次注资后，三家投资机构享有了蒙牛90.6%的收益权，而蒙牛只有完成约定的"表现目标"，其所持的1/10的股票才能与投资人的股票实现同股同权。在第二次增资中，三家"天使"投资机构除了提出发行可以享受股息且期满前可赎回的可换股债券，同时还取得了认股权：在10年内一次或分多批按每股净资产购买开曼群岛蒙牛公司（蒙牛上市的主体）股票。蒙牛的创始人牛根生只得到价值不到两亿美元的股票，持股比例仅4.6%，且5年内不能变现。牛根生还被要求做出5年内不加盟竞争对手的承诺。更严重的是，如果蒙牛不能续写业绩增长的神话，摩根最终会对牛根生团队失去耐心。

3. 尴尬的独角戏

2004年6月7日，中国鹏润集团有限公司（以下简称"中国鹏润"）在香港地区复牌，国美成功借壳上市：第一步，先成立一家"鹏润亿福"，由黄光裕拥有100%股权，然后将北京国美和18家公司全部股权装入"国美"，由鹏润亿福持有65%股份，黄光裕持有剩余35%股份。第二步，注册成立离岸公司Ocean Town，由黄光裕100%掌控。随后，鹏润亿福将国美的65%股权转让给Ocean Town。第三步，中国鹏润收购Ocean Town，从而持有国美65%股权，实现国美借壳上市的目的。黄光裕"左右手置换"的操作不仅造壳成功，也避开了香港交易所针对"反收购行动"的规定。然而，鹏润亿福收购Ocean Town所产生的高溢价，每年要冲掉该公司大约4亿元的利润。国美零售（00493）在2023年底的总市值约为30.17亿港元。

思考：

（1）根据以上三个例子，分析股权筹资的条件和优缺点。

（2）比较上述三个例子，根据如今三家公司的发展状况，分析它们成功或失败的原因。

复习思考题

一、概念题

1. 股票　　2. 普通股　　3. 市场价值　　4. 账面价值

5. 吸收直接投资　　6. 股票发行　　7. 股票上市

二、单选题

1. 相对于债务筹资而言，吸收直接投资筹资的优点是（　　）。
   A. 有利于降低资本成本　　B. 有利于集中企业控制权
   C. 有利于降低财务风险　　D. 有利于发挥财务杠杆作用

2. 相对于银行借款而言，股票筹资的特点是（　　）。
   A. 筹资速度快　　B. 筹资成本高　　C. 灵活性好　　D. 财务风险大

3. 关于吸收直接投资的特点的表述中，不正确的是（　　）。
   A. 容易进行信息沟通　　B. 手续相对比较简便，筹资费用较低
   C. 公司控制权集中，有利于公司治理　　D. 不利于产权交易

4. 吸收直接投资的种类不包括（　　）。
   A. 吸收国家投资　　B. 吸收法人投资
   C. 中外合作企业　　D. 吸收个人投资

5. 下面关于普通股的特点，不正确的是（　　　）。
    A. 没有特别权利　　B. 没有特别限制　　C. 股利不固定　　D. 不发股利

6. 下列不属于直接筹资方式的有（　　　）。
    A. 发行股票　　　　　　　　　　B. 发行债券
    C. 吸收直接投资　　　　　　　　D. 融资租赁

7. 企业利用普通股股票筹集资金的优点是（　　　）。
    A. 比债务筹资的资本成本低　　　B. 需要偿还本金
    C. 没有固定的利息负担，财务风险低　　D. 不能显著增强企业实力

三、判断题

1. 配股是发行新股的一种方式，是上市公司在获得有关部门批准之后，向其现有股东可按持股比例认购配售股份的行为。　　　　　　　　　　　　　　　　　　（　　　）

2. 股票发行价格是股票发行时所使用的价格，也就是投资者认购股票时所支付的价格，我国规定不高于股票面值。　　　　　　　　　　　　　　　　　　　　　　（　　　）

四、简答题

1. 比较吸收直接投资和普通股筹资的优缺点。

2. 股票的价值有哪几种表现形态？

3. 我国股票价格确定方法有哪些？

4. 股票上市的优缺点是什么？

五、计算题

某人持有股票 2 000 股，每股面值 50 元，预期股息为 4%，当其他条件不变，同期市场利率从 2.5%降为 2%时，他的股票升值多少？

第7章 资本成本与资本结构

📋 引导案例

　　飞利浦·瑟菲斯公司在早年完成了成功的收购方案之后，具有强大的发展潜力。但是，由于公司兼并了许多各自为政的企业，在短时间内无法形成统一的经营管理，需要在各方面寻求改进和整合。公司董事长兼总经理罗纳德·艾德沃滋先生开始为下一年度的筹资活动进行资本成本的相关考虑。其中，实现资金的有效分配是亟待解决的问题。因此，该公司外借了165万美元的债务，增发了100万美元的普通股，来获得更多的资金。此外，如何将公司现有闲散资金投入到有竞争性的用途中去？这便涉及资本成本的计算。那么，飞利浦·瑟菲斯公司的资本结构是否能达到最优？这需要结合本章的知识进行分析。

　　企业进行筹资时总希望在实现企业价值最大化的同时尽可能减少付出成本，这里的成本指的便是"资本成本"，只有努力达到其均衡，才能形成一个优质的资本结构。本章首先介绍了资本成本的概念、作用、影响因素和形式，然后分别详细介绍个别资本成本、综合资本成本和边际资本成本，接着从经营杠杆和财务杠杆两个方面介绍企业杠杆，最后介绍了资本结构的相关知识。

⭐ 学习目标

- 理解资本成本的概念，掌握个别资本成本、综合资本成本和边际资本成本的计算方法；
- 了解经营杠杆、财务杠杆，以及它们与企业风险的关系；
- 了解资本结构理论；
- 掌握最佳资本结构的含义及确定方法。

7.1　资本成本

7.1.1　资本成本概述

1. 资本成本的概念

　　资本成本是指企业为筹集和使用资金而付出的代价，是资金来源所要求的报酬率[①]。企业扩张需要大量的资金，这些资金主要来自投资者与债权人。投资者的目的是获得预期的收益，债权人则为了获得贷款利息。由此可见，企业使用资金是有代价的，这种代价就是我们所说的资本成本，它是一种典型的财务机会成本。

　　资本成本包括资金筹集成本和资金使用成本两个部分。资金筹集成本是指在资金筹集过程中支付的各项费用，如发行股票、债券的印刷费、发行手续费、律师费、资信评估费、公证费、担保费、广告费等。一般是在资金筹措时一次性支付，在使用过程中不再发生，可以看作筹资

---

① Lambert R, Leuz C, Verrecchia R E. Accounting information, disclosure, and the cost of capital[J]. Journal of Accounting Research, 2007, 45(2): 385-420.

总额的一项扣除。而资金使用成本是指使用资金支付的费用，如股票股息、银行借款利息和债券利息等。它与资金的数量和时间有关，是筹资企业经营过程中经常发生的，需要分期支付。

2. 资本成本的作用

资本成本影响着企业经营决策和后续的盈利情况[①]，在筹资和投资决策中有重要作用。

（1）有助于选择筹资途径和方式。资本成本是企业选择筹资途径和筹资方式的重要决策依据。企业筹集长期资本往往有多种方式可以选择，如长期借款、发行债券、发行股票等。不同筹资组合的综合资本成本也不同，企业需要根据情况来挑选最优筹资组合方案。

（2）有助于进行投资决策。资本成本是企业投资决策要求的最低投资收益率指标。投资项目的收益率大于资本成本才有利可图。国际上通常将资本成本视为比较选择投资项目的"最低报酬率"或"必要报酬率"，以及采纳项目的"取舍率"。

（3）有助于确定最佳资本结构。企业根据债务成本和权益成本及其所占比例加权平均后确定最佳资本结构，从而节约资金占用，提高资金使用效益。

（4）有助于衡量经营成果。资本成本是衡量企业经营成果的尺度，即企业的利润率应该高于资本成本，若前者低于后者，则需要改善企业经营管理方法，提高企业的利润率，控制成本。

3. 决定资本成本高低的因素

（1）宏观经济环境

宏观经济环境决定了整个经济中资本的供给和需求，以及预期通货膨胀的水平。投资者所要求的投资收益率会随社会的资金需求和供给变动及通货膨胀水平的变化而改变。当货币需求增加而供给没有相应增加时，投资者便会提高其投资收益率，如此企业的资本成本就会提高；当预期通货膨胀水平提高，货币购买力下降时，投资者也会提出更高的收益率来补偿预期通货膨胀带来的损失，导致企业资本成本提高。

（2）证券市场条件

证券市场条件包括证券市场的流动难易程度和价格波动程度[②]。证券市场的流动性不好，投资者买进或卖出证券相对困难，变现风险加大，要求的收益率就会提高，这会导致资本成本升高。证券价格波动较大，投资的风险大，要求的收益率也会提高，这也会导致资本成本升高。

（3）企业内部的经营和融资状况

企业内部的经营和融资状况指企业内部的经营风险和财务风险的大小。经营风险是企业经营活动带来的不确定性，财务风险是举债经营给企业带来的不确定性。如果企业的经营风险和财务风险大，投资者便会要求较高的收益率，从而提高资本成本。

（4）融资规模

企业的融资规模越大，筹资成本和资金使用成本越高，从而导致资本成本升高。证券发行规模的增大还会降低其发行价格，也会提高企业的资本成本[③]。

4. 资本成本的形式

资本成本有多种表现形式，包含个别资本成本、综合资本成本和边际资本成本。

个别资本成本是指各种长期资金的成本，如长期借款成本、长期债券成本、优先股成本、普通股成本和留存收益成本。前两种可统称为债务资本成本，后三种可统称为权益资本成本。个别资本成本一般用于比较和评价各种筹资方式，其高低与资本性质的关系十分密切，一般而言，债务资本成本要低于权益资本成本。

综合资本成本是指全部长期资金的加权平均成本，其权重可以通过账面价值法、市场价值

① Easley D, O'hara M. Information and the cost of capital[J]. The Journal of Finance, 2004, 59(4): 1553-1583.
② Botosan C A. Disclosure level and the cost of equity capital[J]. Accounting Review, 1997: 323-349.
③ Elsas R, Flannery M J, Garfinkel J A. Financing Major Investments: Information about Capital Structure Decisions[J]. Review of Finance, 2014, 18(4): 1341-1386.

法、目标价值法进行计算，综合资本成本主要用于评价和选择资本结构。

边际资本成本是新筹集资本的成本，在计算时也需要进行加权平均，一般在追加筹资决策中使用，即在已确定目标资本结构的情况下，考察资本成本随筹资规模变动而变动的情况。

在实务中，三种资本成本往往同时运用，相辅相成。个别资本成本是确定综合资本成本和边际资本成本的基础，综合资本成本和边际资本成本都是对个别资本成本的加权平均。

7.1.2 个别资本成本

对于大多数企业来说，资本的主要来源包括债务、普通股和优先股。权益资本的表现形式是股票，债务资本的表现形式是债券和长期借款。在这两者之间过渡的还有优先股。

1. 债务成本

债务成本指企业长期债务的资本成本，包括借款利息及筹资费用两部分。企业长期债务包括长期借款和债券，长期借款的筹资费用主要指借款手续费，而债券的筹资费用主要包括申请发行债券的手续费、债券注册费、印刷上市费及推销费用等。

（1）不考虑货币时间价值的情况

长期借款资本成本可按下列公式计算：

$$K_L = \frac{I_L \times (1-T)}{L \times (1-f_L)} \tag{7-1}$$

式中：K_L——长期借款资本成本；

I_L——长期借款年利息；

T——所得税税率；

L——长期借款筹资额；

f_L——长期借款筹资费率。

企业债券资本成本的计算公式如下：

$$K_b = \frac{I_b \times (1-T)}{B \times (1-f_b)} \tag{7-2}$$

式中：K_b——债券的资本成本；

I_b——债券年利息；

f_b——债券筹资费率；

T——所得税税率；

B——债券筹资额，按具体发行价格确定。

（2）考虑货币时间价值的情况

假如某公司债券的目前价格为 P_0，每年支付的利息为 I_t（$t=1,\cdots,n$），至到期日本金的返还为 P_n，此债券的税前成本为 K_d，则满足：

$$P_0 = \sum_{t=1}^{n} \frac{I_t}{(1+K_d)^t} + \frac{P_n}{(1+K_d)^n} \tag{7-3}$$

债券的资本成本 $K_{b税后} = K_b \times (1-T)$

同理，对于考虑货币时间价值下的长期借款的成本也可以按照式（7-3）进行估计，不过是公式中的变量代表的含义有所变化。

例7-1 设Sunny公司现有一种长期债券。此债券每张面值为100元，现价为103元。每张债券每年须支付利息8元，在10年之后到期。则有：

$$103 = \sum_{t=1}^{10} \frac{8}{(1+K_d)^t} + \frac{100}{(1+K_d)^{10}}$$

用Excel软件或其他计算方法可以求得，Sunny公司的债券资本成本K_d等于7.56%。

从式（7-3）中可以看出，债券资本成本实际上就是债券的到期收益率；但如果是新发行的债券，则必须考虑发行费用。而债券的发行费用与公司的信用等级、债券发行方式等因素相关。假设发行费用占债券售价的百分比为q，则债券资本成本K_d应由式（7-4）确定：

$$P_0 \times (1-q) = \sum_{t=1}^{n} \frac{I_t}{(1+K_d)^t} + \frac{P_n}{(1+K_d)^n} \qquad (7-4)$$

例7-2 假设Sunny公司发行了一种新债券，发行价为100元，期限为10年，每年的利息为6元，发行费率为1.8%。则依照式（7-4），这时的债券成本K_d应满足：

$$100 \times (1-1.8\%) = \sum_{t=1}^{10} \frac{6}{(1+K_d)^t} + \frac{100}{(1+K_d)^{10}}$$

求解可知K_d为6.25%。

比较式（7-3）和式（7-4），可以推断出，如果期限、利息率、现值和本金都相同，新发行的债券和发行费率较高的债券的资本成本要高一些。

按式（7-3）和式（7-4）计算的债券资本成本，都没有考虑公司所得税的影响，可以被称为税前债务成本。根据税前债务成本可以计算公司的税后债务成本。公司的利息费用是在税前支付的，而利息费用的支付对公司来说有避税的作用。税后的债务成本是：$K_d \times (1-T)$。

例7-3 假设在例7-2中Sunny公司的所得税税率为25%，那么其税后的债务成本应为：

$$K_d \times (1-T) = 6.25\% \times (1-25\%) = 4.69\%$$

由例7-3可见，利息支付起到的避税作用，使得税后的债务成本必然会低于税前的债务成本。

2. 优先股成本

优先股的成本K_p可以被视为优先股的投资者所要求的回报率。假设优先股每年每股的红利为D_p，每股发行的价格为P，则优先股的成本K_p为：

$$K_p = \frac{D_p}{P} \qquad (7-5)$$

例7-4 假设Sunny公司的优先股每股发行价为1 000元，每股每年支付的红利为100元，则Sunny公司优先股的成本为：

$$K_p = \frac{D_p}{P} = \frac{100}{1000} = 10\%$$

如果是新发行的优先股，像新发行的债券一样，也会存在发行费用。设发行费率为q，则新发行的优先股成本K_p为：

$$K_p = \frac{D_p}{P(1-q)} \qquad (7-6)$$

例7-5 假设Sunny公司在例7-4中的优先股是新发行的，发行费率为6%。则此优先股的成本为：

$$K_p = \frac{100}{1000(1-6\%)} \approx 10.6\%$$

对比例7-4和例7-5可以看出，由于发行费用的存在，优先股的成本增加了0.6%。

3. 普通股成本

普通股成本K_s与债务和优先股的成本计算相比，较为复杂。一般来说，下列三种方法经常被用来计算K_s：资本资产定价模型法；债券收益加风险溢酬法；现金流折现法。

（1）资本资产定价模型法

资本资产定价模型[1][2][3]假设所有投资者对期望收益、方差和协方差等的估计完全相同，投资者可以自由借贷。基于这样的假设，资本资产定价模型探求风险资产收益与风险的数量关系，即为了补偿某一特定程度的风险，投资者应该获得的风险报酬率。该模型认为，一个公司普通股期望的收益率与其市场风险之间的关系为：

$$E(r) = r_f + \beta[E(r_m) - r_f] \tag{7-7}$$

式中：$E(r)$——普通股期望的收益率；

    r_f——无风险利率；

    β——普通股在市场上的风险系数；

    $E(r_m)$——市场组合的期望收益率。

$E(r)$是投资者对所投资股票的期望收益率，也是公司普通股成本，即$K_s = E(r)$。应用资本资产定价模型法，需要估计无风险利率r_f、公司普通股在市场上的风险系数β及市场组合的期望收益率$E(r_m)$。r_f可以由政府长期债券的收益率来替代，$E(r_m)$可以通过股票指数来计算，β可以通过统计方法等评价。

例7-6 假设Sunny公司目前的普通股在市场上的风险系数β为1.4，当前的无风险利率r_f为6%，市场组合的期望收益率$E(r_m)$为8%，则$E(r)$为：

$$E(r) = 6\% + 1.4(8\% - 6\%) = 8.8\%$$

因为$K_s = E(r)$，所以Sunny公司普通股成本为8.8%。

在实际应用中，用β来衡量公司的风险可能并不准确，如果一些公司存在特有风险，就可能导致K_s被低估。

（2）债券收益加风险溢酬法

债券收益加风险溢酬法将一个公司的风险溢酬率与其长期债券的利率相加，来确定普通股的成本。设i为长期债券的利率，r为普通股的风险溢酬率，则K_s为：

$$K_s = i + r \tag{7-8}$$

例7-7 假设Sunny公司的长期债券的利率为7%，而Parkhorse投资公司评估其风险溢酬率为3.2%，则该公司普通股的成本为：

$$K_s = 7\% + 3.2\% = 10.2\%$$

（3）现金流折现法

在2002年5月20日股票收盘的时候，出版商麦格劳-希尔教育出版公司的普通股价格是63.78美元。同一天，世界最大的汽车制造商大众汽车公司收盘时的股价是66.20美元，而百胜餐饮集团——肯德基、塔可钟、必胜客比萨饼店的快餐食物的供应商，当天的收盘价则为63.01美元。这三家公司的股票价格如此近似，它们会为其股东提供相似的股利回报吗？实际上，大众汽车公司的年度股利是每股2美元，麦格劳-希尔教育出版公司是每股1.2美元，而百胜餐饮集团根本就没有支付股利！股利是影响普通股成本的重要因素。

对于普通股的持有者来说，其每期的现金流就是红利的分配。因此，普通股的价值可以通过下列公式来计算：

---

① Sharpe W F. Capital asset prices: A theory of market equilibrium under conditions of risk[J]. The Journal of Finance, 1964, 19(3): 425-442.

② Lintner J. The valuation of risk assets and the selection of risky investments in stock portfolios and capital budgets[J]. The Review of Economics and Statistics, 1965: 13-37.

③ Lintner J. Security Prices, Risk, and Maximal Gains from Diversification[J]. The Journal of Finance, 1965, 20(4): 587-615.

$$P_0 = \sum_{i=1}^{\infty} \frac{D_i}{(1+K_s)} \qquad (7\text{-}9)$$

式中：P_0——普通股的现值（即市价）；

D_i——每期红利的分配，$i=1,\cdots,\infty$；

K_s——普通股的资本成本。

式（7-9）表示普通股的价格相当于以其资本成本为折现率的未来红利的现值。如果公司未来的股利是恒定的，则股票的价格等于第一年年末的股利与期望的回报率之比：

$$P_0 = \frac{D_i}{K_s} \qquad (7\text{-}10)$$

如果公司的股票价格是匀速增长的，每年的红利按照一定比例增加，则股票的价格 P_0 为：

$$P_0 = \frac{D_i}{K_s - g} \qquad (7\text{-}11)$$

式中：g——红利的年增长率。

通过式（7-11）得到普通股期望的收益率，即其资本成本 K_s 为：

$$K_s = \frac{D_i}{P_0} + g \qquad (7\text{-}12)$$

式（7-12）表示，在均衡条件下，对于股票价格匀速增长的公司，其普通股（保留盈余）的成本相当于红利收益率与红利的增长率之和。

例7-8 设Sunny公司计划今年年末的每股红利是7元，红利的年增长率为6%，每股的现价为112元，则普通股的资本成本为：

$$K_s = \frac{7}{112} + 6\% = 12.25\%$$

上述三种确定普通股成本的方法考虑的是普通股中保留盈余的成本，并没有考虑新发行的普通股。一般来说，新发行的普通股的成本要高于保留盈余的成本。这是因为在发行新股时，与新发行的优先股和债券相同，其也会有发行费用。用 K_s 表示新发行的普通股的成本，则每年股利按照 g 增长的普通股的资本成本为：

$$K_s = \frac{D_i}{P_0(1-q)} + g \qquad (7\text{-}13)$$

式中：P_0——普通股的现值；

D_i——年末每股红利；

K_s——普通股的资本成本；

g——红利的年增长率；

q——新普通股的发行费率。

例7-9 假设在例7-8中Sunny公司的股票为新发行的，并且已知发行费率为3%，其他情况不变，则普通股的资本成本为：

$$K_s = \frac{7}{112 \times (1-3\%)} + 6\% \approx 12.44\%$$

由例7-9，因为发行费用的存在，对比例7-8，Sunny公司必须获得更高的收益率才能满足投资者所要求的回报率。

7.1.3 综合资本成本

如果一个公司的资本完全是由普通股组成的，那么普通股的成本就是其资本成本；如果一个公司完全是通过举债成立的，那么债务成本就是其资本成本。但一般情况下，一个公司的资本由多种成本构成，这时，将个别资本成本加权平均之后，得到的就是综合资本成本，即加权平均资本成本 K_w，其计算公式如下：

$$K_w = W_d K_d + W_p K_p + W_s K_s \qquad (7\text{-}14)$$

式中：W_d、W_p 和 W_s ——债务、优先股和普通股所占的权重；

K_d、K_p 和 K_s ——债务（包括债券或者长期借款）、优先股和普通股的资本成本。

由式（7-14）可以看出，在评估综合资本成本时，确定个别资本成本的权重是重要的一步，现行的确定资本权重的方法有：账面价值法、市场价值法、目标价值法。

1. 账面价值法

账面价值法通过公司账面价值确定个别资本的权重。Sunny 公司用账面价值法确定的综合资本成本，如表 7-1 所示。

表 7-1　　　　　　用账面价值法确定综合资本成本（所得税税率为 25%）

资本种类	账面价值/万元	权重	利息股息	综合资本成本
公司债券	1 000 000	10%	5.25%	0.39%
长期借款	3 000 000	30%	6.65%	1.50%
优先股	1 000 000	10%	11.75%	1.18%
普通股	5 000 000	50%	13.15%	6.58%
合计	10 000 000	100%		9.65%

这种方法易于评估，从公司的资产负债表中就可得到资料，但往往误差很大，对经营决策不利。当账面价值与其市场价值相差不大时，公司可以采用该方法。

2. 市场价值法

市场价值法以债券或股票目前的市场价格计算的权重。Sunny 公司用市场价值法确定的综合资本成本，如表 7-2 所示。

表 7-2　　　　　　用市场价值法确定综合资本成本（所得税税率为 25%）

资本种类	市场价值/万元	权重	利息股息	综合资本成本
公司债券	1 200 000	12%	5.25%	0.47%
长期借款	3 200 000	32%	6.65%	1.60%
优先股	900 000	9%	11.75%	1.06%
普通股	4 700 000	47%	13.15%	6.18%
合计	10 000 000	100%		9.31%

在计算综合资本成本时，市场价值法比账面价值法更准确。在市场上，许多公司的市场价值与账面价值完全不相符。例如，许多业绩好的公司的市场价值远高于账面价值，这时采用市场价值法就更合理。

3. 目标价值法

目标价值法是指以债券、股票等预计的目标市场价值和目标资本结构确定权重。Sunny 公司用目标价值法确定的综合资本成本，如表 7-3 所示。

表 7-3　　　　　　用目标价值法确定综合资本成本（所得税税率为 25%）

资本种类	目标结构	利息股息	综合资本成本
公司债券	18%	5.25%	0.95%
长期借款	40%	6.65%	2.67%
优先股	5%	11.75%	0.59%
普通股	37%	13.15%	4.87%
合计	100%		8.17%

理论上，因为有破产成本、税收或其他减少了公司价值的成本项目存在，每一个公司都会存在一个理想的资本结构。例如，在只有政府税收的情况下，负债所占权重越大，所支付的税收越少，公司的价值也越大。如果只有破产成本，则负债的比例越小，普通股所占的比例越高，公司的价值越高。另外，目标价值法体现了期望的成本结构，因此有助于公司做出合理的投资决策。但因为公司未来经营发展的不确定性，目标价值很难被正确地评估。

7.1.4 边际资本成本

边际资本成本是指新筹集资金所需负担的成本[1]。一般来说，边际资本成本会随着公司筹集资金数目的增加而提高，任何公司都无法以一个固定的资本成本来筹集资金。同时，个别资本的成本也是有边际的，负债成本随着借款期限和数额的增加而提高，优先股的边际成本要考虑新发行的优先股成本，普通股的边际成本要考虑新发行的普通股成本。

以 Sunny 公司为例来说明边际资本成本的概念。其目标资本结构为长期负债：优先股：普通股=4：1：5，公司现有的资本情况如表 7-4 所示。

表 7-4　　　　　　　　　Sunny 公司资本成本（所得税税率为 25%）

资本种类	市场价值/万元	目标结构	利息股息	资本成本
长期负债	400	40%	10%	3.00%
优先股	100	10%	12%	1.20%
普通股	500	50%	15%	7.50%
合计	1 000	100%		11.70%

根据 Sunny 公司的目标资本结构，公司再筹集资金时，也需保持长期负债、优先股和普通股的 4：1：5 的比例。但资本的增加将引起公司资本成本的变化，增加资本所带来的成本就是边际资本成本。假设 Sunny 公司筹资 1 000 万元，用于新项目的投资。该公司在年度分红之后，有 500 万元的保留盈余，而优先股需要新发行，新发行的优先股成本比现有的优先股成本高，其成本为 14%，则新筹资的资本成本如表 7-5 所示。

表 7-5　　　　　Sunny 公司筹资 1 000 万元的资本成本（所得税税率为 25%）

资本种类	市场价值/万元	目标结构	利息股息	资本成本
长期负债	400	40%	10%	3.00%
优先股	100	10%	14%	1.40%
普通股	500	50%	15%	7.50%
合计	1 000	100%		11.90%

由表 7-4 可知，Sunny 公司原有的资本为 1 000 万元，资本成本为 11.70%。如果公司需要按目标资本结构再次筹资，公司筹资 1 000 万元后，资本成本变为 11.90%，即边际资本成本。边际资本成本并不是固定不变的，如果 Sunny 公司需要筹资超过 1 000 万元的额度，随着个别资本的增加，边际资本成本也会增加。假设 Sunny 公司还需筹集 1 000 万元用于发展。原有的保留收益已经不能满足新资本要求，需要发行新的普通股，其成本为 18%，新筹资的资本成本如表 7-6 所示。

---

① Barth M E, Konchitchki Y, Landsman W R. Cost of capital and earnings transparency[J]. Journal of Accounting and Economics, 2013, 55(2): 206-224.

表 7-6　　　　　　　　Sunny 公司筹资第二个 1 000 万的资本成本（所得税税率为 25%）

资本种类	市场价值/万元	目标结构	利息股息	资本成本
长期负债	400	40%	10%	3.00%
优先股	100	10%	14%	1.40%
普通股	500	50%	18%	9.00%
合计	1 000	100%		13.40%

因此，当 Sunny 公司筹资超过 1 000 万且小于 2 000 万元时，边际资本成本就为 13.40%。同样，如果 Sunny 公司还需要 1 000 万元的资本，这时，长期借款的利率上升为 14%，新筹资的资本成本如表 7-7 所示。

表 7-7　　　　　　　　Sunny 公司筹资第三个 1 000 万的资本成本（所得税税率为 25%）

资本种类	市场价值/万元	目标结构	利息股息	资本成本
长期负债	400	40%	14%	4.20%
优先股	100	10%	14%	1.40%
普通股	500	50%	18%	9.00%
合计	1 000	100%		14.60%

因而，当 Sunny 公司筹资总额超过 2 000 万，但未超过 3 000 万元时，新的边际资本成本为 14.60%。图 7-1 所示为 Sunny 公司在不断增加筹资规模时，边际资本成本所发生的变化。

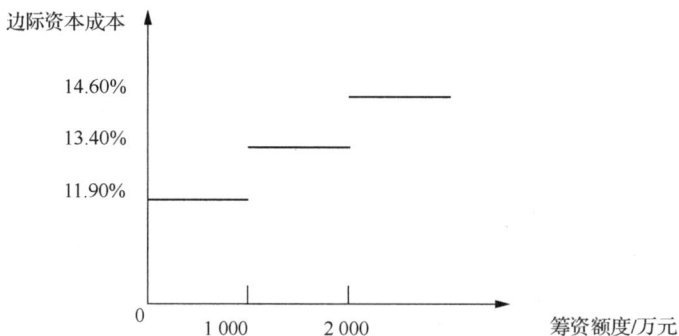

图 7-1　Sunny 公司的边际资本成本

依据 Sunny 公司不同筹资额度的资本成本，可以依此对投资项目进行选择。具体的数据如表 7-8 所示。

表 7-8　　　　　　　　　　　Sunny 公司投资的项目

	A	B	C	D	E
投资额度/万元	500	1 200	250	500	700
内含报酬率	15.00%	14.70%	14.00%	8.00%	7.80%

假设各个项目之间是独立的，根据投资项目的内含报酬率大于资本成本的项目选择原则，A 项目、B 项目和 C 项目被选择，因为其内含报酬率分别大于再对其进行投资时的资本成本。D 项目和 E 项目不应该被选择。由上述分析可以看出，只单纯考虑项目的内部收益率，忽略项目的其他费用，Sunny 公司的最佳投资预算为 1 950 万元。

7.2　企业杠杆原理

"杠杆"表示成倍地增加某种效果的影响，在物理学中的含义是增加力量，在财务管理中的含义是效果倍增。

7.2.1 经营杠杆和经营风险

1. 经营杠杆的定义

在其他条件不变的情况下，虽然企业产销量的增加在一般情况下不会改变固定成本总额，但会降低单位固定成本，从而提高单位利润，这使得利润的增长率大于产销量的增长率。反之，产销量的减少会提高单位固定成本，从而使利润下降率也大于产销量下降率。这种由于固定成本的存在而造成的利润变动率大于产销量变动率的现象被称为经营杠杆。经营杠杆具有放大企业风险的作用。

经营杠杆系数是指企业营业利润的变动率相当于销售变动率的倍数。它反映经营杠杆的作用程度，即销售量变动引起息税前利润变动的程度，其计算公式为：

$$\text{DOL} = \frac{\Delta\text{EBIT}/\text{EBIT}}{\Delta Q/Q} = \frac{息税前利润变动率}{销售量的变动率} = \frac{S-VC}{S-VC-F} \tag{7-15}$$

式中：DOL——经营杠杆系数；

ΔEBIT——息税前利润变动额；

EBIT——息税前利润；

ΔQ——销售变动量；

Q——销售量；

S——销售额；

VC——变动成本总额；

F——固定成本总额。

经营杠杆系数越高，企业风险越大。

例7-10 某企业生产A产品，固定成本为100万元，变动成本率为38%，当企业的销售额分别为500万元、300万元、200万元时，经营杠杆系数分别为：

$$\text{DOL}_1 = \frac{500-500\times38\%}{500-500\times38\%-100} \approx 1.48$$

$$\text{DOL}_2 = \frac{300-300\times38\%}{300-300\times38\%-100} \approx 2.16$$

$$\text{DOL}_3 = \frac{200-200\times38\%}{200-200\times38\%-100} \approx 5.17$$

即在企业的变动成本率一定时，销售额越大，经营杠杆系数越小，经营风险越小。

2. 销售量对经营杠杆的影响

$$S-VC = Q(P-V)$$

式中：P——产品单价；

V——产品单位变动成本。

所以，

$$\text{DOL} = \frac{Q(P-V)}{Q(P-V)-F}$$

故，当销售额小于盈亏临界点（$Q=\dfrac{F}{P-V}$）时，经营杠杆系数为负数，当销售额大于盈亏临界点时，经营杠杆系数为正数。越接近盈亏临界点时，经营杠杆系数越大，意味着息税前利润对销售水平的敏感度越高。在固定成本不变的情况下，如果不能改变产品的售价和单位变动成本，则只能通过增加销售量来降低经营杠杆系数。

例7-11 A企业生产一种产品，销售量如表7-9所示。当产销量发生变化时，经营杠杆系数也会相应发生变化。

表 7-9   企业在各种销售量时的经营杠杆系数

销售量/万件	2	4	8	10	12	16	20	40
经营杠杆系数	−0.25	−0.67	−4	无穷大	6	2.67	2	1.33

根据本量利方程$PQ = QV + F$，得出生产该产品的盈亏临界点：

$$Q = F/(P-V) = 10（万件）$$

即：当销售额小于盈亏临界点10万件时，经营杠杆为负数，当超过了10万件时，则变为正数。企业实际销售量超过盈亏临界点越多，经营杠杆系数越小，即销售量所导致的利润的变化越小。

3. 经营风险

经营风险是指由企业经营活动带来的收益不确定性。企业经营杠杆系数越大，销售变动对利润的影响就越大。例如，经营空调、羽绒服等商品的企业，会随着季节的变化面临不同程度的经营风险。影响经营风险的因素如下。

第一，企业固定成本占总成本的比例越大，经营杠杆系数越大，经营风险越大。企业可以通过资本预算决策，影响自己的经营杠杆及经营风险。

第二，产品销售量对经济波动和市场环境变化的敏感性越大，经营杠杆系数越大，经营风险越大。

第三，企业的规模越大和市场占有率越稳定，经营风险相对较小。

第四，原材料、燃料、工资等投入物价格的稳定性越强，企业经营风险越小；企业随投入物价格变动调整产品销售价格的能力越强，经营风险越小。

7.2.2 财务杠杆与财务风险

如果一个企业的资本中除普通股权益资本外，还有一部分来源于负债或需要支付固定股息的优先股，那么这些负债或优先股便使企业有了财务杠杆。这种财务杠杆使企业股东的净收入的变化幅度超过企业营业收入的变化幅度，并且使企业股东的收入流量除因经营状况变化而变化外，有了一个新的不确定性，这种因企业资本结构而引起的收益的不确定性即为财务风险。负债资本在资本总额中占的比例越大，企业的财务杠杆作用就越强，财务风险也随之增加。财务风险可以用财务杠杆系数 DFL 来表示。财务杠杆系数是指企业每股收益 EPS 的变动率对息税前利润 EBIT 变动率的反应程度，其计算公式如下：

$$\text{DFL} = \frac{每股收益的变动率}{息税前利润的变动率} = \frac{\Delta \text{EPS}/\text{EPS}}{\Delta \text{EBIT}/\text{EBIT}} = \frac{\text{EBIT}}{\text{EBIT} - I} \tag{7-16}$$

其中：I——债务利息等固定财务费用。

例7-12 某公司负债总额为3 000万元，负债利息率为8%，该公司发行普通股100万股，息税前利润950万元，所得税税率25%。计算（1）该公司的财务杠杆系数和每股收益。（2）如果息税前利润增长14%，则每股收益增加多少？

解：（1）DFL=950/（950−3 000×8%）≈ 1.338

          EPS=（950−3 000×8%）×（1−25%）/100=5.325

（2）每股收益增加额=5.325×14%×1.338 ≈ 0.997（元）

由此可见，当公司息税前利润变动1%时，每股收益将同方向变动1.338。这表明该公司息税前利润的变动导致了每股收益的变动，并且每股收益的变动幅度大于息税前利润的变动程度。

只要公司存在有息负债，其财务杠杆系数必定大于1。著名的雷曼兄弟公司破产的原因之一便是其自有资本过少，杠杆太高，受次贷危机的影响，银行面临严重亏损，其影响被杠杆放大。希金斯说："财务杠杆提高了，破产概率也就增大了，这不足为奇。今天，美国的破产类似于高赌注的扑克牌游戏，其中唯一的赢家是律师们！"

财务风险又称筹资风险，是指举债经营给公司未来收益带来的不确定性。如果一个公司的筹资成本包含固定的债务成本（银行借款、融资租赁、发行公司债券等），从而使得息税前利润的某个变化能引起普通股每股收益的更大变化时，就被认为存在财务杠杆。企业在获得一定的财务杠杆利益的同时也承担了一定的财务风险。当债务资本比率较高时，投资者将负担较多的债务成本，并经受较多的负债作用所引起的收益变动的冲击，从而加大财务风险；反之，当债务资本比率较低时，财务风险就小。

例7-13 A、B、C为三家经营业务相同的公司，它们的有关情况如表7-10所示。

表7-10 A、B、C三家公司财务数据比较 （金额单位：元）

项目	A	B	C
普通股本	2 000 000	1 500 000	1 000 000
发行股数/股	2 000 000	1 500 000	1 000 000
债务（利率8%）	0	500 000	1 000 000
资本总额	2 000 000	2 000 000	2 000 000
息税前利润	200 000	200 000	200 000
债务利息	0	40 000	80 000
税前利润	200 000	160 000	120 000
所得税（税率25%）	50 000	40 000	30 000
税后利润	150 000	120 000	90 000
财务杠杆系数	1	1.25	1.67
每股收益	0.075	0.08	0.09
若：			
息税前利润增加	200 000	200 000	200 000
债务利息	0	40 000	80 000
税前利润	400 000	360 000	320 000
所得税（税率25%）	100 000	90 000	80 000
税后利润	300 000	270 000	240 000
每股收益	0.15	0.18	0.24

根据式（7-16），三个公司的财务杠杆系数的计算公式如下。

$$DFL_A = \frac{200\,000}{200\,000 - 0} = 1$$

$$DFL_B = \frac{200\,000}{200\,000 - 500\,000 \times 8\%} = 1.25$$

$$DFL_C = \frac{200\,000}{200\,000 - 1\,000\,000 \times 8\%} \approx 1.67$$

表7-10说明了以下几点。

第一，财务杠杆系数反映的是息税前利润增长所引起的每股收益的增长幅度。例如，A公司的息税前利润增长1倍时，其每股收益也增长1倍（0.15÷0.075-1）；B公司的息税前利润增长1倍时，其每股收益增长1.25倍（0.18÷0.08-1）；C公司的息税前利润增长1倍时，其每股收益增长1.67倍（0.24÷0.09-1）。

第二，在资本总额、息税前利润相同的情况下，负债比率越高，财务杠杆系数越高，财务风险越大，但预期每股收益也会相应较高。例如，B公司相比A公司，负债比率高（B公司负债率为25%，A公司负债率为0），财务杠杆系数高（B公司为1.25，A公司为1），财务风险大，但每股收益也高（B公司为0.08元，A公司为0.075元）；C公司比起B公司来负债比率高（C公司负债率为50%），财务杠杆系数高（C公司为1.67），财务风险大，但每股收益也高（C公司为0.09元）。

负债比率是可以控制的，企业可以通过合理安排资本结构，达到适度负债，有助于控制财务风险。

7.2.3 联合杠杆与复合风险

1. 联合杠杆系数的计算

企业只要存在固定成本，就存在经营杠杆，使息税前利润的变动率大于销售量的变动率；企业只要存在固定的财务费用，就存在财务杠杆，使得企业每股收益的变动率大于息税前利润的变动率。两种杠杆的共同作用使得每股收益的变动率远大于销售额（量）的变动率，通常被称为联合杠杆。其系数计算公式为：

$$DCL = \frac{每股收益变动率}{销售额变动率} = \frac{\Delta EPS / EPS}{\Delta Q / Q} = DOL \times DFL \qquad (7-17)$$

2. 复合风险的含义

复合风险是指企业共同运用经营杠杆和财务杠杆所带来的风险。联合杠杆系数反映了企业每股收益变动率随企业销售变动率变动的倍数。这种放大作用是经营杠杆和财务杠杆共同作用的结果，它体现了复合风险的大小。例如，某企业的经营杠杆系数为2，财务杠杆系数为1.5，则联合杠杆系数为2×1.5=3。则公司的复合风险是3，即销售额变动1%引起的每股收益的变动率是3%。

3. 联合杠杆系数的意义

联合杠杆系数能够估计出销售变动对每股收益造成的影响，并理解经营杠杆与财务杠杆之间的关系，即某一联合杠杆系数，可以有很多不同的经营杠杆和财务杠杆组合。例如，经营杠杆系数较高的企业需要在较低程度上使用财务杠杆；经营杠杆系数较低的企业可以在较高程度上使用财务杠杆等。

7.3 资本结构

资本结构又称融资结构，是企业各种资金的构成及其比例关系，一般指长期资金的构成及比例关系。由于长期资金主要由长期债务资金和权益资金构成，因而资本结构又指长期债务资金和权益资金的比例关系[①]。

7.3.1 资本结构理论

1. 净收益理论

负债可以降低企业的资本成本，负债程度越高，企业价值越大。因为债务资本成本和权益

---

① Elsas R, Flannery M J, Garfinkel J A. Financing Major Investments: Information about Capital Structure Decisions[J]. Review of Finance, 2014, 18(4): 1341-1386.

资本成本不受财务杠杆的影响，无论负债程度多高，企业的筹资成本也不会发生变化。因此，只要债务资本成本低于权益资本成本，负债越多，企业的综合资本成本越低，企业价值越大[1]。

2. 营业收益理论

营业收益理论认为，无论财务杠杆如何变化，企业的综合资本成本都是固定的，因此企业的总价值保持不变。即使债务资本成本低于权益资本成本，当债务比例提高时，权益风险增加，权益资本成本提高，两者抵消后，对综合资本成本没有影响，因此资本结构变化对于企业价值没有影响[2]。

3. 传统理论

传统理论介于净收益理论与营业收益理论之间，认为负债比例在一定限度内提高时，会导致企业权益资本成本的提高，但是权益资本成本的提高低于债务资本成本的下降，因此综合资本成本降低。而当超过一定限度时，权益资本成本提高幅度将高于债务资本成本的降低幅度，导致综合资本成本提高，企业价值下降[3]。

4. MM 理论

MM 理论的假设条件为[4]：不考虑个人或者公司税；所有现有和预期的投资者对于每家企业的未来预期息税前利润（EBIT）都有相同的估计，也就是投资者对企业未来收益和风险具有相同预期；资本市场是完美的，没有交易成本，而且投资者的借款利率与企业相同；所有债务的利率为无风险利率；所有企业预计是零成长率。

在上述假设下，MM 理论可以得到如下推论。不考虑企业税率，企业的价值与其杠杆无关，也就是说加权平均资本成本与其资本结构无关。无论企业有多少债务，其加权平均资本成本都与无债务时的权益资本成本相等。杠杆企业的权益资本成本等同于风险类的无杠杆企业的权益资本成本加上风险溢价，风险溢价的大小由无杠杆企业债务资本成本与权益资本成本的差距及使用的债务数额决定。即：资本结构中包含更多的债务并不能提高企业价值，公司资本结构与企业总价值无关[5][6]。

5. 权衡理论

在 MM 理论的基础上，权衡理论被提出[7]：负债可以为企业带来税盾利益，减少企业税负；各种负债成本随负债比率的增大而提高，当负债比率达到某一程度时，息税前利润会下降，企业负担破产成本的概率会增加；当负债比率较低时，破产成本不明显；当负债比率较高时，破产成本开始变得重要，负债税盾利益开始被破产成本所抵消；当负债比率继续增加，边际负债税盾利益恰好与边际破产成本相等时，资本结构最合理，企业价值最大，即此时对应的负债比率为最佳资本结构；负债比率超过这一比率后，破产成本大于负债税盾利益，导致企业价值下降。

7.3.2 最佳资本结构的确定

最佳资本结构就是企业在一定时期综合资本成本最低、风险最小、企业价值最大的资本结构。用以衡量最佳资本结构的条件有：第一，综合资本成本最低，企业筹资的支出最小；第二，

① Buettner T, Overesch M, Schreiber U, et al. The impact of thin-capitalization rules on the capital structure of multinational firms[J]. Journal of Public Economics, 2012, 96(11): 930-938.
② Brigham E, Ehrhardt M. Financial management: theory & practice[M]. Cengage Learning, 2013.
③ Uysal V B. Deviation from the target capital structure and acquisition choices[J]. Journal of Financial Economics, 2011, 102(3): 602-620.
④ Modigliani F, Miller M H. The cost of capital, corporation finance and the theory of investment[J]. The American Economic Review, 1958(48): 261-297.
⑤ Stiglitz J E. A re-examination of the Modigliani-Miller theorem[J]. The American Economic Review, 1969(54): 784-793.
⑥ Stiglitz J E. On the Irrelevance of Corporate Financial Policy[J]. American Economic Review, 1974(64): 851-866.
⑦ Myers S C, Majluf N S. Corporate financing and investment decisions when firms have information that investors do not have[J]. Journal of Financial Economics, 1984, 13(2): 187-221.

每股收益最大，股票市价上涨，股东财富最大化；第三，企业财务风险小，资金充足。

确定最佳资本结构的方法主要有每股收益无差别点分析法和比较资本成本法等。

1. 每股收益无差别点分析法

判断资本结构合理与否，一般方法是分析每股收益的变化。能提高每股收益的资本结构是合理的，反之则不够合理。所谓的每股收益无差别点，就是每股收益不受融资方式影响的销售水平。根据每股收益无差别点，可以分析判断在什么样的销售水平下适于采用何种资本结构。根据下式可以计算出 EBIT 或销售额。

$$EPS = \frac{(S-VC-F-I)(1-T)}{N} = \frac{(EBIT-I)(1-T)}{N} \qquad (7-18)$$

式中：S——销售额；

VC——变动成本；

F——固定成本；

I——债务利息；

T——所得税税率；

N——流通在外的普通股股数；

EBIT——息税前利润。

例7-14　某公司原有资本1 000万元，其中，债务资本400万元，为此每年负担利息25万元，权益资本（普通股600万股，每股面值1元）600万元。该公司所得税税率为25%。由于扩充业务，需追加筹资300万元，有两个方案可供选择：

第一，全部发行普通股，增发300万股，每股面值1元；

第二，全部筹措长期债务，债务年利率6%，利息18万元。

要求：运用每股收益无差别点分析法进行筹资决策。

解： 设每股收益无差别点为EBIT，则得出下式：

（EBIT-25）×（1-25%）/（600+300）=（EBIT-25-18）×（1-25%）/600

EBIT=79（万元）

该决策方法如图7-2所示。结论：当预期息税前利润为79万元时，权益筹资和债务筹资方式均可；当预期息税前利润大于79万元时，选择债务筹资方式；当预期息税前利润小于79万元时，选择权益筹资方式。

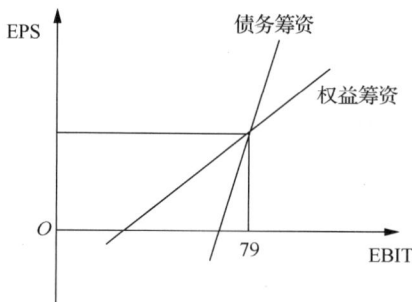

图7-2　决策方法图

2. 比较资本成本法

用每股收益的高低作为衡量标准进行筹资方式选择的缺陷在于没有考虑风险因素。

从根本上讲，企业理财的目标在于追求企业价值的最大化或股价最大化。然而只有在风险不变的情况下，每股收益的增长才会直接促进股价的上涨，随着每股收益的增长，风险通常也会加大。如果每股收益的增长不足以弥补风险增加所需的报酬，尽管每股收益增加，股价仍然会下降。可使企业的总价值最高的企业资本结构是最佳资本结构，在企业总价值最大的资本结构下，企业的资本成本也是最低的。

企业的市场总价值 V 等于其股票的总价值 S 加上债券的价值 B：

$$V = S + B \qquad (7\text{-}19)$$

一般情况下，假设债券的市场价值等于它的面值，股票的市场价值如下：

$$S = \frac{(\text{EBIT} - I)(1 - T)}{K_s}$$

资本资产定价模型：

$$K_s = R_f + \beta (R_m - R_f)$$

公司的综合资本成本 K_w ＝税前债务资本成本×债务占总资本比例×（1-所得税税率）+

权益资本成本×股票占总资本比例 $\qquad (7\text{-}20)$

例7-15 某公司欲筹资800万元，有两个方案可供选择，两个方案的筹资组合及个别资本成本如表7-11所示。

表 7-11 某公司筹资方案比较

项目	A 方案		B 方案	
	筹资金额/万元	个别资本成本/%	筹资金额/万元	个别资本成本/%
长期借款	100	6	300	10
长期债券	200	8	400	8
普通股	500	10	100	15
合计	800		800	

要求：确定公司初始筹资时，最佳的资本结构。

解： A方案的综合资本成本＝6%×100/800+8%×200/800+10%×500/800=9.00%

B方案的综合资本成本＝10%×300/800+8%×400/800+15%×100/800 ≈ 9.63%

以综合资本成本较低作为方案选择的标准，应该选择A方案，A方案所对应的资本结构即为公司初始筹资时最佳的资本结构。

例7-16 该公司欲在上述选择A方案的基础上，追加筹资200万元，同样有两个方案可供选择，各方案的追加金额及个别资本成本如表7-12所示。

表 7-12 追加筹资方案比较

项目	A 方案		B 方案	
	筹资金额/万元	个别资本成本/%	筹资金额/万元	个别资本成本/%
长期借款	50	12	180	15
长期债券	70	13	20	8
普通股	80	16	0	12.5
合计	200		200	

要求：确定公司追加筹资时，最佳的资本结构。

有两种解题思路：

一是计算两种追加筹资的边际资本成本。

A方案的边际资本成本＝12%×50/200+13%×70/200+16%×80/200=13.95%

B方案的边际资本成本＝15%×180/200+8%×20/200=14.3%

A方案的边际资本成本较低，因而选择A方案，A方案所对应的资本结构即为公司的最佳资本结构。

二是将原有资本结构和追加筹资结合起来进行考虑，选择整体最佳的资本结构。即将上述公司选择A方案后的初始筹资800万元和追加筹资200万元，共1 000万元综合起来考虑，求出公司综合资本成本并选择低者。

A方案的综合资本成本=6%×100/1 000+12%×50/1 000+8%×200/1 000+13%×70/1 000+

10%×500/1 000+16%×80/1 000=9.99%

上式中，原有普通股500万股的资本成本，选用追加筹资时新普通股的资本成本16%，而不是选用旧资本成本10%。其原因在于：普通股具有同股、同权、同利的特点，新、旧普通股应该按照新资本成本率分配股利。

B方案的综合资本成本=15%×180/1 000+10%×300/1 000+8%×20/1 000+8%×400/1 000+

15%×100/1 000=10.56%

由于A方案的整体综合资本成本较低，因而应该选择A方案，A方案所对应的资本结构即为公司追加筹资后，新旧资金相加最佳的资本结构。

讨论案例

海滨天香酒店筹资策略

海滨天仙酒店有限公司就筹集17 500万元资金建造海滨天香酒店的融资计划进行了讨论，得出的三种计划却让总裁李慧樱女士无从抉择。

1. 三种筹资方案

第一种方案：通过公司的地产和房产抵押贷款来解决。此贷款额为17 500万元，年利率为12%，期限10年，每年年末还本付息。

第二个方案：将普通股以10万股为单元，每股5元的价格出售，这样每单元总价值为50万元，合法的发行固定费用预计需500万元。股票承销商的承销费用为发行总额的10%。出售的股份数量限在400个单元以内，以避免证券管理者对发行新股有众多要求。

第三种方案：把利率为8%的优先股，以20 000股为一单元，每股25元的价格出售。优先股可以每股26元的价值赎回，股息可以进行累积。若连续两年未分配股息，优先股股东对董事会大部分董事均有选举权。合法的发行固定费用预计需500万元。股票承销商的承销费用为发行总额的10%。另外，购买者还有权在每购一股优先股时，免费得到一股普通股。

2. 背景信息

李慧樱拥有海滨天仙酒店有限公司90%的股份，新成立的海滨天香酒店是与海滨天仙酒店独立的法人实体，原先的海滨天仙酒店以无形资产出资，无形资产折合200万股优先股（利率为8%的每股面值为25元），加上600万股5元面值的普通股。

在入住率100%的情况下，套房和卧房每天可创收大约400 000元，出租酒店其他部分每月可收入1 000 000元。除去预计的每年500万元公司日常开支外，按照100%入住率计算的其他营业开支如表7-13所示。

表7-13　　　　　　　　　　入住率100%时的年度营业收支表　　　　　　　（单位：万元）

经营项目	总可变成本	固定成本	总成本
广告费	—	100	100
客户用品费	300	—	300
水、电、空调	300	300	600
员工工资	1 400	—	1 400

（续表）

经营项目	总可变成本	固定成本	总成本
维修费	200	100	300
管理人员工资	—	400	400
办公费	—	100	100
折旧费	—	500	500
公司日常开支	500	—	500
其他费用	—	300	300
合计	2 700	1 800	4 500

注：年均 75% 的入住率是现实可行的，而 50% 的入住率是最坏的可能。所有商店与办公室都按年度来出租。所得税税率估计为 25%。优先股的面值为 25 元，普通股的面值为 5 元。假设各方案实现的利润全部对外分配。

思考：

（1）如果仅考虑李慧樱女士的分红，哪种融资方案最优？

（2）如果仅考虑控股权不流失，哪种融资方案最优？

（3）如果仅考虑现金偿债能力，哪种融资方案最优？

（4）如果仅考虑资本结构，哪种融资方案最优？

（5）综合以上内容，帮助李慧樱女士进行融资决策。

复习思考题

一、单选题

1. 降低经营杠杆系数，从而降低企业经营风险的途径是（　　）。
   A. 提高资产负债率　　　　　　　　B. 提高权益乘数
   C. 减少产品销售量　　　　　　　　D. 节约固定成本开支

2. 每股收益无差别点是指两种筹资方案下，普通股每股收益相等时的（　　）。
   A. 筹资总额　　B. 成本差额　　C. 资金结构　　D. 息税前利润

3. 某企业本期财务杠杆系数为 1.5，本期息税前利润为 450 万元，所得税税率为 25%，没有优先股，则企业税前利润为（　　）万元。
   A. 450　　　　B. 201　　　　C. 300　　　　D. 150

4. 下列关于联合杠杆系数的说法不正确的是（　　）。
   A. DCL=DOL×DFL
   B. 普通股每股利润变动率与息税前利润变动率之间的比率
   C. 反映产销量变动对普通股每股利润的影响
   D. 联合杠杆系数越大，企业风险越大

5. 若企业无负债和优先股，则财务杠杆利益将（　　）。
   A. 存在　　　　B. 不存在　　　　C. 增加　　　　D. 减少

二、判断题

1. 资本成本是投资人对投入资金所要求的最低收益率，也可作为判断投资项目是否可行的取舍标准。（　　）

2. 在筹资额和利息（股息）率相同时，企业借款筹资产生的财务杠杆作用与发行优先股产生的财务杠杆作用不同，其原因是借款利息和优先股股息并不相等。（　　）

3. 企业没有负债也就不存在财务风险，因而也就不会取得财务杠杆利益。　　　　　（　　）

4. 企业在筹资决策时，不仅需要考虑资本成本，也要考虑资本结构。　　　　　　（　　）

5. 最佳资本结构应当是使企业的总价值最高、资本成本最低、每股收益最大的资本结构。

（　　）

三、简答题

1. 资本成本的作用是什么？

2. 影响资本成本高低的因素有哪些？

3. 个别资本成本包括哪些内容？

4. 什么是资本资产定价模型，它有什么作用？

四、计算题

东方公司原有资本 2 000 万元，其中，债务资本 600 万元，每年负担利息 54 万元，权益资本（普通股 28 万股，每股面值 50 元）1 400 万元。该公司所得税税率为 25%，由于扩充业务，需追加筹集 400 万元，有两个方案可供选择。

第一，全部发行普通股，增发 8 万元，每股面值 50 元；

第二，全部筹措长期债务，年利率为 9%，利息 36 万元。

要求： 运用每股收益无差别点分析法进行筹资决策。

第三部分

企业投资管理

第8章　流动资产管理

📋 引导案例

　　近20年来，照明电器行业发展快速而稳定。照明行业潜力巨大、空间广阔，但是竞争也十分激烈。在这一背景下，美的照明公司的管理团队急于拓展市场，采取激进做法，为客户提供了非常丰厚的优惠政策，包括销售折扣和授信额度等，并且授信额度较高，收款期也多在半年以上，导致了大量应收账款出现。2014年度，公司的流动比率仅为0.68，且流动资产和期末现金及现金等价物余额也均为2010年以来的最低值，销售商品、提供劳务收到的现金比去年同期降低了15.40%，应收账款却比去年同期增长了49.51%。为了解决应收账款的问题，2015年新任总经理进行了应收账款全过程管理改革。

　　（1）事前控制——信用体系建设。在新体系中，客户分为新客户、普通合作客户及合作良好客户。公司不对前两类客户授信，尽管这样做似乎不近人情，但这无疑是提高应收账款质量的一个好办法。公司会为第三类即合作良好的客户提供授信，授信额度是上年度发生业务总额的月平均值。

　　（2）事中控制——避免坏账的产生。公司授信不过月，所有授信金额都必须在月底前偿还，否则降低该公司的信用级别，不予授信。如果出现逾期未还，公司有关部门会每周甚至每日进行催收。另外，为了应对客户公司可能出现的突发财务问题，公司会为其提供相应的帮助，以防止坏账发生。

　　（3）事后控制——坏账损失确认。当客户出现逾期未还的情况时，一个月内公司有关部门会每日进行催收。超过一个季度仍未偿还，就开始计提坏账准备。一年期的坏账计提率规定为80%。为了严格控制坏账，公司对内建设坏账控制系统，进行动态监控；对外积极谈判，争取对坏账进行快速回收。

　　2016年，公司实现了转亏为盈，净利润达到了1 100万元。流动资产比上年同期增长了60.83%，达到27 700万元。公司营运资金得到改善，销售商品、提供劳务收到的现金为45 500万元，是2015年同期的1.28倍；经营活动产生的现金流量净额为6 700万元，是上年同期的2.83倍；期末现金及现金等价物余额为13 800万元，是上年同期的4.63倍。

　　本章主要介绍各种流动资产管理的决策方法。

⭐ 学习目标

- 掌握现金持有的动机与成本；
- 了解应收账款产生的原因，掌握与其相关的收益与成本的含义；
- 掌握应收账款的日常控制内容，包括企业信用调查、企业信用评估和现金折扣；

- 了解存货管理的含义及其日常管理的基本工作内容；
- 掌握存货的经济批量模型。

8.1 现金管理

8.1.1 现金的概念

现金是可以立即投入流动的交换媒介，是企业流动性最强的资产。现金有广义和狭义之分。广义的现金包括库存现金、银行活期存款、银行本票、银行汇票、信用证存款、信用卡存款等内容。我国会计惯例所称现金为狭义的现金，即库存现金，是可由企业任意支配使用的纸币、硬币。

8.1.2 企业现金管理的目标

曾有一家生意兴隆的火锅店，业主想扩张做分店，于是大张旗鼓地操办起来。租房、装修、购买设备及雇佣劳动力等，花费了大量资金后，终于开了第一家分店，生意很好。业主大受鼓舞，又着手筹建两家分店。由于扩张需要的资金猛增，业主采用赊账的方式来解决一时供应不上的房租、装修、设备等各方面的费用。然而经营需要持续投入，三个月过去了，欠款没能支付，第三家和第四家店也没能正常营业，员工的工资也拖欠了两个月。尽管这家店的发展趋势很好，但供应商逼着还钱，员工工资已经拖欠，资金上的短缺又导致店铺在经营运作方面出现了问题。最后迫于无奈，业主只好转让了店铺。

为了保证生产经营活动能正常进行，企业需要持有一定数额的货币资金，主要用于满足企业的交易性需要、预防性需要和投机性需要。

1. 交易性需要

交易性需要是指满足日常业务的现金支付需要。企业经营中经常发生现金流入和现金流出，两者经常不能同步同量。因此，企业只有保持一定数额的现金，才能维持其正常业务活动。交易性现金流的大小受企业向客户提供的商业信用条件及从供应商处获得的信用条件等影响。

2. 预防性需要

预防性需要是指为了应付意外事故而保留的货币资金。企业在经营过程中有时会发生预料之外的开支，从而使现金流量具有一定的不确定性。预防性现金量的大小与企业现金流量的不确定性关系密切，同时也与企业的借款能力有关。企业现金流量的不确定性越大，则预防性现金的数额也越大；如果企业有能力随时筹措短期资金，则可以减少预防性现金的数额；若筹资能力有限，就该增加预防性现金量。

3. 投机性需要

投机性需要是用于不寻常购买计划的需要，是企业为了抓住突然出现的投资机会以实现获利而持有的现金，如企业利用金融市场的投资机会，留存一部分现金购买有价证券进行套利等。一般金融和投资企业的该项现金储备较多。

通常情况下，企业持有现金总额小于交易性、预防性、投机性三种动机各自所需现金持有量的简单相加，因为现金可在各种动机中调剂使用并且现金可在不同时点上灵活使用。各种动机所持有的现金并不是专款专用的，当意外事件未发生时，为预防动机所准备的现金可用于交易和投机性动机；在没有良好的投机机会时，为投机性动机准备的现金也可用于交易性动机；各种动机所需的现金一般不会同时处于支付的最高点，如交易性动机所需现金处于最高点时可用为其他动机所准备的现金补充。

8.1.3 现金管理主要环节

现金管理主要内容如图 8-1 所示。其中，包括编制现金收支计划、进行现金日常控制和确定最佳现金持有量三个主要环节。

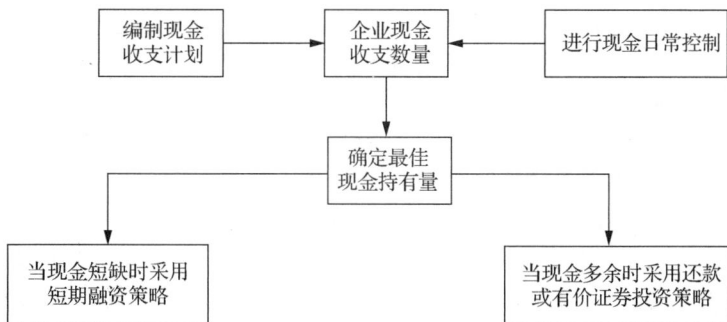

图 8-1 现金管理的内容

1. 编制现金收支计划

现金收支计划表，如表 8-1 所示，是企业按照"以收定支"和"收付实现制"的原则，根据生产经营情况预计特定时期内的现金流入量与流出量，并根据期初余额来确定现金是多余还是不足。

表 8-1　　　　　　　　　　现金收支计划表　　　　　　　　（单位：元）

序号	现金收支计划表	本月计划
1	（一）现金收入	
2	（1）营业现金流入	
3	（2）其他现金流入	
4	（3）现金流入合计（3）=（1）+（2）	
5	（二）现金支出	
6	（4）营业现金流出	
7	（5）其他现金流出	
8	（6）现金流出合计（6）=（4）+（5）	
9	（三）净现金流量	
10	（7）现金收入-现金支出（7）=（3）-（6）	
11	（四）现金余额	
12	（8）期初现金余额	
13	（9）净现金流量	
14	（10）期末现金余额（10）=（8）+（9）=（8）+（3）-（6）	
15	（11）最佳现金余额	
16	（12）现金多余或短缺（12）=（10）-（11）	

延缓现金短缺的方法有加速现金回流、延缓资本性支出、变卖资产（包括经常性资产和资本性资产），以及协商现金支出方案、减少或延缓现金支出等。而对于多余现金，企业可以选择归还给股东和银行，也可以进行短期投资和有计划地进行长期资本性投资等。

2. 进行现金日常控制

某企业产品很畅销，账面收入高达千万元，却陷入了破产危机。为什么会出现这种现象呢？签订合同后，该企业货物发出去了，账款却收不回来。此外，原材料货款、员工工资及生产用水电费等早已支付。导致公司的资金青黄不接。

在日常现金收支中，企业要提高现金使用效率，具体可采取以下做法。

① 加速收款。这是指缩短应收账款的时间。发生应收款会增加企业资金的占用，但又可以扩大销售规模，增加销售收入。企业要在两者之间找到适当的平衡点，并实施妥善的收账政策。

② 推迟付款。企业在不影响自己信誉的前提下，尽可能推迟付款时间。

③ 力争现金流量同步。即尽量使现金流入与流出发生的时间趋于一致。

④ 控制支出。通过控制支出时间，选择支付模式及运用现金浮游量来控制支出。

3. 确定最佳现金持有量

现金管理非常重要，持有一定的现金是企业开展正常生产活动的基础，同时，现金又是获利能力最弱的一项资产，过多地持有现金意味着企业进行净现值为负的投资，会降低资产的获利能力。但最佳现金持有量应为多少呢？

克莱斯勒公司为美国三大汽车公司之一。1996年该公司持有的现金、银行存款及短期债券达到了空前的87亿美元，这些资金项目的报酬率在税后仅为3%。克莱斯勒公司之所以如此谨慎地对待现金项目，是因为在1991—1992年的萧条期间，公司产生了40亿美元的现金赤字，使公司陷入了前所未有的危机。因此，克莱斯勒公司的管理层认为，高额的现金持有量可以使公司提前为下一次经济衰退做好准备。但是公司的一些股东对这种过于谨慎的管理政策提出了质疑。他们认为，公司的现金持有量保持在20亿美元就已经足够了，过多的现金存量会导致公司丧失很多更高回报的投资机会。他们认为，如果出现现金短缺问题，克莱斯勒公司可以通过借款等其他筹资方式取得资金，多余的67亿美元可以用来投资其他项目，为股东赢得更多回报。

最佳现金持有量又称为最佳现金余额，是指满足生产经营需要的现金持有量，又指现金使用的效率和效益最高时的最低现金持有量，即能够使现金管理的机会成本与转换成本之和保持最低的现金持有量。对企业而言，最佳现金持有量意味着现金余额为零，但是，由于交易、预防、投机的需要，企业又必须保持一定数量的现金，保持足够的现金余额对于降低或避免经营风险与财务风险具有重要意义。确定最佳现金持有量的模式主要有成本分析模式、存货模式、因素分析模式、现金周转模式及随机模式，这里我们重点讲述三种模式。

① 成本分析模式。成本分析模式是根据现金有关成本，分析预测其总成本最低时现金持有量的一种方法。运用成本分析模式确定最佳现金持有量时，企业需要考虑持有现金的相关成本，包括机会成本、管理成本及短缺成本。现金持有成本与现金持有量的关系如表8-2所示。

表8-2　　　　　　　　　　　　　现金持有成本与现金持有量的关系

成本种类	含义	与现金持有量的关系
机会成本	占用现金的代价，表现为因持有现金不能将其投资到生产经营领域而损失的收益	同向变化关系
管理成本	管理现金的各种开支，如管理人员工资、安全措施费等	无明显的比例关系
短缺成本	缺乏必要的现金，不能应付业务开支所需，而使企业蒙受的损失或为此付出的代价	反向变化关系

运用成本分析模式确定最佳现金持有量的步骤是：根据不同现金持有量测算并确定有关成本数值；按照不同现金持有量及其有关成本资料编制最佳现金持有量测算表；在测算表中找出总成本最低时的现金持有量，该持有量即最佳现金持有量。在这种模式下，最佳现金持有量就是持有现金而产生的机会成本、管理成本与短缺成本之和最小时的现金持有量。

例8-1 GH公司四种现金持有方案各自的机会成本、管理成本、短缺成本如表8-3所示。

表8-3　　　　　　　　　　　　　　　现金持有方案　　　　　　　　　　　　（单位：元）

	甲	乙	丙	丁
平均现金持有量	75 000	150 000	225 000	300 000
机会成本	4 500	9 000	13 500	18 000
管理成本	60 000	60 000	60 000	60 000
短缺成本	36 000	20 250	7 500	0

注：机会成本率即该企业的资本收益率，为6%。

这四种方案的总成本计算结果如表8-4所示。

表 8-4 现金持有总成本 （单位：元）

	甲	乙	丙	丁
机会成本	4 500	9 000	13 500	18 000
管理成本	60 000	60 000	60 000	60 000
短缺成本	36 000	20 250	7 500	0
总成本	100 500	89 250	81 000	78 000

将以上各方案的总成本加以比较可知，丁方案的总成本最低，也就是当公司持有300 000元现金时，对公司最合算，故300 000元是该公司的最佳现金持有量。

② 存货模式。存货模式是根据存货的经济批量模型来确定最佳现金持有量的方法。存货的经济批量模型又称鲍莫尔模型[1]，将企业的现金持有量类比于存货，描述了影响现金余额的各个因素，是分析现金管理问题并确定最佳现金持有量的传统方法。

利用存货模式确定最佳现金持有量，必须假定的基本前提包括：企业的现金流入量在一定时期内是均匀发生的并且可预测的数量；企业的现金流出量稳定并可预测；在预测期内，企业如发生现金短缺，可以通过出售有价证券的方式来补充，且证券变现的不确定性很小；有价证券短期投资的收益率可知，企业每次出售有价证券的费用已知，并且是固定的。在具备上述假设条件的情况下，企业在每期期初应保持一个必要的现金库存 N，当现金在期末耗尽时，企业将补充现金至 N，企业确定最佳现金持有量的存货模式如图 8-2 所示。

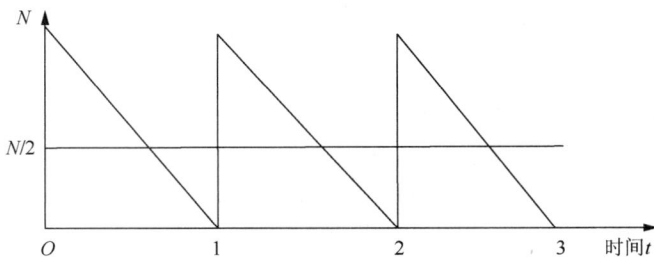

图 8-2 确定最佳现金持有量的存货模式

应用存货模式确定最佳现金持有量就是求出持有现金成本最低的 N 值。企业持有现金发生两种成本（见图8-3），一种是持有现金的机会成本，即持有现金所放弃的报酬，其通常表现为有价证券的利息率，与现金余额成正比例变化。另一种是现金的转换成本，即现金与有价证券之间进行转换的固定成本，如过户费、经纪人费用及其他管理成本等，这种成本一般只与交易次数有关，而与持有现金的数额无关。

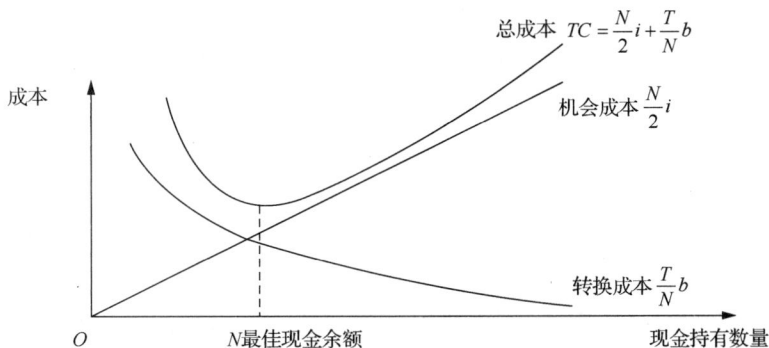

图 8-3 最佳现金持有量

① Baumol W. J. On the Theory of Oligopoly[J]. Economics, 1958, 25（99），187-198.

N代表企业期初最佳现金持有量，即每次出售有价证券或借款所得的货币资金数额，i代表有价证券的收益率。由图8-2可知，企业平均现金余额为$N/2$，则持有成本为$N×i/2$。企业出售有价证券所花费的交易费用，则为出售有价证券的次数与每次出售有价证券的固定交易费用的乘积，这就是转换成本。用T代表在一定时期内的现金需求总量，TC代表持有现金的总成本；b代表现金与有价证券的转换成本；则持有现金的总成本可用式（8-1）来表示：

$$TC = \frac{N}{2}i + \frac{T}{N}b \qquad (8\text{-}1)$$

可以看出，现金的持有成本与现金的持有量成正比，持有量越大，现金的持有成本就越高，而现金的转换成本则与现金与有价证券的转换次数密切相关，在全年现金需求总量一定的情况下，现金的持有量越大，现金与有价证券转换次数就越少，所以，现金的转换成本与转换次数成正比，与现金持有量成反比。这样，现金的持有成本与转换成本就呈反方向变化。在现金需求总量一定的情况下，现金持有量越大，其持有成本就越高，而转换成本则越低。因此，两种成本之和最低时的现金持有量就是企业的最佳现金持有量N。

对TC求导，即：

$$TC'(N) = \frac{i}{2} - \frac{Tb}{N^2} \qquad (8\text{-}2)$$

令$TC'=0$，则：

$$N = \sqrt{\frac{2Tb}{i}} \qquad (8\text{-}3)$$

总的来说，企业运用上述各种方法得到的企业的最佳现金持有量只是理论上的近似，因为企业现金支出均匀分布假设对多数企业是不现实的，企业总有一些现金支出具有突发性质。而且，生产经营活动也可能存在季节性变化。在实际工作中还要考虑企业经营波动性余额和预防性余额的需要，以及贷款银行要求的补偿性存款余额的需要等。企业应该根据生产经营的实际情况，对理论计算出来的企业的最佳现金持有量进行经验校正，以实现企业的现金管理目标。

③ 现金周转模式。现金周转模式是根据企业现金周转期来确定最佳现金持有量的一种方法。现金周转期是指企业从因购买原材料而支付应付账款的货币资金流出时起，至产成品销售而收回应收账款的货币资金流入这段时间，即现金周转一次所需要的天数。在企业的全年现金需求总量一定的情况下，企业现金周转期与企业现金持有量呈反比。

现金周转期的计算公式为：

$$现金周转期 = 应收账款周转期 + 存货周转期 - 应付账款周转期 \qquad (8\text{-}4)$$

最佳现金持有量的计算公式为：

$$最佳现金持有量 = （年现金需求总额 \div 360） \times 现金周转期 \qquad (8\text{-}5)$$

应收账款周转期是指从应收账款发生到收回所需要的时间；应付账款周转期是指从收到尚未付款的材料开始到偿还货款所需要的时间；存货周转期是指从生产投入材料开始到产成品出售所需要的时间。

根据现金周转期可以计算现金周转率，即现金在一年中周转的次数。计算公式为：

$$现金周转率 = 360/现金周转期 \qquad (8\text{-}6)$$

现金周转模式要求现金流出的时间发生在应付账款支付的时间；现金流入量等于现金流出量，不存在资金过剩或不足；企业的供—产—销过程持续稳定进行；企业的货币资金需求不存在不确定性因素。如果以上条件不存在，按此方法计算的企业最佳现金持有量将发生偏差。在企业的生产经营活动稳定的情况下，用此方法计算出的最佳现金持有量还是有参考价值的。

例8-2 企业的原材料采购和产品销售都采用信用方式，其应收账款的平均收款天数为40天，应付账款的平均付款天数为40天，平均存货期为60天。预计该企业某年的现金需求总量为7 200万元，请采用现金周转模式确定该企业该年的最佳现金持有量。

现金周转期=40+60-40=60（天）

现金周转率=360/60=6（次）

最佳现金持有量=7 200/6=1 200（万元）

8.2 应收账款管理

某公司是从事机电产品制造和兼营家电销售的中型企业，资产总额4 000万元，其中，应收账款1 020万元，占资产总额的25.5%，占流动资产的45%。会计师事务所将该公司的应收账款做了如下分类：坏账损失且尚未做账务处理的应收账款60万元；账龄长且原销售经办人员已调离，其工作未交接，债权催收难以落实，可收回金额无法判定的应收账款300万元；账龄较长回收有一定难度的应收账款440万元；未发现重大异常，但后期能否收回、待时再定的应收账款220万元。针对上述各类应收账款内控存在的重大缺陷，会计师事务所向公司管理当局出具了管理建议书，提出了改进意见：加强内部会计控制制度的建设，改善经营管理，避免或减少坏账损失及资金被客户长期无偿占用。

8.2.1 应收账款的成本

应收账款是指企业在生产经营过程中因销售商品或提供劳务而应向购货单位或接受劳务单位收取的款项。应收账款的成本是指企业持有一定应收账款所付出的代价，包括机会成本、管理成本和坏账成本。

1. 应收账款的机会成本

企业的资金占用在应收账款上可能会丧失投资收益，如投资于有价证券的利息收益等，这部分收益就是应收账款的机会成本。机会成本的大小与企业应收账款占用资金的数量有关，占用的资金数量越大，机会成本就越高。

2. 应收账款的管理成本

应收账款的管理成本是指企业对应收账款进行管理所发生的各项费用支出，主要包括：对客户进行信用品质调查的费用；收集各种相关信息的费用；应收账款账簿记录的费用；催收到期账款发生的费用；其他用于应收账款的管理费用。

3. 应收账款的坏账成本

应收账款的坏账成本是指企业因无法收回应收账款而发生坏账所产生的损失。坏账成本是使企业的应收账款投资受到限制的核心问题。信用期越长、信用额越大、信用标准越低，客户的信用品质就越差，坏账损失率和坏账成本就越高。这种成本一般与企业的信用政策有关，与应收账款的数量呈正比例关系。

8.2.2 应收账款政策

企业最佳的信用政策，也就是说最佳的应收账款投资水平，取决于企业自身的生产经营状况和外部环境。在市场激烈竞争的今天，企业采用赊销的经营方式，不但可以降低企业的仓储及管理费用，还可以增加自己的客户，占领市场，但是采用该方式必须要付出代价。因此，企业必须制定与应收账款信用有关的条件、标准、政策等。应收账款的信用政策是通过对应收账款的规划及控制，来实现企业应收账款的投资成本与收益的良性发展。

1. 信用标准

企业管理中确定信用标准的依据是坏账损失率，这里指的是预期的坏账损失率，企业将最低信用条件作为给予客户的标准。企业在制定信用标准时，一般要考虑的问题是违约风险和收账费用，企业在确定信用标准的过程中要不断地调整应收账款的风险及成本之间的关系。这两者之间的关系是对称的，因此企业要考虑同行业竞争对手、企业承担的违约风险，以及与企业来往的客户的资信程度，并根据实际情况对相应客户的违约风险做出判断，只有这样才可以提高应收账款的投资收益。

2. 收账政策

收账政策也称收账方针，是指当客户违反信用条件，拖欠甚至拒付账款时企业所采用的收款策略。收账政策是企业信用政策的一个重要组成要素，它涉及对企业现有应收账款的监控和对应收账款的追索措施。应收账款周转期和账龄表是企业监控应收账款的管理效率和回收情况的重要指标，一般来说，如果企业信用政策没有发生变化，而应收账款周转期出现延长，就说明客户拖欠货款数额增加，从而导致坏账比率增加；而账龄表就是对在不同时间发生的应收账款进行账龄分类，对企业全部应收账款回收情况进行分析的一种方法。

在一定范围内，相应的收账费用越高，坏账比率越低，平均收账期也就越短，但收账费用和坏账损失之间不是线性关系，少量的收账费用不会使坏账损失减少许多，随着收账费用的逐渐增加，它对减少坏账损失的作用也越来越大，当达到某种限度时，收账费用的追加对进一步减少坏账损失的作用逐渐减小。收账费用和坏账损失之间的关系可用图 8-4 表示。

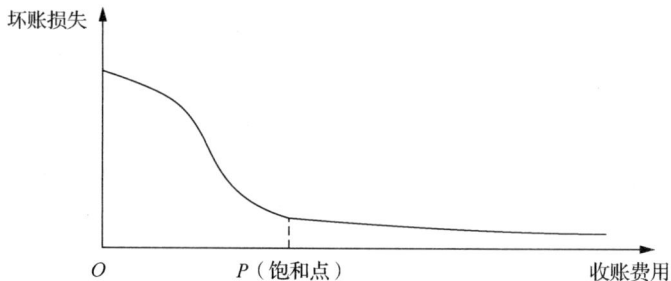

图 8-4　收账费用与坏账损失的关系

从图 8-4 中可以看出，当收账费用增加时，坏账损失随之减少，但随着收账费用增加到一定程度，坏账损失减少的速度开始下降。当收账费用增加到 P 点时，坏账损失减少的数量就不明显了，这一点 P 被称为饱和点。这说明在市场经济中，发生一定数量的坏账损失是不可避免的，企业在制定收账政策时，应当考虑饱和点问题，大量地增加收账费用有时是得不偿失的。

3. 信用期限

信用期限是指企业允许顾客从购货到付款之间的时间，或者说企业给客户的付款时间。信用期限是企业用来增加产品需求量的手段，同样需要企业在增加销售的获利水平与净增加应收账款投资成本之间进行权衡。例如，若某企业允许客户在财务预算后的 20 天内付款，则信用期限为 20 天。信用期过短，不足以吸引客户，在竞争中会使销售额下降；信用期过长，对销售额增加固然有利，但只顾及销售增长而盲目放宽信用期限，所得的收益有时会被增长的费用抵消，甚至造成利润减少。因此，企业必须慎重研究，确定恰当的信用期限。

例8-3　甲公司现在采用30天收款的政策，拟将信用期限放宽至60天，没有折扣，详见表8-5。公司最低的资金利润率为18%。这一做法对公司是否有利？

放宽信用期限将带来收益（销售额）增加和成本增加，是否采用宽松的信用政策主要取决于将收益和成本进行比较后，对企业是否有利。

表 8-5 不同信用期限下的收益和成本 （金额单位：万元）

项目	30 天	60 天
销售金额	50	60
销售成本		
变动成本（80%销售额）	40	48
固定成本	5	5
项目	30 天	60 天
毛利	5	7
可能发生的收账费用	0.3	0.4
可能发生的坏账损失	0.5	0.9

（1）收益增加=销售增加额×边际贡献=（600 000–500 000）×（1–80%）=20 000（元）

（2）成本增加

应收账款占用资金利息增加=应收账款占用资金×最低资金利润率

应收账款占用资金=应收账款平均余额×变动成本率

应收账款平均余额=日销售额×平均收款期限

30天信用期限占用资金的利息=500 000×80%×30÷360×18%≈6 000（元）

60天信用期限占用资金的利息=600 000×80%×60÷360×18%=14 400（元）

资金占用利息增加额=14 400–6 000=8 400（元）

收账费用增加=4 000–3 000=1 000（元）

坏账增加=9 000–5 000=4 000（元）

（3）改变信用期限的净损益=20 000–（8 400+1 000+4 000）=6 600（元）

所以，应采用60天信用政策。

8.2.3 应收账款的信用管理

1. 企业的信用调查

企业的信用调查就是企业对客户的信用品质、偿债能力、财务状况、担保情况及经营情况等进行调查，搜集客户的信用记录。信用调查是企业决定是否赊销给客户产品的准备工作，也是企业做出赊销决策的关键。

（1）直接调查法

直接调查法是企业的信用调查人员与客户直接接触，通过当面采访、询问、观察、记录等方式获取客户的信用资料的方法。这种方法及时性强，但准确性较差，客户的缺点和不足容易被客户隐瞒。

（2）间接调查法

间接调查法是以客户或者其他单位保存的有关客户的各种原始记录和核算资料为基础，通过加工整理获取客户信用资料的方法。采用间接调查法的信用资料主要来自客户的财务报表、与客户有往来的银行及供应商等方面的信用资料及企业的上级主管部门、工商管理部门、税务机构、消费者协会等。

2. 企业的信用评估

（1）5C 评估法

① 品质（Character），表示客户的信誉，偿债的可能性；

② 能力（Capacity），表示客户的偿债能力；

③ 资本（Capital），表示客户的财务实力；

④ 抵押品（Collateral），表示客户可以用来抵押的资产；

⑤ 条件（Condition），表示影响客户付款的经济环境。

（2）信用评分法

信用评分法是指先对一系列财务比率和信用情况进行评分，然后进行加权平均，得出客户综合的信用分数，并以此进行信用评估的一种方法。下面介绍一种信用评分公式：

$$信用评价分数=k1×收益利息倍率+k2×速动比率-$$
$$k3×债务资产比率+k4×企业经营年限 \qquad (8\text{-}7)$$

式中，$k1$，$k2$，$k3$，$k4$是评分的权数。

按上述公式：

信用评价分数>50，则信用风险较小；

40≤信用评价分数≤50，则为平均风险；

信用评价分数<40，则信用风险大。

3. 信用条件

信用期限和现金折扣这两个要素构成了企业的信用条件。信用条件一般表示为，"1/10，n/30"，其含义就是 10 天内付款，可以享受 1%的现金折扣，如果客户放弃现金折扣，全部款项则必须在 11～30 天内付清。该信用条件的含义是：30 天为信用期限，10 天为折扣期限，1%为现金折扣。

现金折扣是企业财务管理中的重要因素，企业为了尽快收回货款，加速资金周转，减少应收账款成本，可以在信用期限内再规定一个优惠期限，如果客户在优惠期限内支付货款，则可以享受一定比率的现金折扣，优惠期限就是折扣期限。企业采用现金折扣的目的是鼓励客户尽快支付货款。企业提供的现金折扣的比率越大，就越能促进产品销售，加快应收账款的收款速度，但是付出的现金折扣成本也越高。企业在确定现金折扣时，应当比较提供现金折扣的成本与加速收款带来的收益，如果提供现金折扣的成本小于加速收款带来的收益，提供的现金折扣就是合理的。对于销售企业，现金折扣有两方面的积极意义：缩短收款时间，减少坏账损失。负作用是减少现金流量。

企业通常针对不同的产品在不同的市场上制定不同的信用条件，只有在某种特定的信用条件下，相对收益大于相对费用时，企业的信用条件才可行。

8.3 存货管理

李宁（中国）体育用品有限公司（以下简称"李宁"）自2012年以来深陷亏损泥潭，截至2014年已连续三年亏损，亏损额达到31亿元，究其原因，无不与李宁的高库存有直接关系。高库存不但产生额外的储存和运输成本，还浪费了大量产能，当产能用于生产某种后来被证明是滞销的产品时，意味着少生产另一款可能畅销的产品。可以说，库存是"吃掉"利润的最主要因素。李宁在存货管理上出现的问题与其自身管理层对存货管理重视不够及重大性决策不当有直接关系。一方面，管理层对市场需求高估，对销量预测决策失当。另一方面，重塑品牌沟通不当，让市场、经销商和投资者都感到措手不及，致使订单量下降、股价大跌。

存货作为一项重要的流动资产，它的存在势必会占用大量的流动资金，可视为成本的积压。存货的管理利用情况，直接关系资金占用水平及资产运作效率。因此，一个企业若要保持较高的盈利能力，应当十分重视存货的管理。在不同的存货管理水平下，企业的平均资金占用水平差别是很大的。通过实施正确的存货管理方法，来降低企业的平均资金占用水平，提高存货的流转速度和总资产周转率，企业才能最终提高经济效益。

8.3.1　存货的含义及其分类

1. 存货的含义

存货指企业在正常生产经营过程中持有的以备出售的产成品或商品，为了出售仍然处在生产过程中的在产品，以及将在生产过程或提供劳务过程中耗用的材料、物料等，是企业流动资产的重要组成部分。

2. 存货的分类

存货可以按照不同的标准进行分类，主要有以下几种。

（1）按存货的经济内容分类

① 库存商品。库存商品是指企业已完成全部生产过程并已验收入库，合乎标准规格和技术条件，可以按照合同规定的条件送交订货单位，或可以作为商品对外销售的产品及外购或委托加工完成验收入库用于销售的各种商品。

② 产成品。即指已完工验收入库可随时对外销售的产品。

③ 自制半成品、在产品。即指已经完成了一定生产过程但还需进一步加工的中间产品或者正在加工的产品。

④ 原材料。即指构成产品实体的主要原材料和不构成产品实体的燃料、辅助材料等。

⑤ 包装物和低值易耗品等。

（2）按存货的来源分类

存货按照来源不同，可以分为外购存货和自制存货两种。外购存货是指企业从外部购买的存货，如工业企业的外购原材料、外购低值易耗品等。自制存货是指由企业自己生产制造的存货，如工业企业的产成品、自制材料等。

8.3.2　存货管理的要求

存货管理就是企业对存货进行管理（主要包括存货的信息管理和在此基础上的决策分析），最后进行有效控制，达到存货管理的最终目的，以提高经济效益。存货管理是将企业的存货政策和价值链的存货政策进行作业化的综合过程。一般来说，企业的存货管理应当保证企业生产正常进行，在满足市场销售需要的基础上，尽可能地降低成本，同时还要保持一定的保险储备。

8.3.3　存货经济订购批量管理

存货成本主要包括订货成本、持有成本和短缺成本。订货成本是指企业在发出订单到收到货物整个过程中所付出的成本，如运输费和装卸费等；持有成本是指存货占用资金的资金成本、储存和管理费用等；短缺成本是指由于企业存货不能满足生产和销售需要时发生的费用和损失。其中，与存货采购次数和采购批量相关的成本主要包括存货储存与管理成本和订货成本。如果在一定时期内，企业需求的存货总量是固定的，那么存货的每次订购批量越大，储存的存货就越多，储存和管理成本就会越高，但由于订货次数的减少，订货成本降低；反之，减少存货的每次订购批量，会使存货的储存和管理成本随之减少，但由于订货次数增加，订货成本就会上升。由此可见，存货的订货成本和储存、管理成本一般与存货的采购批量呈反方向变动。存货管理的目的就是降低存货成本，能使订货成本与储存和管理成本之和最低的采购批量叫作经济批量，也就是经济订购批量。存货的经济订购批量可以用图 8-5 表示。

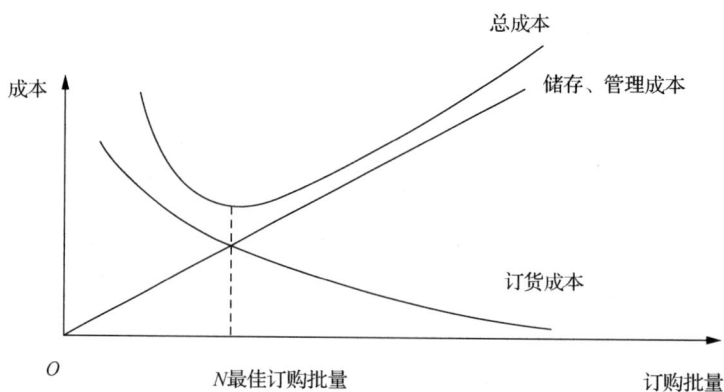

图 8-5　存货经济订购批量

1. 存货基本数学模型

建立数学模型必须假设存在以下基本前提：① 企业在一定时期内存货的总需求量可以准确地预测；② 存货的耗用是均衡的，即是按一个确定的比例逐渐耗用的；③ 没有在途存货；④ 存货的价格稳定，不存在数量折扣；⑤ 存货的订购数量和订购日期由企业决定，当存货数量降为零时，下一批存货能马上到位，且多种存货间不存在交互作用。

在这种情况下，企业的存货变动情况如图 8-6 所示。

设 T 为全年存货总成本，A 为全年存货总需要量；Q 为存货每批订货量，F 为每批存货订货成本；C 为每单位存货的年平均储存成本，则有：

$$存货订购批数=A/Q$$
$$存货平均库存量=Q/2$$
$$全年订货总成本=F \cdot A/Q$$

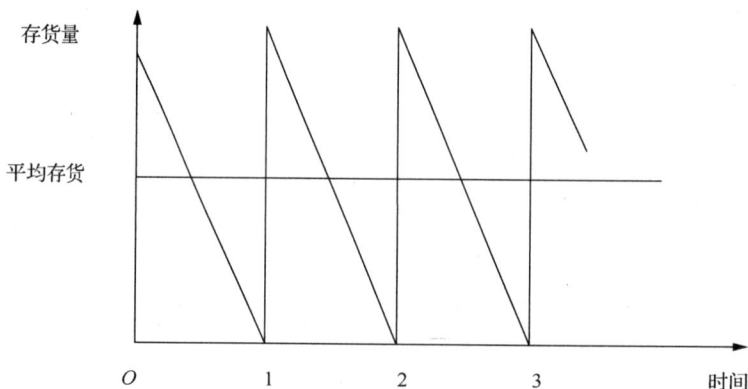

图 8-6　存货变动基本模式

$$全年储存总成本=C \cdot Q/2$$
$$全年存货总成本 T=C \cdot Q/2+F \cdot A/Q$$

根据上面的公式，为了确定存货经济订货批量，可求 T 对 Q 的导数，有：

$$T' = C/2 - AF/Q^2$$

令 $T'=0$，则 $Q=\sqrt{2AF/C}$ 　　　　　　　　　　　　　　　　　（8-8）

进一步可以计算出：

$$存货经济订购批数=A/Q=\sqrt{AC/2F} \qquad （8-9）$$
$$全年订货总成本=F \cdot A/Q=\sqrt{AFC/2} \qquad （8-10）$$
$$全年储存总成本=C \cdot Q/2=\sqrt{AFC/2} \qquad （8-11）$$

例8-4 某公司每年需耗用特种钢材2 880千克，该材料的每千克采购成本为20元，单位储存成本为40元，平均每次进货费用为400元。求：

（1）经济进货批量和最佳订货次数；

（2）在经济进货批量条件下的最小相关成本、变动进货费用、变动储存成本；

（3）存货平均占用资金。

解：

（1）$Q=\sqrt{2AF/C}=(2\times2\ 880\times400/40)^{\frac{1}{2}}=240$（千克）

最佳订货次数$=A/Q=2\ 880/240=12$（次）

（2）$TC=F\cdot A/Q+C\cdot Q/2=\sqrt{2AFC}=(2\times2\ 880\times400\times40)^{\frac{1}{2}}=9\ 600$（元）

变动进货费用$=2\ 880\div240\times400=4\ 800$（元）

变动存储成本$=240\div2\times40=4\ 800$（元）

（3）存货平均占用资金$=$单价$\times$存货平均库存量$=P\times Q/2=20\times240/2=2\ 400$（元）

2. 存货经济订购批量

逐批测试结果如表 8-6 所示。

表 8-6   经济批量逐批测试表

项目	各种采购批量				
订购批数/次	3	4	5	6	7
可购批量/千克	666.67	500	400	333.33	285.71
年储存成本/元	666.67	500	400	333.33	285.71
年订货成本/元	240	320	400	480	560
总成本/元	906.67	820	800	813.33	845.71

从以上成本项目的计算中可以很清楚地看出，当订货批量为 400 千克时，与批量有关的总成本最低；小于或超过这一批量，都是不合算的。

3. 存货基本数学模型的扩展

存货经济订货批量的基本模型是在前述各假设条件下建立的，但现实生活中能够满足这些假设条件的情况是不存在的。为了使模型更接近于实际情况，具有较高的可用性，我们需要逐步放宽假设条件，进行模型改进。

（1）订货提前期

一般情况下，企业的存货无法做到随时补充，因此企业不能等到存货全用完后再去订货，而需要提前订货。在提前订货的情况下，当企业再次发出订货单时，也即当订购下一批存货时本批存货的储存量为再订货点，用 R 来表示。它的数量等于交货时间（L）和每日平均存货需用量（d）的乘积，如图 8-7 所示。

$$R=L\times d \qquad\qquad (8\text{-}12)$$

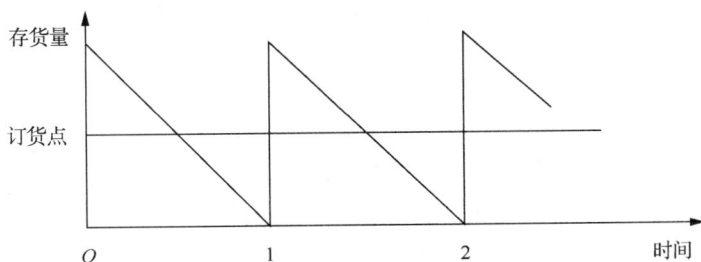

图 8-7　订货提前期情况下存货变动模式

（2）保险储备

按照某一订货批量和再订货点发出订单后，如果企业需求增大或送货延迟，就会发生缺货或供货中断。为防止由此造成的损失，企业就需要多储备一些存货以备应急之需。这部分存货被称为保险储备，记为 s。

设：m——存货可能发生的日最大消耗量；

n——存货每日平均消耗量；

t——订货间隔期或订货提前期（从发出订单到货物验收完毕所用时间）。

那么，保险储备可用下式计算：

$$s=(m-n)\times t \tag{8-13}$$

订货点 R 可用下式计算：

$$R=nt+s=mt \tag{8-14}$$

有保险储备情况下的存货变动模式如图8-8所示。

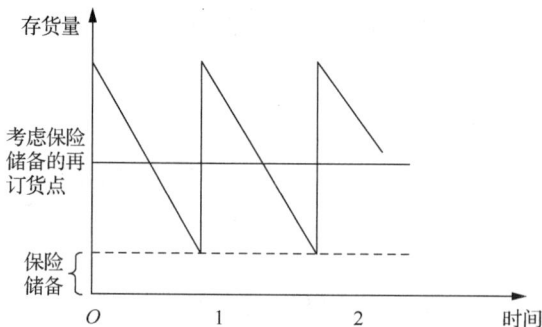

图8-8　存货变动模式

在实际工作中，无论存货量是下降到订货点还是考虑保险储备的再订货点，企业都要立即发出订单购货。正常情况下两者往往是同时出现的。

影响存货订购数量的因素还有存货陆续供应问题、存货数量折扣问题、存货季节性供应问题等，在此不一一赘述。

讨论案例

RT 公司的现金管理之谜

RT公司是一家发展迅速的小型医疗器械企业。令人惊讶的是，RT公司从2009年创立至今，随着自身规模的扩大，其面对着越来越大的资金需求量，在同行业企业都"捉襟见肘"时，却始终能够通过某些方式而使自身在无须筹资的情况下达成目标，包括对所需资产的购入、迁址的顺利进行等。RT公司究竟是如何做到这一点的呢？

原来，RT公司已经形成了一套自由的现金流运转体系，该体系使RT公司顺利地度过了各个成长阶段。RT公司通过OPM（Other People's Money）策略有意地对其现金流进行管理，主要表现在两个方面：第一，公司以客户的预收款生产产品，而不像其他公司那样以自有资金进行生产；第二，公司接到订单后才采购材料，对存货的管理严格，设定安全库存。

现金周转期是指从购买存货支付现金到收回现金这一期间的长度。这一指标可以用来衡量OPM策略的实施效果。通常情况下，现金周转期越短，甚至为负值的时候，表明公司在运营过程中占用供应商资金的能力越来越强，存货与应收账款的管理水平逐步提高。RT公司的现金周转期从2019年至2023年，都稳步下降，而同行业的这一指标却在提高。从存货的管理来看，RT公司通用的原材料是预先采购的，而特定的原材料是接到订单后采购的，并且公司根据自身特点，规定了50%的安全库存比例。故在同行业的存货周转期渐渐延长的同时，RT公司的存货周转率在提高，且预收账款周转期为正，说明并没有占用上游供应商的资金。

思考：公司的OPM策略是否可以广泛推行？有什么不足之处？

复习思考题

一、概念题

1. 现金管理　　2. 应收账款　　3. 存货管理

二、单项选择题

1. 各种持有现金的原因中，属于应付未来现金流入和流出随机波动的需求是（　　）。
    A. 交易性需求　　B. 预防性需求　　C. 投机性需求　　D. 长期投资需求
2. 在信用期间、现金折扣的决策中，必须考虑的因素是（　　）。
    A. 贷款结算需求的时间差　　　　　　B. 公司所得税税率
    C. 销售增加引起的存货资金增减变化　　D. 应收账款占用资金的应计利息
3. 在下列各项中，属于应收账款机会成本的是（　　）。
    A. 收账费用　　　　　　　　　　　　B. 坏账损失
    C. 应收账款占用资金的应计利息　　　　D. 对客户信用进行调查的费用
4. 下列各项中，与再订货点无关的因素是（　　）。
    A. 经济订货量　　B. 日耗用量　　C. 交货天数　　D. 保险储备量

三、多项选择题

1. 为了提高现金使用效率，企业应当（　　）。
    A. 加速收款　　　　　　　　　　　　B. 在不影响信誉的前提下推迟应付款的支付
    C. 使用现金浮游量　　　　　　　　　　D. 力争现金流入与现金流出同步
2. 对信用期限的叙述，不正确的有（　　）。
    A. 信用期限越长，企业坏账风险越小
    B. 信用期限越长，表明客户享受的信用条件越优越
    C. 延长信用期限，不利于销售收入的增加
    D. 信用期限越长，应收账款的机会成本越低
3. 建立存货合理保险储备的目的是（　　）。
    A. 在进货延迟时保证供应　　　　　　B. 降低存货的储存成本
    C. 在过量使用存货时保证供应　　　　D. 使存货的缺货成本和储存成本之和最小
4. 确定建立保险储备量时的再订货点，需要考虑的因素有（　　）。
    A. 交货时间　　B. 平均日需求量　　C. 保险储备量　　D. 平均库存量

四、判断题

1. 企业的信用标准严格，给予客户的信用期限很短，使得应收账款周转率很高，这将有利于企业利润的提高。　　　　　　　　　　　　　　　　　　　　　　　　　　（　　）
2. 若应收账款的资金来源于企业内部，则没有资金成本。　　　　　　　　（　　）
3. 经济订货批量越大，进货周期越长。　　　　　　　　　　　　　　　　（　　）
4. 建立保险储备的目的就是防止需求增大而发生缺货或供货中断。　　　　（　　）
5. 经济订货批量是指在一定时期内企业存货成本和订货成本达到最低水平时的采购批量。
　　　　　　　　　　　　　　　　　　　　　　　　　　　　　　　　　（　　）

五、简答题

1. 简述现金收支日常控制的主要内容。

2. 简述应收账款投资成本的构成。

3. 简述存货成本的主要构成。

六、计算题

某企业的资金成本率为 10%，上年销售收入为 4 000 万元，总成本为 3 000 万元，其中固定成本为 600 万元。本年该企业有两种信用政策可供选用。

甲方案给予客户 60 天信用期限，预计销售收入为 5 000 万元，信用成本为 140 万元。预计不会增加固定成本，不会改变变动成本率。

乙方案的信用条件为"2/10，1/20，$n/60$"，预计销售收入为 5 400 万元，将有 40% 的货款于第 10 天收到，10% 的货款于第 20 天收到，由于考虑会有部分客户拖欠付款，因此，预计平均收现期为 52 天。预计收账费用为 25 万元，坏账损失为 50 万元。预计将会增加 20 万元固定成本。预计变动成本率比上年提高 2 个百分点。

要求：

（1）计算该企业上年的变动成本总额和以销售收入为基础计算的变动成本率。

（2）计算乙方案的应收账款平均余额（全年按 360 天计算）、维持应收账款所需资金、应收账款机会成本。

（3）计算甲、乙两种方案考虑信用成本后的收益。

（4）为该企业做出采取何种信用政策的决策，并说明理由。

第9章 项目投资决策方法

引导案例

如果把企业比成一辆车，那么，资产负债表反映的就是汽车发动机等硬件情况，利润表显示的则是汽车行驶速度等性能，而现金流量表则表明了燃油的充裕性和流动性。

很多优秀的投资者在挑选投资对象时，如同购车一样，最关注的往往不是最高时速，而是车况是否良好，尤其是油耗如何。特别是在经济下行或者经济危机时期，当企业这辆车遭遇了或泥泞湿滑、或崎岖颠簸、或拥堵不通的路况时，若没有充裕的燃油与经济平稳的油耗，再好的发动机也无法发挥其性能。也就是说，拥有现金及其流动性才更加重要，现金周而复始地流动才能说明企业健康活着，而非一潭死水。巴菲特选择投资对象的标准，首先是有充足的现金流量，其次才是高于平均水平的盈利能力。他认为，企业倒闭多是因为资金链断裂。

现金流量构成了企业这辆车的生命源泉与价值载体，支撑着企业供、产、销等经营活动的每一个环节，只有在此基础上，优良发动机的高性能才能发挥出来。正因为如此，企业在选择投资项目时，首先需要考虑项目的现金流量，这也正是净现值法、现值指数法、内含报酬率法、投资回收期法等项目投资决策方法的依据。

本章将介绍多种项目投资决策方法的基本知识，帮大家认识各种决策方法的优缺点，并进一步了解投资敏感性分析在投资决策中的作用。

学习目标

- 掌握净现值法、现值指数法；
- 掌握内含报酬率法；
- 掌握投资回收期法；
- 掌握会计报酬率法；
- 熟悉投资敏感性分析方法。

项目投资决策使用的方法分为动态方法和静态方法。动态方法考虑了项目现金流量的时间价值，主要包括净现值法、现值指数法、内含报酬率法、动态的投资回收期法等。静态方法没有考虑项目现金流量或其时间价值，主要包括会计报酬率法、静态的投资回收期法等。

9.1 项目的现金流量

项目投资涉及的现金流量，是指从项目筹备、设计、建造、完工交付使用、正式投产，直至项目报废清理为止，在整个项目寿命期间的现金流入、流出及净流量，不仅包括各种货币资金，还包括项目涉及的非货币资源的变现价值。企业的投资项目是具有明确目标的一系列复杂并相互关联的活动，如研究开发新产品、建造或者扩张生产线、更新改造设备和厂房、建设劳动保护设施和污染控制工程等，具有目标性、长期性、不可逆等基本特征。

9.1.1 项目的现金流量分析

1. 现金流入量

一个投资项目的现金流入量，是指该项目引起的现金收入增加额，包括营业现金流量和非营业现金流量两部分。

营业现金流量是指项目投产后，在整个寿命期内正常生产经营过程中每年的营业收入扣除有关付现营业费用及所得税后的余额。其中，付现营业费用是指需要当期支付现金的营业成本和期间费用，但不包括债务融资的利息支出，因为利息支出属于筹资现金流量。同时，由于折旧计入生产成本和有关期间费用，但不涉及现金的收付，因此付现营业费用等于营业成本与不包括财务费用的期间费用之和减去折旧的差额。

$$营业现金流量=营业收入-付现营业费用-所得税$$

$$=营业收入-（营业成本+期间费用-折旧）-所得税$$

$$=税后经营净利润+折旧$$

$$=（营业收入-付现营业费用）\times（1-所得税税率）+折旧\times所得税税率\quad（9\text{-}1）$$

非营业现金流量主要包括：① 项目出售或报废时的残值收入；② 项目结束时收回的流动资金；③ 其他现金流入量。

2. 现金流出量

现金流出量是指该项目引起的现金支出增加额，主要包括购建或更新长期资产的投资和垫支流动资金两部分。

构建或更新长期资产的投资包括满足生产需求的厂房、建筑物、机器设备、生产线等固定资产，还包括无形资产和开办费等其他投资支出。如果投资项目是更新固定资产，则初始现金流量还包括原有固定资产的变价收入和清理费用。若原有固定资产清理费用高且同时变卖价格不理想，则初始现金流量可能为负值，造成现金流出量增加。

正是由于旧生产线的清理可能造成初始现金流量为负值，所以，有些发达国家的企业宁愿投资建新厂、安装新设备，也不对老企业进行大规模技术改造。同时，若企业利用原来拥有的土地进行项目建设，则不发生实际现金流量。而企业的土地本可以移为他用，并取得一定收入，只是由于被用来投资，才使企业放弃了这笔收入，所放弃的相应收入即代表了土地的机会成本。企业应以现行市价来考虑土地等不计价资产的机会成本。

垫支流动资金是指企业投资新项目及提高生产能力所追加的流动资金，指流动资产增加额和流动负债增加额的差额，即净营运资金的增加额，包括项目建成前为项目运营准备的流动资产购置支出、项目建设过程中发生的应收款项及应付款项等。通常，垫支流动资金一直被周转使用，到项目结束时才能最终收回。企业还应考虑税收因素，如残余资产的所得税。另外，与项目建设相关的其他费用支出也可能存在，如筹建经费、职工培训费等。

3. 净现金流量

净现金流量即为一定期间内现金流入量与现金流出量的差额。

净现金流量可能是正数，也可能是负数，还可能是零。在项目投资之前，其现金流量能否得到完整、准确的估计或预测，将直接影响投资项目的决策结果。而增加净现金流量的方法无非是开源节流，开源即增加现金流入量，节流即减少现金流出量。

9.1.2 项目的现金流量估算

1. 现金流量估算的原则

在确定投资项目相关的现金流量时，企业需要正确判断哪些支出会引起企业总现金流量的变动，哪些支出不会引起企业总现金流量的变动。显然，只有增量现金流量才是与项目相关的现金流量。所谓增量现金流量，是指接受或拒绝某个投资方案后，企业总现金流量因此发生的变动。由于采纳某个项目而引起的现金流入增加额及现金支出增加额，才是该项目的现金流入及现金流出，因此在确定项目的增量现金流量时，需要依据以下原则。

（1）相关成本原则

相关成本是指与特定项目决策有关的、评价项目时必须加以考虑的成本，如差额成本、未来成本、重置成本、机会成本等。反之，与特定项目决策无关的、评价项目时不必考虑的成本是非相关成本，如沉没成本、历史成本、账面成本等。如果将非相关成本纳入投资方案的总成本，则一个有利的方案可能因此变得不利，一个较好的方案可能变为较差的方案，从而造成决策失误。因而，企业应注重对相关成本与非相关成本的区分。

例如，一个项目将使用企业已经租入的仓库，预计使用仓库可用空间的25%。该仓库年租金为40万元且禁止转租，原来只使用了50%的可用空间。那么，该项目的投资决策不用分担仓库的10万元租金，因为这个25%的空间成本属于非相关成本。

（2）机会成本原则

在投资项目的选择中，企业如果选择了一个投资方案，则必然放弃其他投资机会。这些放弃的投资机会可能取得的收益是实行本方案的一种代价，被称为这项投资方案的机会成本。机会成本的存在有助于全面考虑可能采取的各种方案，以便为资源寻求最为有利的使用途径。

某公司的一个儿童游乐场投资项目需要占用一块土地，该公司刚好拥有一块可用于游乐场项目的土地。如果将这块土地出售，可得净收入200万元；如果将其用于该游乐场项目，公司将损失200万元出售土地的收入。这部分丧失的收入即为投资的机会成本。需要注意的是，机会成本并不是简单意义上的"成本"，它不是一种实际的支出或费用，而是失去的潜在收益。机会成本总是针对具体方案的，离开被放弃的方案就无从计量与确定。

（3）连带效应原则

企业在采用某个新项目时，可能会对原有项目的产能、销售、营运资金等造成有利或不利影响。因而，现金流量的估算要考虑这种连带效应的影响。连带效应是正向影响还是负向影响主要取决于新项目与原有项目是互补关系还是竞争关系。

海尔在美国南卡罗来纳州投资电冰箱厂时，工厂从总裁到普通工人都是当地人，生产的冰箱在美国市场上销售。

海尔在这一投资项目现金流量的确定中，需要考虑连带效应原则。即海尔在中国生产的产品因新建项目而更难以出口到美国，这对于原来的出口产品产生了不良影响。所以企业在计算新产品带来的现金流入时，应将其对原有产品销售的减少考虑在内，作为新产品现金流入的抵减项。

2. 现金流量估算的实例

投资项目的现金流量通常按照项目生命周期呈现一定的分布规律，因此，企业一般从初始现金流量、寿命期（经营期）内现金流量和寿命期末（终结）现金流量三个阶段来估算现金流量。

例9-1 光华公司计划新建一条生产线，建设投资需500万元，第一年年末建成，经营期为5年，采用直线法进行折旧，预计残值为原值的10%；另外，在项目开工建设起点需要追加流动资金投入200万元，不考虑机会成本。生产线投产后，预计每年可取得销售收入630万元，第一年付现营业费用为250万元，以后每年递增20万元的维修费，所得税税率为25%。试确定各年的净现金流量。

解： 依题意可知，项目计算期为6年，如图9-1所示。

133

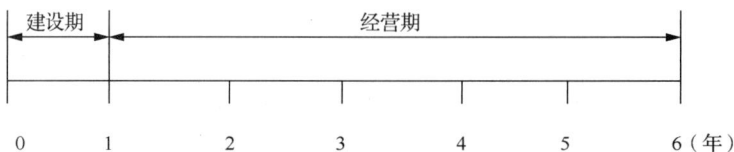

图 9-1 项目计算期

$$折旧（D）=500\times\frac{(1-10\%)}{5}=90（万元）$$

（1）建设期第0年——第1年年初始现金流量为：$\text{NCF}_0=-（500+200）=-700$（万元）；$\text{NCF}_1=0$

（2）经营期第2年——第6年营业现金流量为：

$\text{NCF}_2=630\times（1-25\%）-250\times（1-25\%）+90\times25\%=307.5$（万元）

$\text{NCF}_3=630\times（1-25\%）-（250+20）\times（1-25\%）+90\times25\%=292.5$（万元）

$\text{NCF}_4=630\times（1-25\%）-（250+2\times20）\times（1-25\%）+90\times25\%=277.5$（万元）

同理，$\text{NCF}_5=262.5$（万元）；$\text{NCF}_6=247.5$（万元）

（3）经营期结束，第6年年末终结现金流量为：$\text{NCF}_{6\text{-E}}=200+500\times10\%=250$（万元）

在表 9-1 中，用式（9-1）中的任何一个关系式计算，其营业现金流量结果都是一致的。各期的净现金流量估算如表 9-2 所示。

表 9-1　　　　　　　　　　　　营业现金流量估算表　　　　　　　　　　（单位：万元）

项目	第2年	第3年	第4年	第5年	第6年
营业收入①	630	630	630	630	630
付现营业费用②	250	270	290	310	330
折旧费③	90	90	90	90	90
税前利润④ =①-②-③	290	270	250	230	210
所得税⑤	72.5	67.5	62.5	57.5	52.5
净利润⑥	217.5	202.5	187.5	172.5	157.5
营业现金流量⑦	307.5	292.5	277.5	262.5	247.5

表 9-2　　　　　　　　　　　　净现金流量估算表

年份/年	0	1	2	3	4	5	6
净现金流量/万元	−700	0	307.5	292.5	277.5	262.5	497.5

9.2 五种项目投资决策方法

净现值法、现值指数法、内含报酬率法、静态投资回收期法与动态投资回收期法、会计报酬率法都是项目投资决策的可选方法。

9.2.1 净现值法

1. 净现值及其决策依据

净现值是指特定项目所有未来现金流入的现值与未来现金流出的现值之间的差额，是评价项目是否可行的指标。计算公式如下：

$$\text{NPV}=\sum_{t=0}^{n}\frac{I_t}{(1+i)^t}-\sum_{t=0}^{n}\frac{O_t}{(1+i)^t}=\sum_{t=0}^{n}\frac{\text{NCF}_t}{(1+i)^t} \tag{9-2}$$

式中：NPV——净现值；

NCF_t——第 t 年的净现金流量；

O_t——第 t 年的现金流出量；

I_t——第 t 年的现金流入量；

n——项目的生命周期；

i——折现率。

折现率指投入资本的机会成本，即投资者在资本市场上风险等价投资所要求的回报率。折现率的高低决定着净现值法判断方案的优先次序，但其确定是个难题，因为具有类似报酬和风险的项目较难找到。企业通常以资本成本或者企业要求达到的最低报酬率或基准折现率作为折现率。在实际应用中，有时也采用长期借款的利率作为折现率；而且，资本成本中包含了借款利息费用等支出，也就不在项目的现金净流量中重复考虑利息费用的现金流出。

净现值大于零，表明项目的投资报酬率大于资本成本，该项目可以增加股东财富，应予采纳，且净现值越大，方案越优，投资效益越好。即 NPV>0，投资项目方案可行；NPV≤0，投资项目方案不可行。

2. 净现值法的应用

企业运用净现值法对投资项目进行评价，可以在 Excel 中选择 NPV 函数并按照某一固定折现率计算一系列现金流量的现值和。计算净现值时，若将折现率调整为风险折现率，则还可以考虑投资项目的风险因素，其取舍标准更好地体现了企业价值最大化这一财务管理目标。

例9-2 某投资项目的现金流量如表9-3所示，试运用净现值法对该项目进行评价（i 为10%）。

表 9-3　　　　　　　　　　　　　某投资项目的现金流量

年份/年	0	1	2	3	4	5
现金流入/万元		10	20	50	50	50
现金流出/万元	55	40	30	5	5	5
净现金流量/万元	−55	−30	−10	45	45	45

$$NPV = -55 - 30\,(P/F, 10\%, 1) - 10\,(P/F, 10\%, 2) + 45\,(P/A, 10\%, 3)\,(P/F, 10\%, 2)$$

$$= -55 - 30 \times 0.909\,1 - 10 \times 0.826\,4 + 45 \times 2.487 \times 0.826\,4$$

$$\approx 1.95\ (万元)$$

由于NPV >0，因此可以考虑选择该投资项目。

例9-3 某项目期初固定资产投资为100万元，投产时垫支流动资金20万元。该项目从第三年年初投产并达产运行，每年投入的付现费用为40万元。若该项目每年的销售收入为70万元，项目服务年限为10年，项目结束后残值收入10万元，折现率为10%，试判断该项目是否可行？

解： 现金流如图9-2所示，但未考虑企业所得税和折旧的影响。

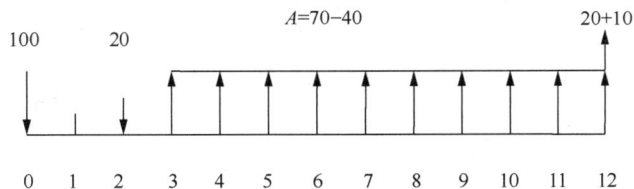

图 9-2　现金流量图

若企业所得税税率为25%，假设企业按照直线法计提折旧，则年折旧$D = (100-10)/10 = 9$（万元）

$$NPV = -100 - 20\,(P/F, 10\%, 2) + [(70-40) \times (1-25\%) + 9 \times 25\%]\,(P/A, 10\%, 10)$$

$$(P/F, 10\%, 2) + (20+10)\,(P/F, 10\%, 12)$$

$$= -100 - 20 \times 0.826\,4 + 24.75 \times 6.145 \times 0.826\,4 + 30 \times 0.318\,6$$

$$\approx 18.72\ (万元)$$

因为NPV=18.72万元 >0，所以该项目可行。

9.2.2 现值指数法

1. 现值指数及其决策依据

现值指数指特定项目未来现金流入的现值与现金流出的现值的比率，也称现值比率、获利指数。其计算公式如下：

$$PI = \sum_{t=0}^{n} \frac{I_t}{(1+i)^t} \bigg/ \sum_{t=0}^{n} \frac{O_t}{(1+i)^t} \qquad (9-3)$$

式中：PI——现值指数；

I_t，O_t——第 t 年的现金流入量和流出量；

n——项目生命周期；

i——折现率。

现值指数是净现值的一种变形，PI>1 等价于 NPV>0，PI≤1 等价于 NPV≤0。企业对两者的计算都需要一个合适的折现率。现值指数是相对数，反映投资的效率；净现值是绝对数，反映投资的效益。现值指数消除了投资额的差异，但没有消除期限的差异。

2. 现值指数法的应用

例9-4 企业A、B、C三个投资项目各自计算期内各年的净现金流量如表9-4所示。

表 9-4 　　　　　　　　　　　各个项目的各年净现金流量　　　　　　　　　　　（单位：元）

企业	第0年	第1年	第2年	第3年
A	-20 000	11 800	13 240	0
B	-9 000	1 200	6 000	6 000
C	-12 000	4 600	4 600	4 600

若资本成本率是10%，哪个项目最优？

解： 三个项目的现值指数如表9-5所示。

表 9-5 　　　　　　　　　　　三个项目的现值指数计算

项目	折现系数	A项目现金流量	B项目现金流量	C项目现金流量
原始投资	1	20 000	9 000	12 000
1	0.909 1	11 800	1 200	4 600
2	0.826 4	13 240	6 000	4 600
3	0.751 3		6 000	4 600
流入现值		21 669	10 557	11 439
净现值		1 669	1 557	-561
现值指数		1.08	1.17	0.95

A、B两个项目的现值指数大于1，说明其收益超过成本，即投资报酬率超过资本成本率。C项目的现值指数小于1，说明其报酬率低于资本成本率。如果现值指数为1，说明折现后现金流入等于现金流出，投资报酬率与资本成本率相同。从现值指数比较来看，B项目最优。

若上述A、B、C三个项目为互斥项目（指接受一个项目就必须放弃另外的项目），企业按照现值指数应优先选择B项目，而按照净现值应优先选择A项目，两者决策结论存在矛盾，这时要以净现值标准为主，选择A项目。即有若干投资项目，依据净现值与依据现值指数进行项目排序的结果不一定一致，这种情况下建议采用以净现值为依据的结果。

9.2.3 内含报酬率法

1. 内含报酬率及其决策依据

内含报酬率（IRR），是指能够使未来现金流入现值等于未来现金流出现值的折现率，或者说是使投资方案净现值为零的折现率。根据其概念可得如下关系式：

$$\text{NPV}_{\text{(IRR)}} = \sum_{t=0}^{n} \frac{I_t}{(1+\text{IRR})^t} - \sum_{t=0}^{n} \frac{O_t}{(1+\text{IRR})^t} = \sum_{t=0}^{n} \frac{\text{NCF}_t}{(1+\text{IRR})^t} = 0 \qquad (9\text{-}4)$$

式中：I_t，O_t——第 t 年的现金流入量和流出量；

  NCF_t——投资项目第 t 年产生的净现金流量；

  n——项目的生命周期。

内含报酬率法是根据方案本身的报酬率来评价方案优劣次序的一种方法。内含报酬率作为投资项目取舍的临界点，要求大于资本成本率（即必要收益率、基准收益率），且内含报酬率越高方案越优。

若资本成本率设为 i_0，内含报酬率 $\text{IRR} > i_0$，投资项目可行；内含报酬率 $\text{IRR} \leqslant i_0$，则投资项目不可行。

相比于净现值法和现值指数法，三者都考虑了项目的现金流量及其时间价值，但内含报酬率法明确了项目本身的投资报酬率，另外两者没有揭示项目本身可以达到的报酬率是多少，只说明了投资项目的报酬率高于或低于资本成本率。

当然，还存在一些特定的投资项目，是为了提高士气、为未来发展提供选择机会、为了社会公益等，这些项目投资具有现金流量估计中无法反映的、却不能忽视的重要效益，这些投资可能因为改善了投资的整体风险而创造价值。此时内含报酬率不一定要大于资本成本率。

2. 内含报酬率的测算和应用

内含报酬率的测算可以采用逐步测试法、插值法、IRR 函数计算法。

逐步测试法测算的基本思路如下：估计一个折现率，用它来计算方案的净现值；若 NPV>0，说明方案本身的内含报酬率超过估计的折现率，应提高折现率后进一步测试；若 NPV<0，说明方案本身的内含报酬率低于估计的折现率，应降低折现率后进一步测试。经过多次测试，找到使净现值等于零的折现率，即方案本身的内含报酬率。对于寿命很长的项目，用逐步测试法求内含报酬率是非常繁重、耗时的工作。

插值法包括线性插值法、多项式插值法、样条插值法、拉格朗日插值法等。常用的插值法是线性插值法，即通过已知两点，用直线方程估计中间点的值。

利用 Excel 中的函数能够更容易地实现内含报酬率的计算，即 IRR 函数计算法，选择"插入"中的"函数"，从"财务"函数中选择 IRR 函数，选中各期的现金流量，直接计算得到内含报酬率 IRR 的值。

例9-5 以例9-4中表9-4所示的数据为基础，测算投资项目A、B、C的内含报酬率。

解： ① A项目内含报酬率测试如表9-6所示。

表9-6　　　　　　　　　　　　A项目内含报酬率的测试

年份	净现金流量	折现率=18%		折现率=16%	
		折现系数	现值	折现系数	现值
0	（20 000）	1	（20 000）	1	（20 000）
1	11 800	0.847 5	10 000	0.862 1	10 172
2	13 240	0.718 2	9 509	0.743 2	9 839
净现值			（491）		11

运用线性插值法计算得到：$\text{IRR}_A = 16\% + \dfrac{11 - 0}{11 + 491} \times (18\% - 16\%) \approx 16.04\%$

② B项目内含报酬率的测试如表9-7所示。

表9-7   B 项目内含报酬率的测试

年份	净现金流量	折现率=18%		折现率=16%	
		折现系数	现值	折现系数	现值
0	（9 000）	1	（9 000）	1	（9 000）
1	1 200	0.847 5	1 017	0.862 1	1 034
2	6 000	0.718 2	4 309	0.743 2	4 459
3	6 000	0.608 6	3 652	0.640 7	3 844
净现值			（22）		337

运用线性插值法计算得到：$\text{IRR}_B = 16\% + \dfrac{337 - 0}{337 + 22} \times (18\% - 16\%) \approx 17.88\%$

③ C项目各期现金流入量相等，符合年金形式，内含报酬率可直接利用年金现值表来确定，不需要进行逐步测试。

当现金流入的现值与原始投资相等：

$12\,000 = 4\,600 \times (P/A, i, 3)$，则 $(P/A, i, 3) = 2.608\,7$

分别取7%和8%作为折现率，$(P/A, i, 3)$ 分别为2.624 3和2.577 1。

$$\text{IRR}_C = 7\% + \frac{2.624\,3 - 2.608\,7}{2.624\,3 - 2.577\,1} \times (8\% - 7\%) \approx 7.33\%$$

综上，C项目内含报酬率小于资本成本率（10%），所以应放弃C项目。当A、B为两个独立项目时，都可接受。但若为两个互斥项目，在资本限额内和市场可行时一般应选内含报酬率大的项目，即B项目；如果市场不可行，则一般选A项目。

内含报酬率法相比净现值法和现值指数法最大的优势是不必事先估计折现率，它和现值指数法有相似之处，都是根据相对值来评价项目，而不像净现值法那样使用绝对数来评价项目。这种不同和利润率与利润额的不同是类似的。如果项目的内含报酬率恰好为贷款利率，且企业通过借款来投资本项目，那么，还本付息后企业将一无所获。但企业在评价项目时要注意，内含报酬率高（低）的项目净现值的绝对数不一定大（小）。

9.2.4 投资回收期法

在特定条件下项目的回收期非常重要。例如，美国每4年一次大选，新政府出台的新政策可能不利于某些期限长的项目，因此选择回收期为4年以下的项目更为合适。

回收期即收回投资所需要的年限。回收年限越短，项目越有利。其中，静态投资回收期不考虑现金流量的时间价值；动态投资回收期考虑了现金流量的时间价值。

1. 静态投资回收期及决策依据

静态投资回收期是指使投资项目带来的累计净现金流量等于原始投资额所需的时间，也称回收期或非折现回收期。投资回收期越短，方案越有利。企业在决策时，将投资方案的回收期与期望回收期相比：

投资方案回收期≤期望回收期，接受投资方案；

投资方案回收期>期望回收期，拒绝投资方案。

静态投资回收期通常运用列表法计算"累计净现金流量"的方式来确定。当原始投资为一次性投入，且每年的净现金流量相等时：

投资回收期（静态）=原始投资额/每年的净现金流量   （9-5）

项目每年的净现金流量不相等时，不能应用式（9-5），可用表格形式试算得到投资回收期。

例9-6 某投资项目的预期净现金流量如表9-8中第2列所示，假如项目的期望回收期为3年，试计算该项目的静态投资回收期，并判断项目是否可行。

表9-8　　　　　　　　　某投资项目的累计净现金流量计算表　　　　　　（单位：元）

年	预期净现金流量	累计净现金流量
0	-100 000	-100 000
1	60 000	-40 000
2	30 000	-10 000
3	40 000	30 000
4	20 000	50 000
5	30 000	80 000

解： 该项目的累计净现金流量的计算见表9-8第3列，假设每年的净现金流量是均匀流入企业的，该项目的静态投资回收期 t 为：

$t=2+10\,000 \div 40\,000 = 2.25$（年）

因为2年3个月（2.25年）小于期望回收期（3年），所以该项目可行。

静态投资回收期计算简便，显示了资金的回收速度，容易理解。短期项目给企业提供了更大的流动性和灵活性，快速收回的资金可用于其他项目。然而，一些有战略意义的长期投资往往早期收益较低，中后期收益较高。因静态投资回收期没有全面地考虑投资方案整个生命期内的现金流量，只考虑回收之前的投资效果，忽略了静态投资回收期以后的所有收益，无法准确衡量方案在整个生命期内的经济效果，优先考虑急功近利的项目，可能导致企业放弃长期投资。静态投资回收期方法没有考虑现金流的时间性，只是简单地把每年的现金流累加，可能会得出不合理的结论。如果两个投资项目有相同的初始现金流出，相同的经济寿命，回收期也一样。但在回收期内两个项目的现金流入序列不一致。投资 A 最大的现金流入产生在第一年年底，投资 B 的产生在第三年年底。静态投资回收期法对两个项目的评估结果相同，显然是不合理的。该方法更适用于那些技术上更新迅速的项目或未来情况很难预测的项目。

2. 动态投资回收期及决策依据

动态投资回收期法也称为投资回收期的折现方法，是把投资项目各年的净现金流量折成现值之后，再来推算投资回收期，这是它与静态投资回收期的根本区别。

动态投资回收期就是净现金流量累计现值抵偿全部投资所需要的时间。即满足下式：

$$\sum_{t=0}^{n} \frac{I_t - O_t}{(1+i)^t} = \sum_{t=0}^{n} \frac{\text{NCF}_t}{(1+i)^t} = 0 \qquad (9-6)$$

式中：I_t，O_t——第 t 年的现金流入量和流出量；

n——项目的动态投资回收期；

i——折现率。

动态投资回收期的评价准则：投资方案的动态回收期≤期望回收期，接受投资方案；投资方案的动态回收期>期望回收期，拒绝投资方案。

例9-7 项目初始投资为100 000元，项目生命周期内的预期净现金流量如表9-9第2列所示，假设资本成本率为10%，项目期望的动态投资回收期为3年，试计算项目动态投资回收期并判断项目是否可行。

该项目累计净现金流量的现值见表9-9第5列，因此，动态投资回收期 t 为：

$t=3+13\,149 \div 13\,660 \approx 3.96$（年）

因为期望动态投资回收期为3年，所以该项目不可行，企业不应该进行投资。

表9-9 项目的累计净现金流量现值计算表

年份	预期净现金流量	10%的折现系数	净现金流量的现值	累计净现金流量现值
0	-100 000	1	-100 000	-100 000
1	60 000	0.909 1	54 546	-45 454
2	30 000	0.826 4	24 792	-20 662
3	10 000	0.751 3	7 513	-13 149
4	20 000	0.683 0	13 660	511
5	30 000	0.620 9	18 628	19 139

动态投资回收期法克服了静态投资回收期法没有考虑货币时间价值的缺陷。但是该方法同样没有考虑项目在投资回收期后的经济效果，在应用时应结合其他投资决策方法判断项目的取舍。

9.2.5 会计报酬率法

1. 会计报酬率及决策依据

会计报酬率由年平均净收益与原始投资额的百分比计量，即：

$$会计报酬率=年平均净收益÷原始投资额×100\% \tag{9-7}$$

式中，年平均净收益可按项目投产后各年净利润总和简单平均计算。

企业在做项目决策时，若会计报酬率大于基准会计报酬率或者必要报酬率（通常由企业自行确定或根据行业标准确定），则应接受该项目；反之则应放弃。存在多个互斥方案时，企业应选择会计报酬率最高的项目。

会计报酬率法考虑了整个项目寿命期的全部利润，一般用于项目的后评价，是衡量项目盈利性的简单方法。但是，计算使用的年平均净收益受到不同折旧方法、所设定残值等影响，可能会引起决策结果的偏差。

2. 会计报酬率的应用

例9-8 设公司确定的必要报酬率为10%，有三个投资方案，相关数据如表9-10所示。试在这三个互斥方案中进行选择。

表9-10 三个投资方案的收益情况 （单位：元）

年份	A方案		B方案		C方案	
	净收益	净现金流量	净收益	净现金流量	净收益	净现金流量
0		（40 000）		（18 000）		（18 000）
1	3 600	23 600	（3 600）	2 400	900	6 900
2	6 480	26 480	6 000	12 000	900	6 900
3			6 000	12 000	900	6 900
合计	10 080	10 080	8 400	8 400	2 700	2 700

解： 分别计算各方案的会计报酬率：

会计报酬率（A）=[（3 600+6 480）÷2]÷40 000×100%=12.6%

会计报酬率（B）=[（-3 600+6 000+6 000）÷3]÷18 000×100%≈15.56%

会计报酬率（C）=900÷18 000×100%=5%

A、B两个方案的会计报酬率高于必要报酬率（10%），都是可行的。A、B是两个互斥方案，则企业应选择会计报酬率较高的项目，即选择B方案。

从例9-8中可见，单个年度的净收益与净现金流量是不等的，但是从项目的整个寿命期间来看，二者的总额是相等的。净现金流量的优势在于其是有"真金白银"支撑的收益，可以直接用于再投资。而净收益只是账面数值，无法保证全额为现金。

如果一个项目方案的所有评价指标，包括净现值、现值指数、内含报酬率、投资回收期和会计报酬率，均比另一个项目方案的相应指标好一些，决策者在选择时就不会有什么困扰。当这些评价指标出现矛盾时，决策者应结合情境因素，选择适当的方法。

9.3 投资敏感性分析

9.3.1 敏感性分析的含义

敏感性分析是判断不确定性因素对投资项目的最终经济效果指标的影响及其程度，是投资项目经济评价中常用的一种研究不确定性的方法。

敏感性分析中的不确定性因素一般可为销售收入、经营成本、生产能力、初始投资、寿命期、建设期、经营期等参数。若某参数的小幅度变化能导致经济效果指标的大幅度变化，则称此参数为敏感因素，反之则称其为非敏感因素。敏感性分析使项目管理者通过采取有效措施管理敏感因素，以减少和避免不利因素的影响，减少投资项目的不确定性，改善和提升项目的投资效果。

9.3.2 敏感性分析的步骤

敏感性分析一般按以下步骤进行。

1. 确定分析的项目经济评价指标

该指标一般根据项目的目标和特点、不同的阶段、实际情况和指标的重要程度等来选择确定。在机会研究阶段，企业需要进行项目设想和鉴别，确定投资方向和投资机会。此时，各种经济数据不完整，可信程度低，深度要求不高，企业可选用静态的评价指标（常采用的指标是投资回收期）。在可行性研究阶段，企业可选用净现值、内含报酬率等动态的评价指标，并辅以投资回收期等静态指标。

2. 选择需要分析的因素

影响项目经济评价指标的因素很多，企业没有必要对所有的因素都进行敏感性分析，而只需选择一些主要的影响因素。选择不确定性因素时，主要依据以下两个原则：一是预计这些因素在其可能变动的范围内对经济评价指标的影响较大；二是在分析中对该因素数据的准确性把握不大。

3. 确定敏感因素

首先，设定变动幅度。对所选定的不确定性因素，应根据实际情况设定这些因素的变动幅度。其他因素保持不变。企业可以按照一定的变化幅度（如±5%、±10%、±20%等）改变因素数值；也可以按照情境分析，分别按照悲观情境、基本情境、乐观情境确定不确定性因素的变化；还可以采用因素的最大值或最小值，极限值或者临界点等很可能会将项目经济评价指标从可行转变为不可行的数值来设定变化幅度。其次，计算不确定性因素的变动对经济评价指标的影响，即敏感系数。最后，比较各因素的敏感系数，找出敏感系数的最大值所对应的敏感因素。

敏感系数表示项目经济评价指标对选定的不确定性因素的敏感程度。计算公式为：

$$E=\Delta A/\Delta F \tag{9-8}$$

式中：E——敏感系数；

　　　ΔF——不确定性因素 F 的变化率（%）；

　　　ΔA——不确定性因素 F 发生 ΔF 变化率时，评价指标 A 的相应变化率（%）。

敏感系数 E 的正值越大或者负值的绝对值越大，表明评价指标 A 对于不确定性因素 F 越敏感；反之，则越不敏感。

例9-9 某投资方案设计年生产能力为10万台，供不应求，计划项目投产时总投资为1 200万元，其中建设投资为1 150万元，流动资金为50万元；预计产品价格为49元/台；税金及附加为销售收入的10%，建设当年即可实现正常生产；年付现经营成本为140万元；方案寿命期为10年；到期时预计固定资产残值为30万元，基准折现率为10%，试就建设投资、单位产品价格、付现经营成本等影响因素对该投资方案做敏感性分析。

解： 绘制的现金流量图如图9-3所示。

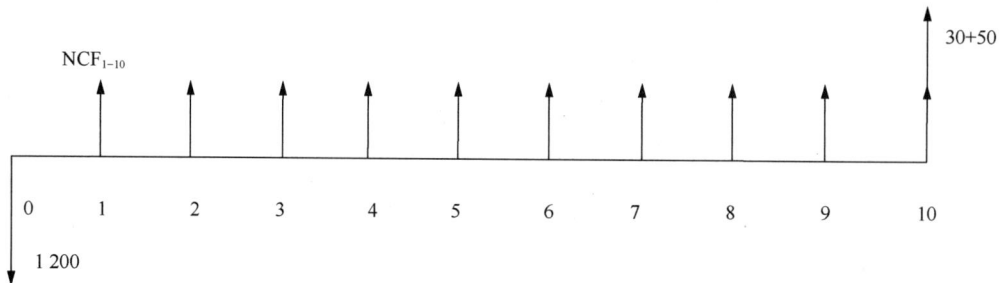

图 9-3　现金流量图

企业所得税税率为25%，若企业采用直线法计提折旧，年折旧额=（1 150-30）/10=112（万元）则经营期间各期的净现金流量：

$$NCF_{1-10}=[49×10×（1-10\%）-140]×（1-25\%）+112×25\%=253.75（万元）$$

选择净现值为敏感性分析的经济评价指标，根据净现值的计算公式，可计算出项目在初始条件下的净现值：

$$NPV=-1 200+253.75（P/A,10\%,10）+（30+50）（P/F,10\%,10）=390.03（万元）$$

由于NPV>0，该项目是可行的。

下面对建设投资、单位产品价格和付现经营成本进行敏感性分析。令其在初始值的基础上按±10%、±20%的变化幅度逐一变动，而其他的已知条件保持不变，分别计算相对应的净现值。结果如表 9-11 所示。

表 9-11　　　　　　　　　　　单因素变化对净现值的影响　　　　　　　　　　　（单位：万元）

不确定性因素	变化幅度					敏感系数（以ΔF变动10%为例）
	-20%	-10%	0	10%	20%	
建设投资	584.84	487.51	390.03	292.84	195.51	[(292.84-390.03)/390.03]/10% ≈ -2.49
单位产品价格	-16.32	186.93	390.03	593.42	796.67	[(593.42-390.03)/390.03]/10% ≈ 5.21
付现经营成本	519.22	454.70	390.03	325.65	261.13	[(325.65-390.03)/390.03]/10% ≈ -1.65

从表 9-11 中可知，在建设投资、单位产品价格、付现经营成本变化率绝对值相同的情况下，按净现值对各个因素的敏感程度来排序，依次是：单位产品价格、建设投资、付现经营成本。这里，敏感系数的符号表明了与原来净现值方向的异同，如价格上涨，会产生净现值的正向增加；而建设投资增加，会产生净现值负向增加。因此，方案决策应该对单位产品价格进行更准确的测算，因为如果未来单位产品价格发生变化的可能性较大，则意味着这一投资项目的风险也较大。

9.3.3 敏感性分析的分类

敏感性分析有单因素敏感性分析和多因素敏感性分析两种。

单因素敏感性分析是对单一不确定性因素变化的敏感程度的分析，即假设各不确定性因素之间相互独立，保持其他因素不变，每次只变化这一个因素，分析其对经济评价指标影响的敏感程度。

多因素敏感性分析是在假定其他不确定性因素不变的情况下，两个或两个以上的不确定性因素同时变动对经济评价指标影响的敏感程度。由于项目评估过程中的参数和变量同时发生变化的情况非常普遍，所以，多因素敏感性分析具有更高的实用价值。

讨论案例

微波炉项目是否可行

高源公司生产的微波炉质量优良，价格合理，近几年供不应求。为了提高生产能力，高源公司准备新建一条生产线。李强是财务总监吴月华手下的投资分析员，一直在收集建设新生产线的相关资料，以完成投资项目的财务评价报告，供公司领导决策参考。

经过半个月的调研，李强整理得出有关资料，交给了财务总监吴月华。

数据如下：项目拟一年建成并正式投产。总投资57.5万元，分两次投入。第一年年初投40万元，第二年年初投入余下的17.5万元。投产后，生产规模为年产1 000台微波炉，每台售价800元，每年可获销售收入80万元。这个生产线预计可以使用5年，5年后基本无残值，在经营期内大概需要垫支流动资金15万元，这笔资金在项目结束后可以如数收回。项目的具体现金流量等表格如表9-12、表9-13所示。

表9-12　　　　　　　该项目第2年~第6年每年的营业现金净流量情况　　　　（单位：元）

销售收入	付现成本	其中：原材料	工资	管理费用	折旧费	税前利润	所得税	税后利润	营业现金净流量
800 000	579 000	400 000	80 000	99 000	105 000	116 000	29 000	87 000	192 000

表9-13　　　　　　　　　投资项目的现金净流量计算表　　　　　　　　（单位：元）

项目	第0年	第1年	第2年	第3年	第4年	第5年	第6年
初始投资	-400 000	-175 000					
流动资金垫支		-150 000					
营业现金净流量			192 000	192 000	192 000	192 000	192 000
流动资金回收							150 000
现金净流量合计	-400 000	-325 000	192 000	192 000	192 000	192 000	342 000
10%的现值系数	1.000	0.909	0.826	0.751	0.683	0.621	0.564
现金净流量现值	-400 000	-295 425	158 892	144 192	131 136	119 232	192 888

另外，通过对各种资金来源的分析得出，该公司的加权平均资金成本为8%。该公司所得税税率为25%。

李强最后得出的结论是：这个项目不包括建设期的投资回收期是2.84年，而生产线在建成后正常运行5年，也就是说在生产线运行两年半左右时间之后，公司就能够收回成本。根据现阶段通货膨胀状况，假设折现率为10%，计算出的净现值是50 915元，也就是说项目预期会带来这些净收益。现值指数是1.0732，说明项目的获利能力还比较理想。内含报酬率为12.17%，作为工业企业来讲，还算理想。

吴月华打量着手中的资料，思考了良久……

请思考：上述分析中得到的各种数据正确吗？你还能提供什么项目评价的指标给该公司参考？你觉得是否该上这个微波炉项目？

复习思考题

一、概念题

1. 净现值　　　　2. 内含报酬率　　　　3. 静态投资回收期

4. 动态投资回收期　　5. 敏感性分析

二、单选题

1. 对投资项目内含报酬率的大小不产生影响的因素是（　　）。

　　A. 投资项目的原始投资　　　　　B. 投资项目的现金流入量

　　C. 投资项目的有效年限　　　　　D. 投资项目的预期报酬率

2. 当折现率为10%时，某项目的净现值为500万元，则说明该项目的内含报酬率（　　）。

　　A. 高于10%　　B. 低于10%　　C. 等于10%　　D. 无法确定

3. 某投资方案，当折现率为16%时，其净现值为38万元，当折现率为18%时，其净现值为-22万元。该方案的内含报酬率（　　）。

　　A. 大于18%　　　　　　　　　B. 小于16%

　　C. 介于16%～18%　　　　　　D. 无法确定

4. 如果投资者看重投资效益，那么做出长期项目投资决策的主要依据就应当是：在保证充分利用资金的前提下，尽可能（　　）。

　　A. 提前收回投资　　　　　　　B. 获取最大利润

　　C. 延长经营期间　　　　　　　D. 获取最大的净现值总量

5. 已知甲项目的原始投资额为800万元，建设期为1年，投产后第1年～第5年的每年净现金流量为100万元，第6年～第10年的每年净现金流量为80万元，则该项目不包括建设期的静态投资回收期为（　　）年。

　　A. 7.5　　　　　B. 9.75　　　　C. 8.75　　　　D. 7.65

6. 净现值、现值指数指标共同的缺点是（　　）。

　　A. 不能直接反映投资项目的实际收益率

　　B. 不能反映投入与产出之间的关系

　　C. 没有考虑货币时间价值

　　D. 无法利用全部净现金流量的信息

7. 如果其他因素不变，一旦折现率提高，则下列指标中数值将会变小的是（　　）。

　　A. 净现值　　B. 投资报酬率　　C. 内含报酬率　　D. 静态投资回收期

三、判断题

1. 现值指数越接近1，说明项目越好。（　　）

2. 会计报酬率法简单易行，而且考虑了货币时间价值。（　　）

3. 对内含报酬率的测算可以使用逐步测试法。（　　）

4. 内含报酬率是使项目的现值指数等于1的折现率。（　　）

5. 已知项目的现值指数为1.2，则项目的现金流出现值是现金流入现值的1.2倍。（　　）

四、计算题

1. 某公司购入设备一台，设备价款1 500万元，预计期末无残值，采用直线法按3年计提折旧（符合税法规定）。该设备于购入次日投入使用。预计能使公司未来3年的销售收入分别增长1 200万元、2 000万元和1 500万元，经营成本分别增加400万元、1 000万元和600万元。购置设备所需资金通过发行债券方式予以筹措，债券面值总额为1 500万元，期限3年，票面年利率为8%，每年年末付息，债券发行价格为1 550万元。该公司适用的所得税税率为

25%，要求的投资收益率为 10%。

要求：

（1）预测公司未来 3 年增加的净利润；

（2）预测该公司项目各年经营净现金流量；

（3）计算该项目的净现值。

2. 某企业计划进行某项投资活动，有甲、乙两个备选的互斥投资方案，资料如下。

（1）甲方案原始投资 150 万元，其中固定资产投资 100 万元，流动资金投资 50 万元，全部资金于建设起点一次投入，建设期为 0，经营期为 5 年，到期净残值收入 5 万元，预计投产后年营业收入 90 万元，年总成本 60 万元。

（2）乙方案原始投资额 200 万元，其中固定资产投资 120 万元，流动资金投资 80 万元。建设期 2 年，经营期 5 年，建设期资本化利息 10 万元，固定资产投资于建设期起点投入，流动资金投资于建设期结束时投入，固定资产净残值收入 10 万元，项目投产后，年营业收入 170 万元，年总成本 80 万元，其中经营期每年归还利息 5 万元。

各方案中的固定资产按直线法折旧，全部流动资金于终结点收回。企业所得税税率为 25%。

要求：

（1）计算甲方案、乙方案各年的净现金流量；

（2）计算甲方案、乙方案包括建设期的静态投资回收期；

（3）该企业所在行业的基准折现率为 10%，计算甲方案、乙方案的净现值；

（4）计算甲方案、乙方案的年等额净回收额，并比较两方案的优劣。

第10章　证券投资分析

📑 **引导案例**

　　我国A股市场在1990年年底创建之初仅有10只股票；至2017年年底，A股股票增加到3 485只，A股总市值567 086亿元，占GDP比重约70%。2023年底，A股市场的总市值约为83.73万亿元。上交所和深交所的股票账户在2014年已经达到1.7亿个，也就是说，股民数量可能占到人口总数的十分之一以上。资本市场在迅猛发展，股市仿佛一座金矿在等待人们去开采。

　　媒体报道的股市暴富神话五花八门。"杨百万"（即杨怀定）曾是A股醒目的"传奇"之一，自我评价"不是股神，不是股评家，是标准的散户"。1989年，杨怀定买进第一只股票，于半年后卖掉并净赚150多万元。"杨百万"的外号，就此不胫而走。一年后，他又将大跌的该股票买了回来。其认为"股市中不能做'死多头'，也不能做'死空头'，要做坚定的'滑头'；低吸高抛、抄底逃顶，见好就收，落袋为安乃真英雄"。

　　孙子曰："夫未战而庙算胜者，得算多也；未战而庙算不胜者，得算少也。多算胜，少算不胜，而况于无算乎！吾以此观之，胜负见矣。"因此，想要在股市中获得成功，学习一些证券投资估价的知识是相当有必要的。很多财经信息给投资者指出的投资建议即如此：股票W的投资价值较佳，该股的估值区间为28.12~31.77元，当前价22.26元，股价目前处于低估区，可以放心持有。当然，"股市有风险，入市当谨慎"，如何发现与规避风险也是股市英雄的必修课。巴菲特对风险格外重视："成功的秘诀有三条：第一，尽量避免风险，保住本金；第二，尽量避免风险，保住本金；第三，坚决牢记第一条、第二条。"

　　本章将讲解债券、股票的估价方法与模型。

📍 **学习目标**

- 了解债券价值的影响因素；
- 掌握债券的估价方法；
- 掌握股票估价的折现模型、市盈率模型、市净率模型。

　　按照证券投资对象的不同，企业证券投资可分为债券投资和股票投资。

10.1　债券投资

　　小说《红楼梦》中提到："王熙凤把月钱拿出来放债生息""每年少说也得翻出一千银子来"。后来抄家时，从她屋子里就抄出五七万金和一箱借券。这说明，早在封建社会就已经存在债券投资，而王熙凤正是一名债券投资者。

　　债券代表着某一发行者（国家、地方政府、企业等借款人）对投资者（个人或机构投资者等债权人）的一种债务承诺。这种承诺就是，在一定时间（到期日）之前每隔一段时间（一年、半年等）支付一笔现金（等额或不等额利息）或者到期一次性偿付利息与本金。不同种类的债券，支付利息与本金的方式也不尽相同。

按照发行主体的不同，债券可分为政府债券、中央银行票据、金融债券、公司信用类债券和国际债券。按照偿还期限分类，债券可以分为短期债券、中期债券、长期债券。按照偿还方式不同，债券分为到期一次偿还债券和分期偿还债券。按照付息方式不同，债券分为零息债券、附息债券，其中附息债券按照计息方式的不同又可细分为固定利率债券与浮动利率债券等。按照能否转换为公司股票，债券分为可转换债券和不可转换债券。按照有无特定的财产担保，债券分为抵押债券和信用债券。按照债券能否上市，债券分为上市债券和非上市债券。

10.1.1 债券的要素

北京汽车集团有限公司发行的公司债券在上海证券交易所上市，2023年该债券到期。其债券相关要素如表10-1所示。

表 10-1　　　　　　　　　　　　　债券相关要素

债券名称	北京汽车集团有限公司 2018 年公开发行公司债券（第二期）
债券简称（代码）	18 北汽 02（143856）
信用评级主体评级	AAA/债项评级 AAA
评级机构	大公国际资信评估有限公司
是否可参与质押式回购	是
质押券代码（如可质押）	144856
发行总额（亿元）	10.00
债券期限	5 年
票面年利率（%）	4.48%
利息种类	固定利率
付息频率	按年付息
发行日	2018 年 10 月 18 日至 2018 年 10 月 19 日
到期日	2023 年 10 月 19 日
发行价格	100 元

数据来源：北京汽车集团有限公司公告。

债券一般包含债券面值、票面利率、到期日等基本要素。

1. 债券面值

债券面值即债券设定的票面金额，它代表发行人承诺于未来某一特定日期偿付给债券持有人的金额。显然，债券在发行之初的定价就隐含了其面值所代表的币种。在国内发行的债券，发行的对象是国内的经济主体，多以本国货币发行和偿付。若在国外发行，发行公司则会选择发行地国家或地区的货币或国际通用货币作为债券的币种。

2. 债券票面利率

债券票面利率即债券发行者预计一年内向持有者支付的利息占票面金额的比率。债券的计息和付息方式有多种，可能使用单利或复利计息，利息支付可能半年一次、一年一次或在到期日一次性支付，这就使得票面利率可能不等于实际年利率。

3. 债券的到期日

债券的到期日即偿还债券本金的日期。债券期限也是债券到期日的一种衡量。

10.1.2 债券的估价方法

企业进行债券投资之前，需要衡量债券是否值得投资，也就是必须知道债券的价值。债券的价值，或者更确切地说债券的内在价值，是发行者按照合同规定，从现在至债券到期日所支付的款项的现值，即债券投资者未来所有现金流入量的现值。

一项金融资产的价值以该资产将来所能产生的现金流入量为基础，用式（10-1）来评估。

$$V = \frac{CF_1}{1+R} + \frac{CF_2}{(1+R)^2} + \cdots + \frac{CF_n}{(1+R)^n} \qquad (10\text{-}1)$$

式中：V——资产价值；

CF_n——第 n 年的现金流入量；

R——折现率；

n——现金流量所在的期数。

债券投资的现金流入量是利息和归还的本金或者出售时得到的现金，而债券的现金流出量则是其购买价格。因此，只有当债券的内在价值大于购买价格时，才值得投资。

这里用于债券内在价值计算的折现率体现了债券投资者要求的报酬率，取决于当前等风险投资的市场利率。市场利率是投资者要求的必要报酬率或者说最低报酬率。票面利率在债券发行前，已经由发行公司和中介服务机构参照市场利率制定出，并载明于债券之上，但在发行债券时不一定与当时的市场利率一致。

为了协调债券购销双方在债券利息上的利益，在不能修改票面利率的情形下，发行方就要调整发行价格，其调整结果表现为三种——折价、溢价、平价。折价是指债券的发行价格低于票面金额，当票面利率低于市场利率时，发行公司折价发行债券；溢价是指债券的发行价格高于票面金额，当票面利率高于市场利率时，发行公司溢价发行债券；平价是指发行价格和票面金额相等，当票面利率与市场利率一致时，发行公司平价发行债券。也就是说，折现率等于债券票面利率时，债券价值就是其面值；如果折现率高于债券票面利率，债券的价值就低于面值；如果折现率低于债券票面利率，债券的价值就高于面值。对于所有类型的债券估值，都遵循上述原理。

结合债券的具体情况，式（10-1）的评估模型会有不同的扩展。同时，为了便于不同债券之间的比较，在报价时按照惯例，不同计息期的利率会统一折算为年利率，即报价利率根据实际的计息期利率乘以一年的复利次数得出。因此，在进行债券价值估计时，利息率、折现率要与复利期匹配。以下是几个常见的估价模型。

1. 债券基本估价模型

典型的债券是固定利率债券，每年计算并支付利息，到期归还本金。债券每年等额的利息支付实际上是一种年金，在到期时支付本金是一次性的支付行为。在此情况下，按复利方式计算债券的价值如式（10-2）所示：

$$\begin{aligned}
V_d &= \frac{I}{1+R_d} + \frac{I}{(1+R_d)^2} + \cdots + \frac{I}{(1+R_d)^n} + \frac{M}{(1+R_d)^n} \\
&= \sum_{t=1}^{n} \frac{I}{(1+R_d)^t} + \frac{M}{(1+R_d)^n}
\end{aligned} \qquad (10\text{-}2)$$

式中：V_d——债券的价值；

I——各年的利息（面值×票面利率）；

R_d——年折现率（必要报酬率或当前等风险投资的市场利率）；

n——债券到期前的年数、债券期限；

M——债券面值。

上述基本估价模型，经简单变形后，还适用于利息在期间内平均支付、支付的频率是半年一次、每季度一次或每月一次等的债券。有时我们也把这类平均支付利息的债券称为平息债券。对于一年付息 m 次的债券，每次付息年利息及年折现率均除以 m，付息次数增至 m 倍。其估价模型如式（10-3）所示：

$$V_{\mathrm{d}} = \sum_{t=1}^{mn} \frac{I/m}{(1+R_{\mathrm{d}}/m)^t} + \frac{M}{(1+R_{\mathrm{d}}/m)^{mn}} \qquad (10\text{-}3)$$

应用式（10-3），若债券每半年支付一次利息，则 $m=2$。债券估价模型为：

$$V_{\mathrm{d}} = \sum_{t=1}^{2n} \frac{I/2}{(1+R_{\mathrm{d}}/2)^t} + \frac{M}{(1+R_{\mathrm{d}}/2)^{2n}}$$

例10-1 某国债面值为1 000元，票面利率为6%，期限为5年，某企业欲投资这种债券，要求必须获得8%的报酬率，问这个债券发行价格为多少时企业才能进行投资？

解： 根据式（10-2）可得：

$$V_{\mathrm{d}} = 1\,000 \times 6\% \times (P/A, 8\%, 5) + 1\,000 \times (P/F, 8\%, 5)$$

$$= 60 \times 3.992\,7 + 1\,000 \times 0.680\,6$$

$$= 920.16（元）$$

即这种国债的价格低于920.16元时，该企业才能购买，否则将得不到8%的报酬率。

例10-2 某债券面值为1 000元，票面利率为6%，期限为5年，每半年付息一次。当前企业要求的必要报酬率为8%，问其价格为多少时，企业才能购买？

解： 根据式（10-3）可得：

$$V_{\mathrm{d}} = 1\,000 \times 6\%/2 \times (P/A, 4\%, 10) + 1\,000 \times (P/F, 4\%, 10) = 30 \times 8.111 + 1\,000 \times 0.676 = 919.33（元）$$

即该债券价格低于919.33元时，企业才能购买。

2. 贴现债券估价模型

贴现债券无票面利率，到期只按面值偿付本金，其估价模型为：

$$V_{\mathrm{d}} = \frac{M}{(1+R_{\mathrm{d}})^n} \qquad (10\text{-}4)$$

例10-3 某债券面值为1 000元，期限为5年，以折现方式发行，期内不计利息，到期按面值偿还，当前的市场利率为8%，求其价格为多少时，企业才能购买？

解： 由式（10-4）可得：$V_{\mathrm{d}} = 1\,000 \times (P/F, 8\%, 5) = 1\,000 \times 0.681 = 681（元）$

即该债券的价格低于681元时，企业才可购买。

3. 到期一次还本付息且不计复利的债券估价模型

这种债券的估价模型为：

$$V_{\mathrm{d}} = \frac{M + n \cdot I}{(1+R_{\mathrm{d}})^n} \qquad (10\text{-}5)$$

例10-4 某国债面值为1 000元，票面利率为6%，期限为5年，单利计息且到期一次还本付息。当前市场利率为8%，问其价格为多少时，企业才能购买？

解： 由式（10-5）可知：

$$V_{\mathrm{d}} = (1\,000 + 1\,000 \times 6\% \times 5) \times (P/F, 8\%, 5) = 1\,300 \times 0.681 = 885.3（元）$$

即该债券价格低于885.3元时，企业才能购买。

4. 流通债券的价值估计

流通债券是指已发行并在市场上流通了一段时间的债券。我们对流通债券进行估价时，可以以最近一次付息时间为折算时间点，计算历次现金流量现值，然后再贴现至现在时点。估价的时点可以是发行日至到期日之间的任何时点。

例10-5 某债券面值为1 000元，票面利率为6%，期限为5年，每年支付一次利息，2017年6月1日发行，2022年6月1日到期。假设现在是2018年9月1日，市场利率为8%，问该债券的价值是多少？

解： 先计算其2019年6月1日的价值，假设当年利息未付。然后将其折现至2018年9月1日。

2019年6月1日价值=$1\,000×6\%+1\,000×6\%×(P/A,8\%,3)+1\,000×(P/F,8\%,3)=1\,008.43$（元）

2018年9月1日价值=$1\,008.43×(P/F,6\%,1)=1\,008.43×0.943\,4≈951.35$（元）

2018年9月1日至2019年6月1日为9个月，所以其折现率为$9/12×8\%=6\%$

5. 债券的到期收益率估计

到期收益率是指以特定价格购买债券并持有至到期日所能获得的报酬率，即：使未来现金流量现值等于债券购入价格的折现率。债券的到期收益率表明了债券的收益水平，体现了债券的价值。

例10-6 某公司欲购买面值为$1\,000$元、票面利率为8%的债券，每年付息并于5年后到期日还本。若该公司持有该债券至到期，计算其到期收益率。

解： 到期收益率R满足：$1\,000=1\,000×8\%×(P/A,R,5)+1\,000×(P/F,R,5)$

用Excel的函数求解，可得$R=8\%$

可见，每年付息到期还本的债券以平价购买，其到期收益率等于票面利率。若该债券的购买价格高于面值，则到期收益率低于票面利率。若该债券的购买价格低于面值，则到期收益率高于票面利率。

10.1.3 债券价值的影响因素

通过债券估价模型可知，影响债券价值的因素除债券面值、票面利率和债券期限外，还有市场利率。

1979年以来，中国人民银行做出了数十次利率调整，利率上调对抑制物价上涨和通货膨胀起到了一定的积极作用，利率下调在一定程度上刺激了投资和消费，对国民经济适度增长起到了促进作用。利率调整信息的经济效应也反映在经济发展的"晴雨表"——证券市场上。

市场利率变动是债券的主要风险来源。当市场利率提高时，以往发行又尚未到期的债券利率相对偏低。此时投资者若继续持有债券，在利息上要受损失，若将债券出售，又必须在价格上做出让步，同样要受损失。可见，此时投资者无法回避利率变动对债券价格和收益的影响，而且这种影响与债券本身无关。

例10-7 两种债券面值均为$1\,000$元，均为每年支付一次利息并到期归还本金，票面利率分别为6%和8%，且这两种债券分别存在期限为3年、5年和10年的三个细分品种，在每一债券细分品种的存续期间内市场利率分别为4%、6%和8%，那么请对这些新发行的债券进行估价，并讨论债券价值随着票面利率、期限、市场利率变化的规律。

解： 根据式（10-2）可计算得到债券的价值，如表10-2所示，据表10-2中的数据可得出图10-1。

表 10-2　　　　　　　　　　　　　　　不同条件下的债券估值

票面利率	期限/年	市场利率	债券价值/元	票面利率	期限/年	市场利率	债券价值/元
6%	3	4%	1 055.50	8%	3	4%	1 111.00
		6%	1 000.00			6%	1 053.46
		8%	948.46			8%	1 000.00
	5	4%	1 089.04		5	4%	1 178.07
		6%	1 000.00			6%	1 084.25
		8%	920.15			8%	1 000.00
	10	4%	1 162.22		10	4%	1 324.44
		6%	1 000.00			6%	1 147.20
		8%	865.80			8%	1 000.00

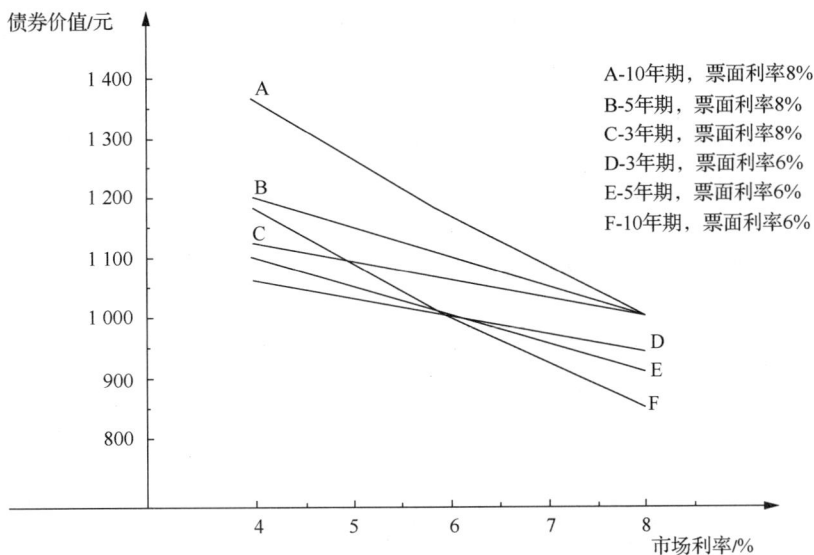

图 10-1　债券价值的变化

　　观察债券估值在不同条件下的数量关系，可以发现：（1）在市场利率与期限相同的情况下，随着票面利率增加，债券价值增大。且债券期限越短，债券票面利率对债券价值的影响越小。（2）在票面利率与期限相同的情况下，随着市场利率的增加，债券价值降低。且债券期限越长，债券票面利率对债券价值的影响越大。（3）随着期限的增加，债券价值随着债券票面利率与市场利率之间的比较关系而变化。如果债券票面利率等于市场利率，则其他条件相同的情况下，债券期限的变化不会引起债券价值的变动。对于溢价债券或折价债券，债券价值会因期限不同而产生差异。随着期限的增加，债券价值越发偏离于债券面值。

　　债券一旦发行，其面值、票面利率和期限都确定下来，市场利率就成为债券持有期间影响债券价值的主要因素。随到期时间的临近，债券价值逐渐向债券面值靠近，直至到期日债券价值等于债券面值。折价债券随着到期日临近，债券价值逐渐提高，最终等于债券面值；平价债券的债券价值一直等于票面价值；溢价债券随着到期日的临近，债券价值逐渐下降，最终等于债券面值。

　　另外，债券价值还受风险的影响。主要有：无法按时支付债券利息和偿还本金的违约风险、购买短期债券而没有购买长期债券导致短期债券到期后利息下降的再投资风险等。

10.2　股票投资

　　投资者希望找到有价值的股票，由此产生了对股票投资估价的需求。股票价值分析始于20世纪初，但是由于当时证券监管和信息披露的法规还很不完备，公众可以得到的信息及运用信息进行投资分析的余地有限。1929年世界范围内的经济危机才真正使价值分析"大行其道"。在历经10年的大牛市后，1929年10月24日"黑色星期四"来临，纽约证券交易所股票价格雪崩般跌落，股指从最高点363点跌至40多点，最大跌幅超过90%，股票从巅峰跌入深渊。此后，美国甚至全球进入了长达10年的经济大萧条时期。股市崩溃告诉人们：再美丽的肥皂泡也都是会破灭的，大家应当根据投资价值来决定是否投资。

　　沃伦·巴菲特，金融界的传奇人物，作为股票价值投资的支持者和实践者，以其独特的投资策略与技巧成为20世纪，或许也是整个人类历史上最伟大的投资者之一，其个人财富居于《福布斯》全球富豪榜前列。2000年起每年拍卖一次"巴菲特午餐"，即：与其在纽约知名的牛排馆共进午餐，所得善款全部捐给美国慈善机构。2018年度"巴菲特午餐"以330.01万美元（约合人民币2 119万元）的价格成交。2023年度"巴菲特午餐"的价格为1 900.01万美元（约合人民币1.28亿元），这一价格刷新了历史最高纪录。这也将最后一次举办"巴菲特午餐"拍卖。巴菲特对就餐的话题不设限制，除了自己下一步的投资选择外，保证知无不言、言无不尽。共进一顿午餐竟然花费几百万美元，到底值不值？人们能否由此就获得了投资股票的技巧？

股票带给持有者的现金流入包括两部分：股利收入和出售股票时的售价。而现金流出就是购买股票时付出的买入价格。

10.2.1　股票估价的折现模型

股票估价的折现模型表明，股票的内在价值由一系列的股利和将来出售股票时售价的现值所构成，即为：

$$V_s = \frac{D_1}{1+R_s} + \frac{D_2}{(1+R_s)^2} + \cdots + \frac{D_n}{(1+R_s)^n} + \frac{P_n}{(1+R_s)^n}$$

$$= \sum_{t=1}^{n} \frac{D_t}{(1+R_s)^t} + \frac{P_n}{(1+R_s)^n} \tag{10-6}$$

式中：V_s——股票价值；

$\quad R_s$——投资者投资于股票所要求的必要报酬率；

$\quad n$——预计持有股票的期数；

$\quad D_t$——第 t 期支付的股利；

$\quad P_n$——第 n 期的股票价格。

如果股东永远持有股票，其获得的是一个永续的股利现金流入，股票的价值为：

$$V_s = \frac{D_1}{1+R_s} + \frac{D_2}{(1+R_s)^2} + \cdots + \frac{D_n}{(1+R_s)^n} + \cdots$$

$$= \sum_{t=1}^{\infty} \frac{D_t}{(1+R_s)^t} \tag{10-7}$$

有了上述的基本模型，结合具体情况，可以变换得到股票投资估价的一些简化模型。

1. 零增长型股票的估价

长期股利稳定不变的股票（就类似于优先股），其估价模型可简化为：

$$V_s = \sum_{t=1}^{\infty} \frac{D_t}{(1+R_s)^t} = \frac{D}{R_s} \tag{10-8}$$

如果一家公司每年都分配每股股利2元，若长期持有且要求的必要报酬率为10%，则：V_s=2/10%=20元。这相当于20元资本在必要报酬率为10%的条件下的投资收益，每年均为2元，也就是说该股票与这份20元资本的价值相当。当然，市场上的股票价格不一定就是20元，可能高于也可能低于20元。如果当时的市价不等于股票价值，如市价为15元，则其预期报酬率为R_s=2/15×100%≈ 13.33%，即市价低于股票价值时，期望报酬率高于必要报酬率。

2. 固定增长型股票的估价

长期持有每年股利相比上年增长率为固定值 g 的股票，若持有时最近一次已发放的股利为D_0，则其估价为：

$$V_s = \frac{D_0(1+g)}{1+R_s} + \frac{D_0(1+g)^2}{(1+R_s)^2} + \cdots + \frac{D_0(1+g)^n}{(1+R_s)^n} + \cdots$$

假设 $R_s > g$，则可求出：

$$V_s = \frac{D_0(1+g)}{R_s - g} = \frac{D_1}{R_s - g} \tag{10-9}$$

通常，随着公司的发展，其股利增长率先是高于经济增长率；接着和经济增长率保持一致；最后公司的股利增长率要低于经济增长率。能够发放固定增长型股利的公司，业务多简单明了，如日用消费品生产商宝洁，饮料公司可口可乐，生产销售酒的五粮液，生产销售空调的格力电器。

3. 非固定增长型股票的估价

非固定增长，即股利增长率不固定，在此种情况下，要分段计算确定股票的价值。

例10-8 光华公司的必要报酬率为12%，准备投资购买A公司或B公司的股票，两只股票去年每股股利均为2元。其中，A公司的每股股利预计以后每年以6%的增长率增长。B公司的每股股利预计未来3年以20%的增长率高速增长，此后转为正常增长，增长率为6%。则A公司或B公司的股票价格分别为多少时，光华公司方可购买？

对A公司的股票，由式（10-9）可得：

$$V_s = \frac{2 \times (1+6\%)}{12\% - 6\%} = \frac{2.12}{6\%} \approx 35.33（元）$$

即A公司的股票价格在35.33元以下时，光华公司才能购买。

对B公司的股票，首先，计算非固定增长期的股利现值，如表10-3所示。

表10-3　　　　　　　非固定增长期股利现值

年份	股利（D_t）	折现系数（12%）	现值
1	2×1.2=2.4	0.892 9	2.14
2	2.4×1.2=2.88	0.797 2	2.30
3	2.88×1.2=3.456	0.711 8	2.46
合计（三年股利现值）			6.90

其次，计算第3年年底的普通股价值：

$$V_3 = \frac{D_3(1+g)}{R_s - g} = \frac{3.456 \times (1+6\%)}{12\% - 6\%} = 61.056（元）$$

计算其现值：61.056×0.7118 ≈ 43.46（元）

最后，计算股票目前的价值：$V_0 = 6.90 + 43.46 = 50.36$（元）

即B公司的股票价格在50.36元以下时，光华公司才能购买。

上述3种股票估价的折现模型的应用受到现实环境和具体操作的种种限制。例如，对折现率的确定就存在颇多的争议，很多上市公司不分配股利或只分配少量股利，又使得运用股票估价的折现模型难以真实反映股票价值。为了解决公司不分股利的估价问题，一种基于自由现金流量的证券估价模型被创造出来[①]。

4. 自由现金流量折现模型

自由现金流量折现模型与股票估价的折现模型的原理一致，都是对未来现金流量的折现，只是自由现金流量折现模型用自由现金流量替代了股利，其一般形式为：

$$V_s = \frac{FCF_1}{1+R_s} + \frac{FCF_2}{(1+R_s)^2} + \cdots + \frac{FCF_n}{(1+R_s)^n} + \cdots = \sum_{t=1}^{\infty} \frac{FCF_t}{(1+R_s)^t} \qquad (10-10)$$

式中：FCF_t——第 t 期公司产生的自由现金流量。

其中：自由现金流量=净利润+折旧摊销-营运资本增加-资本性支出。自由现金流量是企业真正能全部用于股利支付的现金流，该现金流的支付不会给公司经营产生任何不良影响。

[①] Kenneth S. Hackel, Joshua Livnat. Cash Flow and Security Analysis. McGraw-Hill Professional, 2010, 11:8,18.

10.2.2 市盈率模型

市盈率是指普通股每股市价与每股收益的比值，反映投资者愿意为每一元的当期收益支付多少钱，如式（10-11）所示。

$$市盈率=每股股票价格/每股收益 \tag{10-11}$$

市盈率模型可操作性强，可粗略地反映股票价值，可依据式（10-12）估算股票价值：

$$股票价值=行业平均市盈率×该股票每股收益 \tag{10-12}$$

高市盈率一般说明企业能够获得社会信赖，具有良好的发展前景，但仍要结合资本市场当时的平均市盈率，而不能简单判断为越低越好或越高越好。市盈率也衡量了投资者承担的投资风险的高低。即对于盈利能力类似的同行业企业来说，市盈率低的企业投资风险也低。市盈率通常不能用于不同行业间企业的比较。在其他因素保持不变的情况下，充满发展机会的朝阳行业及高成长前景行业的市盈率普遍较高，而成熟工业或者高风险行业的市盈率普遍较低。因此，运用此指标评价企业的盈利能力时，应与同行业的其他企业和行业平均水平进行比较。

例10-9 东方股份有限公司每股收益是2元，该公司主营业务所处行业的平均市盈率为19.4，问东方股份有限公司的股价为多少时，才可以购买？

解： 股票价值=行业平均市盈率×该股票每股收益=19.4×2＝38.8（元）

股票价格低于38.8元时，才可购买。

市盈率模型的优点在于：计算市盈率的数据易于取得且计算简单；市盈率把价格和收益联系起来，能够直观地反映投入和产出的关系。但如果收益是负值，市盈率就失去了意义，而且市盈率还受到经济景气程度的影响。因此，市盈率模型适用于连续盈利，并且其系统风险与市场系统风险接近的企业的估价。

如何预测市盈率的变化呢？1997年7月前美国联邦储备委员会主席格林斯潘在提交给国会的《货币政策报告》中表明，自1982年以来，10年期债券（代表了利率水平）和市盈率之间呈现显著的负相关关系[①]。他提到，从20世纪60年代中期到80年代初期，利率水平逐步提高，而市盈率水平逐渐下降，从20世纪80年代初到90年代末，利率下降而股价不断攀升。股票市场与10年期利率的这种关系被称为联邦储备模型（Fed Model）。但是，这一模型并不完全可靠。2000年美国股市到达顶峰之后，利率和市盈率同时走低。也就是说，尽管利率确实对市场有影响，但是市场对于利率所做出的反应却是不可预知的，我们仅仅通过利率变化难以准确预测市盈率的变化。

10.2.3 市净率模型

市净率模型为计算股票价值提供了一种计算方法，其计算公式如式（10-13）所示。这种方法假设股权价值是净资产的函数，类似企业有相同的市净率，净资产越多则股权价值越高。因此，股票市值是净资产的一定倍数，目标股票价值可以用每股净资产乘以平均市净率计算得到，即式（10-14）。

$$市净率=股票市值/资产净值 \tag{10-13}$$

$$股票价值=平均市净率×每股净资产 \tag{10-14}$$

市净率表明投资者为每股净资产付出的价格，因此，其反映了资产质量的高低。

例10-10 东方股份有限公司今年的每股净资产是2元，该公司主营业务所处行业的平均市净率为16.7，问东方股份有限公司的股价为多少时，才可以购买？

解： 股票价值=16.7×2＝33.4（元）

---

① 罗伯特·J. 希勒. 非理性繁荣[M]. 北京：中国人民大学出版社，2008.

股票价格低于33.4元时，方可购买。

市净率估价模型的优点：净利润为负值的企业不能用市盈率估价，但净资产极少为负值，因而市净率可用于大多数企业；净资产账面价值的数据容易取得，并且容易理解；此外，净资产账面价值比净利润稳定，不像利润那样容易被人为操纵。

其局限性在于：有些行业企业的净资产所占比重小，净资产与企业价值的关系不大；另外，有些企业的净资产是负值，市净率没有意义。因此，这种方法主要适用于拥有大量资产、净资产为正值的企业的估价。

在应用上述模型考虑股票的投资价值时，还要考虑其相比于其他投资的相对价值。如果债券利率提高，投资者往往会将投资于股票的资金转向投资债券以取得更高的投资收益，这样就会造成股价下跌。或者，当银行利率提高、存款利息增多时，资金就会从证券市场流向银行，证券投资需求减少，证券价格便会下跌。同时，利率提高导致企业财务成本提高，企业获利能力降低，进一步导致证券价格下跌。

讨论案例

中国建筑的股票估值几何

中国建筑股份有限公司（以下简称"中国建筑"），股票代码：601668，于2007年12月6日由中国建筑工程总公司、中国石油天然气集团公司、宝钢集团有限公司和中国中化集团公司共同发起设立，并于2009年7月在上海证券交易所上市。其业务涵盖投资开发（地产开发、建造融资、持有运营）、工程建设、勘察设计、新业务（绿色建造、电子商务）等。2013年位列《财富》"世界500强"第80位，2015年后位列第37位，2017年位列第24位。2017年成为全球首家产值过万亿元的投资建设公司，继续保持建筑行业全球最高信用评级。其近年来的年度分红及部分财务指标如表10-4所示。在2017年的最后一个交易日，公司及上证指数的日k线及数据如图10-2、图10-3所示。

表 10-4　　年度分红及部分财务指标

报告期	10股分红/元：含税	共分配现金股利/元	每股收益/元	归属上市公司股东的净利润/千元	加权平均净资产收益率/%
2011	1.00	1 233 754 150	0.45	13 644 276	16.33
2012	1.10	1 357 129 565	0.52	15 735 236	16.52
2013	1.30	1 603 880 395	0.68	20 398 512	18.60
2014	1.50	1 850 631 225	0.75	22 569 967	17.70
2015	1.50	2 036 931 225	0.84	26 061 898	16.00
2016	1.60	2 036 931 225	0.96	29 870 104	15.87
2017	1.80	2 444 317 470	1.07	32 941 799	15.82

资料来源：中国建筑定期报告。

图 10-2　中国建筑日k线及数据

155

图 10-3　上证指数日 k 线及数据

思考：作为一名普通投资者，如何对中国建筑（601668）股票进行估值？你能够想到几种方法？这些方法得到的结果是否相同？如果结果不一致，可能是什么原因？你更加信赖哪一种方法？2023年底，中国建筑的总市值为1 900亿元左右，与你的估计结果差距最小的估计方法是哪一种？

复习思考题

一、概念题

1. 债券的价值　　2. 股票的内在价值　　3. 市盈率　　4. 市净率

二、单选题

1. 某债券面值为 500 元，期限为 5 年，以折现方式发行，期内不计利息，到期按面值偿还，当时市场利率为 8%，其价格（　　）元时，企业才能购买。

    A. 高于 340　　　　B. 低于 340　　　　C. 高于 510　　　　D. 低于 500

2. 星海公司的资本成本率为 10%，欲投资购买某公司股票，预计持有三年。该股票预计年股利额为 8 元/股，三年后市价可望涨至 80 元，则该股票现在可用最多（　　）元购买。

    A. 59　　　　　　B. 80　　　　　　C. 75　　　　　　D. 86

3. 面值为 60 元的普通股票，预计年固定股利收入为 6 元。如果折现率为 8%，那么，准备长期持有该股票的投资者能接受的购买价格为（　　）元。

    A. 60　　　　　　B. 80　　　　　　C. 75　　　　　　D. 65

4. 有一笔五年期国债，平价发行，票面利率 10%，单利计息，到期一次还本付息，其到期收益率是（　　）。

    A. 8.44%　　　　B. 11.12%　　　　C. 10%　　　　　D. 12%

5. 下列选项中，不会影响债券价值的因素是（　　）。

    A. 票面利率　　　B. 市场利率　　　C. 付息方式　　　D. 购买价格

6. 某人以 40 元的价格购入一股票，该股票目前的股利为每股 1 元，股利增长率为 2%，预计一年后以 50 元的价格出售，则该股票的投资收益率应为（　　）。

    A. 2%　　　　　　B. 25%　　　　　C. 21.22%　　　　D. 27.55%

7. 投资者购买债券时，可以接受的最高价格是（　　）。

    A. 出卖市价　　　B. 到期价值　　　C. 债券价值　　　D. 票面价值

8. 某公司发行的股票，预期报酬率为 20%，最近刚刚支付了每股 2 元的股利，估计股利年增长率为 10%，则该种股票的价值为（　　）。

    A. 20　　　　　　B. 24　　　　　　C. 22　　　　　　D. 11

9. 企业对外进行债券投资，从其产权关系来看属于（　　　）。

　　A. 债权投资　　　　B. 股权投资　　　　C. 证券投资　　　　D. 实物投资

三、判断题

1. 在计算长期证券收益率时，应考虑货币时间价值因素。（　　　）
2. 债券面值应包括两个基本内容：币种和票面金额。（　　　）
3. 银行利率提高可能会引起证券价格下跌。（　　　）
4. 股票投资的收益只有股利。（　　　）
5. 公司增发新股时，可以用市盈率确定其发行价格。（　　　）

四、计算题

1. 某企业计划利用一笔长期资金投资购买股票。现有 A 公司股票和 B 公司股票可供选择，该企业只准备投资一家公司股票。已知 A 公司股票现行市价为每股 8 元，上年每股股利为 0.14 元，预计以后每年以 6% 的增长率增长。B 公司股票现行市价为每股 6 元，上年每股股利为 0.5 元，股利分配将一直保持不变。该企业所要求的投资必要报酬率为 8%。

要求：

（1）利用股票估价模型，分别计算 A 公司、B 公司股票价值。

（2）为该企业做出股票投资决策。

2. 甲企业于 2022 年 1 月 10 日以每张 1 050 元的价格购买乙企业发行的利随本清的企业债券。该债券的面值为 1 000 元，期限为三年，票面年利率为 10%，不计复利。购买时市场年利率为 8%。不考虑所得税。

要求：

（1）利用债券估价模型，评价甲企业购买此债券是否合算？

（2）如果甲企业于 2024 年 1 月 10 日将该债券以 1 190 元的市价出售，计算该债券的投资收益率。

3. 某股东投资最低报酬率为 20%，欲长期持有某公司股票 100 股，每股面值 100 元，现在股价为 150 元。预期该公司未来三年股利零增长，每期股利 20 元。预计从第四年起转为正常增长，增长率为 10%。评价该股东是否应投资该公司股票。

第11章　投资风险管理

📋 引导案例

投资成功是天时、地利、人和的产物。在进行项目投资或证券投资时，投资风险都如影随形。投资风险可能在不经意间打败优秀的公司，也可能使公司更加优秀。

泛美世界航空公司（Pan American World Airways）创始人胡安·特里普（Juan Trippe）在20世纪30年代先开辟了飞往拉丁美洲的航线，又把航线目的地放在更远的中国，这在当时被认为是一个疯狂的决定。广阔的海洋、有限的飞行距离、简陋的导航系统、匮乏的跑道及不明朗的亚洲航班市场，让其他航空公司都望而却步。然而，1935年以后，乘坐国际航班的人数急剧增加。这个世界最终和特里普一同迎来了航空业广阔的发展未来。

作为一家顶级的投资银行，雷曼兄弟曾有着辉煌的过去，它是拥有158年历史的华尔街第四大投资银行。20世纪90年代后，雷曼兄弟大力拓展了传统的投资银行业务，并取得了巨大的成功，被称为华尔街上的"债券之王"。然而，2008年9月15日，雷曼兄弟按照美国公司破产法案的相关规定提交了破产申请，成为美国有史以来倒闭的最大金融公司。"债券之王"毁于债券投资。雷曼兄弟作为业内的佼佼者，败于投资风险这个强大的敌人之下。

普通的企业或者投资者更没有理由不注重对投资风险的判断和控制。2013年年底，我国发布《关于2013年中央企业开展全面风险管理工作有关事项的通知》，要求各中央企业健全风险评估制度、强化重大风险管控、完善风险管理机制。该通知同时要求中央企业在2013年4月30日前向相关部门报送全面风险管理年度报告。我国为何对风险管理如此重视，道理不言自明。2018年，国资委提出的央企2019年全面风险管理年度报告的模板，包括前一年的总体情况、工作亮点、风险事件及下一年的重大风险研判、工作安排等内容。

本章将介绍投资项目风险分析方法、投资组合的风险计量方法等内容。

⭐ 学习目标

- 掌握项目风险的内涵及其分析方法；
- 熟悉投资组合的风险计量方法；
- 掌握资本资产定价模型；
- 了解套利定价模型。

11.1　项目风险及其分析方法

项目某些信息的取得成本过高，或者对项目未来发展不能事先确知，以及决策者对项目进程难以全面控制等，都会导致投资项目风险的产生。

11.1.1　项目风险的内涵

1. 项目风险

项目风险是指某一投资项目本身所特有的风险，不考虑与企业其他项目的组合风险效应，单纯反映特定项目未来收益的可能结果相对于预期值的离散程度。我们通常采用概率的方法，以项目的预期收益的标准差衡量。

摩托罗拉曾经是引领尖端技术和卓越典范的代表，发明了车载收音机、彩电显像管、全晶体管彩色电视机、半导体微处理器、对讲机、寻呼机、大哥大（蜂窝电话），先后开创了汽车电子、晶体管彩电、集群通信、半导体、移动通信、手机等多个产业，并长时间在各个领域中独占鳌头。十几年前，摩托罗拉在中国手机市场上几乎家喻户晓。在2003年，手机的品牌竞争力排在第一位。时至今日，"华为"成为手机市场上的主力品牌，摩托罗拉则日渐沉寂。

对于摩托罗拉在手机市场地位的急转直下，很多分析专家都认为其败于"铱星"项目。为了夺得世界移动通信市场的主动权，并实现在世界任何地方使用无线手机通信，摩托罗拉提出新一代卫星移动通信系统——铱星。该通信系统由66颗高技术卫星组成，整个卫星系统的维护费一年就达几亿美元。一部铱星手机价格为3 000美元，加上高昂的通话费用，运营的前两个季度在全球只发展了1万用户，这使得前两个季度的亏损即达10亿美元。尽管铱星手机后来降低了收费，但仍未能扭转颓势，项目风险直接主宰了投资结果。

2. 项目风险与企业风险、市场风险的关系

企业风险包括经营风险和财务风险，是由公司特有事件引起的风险，这些事件如法律诉讼、罢工、重要员工的流失、产品安全、管理质量、成功或失败的营销计划、成功或失败的筹资计划、重要合约的得失、竞争条件等，基本上是随机的，可以通过多样化投资组合加以消除，也就是一家企业的不利事件可以被其有利事件抵消。市场风险来源于影响绝大多数企业的系统因素，如战争、通货膨胀、经济衰退和高利率、汇率变化、政治风险等。

在一家企业内部，某一项目可能具有高度的不确定性，但如果该项目在整个企业资产中所占的比重相对较小，而且该项目的收益与企业其他资产的收益并非密切相关，则该投资项目的风险就可以通过与企业其他资产进行组合被分散。企业规模越大，这种风险分散效应就越大。一般可参照投资组合风险分析法，将某一特定项目与企业其他资产视为一种投资组合，分析投资组合的收益和风险。由于市场环境对绝大多数项目有相同的影响，即使在高度多元化的投资组合中，仍然存在无法消除的投资风险，这部分风险就是市场风险。市场风险可能直接对项目产生影响，也可能通过企业竞争者、供应商或者消费者间接对企业产生影响。

雷曼兄弟和其他华尔街上的银行一样，涉足了美国房地产的信贷业务，并成为住宅抵押债券和商业地产债券的顶级承销商和账簿管理人。在市场情况好的年份，流动性泛滥，投资者被乐观情绪蒙蔽，巨大的系统性风险带来了巨大的收益；当市场崩溃的时候，巨大的系统性风险必然带来巨大的负面影响。美国的连续加息造成房地产市场止升回落，平均房价下跌。这导致无力还贷的房贷人越来越多、信贷损失越来越大，雷曼兄弟遭遇危机。从2008年9月9日开始，其股价在一周内暴跌77%，公司市值从112亿美元大幅缩水至25亿美元。即使通过资产抵押贷款、变卖资产、大规模裁员等自救方式，雷曼兄弟也未能摆脱困境。

上述三种风险中，由于市场风险不能通过多元化投资加以分散，因此它对项目具有非常重要的影响。但对单一股票持有者，包括小型企业的所有者，以及企业的股东、管理人员、员工、客户、供应商、债权人及企业所处的社区来说，他们对企业风险的关心胜于市场风险。因为如果企业风险高、经营状况差、获利能力低甚至面临破产，企业的各种利益相关者的利益都会受到损害。因此，即使是那些实行多元化投资的股东，也很重视企业风险。另外，项目风险的大小可能直接关乎企业的生死存亡。例如，摩托罗拉在投资铱星系统时，巨大的项目风险对该企业产生了巨大的负面影响。

11.1.2 项目风险分析方法

项目风险分析方法主要包括风险调整折现率法和肯定当量法。

1. 风险调整折现率法

风险调整折现率法的基本思路是对高风险项目采用较高的折现率计算净现值，然后依据净现值法的规则选择方案。根据风险的大小确定风险调整折现率是应用该方法的关键。

风险调整折现率的计算应用式：

$$K=i+b\times Q \qquad (11\text{-}1)$$

式中：K——风险调整折现率；

i——无风险折现率；

b——风险报酬斜率（反映了风险程度变化对风险调整折现率影响的大小，一般为经验数据，也可以根据历史资料用高低点法或直线回归法求出）；

Q——综合变化系数，描述了具有一系列现金流入的项目方案的综合风险程度。

综合变化系数为综合标准差与现金流入预期现值的比值，是用相对数表示的离散程度，即风险大小。计算公式如下：

$$Q=\frac{D}{EPV} \qquad (11\text{-}2)$$

其中，综合标准差（D）表示 n 年现金流入的整体离散程度，计算公式如下：

$$D=\sqrt{\sum_{t=1}^{n}\left[\frac{\sigma_t}{(1+i)^t}\right]^2} \qquad (11\text{-}3)$$

式中：σ_t——第 t 年现金流入的标准差，由 $\sigma_t^2=\sum_{k=1}^{m}(E_{tk}-E_t)^2\times P_{tk}$ 确定。其中，E_{tk} 为第 t 年第 k 种可能的现金流入，E_t 为第 t 年的期望现金流入，$E_t=\sum_{k=1}^{m}E_{tk}P_{tk}$；$P_{tk}$ 为第 t 年的第 k 种可能的现金流入的概率，同时满足 $0\leqslant P_{tk}\leqslant 1$ 且 $\sum_{k=1}^{m}P_{tk}=1$；m 为第 t 年的所有可能现金流入的数目。

现金流入预期现值（EPV）为各年期望现金流入的现值之和，计算公式如下：

$$EPV=\sum_{t=1}^{n}\frac{E_t}{(1+i)^t} \qquad (11\text{-}4)$$

例11-1 某公司的最低报酬率为6%，现有一个投资机会，根据统计资料，项目的 $b=0.1$，其他有关资料如表11-1所示。

表 11-1　　　　　　　　　　　第 t 年现金流入及其概率

年 t	现金流入/万元	概率
0	−5 000	1
1	3 000	0.25
	2 000	0.50
	1 000	0.25
2	4 000	0.20
	3 000	0.60
	2 000	0.20
3	2 500	0.30
	2 000	0.40
	1 500	0.30

（1）综合变化系数 Q 的计算。

项目各年现金流入的期望值：

$E_1 = 3\,000 \times 0.25 + 2\,000 \times 0.50 + 1\,000 \times 0.25 = 2\,000$

$E_2 = 4\,000 \times 0.20 + 3\,000 \times 0.60 + 2\,000 \times 0.20 = 3\,000$

$E_3 = 2\,500 \times 0.30 + 2\,000 \times 0.40 + 1\,500 \times 0.30 = 2\,000$

项目各年现金流入的标准差：

$$\sigma_1 = \sqrt{(3\,000 - 2\,000)^2 \times 0.25 + (2\,000 - 2\,000)^2 \times 0.50 + (1\,000 - 2\,000)^2 \times 0.25} \approx 707.11$$

$$\sigma_2 = \sqrt{(4\,000 - 3\,000)^2 \times 0.20 + (3\,000 - 3\,000)^2 \times 0.60 + (2\,000 - 3\,000)^2 \times 0.20} \approx 632.46$$

$$\sigma_3 = \sqrt{(2\,500 - 2\,000)^2 \times 0.30 + (2\,000 - 2\,000)^2 \times 0.40 + (1\,500 - 2\,000)^2 \times 0.30} \approx 387.30$$

公司的最低报酬率可理解为无风险折现率。当无风险折现率为 6%时，三年现金流入的综合标准差：

$$D = \sqrt{\frac{707.11^2}{(1+6\%)^2} + \frac{632.46^2}{(1+6\%)^4} + \frac{387.30^2}{(1+6\%)^6}} = 931.44$$

三年现金流入的预期现值：$\mathrm{EPV} = \dfrac{2\,000}{1+6\%} + \dfrac{3\,000}{(1+6\%)^2} + \dfrac{2\,000}{(1+6\%)^3} = 6\,236.02$

综合变化系数即风险程度：$Q = \dfrac{D}{\mathrm{EPV}} = \dfrac{931.44}{6\,236.02} \approx 0.15$

（2）确定项目的风险调整折现率：$k = 6\% + 0.1 \times 0.15 = 7.5\%$

（3）按照风险调整折现率计算净现值：

$$\mathrm{NPV} = -5\,000 + \frac{2\,000}{1+7.5\%} + \frac{3\,000}{(1+7.5\%)^2} + \frac{2\,000}{(1+7.5\%)^3} = 1\,066.38$$

按照无风险折现率计算净现值：

$$\mathrm{NPV} = -5\,000 + \frac{2\,000}{1+6\%} + \frac{3\,000}{(1+6\%)^2} + \frac{2\,000}{(1+6\%)^3} = 1\,236.02$$

可见，按照风险调整折现率计算的净现值 1 066.38 万元小于按照无风险折现率计算的净现值，但仍然大于 0，所以项目可行。

风险调整折现率法对风险大的项目采用较高的折现率，对风险小的项目采用较低的折现率，比较符合逻辑，理论上可行，应用较为广泛。但是，把时间价值和风险价值混在一起，并据此对预期现金流量进行折现，意味着风险随着时间的推移而加大，有时并不符合事实。在种植、餐饮等行业，前几年的现金流量难以预测，越往后反而越有把握。

2. 肯定当量法

该方法先用一个系数把项目有风险的净现金流量调整为无风险的净现金流量，然后用无风险的折现率计算净现值，再用净现值法的规则判断投资机会的可取程度。计算公式如下：

$$\mathrm{NPV} = \sum_{t=0}^{n} \frac{\alpha_t \, \mathrm{CFAT}_t}{(1+i)^t} \tag{11-5}$$

式中：α_t——第 t 年现金流量的肯定当量系数；

$\quad\quad i$——无风险的折现率；

$\quad\quad \mathrm{CFAT}_t$——第 t 年的净现金流量。

肯定当量系数是指未来各年"不确定的 1 元现金流量"可以换算成"确定的现金流量"的数量。显然，对于初始现金投入是确定的项目，α_0 等于 1。肯定当量系数可由经验丰富的分析人员凭主观判断确定，也可以通过数据分析，对各年现金流量的变化系数规定相应的肯定当量系数。

肯定当量法通过调整净现值公式中的分子来考虑风险，风险调整折现率法通过调整净现值公式中的分母来考虑风险，这是两者的重要区别。肯定当量法克服了风险调整折现率法夸大远期风险的缺点，但分年度确定合理的肯定当量系数是个复杂的问题。

11.2 投资组合的风险

投资组合是指由一种以上证券或资产构成的投资集合。由于投资组合涉及的资产主要是金融资产，因此投资组合通常指证券投资组合（以下简称"证券组合"）。

投资组合理论[①]认为，若干种证券组成的投资组合的收益是这些证券收益的加权平均数，但是其风险不是这些证券的加权平均风险，证券组合能降低风险。正如"不要将所有的鸡蛋放在一个篮子里"这句话所体现的原则一样，投资组合能够有效地避免投资失败。

2008年1月，中国平安欲巨额融资1 600亿元投资海外市场，此举成为股价下跌的导火索，"血洗"A股市场。不仅如此，中国平安最初投资富通集团的238.74亿元市值仅剩约6亿元。2008年第三季度其对部分浮亏计提了157亿元的减值准备，导致第三季度亏损达到78亿元。中国平安当年每股收益0.22元，下降近90%。错误的融资决策加上集中投资一家选错的企业，后果惨不忍睹。

投资组合理论研究"理性投资者"如何优化投资选择。理性投资者是指，在给定的期望风险水平下使期望收益最大化，或者在给定期望收益水平下使期望风险最小化的投资者。

11.2.1 证券组合的预期报酬率和标准差

证券投资本质上是在不确定性的收益和风险中进行选择，以实现预期报酬率。即在一定条件下，投资者的证券组合选择可以简化为对两个因素的权衡，即证券组合的预期报酬率和标准差。投资组合的预期报酬率是组合中单只证券预期报酬率的加权平均，权重为相应的投资比例。标准差描述了投资组合的各证券预期报酬率的波动和相互关系，衡量了投资组合的风险。

1. 预期报酬率

两种或两种以上证券的组合，其预期报酬率（μ_p）可以直接表示为：

$$\mu_p = \sum_{j=1}^{m} \mu_j A_j \tag{11-6}$$

式中：μ_j——第 j 种证券的预期报酬率；

A_j——第 j 种证券在全部投资额中的比重；

m——组合中的证券种类总数。

银行推出的一些理财产品通常以"收益高，风险低"的固定收益来吸引投资者购买。2018年，商业银行理财产品年化预期报酬率多在5%以下，部分城商行产品的年化预期报酬率在5%以上。

2. 标准差

证券组合的标准差并不是单个证券标准差的简单加权平均，而是由组合内证券各自的风险及各证券之间的关系共同决定。

例11-2 假设投资组合①投资100万元，A和B各占50%，各自及组合的收益和报酬率情况如表11-2所示；投资组合②投资100万元，C和D各占50%，各自及组合的收益和报酬率情况如表11-3所示。

---

① Harry Markowitz. Portfolio Selection [J]. The Journal of Finance, 1952, 7(3): 77-91.

表 11-2   投资组合①数据

方案	A		B		组合	
年度	收益/万元	报酬率/%	收益/万元	报酬率/%	收益/万元	报酬率/%
2019	20	40	−5	−10	15	15
2020	−5	−10	20	40	15	15
2021	17.5	35	−2.5	−5	15	15
2022	−2.5	−5	17.5	35	15	15
2023	7.5	15	7.5	15	15	15
均值	7.5	15	7.5	15	15	15
标准差	11.32	22.64	11.32	22.64	0	0

表 11-3   投资组合②数据

方案	C		D		组合	
年度	收益/万元	报酬率/%	收益/万元	报酬率/%	收益/万元	报酬率/%
2019	20	40	20	40	40	40
2020	−5	−10	−5	−10	−10	−10
2021	17.5	35	17.5	35	35	35
2022	−2.5	−5	−2.5	−5	−5	−5
2023	7.5	15	7.5	15	15	15
均值	7.5	15	7.5	15	15	15
标准差	11.32	22.64	11.32	22.64	22.64	22.64

其中，表 11-2、表 11-3 中标准差采用样本标准差的计算公式，即：$\sigma = \sqrt{\dfrac{\sum\limits_{i=1}^{n}(X_i - \bar{X})^2}{n-1}}$，

X_i 为收益或者报酬率，n=5。

如表 11-2 所示，在投资组合①中，A 和 B 的收益及报酬率的标准差均分别相同，组合的收益及报酬率的标准差均为 0，组合的收益为 A、B 各自收益的和，在任何年度都相同，不存在任何变动，组合的报酬率也保持不变，风险被全部抵消，两只证券完全负相关。如表 11-3 所示，在投资组合②中，C 和 D 的收益及报酬率的标准差分别相同，组合的报酬率的标准差与 C 和 D 各自报酬率的标准差相同，组合的收益为 C、D 各自收益的和，组合的收益随着年度与 C、D 各自收益的变化完全相同，组合的报酬率与组合的收益变化一致，组合的风险不减少也不增加，两只证券完全正相关。

实际上，股票之间不可能完全正相关，也不可能完全负相关，所以不同股票的投资组合可以降低风险，但又不能完全消除风险。一般而言，股票的种类越多，组合的风险越小。

假定一个抛硬币的游戏：如果正面朝上，玩家可得 200 元；如果反面朝上，玩家将损失 150 元。因为：预期报酬=200×0.5-150×0.5=25（元），总体而言，这个游戏的收益还不错。然而，玩家损失的概率为 50%，属于高风险，因此，大多数理性的玩家会拒绝玩这个游戏。如果换种方式，玩家可以抛硬币 10 次，出现一次正面朝上就得到 20 元，出现一次反面朝上就损失 15 元。此时，出现的结果可能是全部正面朝上或者全部反面朝上，但最可能的结果是 5 次正面朝上和 5 次反面朝上。这样，尽管每次抛硬币都有风险，但整个游戏的风险却降低了，部分风险被分散掉了。这就是股票投资组合相对于投资单只股票的优势。各基金公司旗下的证券投资基金有很多是股票投资组合。例如，某成长混合基金目标就是致力于通过投资于具有良好成长性的、多行业的上市公司股票，从而在保持基金资产安全性和流动性的前提下，实现基金的长期资本增值。

11.2.2　投资组合的风险计量

投资组合的风险通过投资组合的标准差计量，公式如下：

$$\sigma_p = \sqrt{\sum_{j=1}^{m}\sum_{k=1}^{m} A_j A_k \sigma_{jk}} \qquad (11\text{-}7)$$

式中：m——组合内证券种类总数；

　　　A_j、A_k——第 j 种、第 k 种证券在投资总额中的比例；

　　　当 $j=k$ 时，σ_{jk}——第 j 种或第 k 种证券报酬率的方差；

　　　当 $j\neq k$ 时，σ_{jk}——第 j 种证券与第 k 种证券报酬率的协方差。

1. 协方差的计算

两种证券报酬率的协方差可以用来衡量它们之间共同变动的程度，计算公式如下：

$$\sigma_{jk} = r_{jk}\sigma_j\sigma_k \qquad (11\text{-}8)$$

式中：r_{jk}——证券 j 和证券 k 报酬率之间的预期相关系数；

　　　σ_j——第 j 种证券的标准差；

　　　σ_k——第 k 种证券的标准差。

相关系数取值区间为[-1, 1]。相关系数为 1，表示一种证券报酬率与另一种证券报酬率完全正相关；相关系数为-1，表示一种证券报酬率与另一种证券报酬率完全负相关；相关系数为 0，表示缺乏相关性，即一种证券的报酬率相对于另一种证券的报酬率独立变动。一般而言，多数证券的报酬率趋于同向变动，可谓大"市"所趋，因此，两种证券之间的相关系数多为小于 1 的正值。相关系数的计算公式如下：

$$相关系数（r）= \frac{\sum_{i=1}^{n}\left[\left(x_i - \overline{x}\right)\times\left(y_i - \overline{y}\right)\right]}{\sqrt{\sum_{i=1}^{n}\left(x_i - \overline{x}\right)^2}\times\sqrt{\sum_{i=1}^{n}\left(y_i - \overline{y}\right)^2}} \qquad (11\text{-}9)$$

式中：x_i（$i=1,2,\cdots,n$）和 y_i（$i=1,2,\cdots,n$）——第 j 种、第 k 种证券 1 到 n 各期的报酬率；

　　　$\overline{x}$ 和 $\overline{y}$ ——第 j 种、第 k 种证券各期报酬率的均值。

2. 协方差矩阵

式（11-7）中的 σ_{jk} 实际上可以用协方差矩阵来表达。

例如，当 m 为 3 时，所有可能的协方差如下列矩阵所示：

$$\begin{pmatrix} \sigma_{1,1} & \sigma_{1,2} & \sigma_{1,3} \\ \sigma_{2,1} & \sigma_{2,2} & \sigma_{2,3} \\ \sigma_{3,1} & \sigma_{3,2} & \sigma_{3,3} \end{pmatrix}$$

矩阵对角线上 $j=k$，$\sigma_{1,1}$、$\sigma_{2,2}$、$\sigma_{3,3}$ 为方差，其相关系数根据式（11-9）可知是 1。$\sigma_{1,2}$ 代表证券 1 和证券 2 报酬率之间的协方差，$\sigma_{2,1}$ 代表证券 2 和证券 1 报酬率的协方差，根据式（11-8）、式（11-9）可知，$\sigma_{1,2}$ 与 $\sigma_{2,1}$ 的数值显然是相同的。这就是说需要计算两次证券 1 和证券 2 之间的协方差。其他不在对角线上的配对组合的协方差，同样被计算了两次。因此，结合 m 为 3 时的协方差矩阵及式（11-7），三种证券组合的标准差计量共有 9 项，由 3 个方差项和 6 个协方差项（3 个计算了两次的协方差项）组成。

而且，随着证券组合中的证券数目的增加，协方差项比方差项更多而变得更重要。例如，在四种证券组合中有 4 项方差项（沿着对角线）和 12 项协方差项。当组合中的证券数量较多时，总方差主要取决于各证券间的协方差。例如，在含有 20 种证券的组合中，共有 20 个方差项和 380 个协方差项。因此，对于充分组合证券的投资风险，只有证券之间的协方差是重要的，方差将变得微不足道。

例11-3 A证券的预期报酬率为10%，标准差是12%。B证券的预期报酬率是18%，标准差是20%。假设等比例投资于两种证券，即各占50%。求：投资组合的预期报酬率和标准差。

解： 该组合的预期报酬率为：μ_p=50%×10%+50%×18%=14%

如果两种证券的相关系数等于1，则没有任何抵消风险的作用。在等比例投资的情况下，该组合的标准差等于两种证券各自标准差的简单算术平均数，即16%。

如果两种证券之间的预期相关系数是0.2，组合的标准差会小于加权平均的标准差，其标准差为：

$$\sigma_p=[(50\%×12\%)^2+2×50\%×50\%×0.2×12\%×20\%+(50\%×20\%)^2]^{1/2}=12.65\%$$

从以上计算过程中可以看出，只要两种证券之间的相关系数小于1，证券组合报酬率的标准差就小于各证券报酬率标准差的加权平均数（以投资比例为权重）。

3. 投资组合的有效集合

假设公司可投资于两个独立的资产，期望报酬率为 μ_1 和 μ_2，标准差分别为 σ_1 和 σ_2。两者的期望报酬率和标准差相等，即 $\mu_1=\mu_2$，$\sigma_1=\sigma_2$。若只投资于其中的一个资产，就相当于其把所有鸡蛋都放在了同一个篮子里，其期望报酬率 $\mu=\mu_1=\mu_2$；标准差 $\sigma=\sigma_1=\sigma_2$。

若分别按照 α，$1-\alpha$ 的比例投资于两个资产，则组合的期望报酬率 $\mu=\alpha\mu_1+(1-\alpha)\mu_2=\mu_1=\mu_2$。因为独立资产报酬率间的协方差为 0，组合的方差 $\sigma^2=\alpha^2\sigma_1^2+(1-\alpha)^2\sigma_2^2=(1-2\alpha+2\alpha^2)\sigma_1^2$。对 α 求导数可以得到组合的方差的最小值：即 $\alpha=1/2$ 时，$\sigma^2=\sigma_1^2/2=\sigma_2^2/2$。

因此，上述两种资产的最优投资组合是平均分配投资，组合的期望报酬率与两种资产的期望报酬率相同，但方差减至原来的一半，因为没有付出收益降低的代价，相当于获得了风险降低的"免费午餐"。在这个例子中，资产的相关性越小，投资组合降低组合方差分散风险的效果越好。在实际的投资中，各种资产的收益和方差不可能完全相等，因此，为了降低风险，投资组合往往付出收益降低的代价。

在例 11-3 中，若以不同的比例投资于两种证券，组合的预期报酬率与标准差都会发生变化。显然，因为 $\sigma_A<\sigma_B$，完全投资于 B 证券，组合的期望报酬率和标准差最大。

组合的期望报酬率：$\mu=\alpha\mu_A+(1-\alpha)\mu_B$

组合的方差：$\sigma^2=\alpha^2\sigma_A^2+(1-\alpha)^2\sigma_B^2+2r\alpha(1-\alpha)\sigma_A\sigma_B$

经过如下的试算：① 在 μ_A，μ_B，σ_A，σ_B 和 r（为 A、B 证券的相关系数）确定的情形下，令 α，$1-\alpha$ 逐步变化，由此得到组合的期望报酬率与组合的方差的关系曲线，存在一个最佳的投资比例使组合的方差最小；② 进一步改变 r 值，重复①的步骤，令 r 逐步变化，可以得到一系列期望报酬率与组合的方差的关系曲线的集合。在这些曲线中，恰当的投资组合机会集无非是提高期望报酬率而降低或不增加风险的组合、降低风险而提高或不降低期望报酬率的组合。

11.3 风险定价模型

证券投资组合可以分散风险，但又不能完全消除风险，无法消除的是系统风险（或称不可分散风险），可分散的是非系统风险（或称可分散风险），如图 11-1 所示。一个充分的投资组合几乎没有非系统风险，只有不可分散的系统风险。

假设投资者是理性的，都会选择充分投资组合，则非系统风险将与资本市场无关，市场不会对非系统风险给予任何价格补偿。与商品市场只承认社会必要劳动时间而不承认个别劳动时间同理，市场不会给"浪费"以价格补偿，不会给那些不必要的风险以回报。承担风险会从市场上得到回报，回报大小又取决于系统风险。这就是说，一项资产的定价高低取决于该资产的系统风险大小。

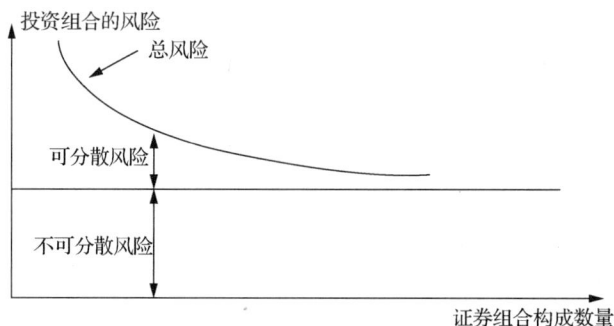

图 11-1 投资组合的风险

11.3.1 资本资产定价模型

资本资产定价模型（CAPM）[1][2][3]是财务学形成和发展过程中最重要的里程碑之一，它第一次使人们可以量化市场的风险程度，并且能够对风险进行定价。

1. 系统风险 β 系数的度量

度量一项资产系统风险的指标是贝塔系数，用希腊字母 β 表示，经济含义为某项资产相对于市场组合而言系统风险的大小。其计算公式如下：

$$\beta_J = \frac{COV(K_J, K_M)}{\sigma_M{}^2} = \frac{r_{JM}\sigma_J\sigma_M}{\sigma_M{}^2} = r_{JM}\left(\frac{\sigma_J}{\sigma_M}\right) \qquad （11\text{-}10）$$

式中，分子 $COV(K_J, K_M)$——资产 J 的收益与市场组合 M 收益之间的协方差，它等于该证券的标准差 σ_J、市场组合的标准差 σ_M 及两者相关系数 r_{JM} 的乘积。

根据式（11-10）可知，一种股票 β 值的大小取决于该股票与整个股票市场的相关性、其自身的标准差及整个市场组合的标准差。市场组合相对其自身的 β 值为1。若一项资产的 β 值为0.5，说明其收益率的波动幅度只是市场波动幅度的一半；若 $\beta > 1$，则其收益率的波动幅度是市场波动幅度的 β 倍。

β 的计算方法有两种：一种是使用回归直线法，通过同一时期内资产的收益率和市场组合收益率的历史数据，使用线性回归方程预测该方程的回归系数，就是 β 系数；另一种方法是按照式（11-10），根据证券与股票指数收益率的相关系数、股票指数的标准差和该股票收益率的标准差直接计算。

例11-4 J股票历史已获得收益率（Y_i）及市场历史已获得收益率（X_i）的有关资料，如表11-4第2列、第3列第2-7行所示。试计算其 β 系数。

表 11-4   计算 β 值的数据

年度	Y_i	X_i	X_i^2	X_iY_i	$(X_i - \bar{X})$	$(Y_i - \bar{Y})$	$(X_i - \bar{X}) \times (Y_i - \bar{Y})$	$(X_i - \bar{X})^2$	$(Y_i - \bar{Y})^2$
1	1.8	1.5	2.25	2.7	0.25	−0.08	−0.02	0.062 5	0.006 4
2	−0.5	1	1	−0.5	−0.25	−2.38	0.595	0.062 5	5.664 4
3	2	0	0	0	−1.25	0.12	−0.15	1.562 5	0.014 4
4	−2	−2	4	4	−3.25	−3.88	12.61	10.562 5	15.054 4
5	5	4	16	20	2.75	3.12	8.58	7.562 5	9.734 4
6	5	3	9	15	1.75	3.12	5.46	3.062 5	9.734 4
总计	11.3	7.5	32.25	41.2			27.075	22.875	40.208 4
均值	1.88	1.25							
标准差	2.835 8	2.138 9							

① Sharpe William F. Capital Asset Prices: A Theory of Market Equilibrium under Conditions of Risk. Journal of Finance, 1964,19 (9): 425-442.

② Lintner John. The Valuation of Risk Assets and the Selection of Risky Investments in Stock Portfolios and Capital Budgets. Review of Economics & Statistics, 1965, 47(2): 13-38.

③ Mossin Jan. Equlibrium in a Capital Asset Market. Econometrica, 1966, 34(10): 768-783.

① 第一种计算方法，求解方程$y=\alpha+\beta x$的回归系数：

$$\beta = \frac{n\sum_{i=1}^{n} X_i Y_i - \sum_{i=1}^{n} X_i \times \sum_{i=1}^{n} Y_i}{n\sum_{i=1}^{n} X_i^2 - \left(\sum_{i=1}^{n} X_i\right)^2}$$ （11-11）

将有关数据列入表11-4第4列、第5列及第8行，并代入式（11-11）：

$$\beta = \frac{6\times41.2 - 7.5\times11.3}{6\times32.25 - 7.5\times7.5} = \frac{162.45}{137.25} = 1.18$$

② 第二种计算方法，按照式（11-10）计算：

相关系数：$$r = \frac{\sum_{i=1}^{n}\left[\left(X_i - \bar{X}\right)\times\left(Y_i - \bar{Y}\right)\right]}{\sqrt{\sum_{i=1}^{n}\left(X_i - \bar{X}\right)^2} \times \sqrt{\sum_{i=1}^{n}\left(Y_i - \bar{Y}\right)^2}}$$ （11-12）

相关数据如表11-4第6列～第10列及第8行～第10行所示，并代入式（11-12）：

$$r_{JM} = \frac{27.075}{\sqrt{22.875} \times \sqrt{40.208\,4}} = 0.892\,8$$

标准差的计算：

$$\sigma = \sqrt{\frac{\sum_{i=1}^{n}\left(X_i - \bar{X}\right)^2}{n-1}}$$ （11-13）

$$\sigma_M = \sqrt{\frac{22.875}{6-1}} = 2.138\,9$$

$$\sigma_J = \sqrt{\frac{40.208\,4}{6-1}} = 2.835\,8$$

β系数的计算：$\beta_J = r_{JM}\left(\dfrac{\sigma_J}{\sigma_M}\right) = 0.892\,8 \times \dfrac{2.835\,8}{2.138\,9} = 1.18$

2. 投资组合的β系数

β系数相当于某种资产的风险相对市场风险所进行的标准化处理与度量，可以衡量该股票对整个组合风险的贡献。所以，投资组合的β_p等于组合中各证券β系数的加权平均数。因此，一个高β系数值的股票（$\beta>1$）被加入到组合中，则组合风险将会提高；反之，一个较低β系数值的股票（$\beta<1$）被加入到组合中，则组合风险将会降低。即若以低β系数值的股票替代投资组合中的高β系数值的股票，股票组合的整体风险程度将下降。

3. 证券市场线

证券的风险与收益之间的关系可由证券市场线来描述，即以β值表示的单一证券的系统风险与要求的收益率之间的线性函数，如式（11-14）所示，该式就是资本资产定价模型。其与式（7-7）本质上是一致的。

$$K_i = R_f + \beta(K_m - R_f)$$ （11-14）

式中：K_i——单一证券i要求的收益率；

R_f——无风险收益率（通常以国库券的收益率代替），因为无风险证券的$\beta=0$，故R_f成为证券市场线在纵轴的截距；

K_m——要求的平均收益率（指所有股票的市场组合要求的收益率）。

在式（11-14）中，（$K_m - R_f$）是投资者为补偿承担超过无风险收益的风险而要求的额外收益，即风险价格，也就是证券市场线的斜率，表示经济系统中风险的厌恶程度。如图 11-2 所示，风险厌恶越强，证券市场线的斜率越大，对风险资产所要求的风险补偿越大，对风险资产要求的收益率越高。同时，β 值越大，要求的收益率越高。若 R_f=8%，在 β 值分别为 0.5、1 和 1.5 的情况下，要求的收益率由最低 K_1=10%到市场平均的 K_m=12%，再到最高的 K_h=14%。

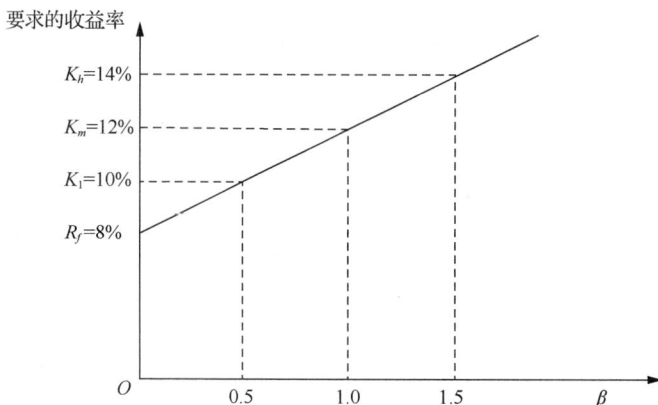

图 11-2 β 值与要求的收益率

　　从证券市场线可以看出，投资者要求的收益率取决于系统风险、无风险利率（证券市场线的截距）和市场风险补偿程度（证券市场线的斜率）。由于这些因素始终处于变动之中，所以证券市场线也不会一成不变。预计通货膨胀提高时，无风险利率会随之提高，进而导致证券市场线向上平移。投资者风险厌恶的增强会提高证券市场线的斜率。

11.3.2　套利定价模型

　　斯蒂芬·罗斯提出的套利定价理论（APT）以新的视角探讨了风险资产的定价问题[①]。资本资产定价模型揭示了所有证券的收益率都与公共因子——市场证券组合的收益率存在线性关系。套利定价理论扩展了这一结果，其模型以收益率形成的多因素为基础，证明了CAPM只是APT的一个特例。

　　套利是资本市场理论中的一个基本概念，可分为跨期套利、跨市套利和跨商品套利，是指投资者利用不同市场上同一资产或同一市场上不同资产价格之间暂时存在的不合理关系，通过买进和卖出相关资产，待这些资产的价格关系趋向合理后，立即进行反向操作，从而获取利润的交易行为。即投资者通过在买入收益率较高的证券同时卖出收益率较低的证券来实现套利。由于套利机会对风险规避的投资者是有利可图的，因此，这种机会一旦被发现，所有投资者都会予以充分利用，直至套利机会消失、市场达到均衡为止。其结果是使收益率偏高的证券价格上涨，其收益率相应回落；同时使收益率偏低的证券价格下跌，其收益率相应回升。这正是套利定价理论的逻辑核心。

1.　套利定价模型的假设

　　（1）资本市场是有效的，同时假设不存在交易成本且忽略税收的影响。

　　（2）投资者是理性的，追求财富多多益善。

　　（3）投资者对影响证券价格的因素预期相同，因此对证券价值的预期相同。

　　（4）市场上存在足够多的资金可用于套利行为，直至套利机会消失为止。

2.　因素模型

　　套利定价模型假设资本市场上任何资产的收益都由 k 个因素生成，若用 β 系数表示风险，

[①] Ross Stephen A. The Arbitrage Theory of Capital Asset Pricing. Journal of Economic Theory, 1976, 13(12): 341-360.

某一资产的收益与风险的关系可以由式（11-15）来表达：

$$\overline{R} = R_f + (\overline{R}_1 - R_f)\beta_1 + (\overline{R}_2 - R_f)\beta_2 + \cdots + (\overline{R}_k - R_f)\beta_k \quad (11\text{-}15)$$

式中：$\overline{R}$——某一资产的收益；

R_f——无风险收益率，即 β 系数为 0 的资产的期望收益率；

$\beta_1, \beta_2, \cdots, \beta_k$——是关于第 1，2，$\cdots$，$k$ 个因素的 β 系数；

$\overline{R}_1, \overline{R}_2, \cdots, \overline{R}_k$——分别是对应于第 k 个因素的 β 系数等于 1 而对应于其他因素的 β 系数等于 0 的某种证券或投资组合的期望收益。

套利定价模型能够处理多个因素或者说可以增加因素，直至任何一种证券的非系统风险与其他证券的非系统风险都不相关。即不断增加证券个数，非系统风险将逐步下降，直到不能够再下降为止。也就是说，根据市场的多种因素进行筛选，直到某种证券的非系统风险与其他证券的非系统风险不相关为止，相当于找到了式（11-15）中的 $\overline{R}_k$。套利定价模型清晰地表明了这一点，它尽可能地把各个证券相互关联的非系统风险去掉。

而证券组合中的系统风险始终存在。式（11-15）表明了每个因素不能被分散的风险，对应的 β 系数越大，证券或组合承受的风险越高。证券的收益正是对所承受风险的补偿，因此，证券的期望收益可以表达为无风险利率加上证券所承受的各种风险的补偿总和。

显然，套利定价模型最大的困难在于，不能确定恰当的因素有哪些。因此，在现实应用中，我们对这些因素往往只能按照常识做出近似的选择，或者采用实证研究方法从历史数据中找出关系和规律，用于期望收益的确定。例如，著名的三因素模型由 2013 年获得诺贝尔经济学奖的尤金·法马（Eugene F. Fama）提出，利用公司规模、净资产与市值比、盈利与股价比等因素来进行证券期望收益的预测。

综上所述，APT 与 CAPM 既有区别，又有联系。APT 与 CAPM 都建立在一系列假设的基础上；两者都是一种均衡模型[①]，前者强调无套利均衡原则，后者是典型的收益与风险权衡所主导的市场均衡。两者分别通过某个或某些系统风险因素的 β 系数来度量证券的风险与收益的关系。同时，APT 主要对组合投资决策起支持作用。对于单项资产定价，则 CAPM 应用更为广泛。

📁 讨论案例

一款互联网理财产品背后的私募债

2016年12月15日、12月16日，上海招财宝金融信息服务有限公司（以下简称"招财宝"）披露侨兴集团旗下惠州侨兴电信工业有限公司（以下简称"侨兴电信"）和惠州侨兴电讯工业有限公司（以下简称"侨兴电讯"）的私募债超过3亿元资金到期未兑付，发生违约。随后，广东金融高新区股权交易中心（以下简称"粤股交"）和招财宝向浙商财产保险股份有限公司（以下简称"浙商财险"）递交了《保险出险通知书》和《启动理赔保障通知书》及相关理赔资料。12月19日，浙商财险分别向广发银行股份有限公司（以下简称"广发银行"）的总行和其惠州分行提供了《有关银行保函履行事宜的重大风险提示函》。而两家银行当日口头否认出具过保函。12月25日，浙商财险向外界披露侨兴债的资金去向，10亿元中有7亿元用于偿还贷款，大部分流向广发银行惠州分行用于补充或置换商业银行强制退出贷款，用于下属企业的设备更新和基建工程的款项达2亿元，剩余1亿元为补充下属制造业的流动资金。这10亿元，就是2014年12月10日侨兴电信和侨兴电讯在粤股交各发行5亿元私募债的本金合计。在侨兴债的发行说明书中，10亿元主要用于第四代通信技术的通信终端产品制造与应用项目。12月26日，广发银行发布声明表示关于侨兴债的担保文件、公章、私章均属伪造，并向公安机关报案。

---

1. 事件相关人

一款互联网理财产品与一笔私募债本来不会存在联系。六家牵涉其中的企业却把两者联系起来。这六家企业即：侨兴集团、粤股交、招财宝、广发银行、浙商财险和众安在线财产保险股份有限公司（以下简称"众安在线"）。各家企业简况如表11-5所示。

表11-5　　　　　　　　　　　　各家企业简况

侨兴集团是1992年吴瑞林创立的由家族人管理控制的民营企业，主营电话机、手机等通信终端产品。1999年，研发的无绳电话产销量全国第一。集团旗下拥有多家独立法人子公司，其中侨兴环球在美国纳斯达克上市，侨兴移动在纽约证券交易所上市。2007年，侨兴环球由于虚假财务报告被告上法庭，2012年股票摘牌。2009年，其持股的瑞金矿业在港交所上市，并在2011年因巨亏停牌。2015年，涉足俄罗斯农业，并开展与健康相关的产品与服务。2016年，进军跨境电商，从事大健康概念的产品供应
粤股交由广发证券股份有限公司、招商证券股份有限公司、广东省产权交易集团有限公司、深圳证券信息有限公司、佛山市金融投资控股有限公司、佛山市南海金融高新区投资控股有限公司等出资设立，是一家区域性股权交易中心，为非上市公司挂牌、转让、融资、登记、托管、结算相关金融产品提供场所、设施和配套服务以及相关的咨询服务
招财宝2014年上线，与余额宝同属于阿里巴巴旗下的蚂蚁金服集团，主要业务包括中小企业贷、基金产品和保险产品三大类。银行、保险公司、基金公司等各类金融机构可通过招财宝发布其依法设立和管理的固定期限、稳定收益的低风险理财产品，用户则可以在招财宝获得理财服务。平台上投资者交易活跃
广发银行1988年9月成立，注册资本35亿元人民币，总部在广州市，在多个城市设立了分行、营业网点和自助银行，业务范围为银行业务
浙商财险是一家全国性的、专业经营财产保险业务的公司，2009年6月23日获准开业，注册资本30亿元人民币，由浙江省商业集团有限公司、浙江省能源集团有限公司、雅戈尔集团股份有限公司、正泰集团股份有限公司等共同组建
众安在线注册资本12.4亿元，由阿里巴巴、腾讯、平安、携程等在2013年发起成立，主要经营与互联网交易直接相关的企业/家庭财产保险、货运保险、责任保险、信用保证保险、短期健康/意外伤害保险以及机动车保险等，是全球首家互联网保险公司，提供担保的借款类产品或非借款类产品。投资者支付一定的变现服务费和保险费就能提现，并可无限制的100%提现

2. 事件经过

由于贷款银行的突然抽贷，侨兴集团因现金流难以偿付巨额贷款而预发债。这需要专门的机构和平台承销债券，侨兴集团选择了粤股交，事件发生时进入该中心挂牌需要满足的条件较宽泛。例如，需依法设立并且持续经营满一个会计年度；最近一年的营业收入不低于1000万元或者净利润不低于100万元；有推荐商推荐并在交易所备案即可，不需要严格的信用评级；有限责任公司可提供未经审计的内部报告等。由于区域性股权市场用户资源有限、成交量较少，粤股交把债券发布到蚂蚁金服旗下的招财宝平台进行销售。按照私募债发布要求，普通投资者无法购买到该债券。所以招财宝把侨兴债直接拆分、化整为零，如"侨兴债001-N"，其中N的数量不固定，多者能达到100期以上，投资者能以最少1万元的价格购买私募债，投资者在购买时由系统随机分配其中一期，虽然一位投资者对应一份产品合同，但其中的内容一致。虽然拆分之后，每一期的子债券能够容纳200名投资者，但本质上仍然是同一产品。通过这样的分拆销售，普通的投资者购买到了这只私募债。由于在招财宝平台上募集资金需要有专门的金融机构或担保公司予以增信，所以粤股交引入了浙商财险予以担保。浙商财险因承担巨大的信用风险，所以在侨兴工作人员的陪同下，与广发银行惠州分行签订保函。若浙商财险未能按约定履行义务，则由广发银行惠州分行代其履行某种支付或经济赔偿责任。据浙商财险说法，2016年2月广发银行惠州分行确认了保函的有效性，2016年5月广发银行惠州分行出具《银行履约保函声明》，确认保函"真实合法有效"。如果此份保函为真，侨兴债违约会有广发银行做担保，承担一定的经济赔偿责任。同时侨兴集团董事长吴瑞林承诺以个人全部合法资产对侨兴债承担不可撤销的无限责任担保。所以最后呈现在广大投资者面前的就是这样一个理财产品，由浙商财险提供保证保险、广发银行提供保函、侨兴集团董事长提供反担保的"侨兴债"。同时，招财宝为了吸引投资者，提供了理财产品的变现功能，由众安保险提供担保。

3. 事件尾声

2017年1月26日，受到侨兴债3~7期违约事件影响的投资者经过20多天的等待，终于获得了赔付，拿到了自己投资的款项，历时将近两个月的侨兴债违约事件随着浙商财险的预赔付暂时告一段落。

思考：

（1）该债券的发行是否存在违规？

（2）找出侨兴债相关的主要风险。

复习思考题

一、概念题

1. 项目风险　　　　　　　　2. 市场风险　　　　　　　　3. 投资组合

二、单选题

1. 非系统风险（　　　）。

　　A. 归因于广泛的价格趋势和事件　　　　B. 源于公司本身的商业活动和财务活动

　　C. 不能通过投资组合得以分散　　　　　D. 通常以 β 系数进行衡量

2. 某公司股票的 β 系数为1.5，市场上所有股票的平均收益率为15%，无风险收益率为8%，则该公司股票的必要收益率应为（　　　）。

　　A. 15%　　　　　　B. 18.5%　　　　　　C. 22%　　　　　　D. 17.5%

3. 如某投资组合由收益呈完全负相关的两只股票构成，则（　　　）。

　　A. 该组合的非系统风险能完全抵消

　　B. 该组合构成了最小方差组合

　　C. 该组合不能抵消任何非系统风险

　　D. 该组合的收益为两只股票合计收益的50%

4. 已知某证券的 β 系数等于0.5，则表明该证券（　　　）。

　　A. 无风险　　　　　　　　　　　　　　B. 其风险是整个证券市场风险的两倍

　　C. 其风险等于整个市场风险　　　　　　D. 其风险只有整个证券市场风险的一半

5. 如果组合中包括了全部股票，则投资人（　　　）。

　　A. 只承担证券市场风险　　　　　　　　B. 只承担特有风险

　　C. 只承担非系统风险　　　　　　　　　D. 没有风险

6. 当股票投资期望收益率等于无风险投资收益率时，β 系数应（　　　）。

　　A. 大于1　　　　　　B. 等于1　　　　　　C. 小于1　　　　　　D. 等于0

7. 两种股票完全正相关时，则这两种股票组成的投资组合（　　　）。

　　A. 能分散掉全部非系统风险　　　　　　B. 不能分散风险

　　C. 能分散掉部分风险　　　　　　　　　D. 能分散掉全部风险

8. 已知某种证券的 β 系数为1，则表明该证券（　　　）。

　　A. 基本没有投资风险　　　　　　　　　B. 与市场上的所有证券的平均风险一致

　　C. 投资风险很低　　　　　　　　　　　D. 比市场上的所有证券的平均风险高1倍

9. 现有两个投资项目甲和乙，已知甲项目、乙项目收益率的期望值分别为10%、25%，标准差分别为20%、49%，那么（　　　）。

　　A. 甲项目的风险程度大于乙项目　　　　B. 甲项目的风险程度小于乙项目

　　C. 甲项目的风险程度等于乙项目　　　　D. 不能确定

10. 甲、乙两个投资项目的期望收益率不同，但甲项目的标准差大于乙项目，则两个项目的风险程度相比，（　　　）。

　A. 甲小于乙　　　　B. 甲不大于乙　　　　C. 甲大于乙　　　　D. 难以判断

三、判断题

1. 风险调整折现率法与肯定当量法的共同缺点在于均对远期现金流量予以较大的调整，两者的区别在于前者调整净现值公式的分母，后者调整净现值公式的分子。（　　）

2. 当股票种类足够多时，几乎可以把所有的系统风险分散掉。（　　）

3. 证券组合投资风险的大小等于组合中各个证券风险的加权平均数。（　　）

4. 证券投资的系统风险，又称为市场风险、可分散风险。（　　）

5. β 系数越大，说明该股票的风险越大；某股票的 β 系数大于1，说明该股票的市场风险大于股票市场的平均风险。（　　）

6. β 值为0的股票，其预期收益率也等于0。（　　）

四、计算题

1. 某固定成长型股票，年增长率为5%，预期一年后的股利为6元。现行国库券的收益率为11%，市场的必要收益率等于16%，而该股票的 β 系数为1.2，该股票的价值为多少？

2. 某公司持有由 A、B、C 三种股票构成的证券组合，其 β 系数分别是1.5、1.7和1.8，在证券投资组合中所占比重分别为30%、30%和40%，股票的市场收益率为9%，无风险收益率为7%。

要求：

（1）计算该证券组合的 β 系数；

（2）计算该证券组合的必要投资收益率。

3. 某公司股票的 β 系数为2.5，目前无风险收益率为8%，市场上所有股票的平均收益率为10%，若该股票为固定成长股，增长率为6%，预计一年后的股利为1.5元。

要求：

（1）测算该股票的风险收益率；

（2）测算该股票的必要投资收益率；

（3）该股票的价格为多少时可购买？

4. 某公司的无风险收益率为5%，现有两个互斥投资方案，根据统计资料，方案的 $b=0.1$，其他有关资料如表 11-6 所示。

要求：采用风险调整折现率法确定应该选择哪一个方案。

表 11-6　　　　　　　　　　投资方案各年现金净流入及其概率分布

年 t	甲方案		乙方案	
	现金流入/万元	概率	现金流入/万元	概率
0	−50	1	−20	1
1	30	0.25	7.5	0.2
	20	0.50	10	0.6
	10	0.25	12.5	0.2
2	40	0.30	7.5	0.2
	30	0.40	10	0.6
	20	0.30	12.5	0.2
3	25	0.20	7.5	0.2
	20	0.60	10	0.6
	15	0.20	12.5	0.2

第四部分

企业业绩管理

第12章　业绩与考核管理

📋 引导案例

"一个和尚挑水吃，两个和尚抬水吃，三个和尚没水吃"的故事，几乎家喻户晓。"人多力量大"在这儿行不通了。在缺乏考核度量的情况下，搭便车、大锅饭的现象很容易出现。如何让三个和尚吃上水？用竹子做引水渠，用技术创新解决难题；或者制定取水的管理制度，通过加强管理解决难题。相对于技术方面的努力，管理制度的改变可以达到立竿见影的效果，同时节省了时间和技术创新的投入。例如，新的管理制度可以规定协作机制接力挑水，将路程等分为三段，三个和尚每人一段，这样距离短，省力气，效率高；或者也可以采用三个和尚轮流取水的制度。但是无论哪种，都必须将责任落实到人，做到违者重罚；或者同时引入激励机制，用加餐、奖金等方式来提高挑水的积极性，这样才能保持管理制度的有效性。

这实际上就是业绩管理，能够解决陷入"大和尚说他挑水挑得最多，二和尚说新来的应该多干活，小和尚说他年幼身体太单薄"怪圈的小寺庙的持续发展问题。业绩考核结果作为"风向标"，能够表明企业"主张什么行为，不主张什么行为"的价值观。

然而，2007年1月，索尼前常务董事天外伺郎在媒体上发表的《绩效主义毁了索尼》一文，却引发了人们对于业绩管理的质疑。

本章介绍成本中心、利润中心和投资中心三大责任中心及其业绩考核指标，以及绩效考核等相关知识。相信通过学习本章知识，读者可以对索尼事件进行客观的评判。

⭐ 学习目标

- 掌握责任中心的类型与各自的考核指标；
- 了解绩效考核的形式与方法；
- 了解EVA与BSC。

12.1　责任中心与考核指标

责任中心，又称责任单位、责任主体，是企业业绩管理的手段之一。它是将企业经营体分割成置于市场竞争环境之下、拥有独自产品或市场的一些绩效责任单位，然后将总部的管理责任授权给这些单位，并通过绩效指标计算、实施必要的业绩衡量与奖惩等方式分而治之，以期达成企业设定的经营成果的一种管理制度。

不同的部门和单位有不同的职能。按其责任和控制范围的大小，责任中心一般可以分为成本中心、利润中心和投资中心。

12.1.1 成本中心

成本中心是其责任者只对成本或费用负责的部门或单位，即成本中心的职责是用一定的成本去完成规定的具体任务。成本中心涵盖的范围最广，只要有成本费用发生的地方，都可以建立成本中心，并在企业内形成逐级控制、层层负责的成本中心体系。

成本对企业的重要性不言而喻。迈克尔·波特的竞争战略理论表明成本领先能够创造竞争优势。不只是传统企业，即使是电子商务企业，成本领先也依然是获得竞争优势的来源。电子商务企业用虚拟的网络店面代替了实体店面，虽然节约了店面租金，却增加了物流成本。世界著名的电子商务企业亚马逊（Amazon）用五年的时间，将物流成本降低了近一半，并利用这种物流成本优势，以减免运费的方式，打击竞争对手、提高销售额和市场份额，充分发挥规模效应，进一步降低了物流成本。

根据最新的财务业绩报告，2024年第二季度，美国航空实现了创纪录的季度营收，达到143亿美元，净利润为7.17亿美元。该公司一直想尽办法降低成本，节约一切能够节约的费用。其飞机上，除了代表着美航标志的红、白、蓝条纹涂油漆外，一概不涂其他油漆。这不仅降低了油漆的费用，还使得飞机更轻，从而节省了燃油费用。有一次，老板柯南道尔曾将自己在美航班机上未吃完的生菜倒入一个塑料袋，交给负责机上餐食的主管，下令"缩减晚餐沙拉的分量"！之后，他又下令拿掉供给旅客的沙拉中的一粒橄榄。如此一来，既减少了浪费，又减少了开支，既不降低品质，又把减少成本落到了实处。

1. 成本中心的特点

成本中心往往没有收入。很多生产车间都属于成本中心，其产品或半成品并不由自己出售，因而其没有销售职能，也没有货币收入，有的生产车间可能会取得少量外部加工收入，但这并非其主要职能，也不是对其考核的主要内容。

一个成本中心可以由若干个更小的成本中心所组成。例如，一个分厂是成本中心，它由几个车间所组成，而每个车间还可以划分为若干个工段，这些工段是更小的成本中心。因此，成本中心的责任领域可以大到一个分公司，也可以小到只是一台卡车和两个司机组成的单位。

成本中心的考核指标是其责任成本。责任成本是以具体的责任单位（部门、单位或个人）为对象，以其承担的责任为范围归集的成本，即特定责任中心的全部可控成本。可控成本是指在特定时期内、特定责任中心能够直接控制其发生的成本，即该责任中心知道成本何以发生、如何计量、怎样调整。因此，可控成本总是针对特定责任中心来说的。有些成本，对于下级单位来说是不可控的，而对于上级单位来说则是可控的。例如，车间主管不能控制自己的工资（尽管它通常要计入车间成本），而其上级则可以控制。

2. 成本中心的类型与考核指标

成本中心有两种类型：标准成本中心和费用中心。

标准成本中心是指生产的产品稳定而明确，且已知单位产品所需投入量的责任中心。标准成本中心无须投资决策、定价决策、产量或产品结构决策，只对既定产量和质量的投入量负责。因此其考核指标是既定产品质量和数量条件下的标准成本。即产量过高或不足及未达到规定质量也相当于考核指标未达成。标准成本中心的典型代表是制造业的工厂、车间、工段、班组等。实际上任何一种重复性的活动都可以建立标准成本中心，只要这种活动能够计量产出的实际数量并能够说明投入与产出之间可望达到的函数关系。银行、医院等都可以建立标准成本中心。

费用中心是指产出物不能用财务指标来衡量，或者投入和产出之间没有密切关系的单位。费用中心包括一般行政管理部门（会计、人事、劳资、计划等）、研究开发部门（设备改造、新产品研制等）及某些销售部门（广告、宣传、仓储等）。费用中心可以准确计量的是实际费用，无法通过投入和产出的比较来评价其效果和效率并限制无效费用的支出，因而有人称之为"无限制的"费用中心。因此，我们一般通过费用预算实现对其的考核，以同行业类似职能的支出水平甚至零基预算的方法设定预算数额。在实践中，预算水平常由了解实际情况的专业人员与上层主管人员协商确定。

当然，标准成本中心与费用中心的考核要区分归属期间。本期发生的成本与费用不可与上期或下期的成本与费用混淆。如果实际上 3 月的成本偏高，而 4 月的成本经努力已大幅度降低，但核算时，将 3 月的成本仍摊到 4 月，就会发生考核不准、奖惩不当的问题。

例12-1 设某公司生产A、B两种产品，该公司有三个成本中心，即生产车间、修理车间、管理部门。上一年度该公司发生的成本费用如表12-1所示。请问，各个成本中心的责任成本是多少？

表 12-1　　　　　　　　　A 产品、B 产品成本费用资料表　　　　　　　　（单位：元）

项目	A 产品	B 产品	合计
直接材料	30 000	60 000	90 000
直接人工	25 000	35 000	60 000
制造费用：间接材料	5 000	10 000	15 000
间接人工	2 000	4 000	6 000
管理人员工资	5 500	11 000	16 500
折旧费：生产车间	6 000	12 000	18 000
修理车间	1 000	2 000	3 000
管理部门	700	1 400	2 100
水电费：生产车间	3 500	7 000	10 500
修理车间	1 700	3 400	5 100
管理部门	1 400	2 800	4 200
合计	81 800	148 600	230 400

表12-1所示是按产品归集的成本：A产品的生产成本为81 800元，B产品的生产成本为148 600元。若按成本中心归集，则责任成本如表12-2所示。

表 12-2　　　　　　　　　按成本中心归集的责任成本计算表　　　　　　　（单位：元）

成本项目	生产车间	修理车间	管理部门	合计
直接材料	90 000			90 000
直接人工	60 000			60 000
制造费用：间接材料		15 000		15 000
间接人工		6 000		6 000
管理人员工资			16 500	16 500
水电费	10 500	5 100	4 200	19 800
合计	160 500	26 100	20 700	207 300

从表中可知：标准成本中心——生产车间的责任成本为160 500元；标准成本中心——修理车间的责任成本为26 100元；费用中心——管理部门的责任成本为20 700元。这里的折旧费是历史决策的结果，在短期内无法调整，属于不可控的成本费用，因此不属于责任成本。

12.1.2　利润中心

利润中心被赋予经营自主权，可以用最灵活的营销策略及最适当的成本控制方法，创造最佳利润，以达成其利润责任。一个责任中心，如果能同时控制生产和销售，既要对成本负责又要对收入负责，可以根据其利润的多少来评价该中心的业绩，但没有责任或没有权力决定该中心的资产投资水平，则该中心为利润中心。

1. 利润中心的类型

利润中心包括自然利润中心和人为利润中心两种。

自然利润中心直接向企业外部出售产品，具有产品或劳务的销售权、价格制定权、材料采购权及生产决策权。例如，企业集团的子公司及某些公司的一些事业部。人为利润中心主要在企业内部按照内部转移价格出售产品，拥有部分经营权，能自主决定其产品或劳务的品种、产量、作业方法、人员调配、资金使用等。人为利润中心之间的内部转移价格可以采用市场价格、以市场为基础的协商价格、变动成本加固定费用转移价格、全部成本转移价格，企业可以根据销售和购买部门的实际情况选择使用。

浙江一带的中小型企业免费将产品提供给个人销售，不提供其他条件，规定谁能把产品销售出去，谁就有重奖，同时，差价全部归个人。每卖一件产品就兑现一件产品的差价，奖赏年终一并结算。这就是曾经被浙江企业广泛采用的销售承包制度。每个人都是一个利润中心，且每个人都有产品或劳务的销售权、价格制定权、采购权等，而不仅仅是可以计量利润的一个单位。正是这种业绩制度，使得浙江产品被卖到了全国乃至全世界，并且成就了很多名扬海外的浙江商人。

2. 利润中心的考核指标

对利润中心进行考核的主要指标是利润。在共同成本难以合理分摊或无须共同分摊的情况下，其考核指标是部门可控边际贡献，该指标等于利润中心销售收入总额与可控成本总额（变动成本总额与可控固定成本之和）的差额；在共同成本易于合理分摊或者不存在共同成本分摊的情况下，利润中心不仅计算可控成本，也应计算不可控成本，其主要的考核指标包括部门边际贡献总额、部门税前经营利润等。相关计算公式如下：

$$部门可控边际贡献=部门销售收入-部门变动成本-可控固定成本 \quad (12\text{-}1)$$
$$部门边际贡献总额=部门可控边际贡献-部门不可控固定成本$$
$$部门边际贡献总额=（部门边际贡献-可控固定成本）-部门不可控固定成本$$
$$部门边际贡献总额=（部门销售收入-部门变动成本-可控固定成本）-部门不可控固定成本 \quad (12\text{-}2)$$
$$部门税前经营利润=部门边际贡献总额-公司管理费用 \quad (12\text{-}3)$$

部门可控边际贡献反映了部门经理在其权限和控制范围内有效使用资源的能力，对部门而言是比部门边际贡献总额和部门税前经营利润考核指标更好的选择。但企业作为一个整体，其成本费用总要获得补偿，因此其他指标也有存在的意义。

2016年全球主要智能手机品牌盈利能力排名前五为苹果、三星、华为、OPPO、vivo。2017年第二季度，华为、OPPO、vivo、小米、苹果在中国的智能手机出货量分别为23.5万台、20.1万台、16.0万台、14.2万台、8万台。2023年全球智能手机销量排名前五的厂商是苹果、三星、小米、OPPO和传音。在地区市场上，传音控股在非洲、巴基斯坦、孟加拉国、菲律宾的智能机出货量排名第一；其全球市场份额在2023年达到了14%，排名第三；智能手机市场份额为8.1%，排名第五。中国智能手机人气渐增，利润表现也越来越好。手机厂商可以通过比较各机型部门的可控边际贡献，进一步对产品利润进行细分。

12.1.3 投资中心

投资中心是指既对成本、收入和利润负责，又对投资效果负责的责任中心。投资中心拥有最大的决策权，也承担最大的责任，是最高层次的责任中心。投资中心必然是利润中心。但利润中心并不都是投资中心，其没有投资决策权。而投资中心主要考核能反映利润与投资额之间关系的指标，包括投资报酬率和剩余收益等。

1. 投资报酬率

投资报酬率又称投资回报率、投资利润率，多指独立核算的投资中心（如整个企业）的净利润与平均净资产的比率。对于非独立核算的部门投资中心，其投资报酬率是指部门税前经营利润与部门平均净经营资产的比率，这一指标可用于评价和考核由投资中心掌握、使用的经营资产的盈利能力。相关计算公式为：

$$独立核算的投资中心的投资报酬率=净利润/平均净资产 \qquad (12\text{-}4)$$

$$部门投资报酬率=部门税前经营利润/部门平均净经营资产 \qquad (12\text{-}5)$$

投资报酬率指标能反映投资中心的综合盈利能力，具有横向可比性，可以作为投资机会选择的依据，引导投资中心追求盈利的行为。但该指标的局限性在于其会造成投资中心与整个企业利益的不一致。

例12-2 设某公司有A、B两个独立核算的投资中心。A中心的净资产为200万元，今年的净利润为40万元，投资报酬率为20%。B中心的净资产为100万元，今年的净利润为10万元，投资报酬率为10%。A现有一个新的投资项目，投资金额为200万元，预期净利润35万元。是否应该投资？

解： 公司的净资产=200+100=300（万元）

公司今年的净利=40+10=50（万元）

公司的投资报酬率=50÷300≈16.67%

若A接受该项目，则A的投资报酬率=（35+40）÷（200+200）=18.75%

该投资报酬率比原来A的投资报酬率20%有所下降。接受该投资项目对A不利。但是对整个公司而言，公司的投资报酬率=（35+40+10）÷（200+200+100）=17%。

17%>16.67%，从整个公司来看，A接受该投资项目对公司是有利的。但由于采用单一的投资报酬率作为评价投资中心的指标，A的利益与公司的整体利益出现了不一致。

2. 剩余收益

剩余收益是指投资中心获得的净利润，扣减其投资额按规定（或预期）的最低报酬率计算的投资收益后的余额。按照是否独立核算，剩余收益也可以分为两种情况计算，公式为：

$$独立核算投资中心的剩余收益=净利润-净资产×规定或预期的最低投资报酬率 \quad (12\text{-}6)$$

$$部门的剩余收益=部门税前经营利润-部门平均净经营资产×要求的税前投资报酬率 \quad (12\text{-}7)$$

剩余收益指标能够反映投入产出的关系，能够将个别投资中心的利益与整个企业的利益统一起来。其不足在于不便于比较不同规模的企业和部门的业绩。

例12-3 沿用例12-2的资料。设公司规定的最低报酬率为10%，在考虑剩余收益指标的情况下，重新做出A的决策。

解： A在接受投资项目之前的剩余收益=40-200×10%=20（万元）

若A接受新的投资项目，则：

剩余收益=（40+35）-（200+200）×10%=35（万元）

剩余收益总额增加，所以A接受该投资项目，从而使A与公司利益保持一致。

12.2 绩效考核

在东汉，进入腊月，皇帝就开始给文武百官发年终奖了，美其名曰"腊赐"。年终奖发多少都有定例[①]：大将军、三公，每人发钱20万（五铢钱，下同）、牛肉100千克、大米200斛；九卿每人发钱10万；校尉每人发钱5万。东汉后期，一枚五铢钱的购买力相当于现在人民币4角，一斛大米重16千克，由此估算，大将军和三公每人所能领到的年终奖，折合成人民币大概在10万元左右。而当时三公和大将军的月薪只有17 500枚五铢钱，折合成人民币不过7 000元，年终奖的数额要超过他们一年的工资。北宋跟东汉刚好相反，文武百官的工资很高，年终奖却很少。每年冬至，皇帝给宰相、枢密使及曾经封王的大臣们发年终奖，每人只有5只羊、5石面、两石米、两坛子黄酒而已。宋朝一石是66公升，两石米无非100千克，5石面无非150千克，再加上5只羊，最多值几千块钱。而著名清官包拯"倒坐南衙开封府"时，有工资（月料），有餐补（餐钱），有饮料补贴（茶汤钱），有取暖补贴（薪炭钱），有招待补贴（公使钱），有岗位补贴（添支钱），一年合计将近1万贯，折合成人民币至少为600万元。年终奖跟他的薪水相比，简直不值一提。

可见，中国历史上公务人员的奖惩并非都以业绩为标准。

现代经济社会，组织的扁平化和管理的精细化，使绩效考核发生了很多变化。

12.2.1 绩效考核的目标

《红楼梦》第十三回中有这样一段：这里凤姐儿来至三间一所抱厦内坐了，因想：头一件是人口混杂，遗失东西，第二件，事无专执，临期推诿，第三件，需用过费，滥支冒领，第四件，任无大小，苦乐不均，第五件，家人豪纵，有脸者不服钤束，无脸者不能上进。此五件实是宁国府中风俗，不知凤姐如何处治。

不仅是宁国府，上述情形也会发生在一些企业中。好的绩效考核能够让这些"风俗"无处遁形。

企业在制定了战略发展的目标之后，为了更好地完成目标，需要把目标分阶段分解到各部门各人员身上，也就是说要让每个人都有任务。所谓业绩或绩效，简单地说就是企业、部门或人员对各自任务的完成情况。客观评价业绩，即业绩考核、绩效考核、绩效评价，它是一项系统工程，涉及战略目标体系及目标的责任体系、指标评价体系、评价标准及评价方法等内容，是对企业人员完成目标的设定、跟踪、记录、考核，其核心是促进企业获利能力的提高及综合实力的增强，其实质是做到人尽其才、物尽其用。

从组织理论及控制论的观点来讲，绩效考核能够表明管理的倾向性，具有导向、激励作用，评价什么，就能得到什么；只有评价目标，才能达到目标。那么，企业财务管理的最优目标——企业价值最大化就应该成为整个绩效考核系统设计的指南和运行的目的，而其他子目标都是为其服务的。

绩效考核不只是将考核结果与薪酬或者奖惩联系那么狭隘。近年来，一些企业在业内表现优异，而其老板却拿着"一元"年薪。《财富》杂志列举了多位只领1美元年薪的美国商界领袖和政界名人，如花旗银行老板维克拉姆·潘迪特、苹果公司已故前老板史蒂夫·乔布斯、雅虎创始人杨致远、谷歌两位创始人谢尔盖·布林和拉里·佩奇及执行董事长埃里克·施密特等。

12.2.2 绩效考核的形式

绩效考核按照责任和控制范围的大小来对责任单位进行考核，可以采用财务指标评价、非财务指标评价及财务指标与非财务指标评价相结合的形式。

财务指标评价采用利润总额、净利润、投资报酬率、剩余收益等指标；非财务指标评价采用市场占有率、客户满意度等指标。

[①] 李开周. 历史上的年终奖：大官得十万，小吏卖废品. 第15版. 中国商报，2014-1-17.

全球经济的一体化、高新技术出现和更替的加快、产品生命周期的缩短、消费者导向作用的日益重要，使得质量、可靠性、灵活性等概念的重要性大大加强，高质量、低价格、低消耗、柔性生产、快速的产品发展、更可信赖的服务等新的需求概念不断出现。一项调查发现，与创新、管理能力、雇员关系、质量和品牌价值有关的评价标准在很大程度上反映了一家企业的价值[1]。

客户评价指标、员工评价指标、质量评价指标、流程评价指标、研究与发展评价指标等非财务指标的建立和评价越来越重要。一系列新方法应运而生，从作业成本法到平衡计分卡，企业绩效考核中财务指标和非财务指标的融合现象已更为普遍。

12.2.3 企业绩效考核方法

索尼公司（以下简称"索尼"）是全球知名的大型综合性跨国企业集团，成立于1946年5月。索尼曾经是全世界最大的电影公司、世界最大的电子产品制造商之一、世界电子游戏业三大巨头之一、世界十大专利公司之一。索尼自1995年开始推行绩效考核，是日本最早引入美国式绩效管理的企业之一。2003年4月，索尼2002年年度财务报表的巨额亏损消息披露后，其股票连续2天跌停，并诱发日本股市的高科技股纷纷跳水，带动日经指数大幅下跌，重创了日本股市。其前CEO出井伸之从过去被评选为最成功的CEO沦落成最差劲的CEO。2003年12月出井伸之谈到，网络就像陨石坠落一样，恐龙因陨石坠落惨遭灭绝，索尼正面临着类似的危机。在连续亏损下，2006年索尼亏损达63亿美元。为什么"索尼过去像钻石一样晶莹璀璨，而今却变得满身污垢，暗淡无光"？索尼前常务董事天外伺郎在《绩效主义毁了索尼》中炮轰索尼的绩效考核，"绩效主义毁了索尼！"，认为绩效考核使员工丧失了工作的激情、追逐眼前利益、破坏团队横向合作（部门之间）和纵向合作（上司与下属）；更因实行绩效统计，员工因此花费了大量的精力和时间，而对于真正的工作却敷衍了事，本末倒置。

然而，真的是绩效主义毁了索尼吗？还是绩效考核的方法毁了索尼？

自20世纪20年代绩效考核诞生以来，相关的理论和实践研究有了很大发展，各种各样的新思想、新方法不断涌现。绩效考核的目前趋势是，企业充分利用各种资料和信息，从以提高效率和寻求创造价值的途径为目的的自我评价，转向更注重企业价值的提高，并向战略性绩效评价发展和演变。分别以质量、时间、约束因素、成本、利益相关者、标杆、股东价值、战略实施为指标和目标的全面质量管理、及时生产、约束理论、作业成本法、利益相关者理论、标杆比较、经济增加值、平衡计分卡等方法，有针对性地改进了传统财务指标评价的缺陷，并形成其方法体系的核心思想。

1. 全面质量管理（TQM）

TQM盛行于20世纪90年代初。其基本假设是：提高产品质量所需的成本远低于弥补糟糕工作所花费的成本。具体做法是，通过改善业务流程达到标准化，保证产品的高质量和低缺陷，维持顾客满意度。一般由上层经理开始，详细勾勒出"品质远景"，并将注重质量的观念逐层教育和落实到整个组织的各阶层中。TQM被应用在制造、公共服务、教育、政府等部门，用以提高服务质量及绩效水平。TQM适合局部改造，能帮助运作良好的企业在既有经营基础上改进，却不能从根本上改变企业的运作模式[2]。其管理方式由上到下，决策过程仍然集权于高层，不鼓励员工参与和创造，对市场反应较慢。

2. 及时生产（JIT）

JIT也称准时化或适时制生产，主张消除浪费和充分调动员工能力。它是一种需求拉动的生

---

① [美]克里斯托夫·伊特纳，戴维·拉克尔. 改革公司业绩评价标准. 微翁，译. 国外社会科学文摘，2001.4: 69-71.

② Hackman J. Richard, Ruth Wageman. Total Quality Management: Empirical, Conceptual and Practical Issues. Administrative Science Quarterly. 1995 (June): 309-342.

产，使材料在需要时到达，取消等待时间并杜绝超产，以达到利用最少投入实现最大产出的目的。其在丰田汽车、西门子等公司获得了成功的应用。JIT 为了保证需求及时供应，往往需要权衡顾客需求和供应商，企业只能选择和保持与少数或单一供应商的紧密关系，而由于顾客的需求多种多样，有可能会要求企业与大量供应商建立联系。同时，因过度依赖供应商，企业经营风险将增大且不利于获得竞争性价格。此外，如果供应商不能契合供应需要，则成本节约或许不会实现。其对时间的严格要求往往会造成企业缺少中长期的规划和战略，易形成短期化的倾向。

3. 约束理论（TOC）

约束理论的理论基础是任何系统都有几个制约因素——约束，否则就可能无限产出，约束决定了任何系统的绩效。TOC 在"找出系统约束——有效使用约束（使其他决策附和）——提高约束——冲破约束——寻找新约束"的过程中持续提高绩效，得出了一套紧紧围绕约束环节组织生产经营活动的管理决策思想和具体操作办法，并最终覆盖到企业管理的所有职能方面。TOC 适用于解决企业有限资源条件下的高效率生产问题，被应用在如航天工业、制造业、半导体、钢铁、纺织、食品、学校、医院、政府等营利和非营利机构中。

4. 作业成本法（ABC）

ABC 将企业看成一系列材料、能源、员工、设备、空间被获得和消耗来进行作业以支持产品和服务产出的系统。这一系列的资源成本利用成本动因分配到作业，作业成本又利用作业动因被分配给产品等成本目标。通过一个作业消耗资源数量及一个产品消耗作业数量的确定，直接追踪成本尤其是从间接成本到产品，提高了产品成本计算的准确性。它以成本降低为目标，通过提高增值作业效率或消除非增值作业来提高绩效。ABC 应用在制造业、交通运输业、网络公司、金融保险业、学校和医疗机构等。成本消减可以带来收益，但有时致力于此可能无益甚至妨碍生产率的提高。而且，成本消减是有极限的，当其逼近生产无浪费的极端情况时，意味着企业提高绩效的进程即将被终止。

5. 利益相关者理论（SHT）

利益相关者包括任何影响或者被企业影响的团体[①]，如股东、顾客和员工，各方都有各自的利益，各方共同参与构成了企业的利益制衡机制。利益相关者的满意程度取决于其对企业的绩效期望与所感知的实际绩效之间的差距。SHT 致力于使所有利益相关者满意。但其原理常常被质疑，因为对非股东的责任是对追求股东利益的负面限制。而且，从某种程度上说，满足每一个利益相关者的利益是难以达成的。所有者及股东看重收益的增长或者红利的稳定性；管理者除了关心利润外，还看重企业规模和在业界的地位；顾客想得到低价格、高质量和超值服务；员工想要高工资、高质量的工作环境、好的福利，没有失业的威胁；供应商期望以最低的风险和最高的回报进行交易；政府部门则关注企业是否合法经营；社区希望企业有突出的慈善事业贡献、提供就业、增加投资，等等。很明显，这些利益相关者的目标是不一致的，甚至相互冲突，导致基于此的绩效考核较为困难。

6. 标杆比较（BM）

BM 的核心是向业界或其他行业的最优企业学习。具体做法是企业把自己的产品或经营管理方式与业界高水平的企业比较，找出自身不足，进而制定绩效目标和指标，提高管理水平和竞争力。标杆比较在很多情况下与其他方法结合在一起，成为其他方法实现过程的一部分。然而，选择比较对象和收集标杆比较的信息，往往是困难的。为了寻找与先进企业的差距，企业必须要明确对比指标和尺度问题，设置过多目标和目标设置过高都将使其难以实施。由于企业的不同，重要的绩效衡量标准往往不同，企业在标杆比较中盲目跟随别人，可能会丧失自身的优势。

---

① Freeman R. Edward. The Politics of Stakeholder Theory: Some Future Directions. Business Ethics Quarterly, 1994(10): 409-421.

12.3 EVA 与 BSC 考核

12.3.1 EVA

经济增加值（Economic Value Added，EVA）在数量上是一定时期企业税后经营净利润与全部投入资本的资本成本的差额。EVA 是表明股东价值创造多少的简单指标，不断增加的正的 EVA 将增加企业价值和股东财富，而负的 EVA 将损害企业价值，EVA 的可持续性增长也将带来企业市场价值的增值，并触发企业股价的上涨。EVA 指出了传统财务绩效指标的两大缺陷：只用净收入或利润等绩效指标的过度投资问题，以及使用比率如投资报酬率时的投资不足问题。EVA 旨在提高资产利用效率和减少成本，即提高回报率或者取消盈利能力不足的资产与投资，引导经理们像股东一样行事[①]。EVA 指标被可口可乐、沃尔玛等很多企业应用。

2010年，国务院国有资产监督管理委员会开始对中央企业负责人实行经济增加值考核，并要求自2013年1月1日起开始施行《中央企业负责人经营业绩考核暂行办法》。此外，财政部于2017年9月29日发布了《管理会计应用指引第602号——经济增加值法》。

1. EVA 的计量

EVA 等于税后净营业利润减去债务和股本的成本，是所有成本被扣除后的剩余收入，是包括股权投资在内的所有资本成本扣除之后的沉淀利润，是真正的"经济"利润，或者说，是表示净营业利润与投资者用同样资本投资其他风险相近的有价证券的最低回报相比而超出或低于后者的量值。股权资本是有成本的，持股人投资 A 企业的同时，也就放弃了该资本投资其他企业的机会。投资者如果投资与 A 企业相同风险的其他企业，所应得到的回报就是 A 企业的股权资本成本。股权资本成本是机会成本，而非会计成本。

根据定义，EVA 的计算公式为：

$$EVA = R_P - C \times K_{WACC} \tag{12-8}$$

式中：R_P——税后净营业利润，等于会计上的税后净利润加上利息支出等会计调整项目后得到的税后利润；

C——资本投入额；

K_{WACC}——加权平均资本成本。

K_{WACC} 的计算公式为：

$$K_{WACC} = \frac{S}{S+L} \times K_S + \frac{L}{S+L} \times K_L \tag{12-9}$$

式中：S——权益资本总额；

L——债务资本总额；

K_S——权益资本成本；

K_L——债务资本成本。

2. EVA 的优点

（1）能更真实地反映股东财富

在传统会计利润条件下，一些盈利的企业，因为所得利润是小于全部资本成本的，实际上是在损害股东财富。计算会计利润只确认和计量债务资本的成本，没有将权益资本成本从利润中扣除，从而不能真实评价公司的经营业绩，同时也会使经营者误认为权益资本是一种免费资本，因而不重视资本的有效使用。EVA 纠正了这个错误，并明确指出，企业在运用资本时必须为资本付费，考虑所有资本的成本。EVA 显示了一个企业在每个报表时期创造或损害的财富价

[①] Tully S. The Real Key to Creating Wealth. Fortune, 1993 (Sep. 20): 38-40, 44-45, 48, 50.

值量，即股东定义的利润。假设股东可接受的最低投资回报率为 10%，则只有税后营业利润至少超出资本金 10% 的时候，企业才是在"赚钱"，在此之前只是在为达到股东可接受报酬的最低量而努力。

（2）能较准确地反映企业在一定时期内创造的价值

在运用传统以利润为基础衡量企业经营业绩的方法时，容易导致经营者为粉饰业绩而操纵利润。而 EVA 在计算时，需要对财务报表的相关内容进行适当的调整，包括调整稳健会计的影响（如研发费用资本化）、防止盈余管理（如不提坏账准备）、消除过去的会计误差对决策的影响（如防止资产账面价值不实）等，在一定程度上避免了会计信息的失真。

（3）能较好地实现局部目标与整体目标的一致

在传统财务评价体系下，部门（或子公司）为获取增加投入与利润的好处，而竞相争取（母）公司的投资。由于缺乏合理的依据，（母）公司在资金分配上往往采取"政策分配"的办法，致使资金闲置或低效使用；而 EVA 从根本上解决了这一难题：争取到的资金必须创造正的 EVA，若 EVA 为负，则需要其他业务的 EVA 来补偿，因此，在没有把握实现正的 EVA 的情况下，部门（或子公司）不会过度争取（母）公司投资。企业总部可根据总体规划及子公司或部门的 EVA 指标，综合制定公司的 EVA 目标。企业下属的各企业或部门也可根据各自的资本成本确定 EVA 目标，这些目标通过部门间的沟通来互相协调。因此，是否接受新的投资项目、企业的分散经营范围如何确定、是否放弃某个部门或某项投资，这些问题的答案都取决于 EVA 能否实现。采用投资报酬率（ROI）作为部门经理的业绩考核指标时，部门经理将会放弃高于资本成本而低于目前部门投资报酬率的投资机会，或者减少现有的投资报酬率较低但高于资本成本的某些资产，以提高本部门的业绩，但却损害了股东的利益。EVA 可以避免内部决策与执行的冲突，使各部门目标与整个企业目标一致，如表 12-3 所示。

表 12-3　　　　　　　　　部门基于 ROI 或 EVA 做出的决策及其结果

评价标准	重要决策点	部门决策	企业决策	部门决策结果
基于 ROI 的投资决策	ROI_2<资本成本	拒绝	拒绝	目标一致
	ROI_2>资本成本且 ROI_2<ROI_1	拒绝	接受	目标不一致
	ROI_2>ROI_1	接受	接受	目标一致
基于 EVA 的投资决策	EVA<0	拒绝	拒绝	目标一致
	EVA>0	接受	接受	目标一致

注：ROI_1 为在不考虑新投资机会情况下的部门投资报酬率；ROI_2 为新投资机会的预期投资报酬率。

（4）能设计一种较有效的激励方式

固定薪酬不能对经营者形成有效激励，浮动薪酬的设计又比较困难。EVA 激励机制可以用 EVA 的增长数额来衡量经营者的贡献，并按此数额的固定比例作为奖励给经营者的奖金，使经营者利益和股东利益挂钩，激励经营者从企业角度出发创造更多的价值，像所有者一样行事，从而是一种便捷而有效的激励方式。

（5）能注重企业的可持续发展

EVA 鼓励企业在现有资本基础上，提高资本报酬，也就是促进营业利润的增长，相对于传统的创利指标，特别是在企业处于规模扩张的情况下，EVA 能较早地识别企业不佳的经营状况，从 EVA<0 的项目投资中撤出资金。同时，EVA 不鼓励削减研究和开发费用的行为，鼓励企业经营者进行能给企业带来长远利益的投资决策，如新产品的开发研究、人力资源的培养等，着眼于企业的长远发展，减少了企业经营者短期行为的发生。

3. EVA 存在的问题

首先，在以知识为基础的、专业的服务业经济中，人力资本要比金融资本更重要，而人力资本的价值和成本是较难衡量的。EVA 在这种行业中就不适用，甚至毫无意义。其次，EVA 是绝对数指标，不便用于比较不同规模企业的业绩。最后，企业在 EVA 计量中需要进行众多调整，应用较困难。

12.3.2 BSC

平衡计分卡（Balanced Score Card，BSC）包含财务、客户、内部经营过程及学习与成长 4 个方面[①]，每一方面都包含众多财务与非财务绩效指标。其进步之处在于为战略实施提出了战略地图模式[②]，利用因果关系假设，使绩效评价体系与战略目标的实现紧密结合起来，使绩效改进为战略目标服务。BSC 被应用在营利性企业、非营利性机构、政府部门等。

ADI是一家半导体公司。同很多公司一样，ADI每5年进行一次战略方案调整，如同管理者们经常遇到的战略问题一样，"制订战略方案"被当作一项"任务"完成后，形成的文件便被束之高阁，并不能在公司的日常生产经营工作中得以执行。1987年，ADI又开始了对公司战略方案的调整。与以前不同的是，对这次战略方案的制订，公司决策层意识到战略不仅要注重制订过程，更要注意战略实施，希望通过面对面与员工的交流与沟通，使其充分理解并认同公司战略，并将战略落实到日常管理中来推动战略的执行。此次ADI的战略文件的变化是从以往长达几十页甚至几百页变成精简的几页纸。在制订战略的过程中，ADI首先确定了公司的重要利益相关者为股东、员工、客户、供应商和社区，然后在公司使命、价值观与愿景下，根据上述利益相关者的"利益"分别设定了战略目标并明晰了3个战略重点。为确保战略目标的实现，ADI继续将战略目标实现的关键成功要素转化为年度经营绩效计划，由此衍生出了世界上第一张BSC的雏形：ADI的第一张"公司计分卡"。

战略与平衡计分卡之间的中介是战略地图，它是描述企业战略与 BSC 的 4 个层面之间因果关系的可视化工具[③]。

1. 战略地图

战略地图的标准模板与 BSC 的四个方面相对应，包括财务、客户、内部经营过程、学习与成长，如图 12-1 所示。BSC 通过战略地图分解企业战略，使企业战略转化为一系列具有"因果关系"的绩效评价指标。

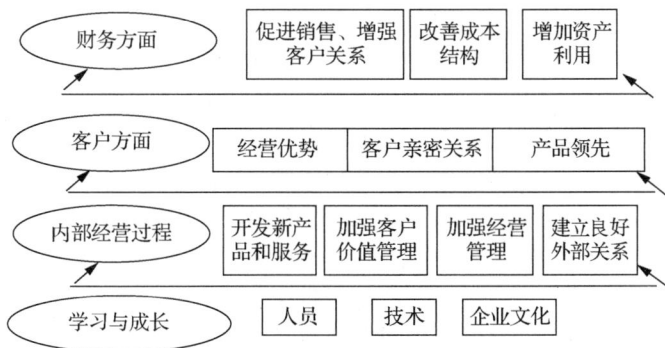

图 12-1　战略地图示意图

就像财务报表提供了一个普遍接受的、描述财务状况的结构一样，此模板提供了用于描述

---

① Robert S. Kaplan, David P. Norton. The Balanced Scorecard Measures That Drive Performance. Harvard Business Review, 1992(1): 71-79.

② Robert S. Kaplan, David P. Norton. Having trouble with your strategy? Then map it. Harvard Business Review, 2000 (9/10): 167-176.

③ Norton David P, Kaplan Robert S. Strategy Maps: Converting Intangible Assets into Tangible Outcomes. Harvard Business School Press Books, 2004 (Jan): 324.

任何战略的普遍框架和通用语言，建立了实施战略的内容体系，描述了关键绩效因素与企业战略的联系，明晰了创造预期产出结果的因果联系，包括企业如何将人员积极性和资源转变成有形产出，提供了所有职能部门和员工共同理解的参考点，让员工明确其工作和企业整体目标的联系，使员工在追求企业目标下的协同工作成为可能。

18世纪末期，英国政府决定把罪犯统统发配到澳洲去。一些私人船主承包了从英国往澳洲大规模运送犯人的工作。英国政府以"上船的犯人数"支付船主费用。当时那些运送犯人的船只大多是一些破旧的货船改装的，船上设备简陋，没有医疗用品，更没有医生。船主为了牟取暴利，尽可能地多装人，致使船上条件更加恶劣。3年以后，英国政府发现：运往澳洲的犯人在船上的死亡率达12%。英国政府花费了大笔资金，却没能达到大批移民的目的。英国政府想了很多办法，如派政府官员监督、召集船主进行教育培训。然而，死亡率却一直居高不下。后来，一位议员提出改变制度，即政府应以到澳洲"上岸的人数"为准计算报酬，问题便迎刃而解了。实行上岸计数的办法以后，船上的死亡率降到了1%以下。可见，绩效考核的导向作用多么重要。如果企业的绩效导向是战略目标的达成，那么分解战略目标，并制订切实可行的计划，员工的行为就会与战略目标保持一致并支持其达成。

2. BSC 的内容

（1）财务指标设计

财务衡量在于解决"股东如何看待我们"的问题。企业经营的最终目标都体现为财务指标，BSC 的四个方面最后都将归集到财务上来。BSC 体系下的财务评价指标和传统财务业绩评价体系没有大的区别，只是特别强调了要根据不同的企业生命周期选择不同的财务指标。

财务指标主要围绕着五个方面设置：① 获利能力，典型的指标有利润率、投资报酬率（或经济增加值）和净现金流量等；② 收入的增加，典型的指标有销售收入增长率、现金收入比和市场份额等；③ 降低成本和提高生产率，典型的指标有单位成本和费用功效等；④ 资产的运营效率，典型的指标主要有资产周转率、现金周转期和设备开工利用率等；⑤ 经营风险和财务风险，典型的指标有经营杠杆、流动比率、负债比率和利息保障倍数等。

企业所处的发展阶段不同，所选取的财务指标也会有所不同。处于成长期的企业，其财务目标侧重于销售收入增长率及市场份额增长率；处于成熟期的企业，其财务目标为收入、毛利、投资报酬率与获利能力等；处于衰退期的企业更注重现金流指标。

（2）客户指标设计

客户方面就是要解决"客户如何看待我们"的问题，即通过客户反观企业的经营。

客户方面的主要衡量指标有：客户满意度、客户保持率、客户获得率、客户留住率、客户盈利能力等。这些评价指标不是孤立的，而是相互联系的。要获得较高的市场份额就必须能够留住现有的客户，即所谓的产生回头客；但这并不够，还要不断吸引新客户加入到为企业创造价值的行列中来，这些工作的成绩就反映在客户留住率、客户获得率上，而这两个指标显然要通过提升质量、合理定价、满足客户要求、使客户满意来提升，这正是客户满意程度这一指标所要衡量和反映的内容。市场份额的扩大是企业希望看到的事情，但片面地追求市场占有程度，把业务摊大，会使管理人员产生企业已然获得了成功的错觉。事实上，企业市场份额的扩大还必须反映在企业财务指标的改善上，这就要借助客户盈利能力这一指标来考察。只有当企业获得的客户能带来盈利时，客户才能为企业创造经济效益。

（3）内部经营过程指标设计

内部经营过程主要解决"我们擅长什么"的问题。企业要重视有助于提高企业整体绩效的过程、决策和行动，尤其是对客户满意度有重要影响的关键内部经营活动。客户最关心的五个方面是时间、质量、功能、服务和价格，企业要在内部经营过程中为这5个方面设定好目标。

内部经营过程指标既包括对短期的现有业务的改善，又涉及长远的产品和服务的革新。BSC内部经营过程主要有三个方面的衡量指标：一是研究与开发过程指标，包括新产品在销售额中的比重、新产品上市速度与竞争者的上市速度比较、开发新产品的时间等；二是生产过程指标，包括订货周期、准时送货率、良品率、成品存货周转率等；三是售后服务流程指标，包括从客户提出要求到问题解决所需的时间、售后服务的成本、客户对售后服务的满意率等。

（4）学习与成长指标设计

学习与成长方面主要解决"我们如何继续提高并创造价值"的问题。学习与成长指标为BSC其他3个方面的指标提供了动力源泉。

学习与成长指标强调员工能力，提倡提高员工能力的投资，为企业的未来发展提供条件，形成"学习——持续改进——增强竞争优势——良好经济效益——再学习"的良性循环。其主要包括三个方面的衡量。① 员工能力，反映员工被激励后发挥能力的状况，一般用员工培训次数、员工培训费用增长率、员工的满意程度、员工的保持率、员工的创新性、员工知识水平提高程度等指标来评价。② 信息系统能力，指企业和员工能否快捷地取得有关市场、客户、内部经营过程及决策后的反馈等重要信息的能力。衡量信息系统能力的指标主要有：当前取得信息量与期望取得信息量的比例、现有信息系统满足员工需要的程度、信息反馈的成本、信息反馈速度和周期、信息系统更新成本等。③ 企业的激励机制，反映员工积极性被激发的状况及集权、授权与分权的程度。设置的主要指标有：员工提出合理化建议的数量及增长程度、员工建议（意见）被采纳的比例、员工工作效率、员工参与企业决策的程度、中层领导向高层领导的请示率及汇报率等。

3. BSC 的优缺点

BSC将战略目标逐层分解并转化为被评价对象的绩效指标和行动方案，使整个企业行动协调一致；从财务、客户、内部经营过程、学习与成长四个维度确定绩效指标，使绩效评价更为全面完整；将学习与成长作为一个维度，注重员工的发展要求和企业资本、信息资本等无形资产的开发利用，有利于增强企业可持续发展的动力。

但是，BSC绩效指标的选择与量化存在很多困难。如果BSC四个方面的绩效指标之间不呈现正相关关系（实际情况往往如此），管理者往往会失去行为准则，难以判断哪个指标重要，而将每个可能的指标都包含进来。这样不仅会导致信息过载，不符合信息的成本效益原则，更可能导致指标之间主次不分、"因果关系"不清，太多的绩效指标也可能引起管理者和员工疑惑、冲突。此外，与会计评价标准不同，非财务指标以多种数据形式衡量，没有标准化的定义，不同企业对其的定义变化很大，量化困难；非财务指标和长期绩效之间因果关系缺少严格的定义[1]。还有一些研究认为BSC未将所有的利益相关者纳入模型[2]。鉴于此，卡普兰和诺顿将外部利益相关者，如政府、社区等逐步纳入了BSC模型[3]。

📁 讨论案例

怎样考核才合理？

置业房屋交易公司是西安一家以房屋买卖和租赁业务为主的中介机构，其业务模式是通过收购、租赁等形式取得房屋的所有权和经营权后，再出售或对外租赁。该公司成立后不久，随着写

---

① Hanne Norreklit. The balance on the balanced scorecard- a critical analysis of some of its assumptions. Management Accounting Research, 2000 (11): 65-88.

② Atkinson A. A, Waterhouse J.H, Wells R. B. A Stakeholder Approach to Strategic Performance Measurement. Sloan Management Review, 1997 (Spring): 25-37.

③ Robert S. Kaplan, David P. Norton. Having trouble with your strategy? Then map it. Harvard Business Review, 2000 (9/10): 167-176.

字楼租赁市场的火爆，加之价格优势，进入快速发展时期，目前已经在西安市内和城郊分设了30家分店。

每个分店的设立成本平均为10万元，设店长1名、销售人员5～6名、会计核算人员1名、行政人员2名。会计核算人员和行政人员每月工资大约3 200元。销售人员的薪资由每月1 600元的固定工资加营业额2%的提成组成。为了激发店长的工作热情，总经理王洋决定让每个店长出资3万元入股，约占1%的股本，店长每月薪资为该店当月净利润的2%。王洋觉得这种做法的最大优点就是使考核店长的业绩指标直接与净利润联系起来。

然而最近发生的一件事情却让王洋感到困扰。今年年初王洋到各个分店巡视的时候，有个店长向他反映了这样一个问题：这位店长的分店处于城郊，每个月的营业额只有40万元左右，扣除各项税费，净利润只有20万元左右，销售人员每月能拿到3 000元左右，店长本人月薪4 000多元。令他感到不公平的是，地处市中心的同样规模的分店由于房屋成交量大，营业额高，普通销售人员的工资一般在7 000～8 000元，店长更是月薪过万元。在城郊，一个店长的月薪却没有在市中心一个销售人员的月薪高。城郊的店长纷纷要求调到市中心来工作。

另外，由于店面的选址只能由总店决定，店长无法控制房租费用，而目前作为考核指标的净利润是扣除房租费用以后的净利润。因此另一个店长向总经理王洋建议，考核指标的净利润不应扣除房租费用，房租应该由总店承担。

根据上述资料，请讨论以下问题。

（1）从店长的角度看，你认为店面地理位置的差异是否是决定店长薪资问题的关键因素？如果是，应该如何将该因素考虑进去？

（2）从责任权利来看，分店属于哪一类责任中心？选择用不扣除房租费用的净利润作为考核指标是否合理？对各店长和总经理的利润分成将有何影响？

（3）除了以上因素，还有哪些因素会影响店长的业绩考核？

（4）如果你是总经理王洋，你会如何解决店长业绩考核问题？

复习思考题

一、概念题
1. 责任中心　　2. 成本中心　　3. 利润中心　　4. 投资中心

二、单选题
1. 在责任中心中，应用最为广泛的责任中心形式是（　　）。
   A. 核算中心　B. 成本中心　C. 利润中心　D. 投资中心
2. 下列成本中，属于成本中心必须控制和考核的指标是（　　）。
   A. 产品成本　B. 期间费用　C. 不可控成本　D. 责任成本
3. 以下可以作为典型的标准成本中心的部门是（　　）。
   A. 科研开发部　B. 事业部　C. 生产车间　D. 销售部
4. 以下各项费用中，属于生产部门的可控成本的是（　　）。
   A. 加工不当造成的报废损失　B. 劣质材料造成的报废损失
   C. 大修理期间的停工损失　D. 原材料的单价
5. 利润中心与投资中心的主要区别是它没有（　　）。
   A. 产品销售权　B. 价格制定权　C. 材料采购权　D. 投资决策权
6. 在投资中心的主要考核指标中，能够全面反映该责任中心投入产出的关系，避免本位主义发生，并使个别投资中心的利益与整个企业的利益统一起来的指标是（　　）。
   A. 可控成本　B. 边际贡献　C. 投资报酬率　D. 剩余收益

7. 若使投资中心的剩余收益大于零，则该中心的投资利润率必定（　　）。

    A. 大于最低投资报酬率　　　　　　B. 小于最低投资报酬率

    C. 大于销售利润率　　　　　　　　D. 小于最低销售利润率

8. A 公司的某投资中心的投资额为 300 000 元，剩余收益为 30 000 元，A 公司的加权平均的最低投资报酬率为 15%，则该投资中心的投资报酬率为（　　）。

    A. 15%　　　　　　B. 20%　　　　　　C. 25%　　　　　　D. 30%

三、判断题

1. 一般来说，只要能够制定合理的内部转移价格，就可以将企业大多数生产半成品或提供劳务的成本中心变成利润中心。（　　）

2. 企业内部个人不能构成责任实体，所以企业内部个人不能作为责任中心。（　　）

3. 某项会导致个别投资中心的投资报酬率提高的投资，不一定会使整个企业的投资报酬率提高；某项会导致个别投资中心的剩余收益指标提高的投资，则一定会使整个企业的剩余收益提高。（　　）

4. 同一个成本项目，对于有的部门来说是可控的，对另一个部门来说，则可能是不可控的。也就是说，成本的可控与否是相对的，而不是绝对的。（　　）

5. 在其他因素不变的条件下，一个投资中心的剩余收益的大小与企业最低投资报酬率呈反向变动。（　　）

6. 利润中心必然是成本中心，投资中心必然是利润中心，所以投资中心首先是成本中心，但利润中心并不一定都是投资中心。（　　）

7. 企业利用 EVA 指标与投资报酬率做出的决策必然是一致的。（　　）

8. 平衡计分卡方法只能包括 4 个方面，且这 4 个方面之间是相互独立、没有联系的。（　　）

四、计算题

A 公司下设甲、乙两个投资中心。甲投资中心的投资额为 200 万元，投资报酬率为 15%；乙投资中心的投资报酬率为 17%，剩余收益为 20 万元。A 公司要求的最低投资报酬率为 12%，A 公司决定追加投资 100 万元。若投向甲投资中心，每年可增加利润 20 万元；若投向乙投资中心，每年可增加利润 15 万元。

要求：

（1）计算追加投资前甲投资中心的剩余收益。

（2）计算追加投资前乙投资中心的投资额。

（3）计算追加投资前 A 公司的投资报酬率。

（4）若甲投资中心接受追加投资，计算其剩余收益。

（5）若乙投资中心接受追加投资，计算其投资报酬率。

第13章 股利分配管理

📋 引导案例

股份有限公司盈利后，股利分与不分都似乎有理，而到底怎么分、分多少，不同企业则各有高招。2023年，A股上市公司的分红总额达到了2.03万亿元，继续保持在较高水平，一些公司还实施了中期分红甚至季度分红。

上市公司派现是主要的红利支付方式。美国公司在1971～1993年的税后利润中有50%～70%被用于支付红利[①]，不分红的企业也不在少数，且业绩并不差。知名企业如苹果、eBay、亚马逊自从上市以来都十几年、几十年从未分红。微软从1986年上市直到2003年都是"一毛不拔"。但如果1986年时把1万美元投入微软，到2003年该投资则变成了223万美元。2003年以后，微软开始向股东派息和回购股票，但其股价却开始原地踏步。有分析认为，2003年之前不分红才使微软有充足的资金保证每年30%以上的高增长。一旦企业不能证明其有能力通过投资为股东们创造超常价值，则将累积的现金用于分红以让股东寻找投资机会，反而是负责任的做法。

国内市场曾出现过高现现的例子。2001年5月18日上市的北京用友软件股份有限公司，于2002年4月28日股东大会审议通过的2001年度分配方案为10股派6元（含税），共计派发现金股利6 000万元。刚刚上市一年即大比例分红，一时间市场上众说纷纭。一些学者认为，这种高派现股利政策源于控股股东经济利益最大化的理性选择，是在法律和市场规则的范围内进行的正当行为；也有学者认为这种高派现股利政策客观上形成了对流通股股东利益的侵害，有"恶意分红"的嫌疑。部分上市公司的股利分配采取送股形式，甚至出现了"高送转"，从历年最高每10股送转合计5股逐渐上升到2015年的每10股送转30股。另类分红也在盛行。2013年4月3日，南方食品发布董事会决议公告，向股东赠送公司产品黑芝麻乳。这一行为引起热议，有人说这种做法是"实物分红"，也有人说这是"促销赠送"。

股利分配能否这样分？本章将介绍股利分配相关的知识内容。

⭐ 学习目标

- 了解利润分配的原则；
- 掌握股利分配的项目与流程；
- 掌握股利支付方式；
- 了解股利分配理论；
- 熟悉股利分配的影响因素。

13.1 股利分配概述

股利分配属于企业利润分配的一部分，是指股份有限公司向股东分派股利。企业的利润分配涉

[①] 沈明. 苹果与微软的悭吝告诉我们什么. 证券日报，2011. 12-20.

及国家、企业、股东、债权人、内部职工等多方利益主体，与企业的生存与发展紧密相关。因此，股利分配必须符合利润分配原则。

13.1.1 利润分配原则

1. 依法分配原则

国家有关法律、法规对企业利润分配的基本原则、一般次序和重大比例做了较为明确的规定，企业进行利润分配必须切实执行《中华人民共和国公司法》《中华人民共和国证券法》等法律法规，正确处理和协调各方的利益，切实保障各利益主体的合法权益。

例如，2023年12月29日，第十四届全国人民代表大会常务委员会审议通过修订后的公司法，并于2024年7月1日起施行。新公司法规定：公司弥补亏损和提取公积金后所余税后利润，有限责任公司按照股东实缴的出资比例分配利润，全体股东约定不按照出资比例分配利润的除外；股份有限公司按照股东所持有的股份比例分配利润，公司章程另有规定的除外；公司持有的本公司股份不得分配利润；股东会作出分配利润的决议的，董事会应当在股东会决议作出之日起六个月内进行分配。

2. 资本保全的原则

利润分配是对经营中资本增值额的分配，而不是对资本金（包括股本和资本公积）的返还。因此，在分配中，企业不能侵蚀资本，即当企业出现亏损，尤其是连年亏损，年终会计核算中没有账面盈利或没有留存收益时，不得进行投资分红或分配股利。

3. 充分保护债权人利益的原则

按照风险承担的顺序及合同契约的规定，企业在利润分配之前必须偿清所有债权人的到期债务。并且在利润分配之后，企业还应保持一定的偿债能力，以免因利润分配造成财力枯竭，危及企业生存。此外，当企业存在长期债务契约时，其利润分配政策还应征得债权人的同意。

4. 多方及长短期利益兼顾的原则

利润分配必须兼顾投资者、经营者、职工等多方面的利益。企业在获得稳定增长的利润后，应增加利润分配的数额或百分比。同时，由于发展及优化资本结构的需要，除必须依法留用的利润外，企业仍可以出于长远发展的考虑，合理留用利润。在积累与消费关系的处理上，企业应贯彻积累优先的原则，合理确定提取任意盈余公积金和分配给投资者利润的比例，使利润分配真正成为促进企业发展的有效手段。

13.1.2 股利分配制度

利润分配决策、投资决策、筹资决策并称企业的三大决策，三者相互关联，密不可分。企业的利润分配决策，一方面受到企业发展规划及筹资、投资决策的影响，另一方面又反过来影响企业未来的发展及筹资和投资决策，对协调和处理企业的长远利益与近期利益、整体利益与局部利益等关系会产生重要作用。与股利分配相关的制度也体现了这一特点。

证监会 2000 年 5 月发布的《上市公司股东大会规范意见》规定，公司董事会根据公司盈利水平和股利政策制定股利分派方案，提交股东大会审议，通过后方能生效，即我国股利分配决策权属于股东大会，董事会配合对外公告、实施方案、安排具体的分配程序和时间。

2008 年 10 月，证监会发布《关于修改上市公司现金分红若干规定的决定》，其中规定，"最近三年以现金或股票方式累计分配的利润不少于最近三年实现的年均可分配利润的 30%"与再融资资格挂钩，不满足股利分配要求的上市公司将不能进行股权再融资。同时，这一决定特别要求上市公司以列表方式明确披露前三年现金分红的数额与净利润的比率，以提高现金分红的透明度。

2013 年 12 月，《国务院办公厅关于进一步加强资本市场中小投资者合法权益保护工作的意见》明确了八十多项管理要求。与股利分配相关的要求包括：（1）不履行分红承诺的上市公司，将被记入诚信档案，未达到整改要求的不得再融资；（2）建立多元化投资回报体系，丰富股利分配方式；（3）公司 IPO、再融资或并购重组摊薄即期回报的，应承诺并兑现填补回报的具体措施；（4）上市公司违法行为责任人，应主动、依法将所持股权及其他资产用于赔偿中小投资者；（5）将投资者教育纳入国民教育体系等。

2023 年 12 月，证监会发布《上市公司监管指引第 3 号——上市公司现金分红（2023 年修订）》，该指引意在鼓励现金分红，推动提高分红水平；加强披露要求等制度督促不分红的公司分红；重点监管关注财务投资较多但分红水平偏低的公司，督促其提高分红水平，专注主业；简化中期分红程序，优化分红方式和节奏；加强对异常高比例分红企业的约束，引导合理分红。

上述制度表明对上市公司股利分配的监管逐步完善。

13.2 股利分配内容

股利分配的具体内容包括：股利支付方式的确定、股利支付比率的确定、重要时间节点的确定、支付现金股利所需资金的筹集方式的确定等。股利支付比率为每股股利与每股收益之比，确定股利支付比率是现金股利分配中的重要内容。

13.2.1 股利分配项目

股份公司税后利润分配包括盈余公积金和股利分配。分配之前，需要计算可供分配的利润。公司当期实现的净利润加上年初未分配利润（或减去年初未弥补亏损）后的余额，为可供分配的利润。如果可供分配的利润为负数，则不能进行后续分配；如果可供分配的利润为正数（即本年累计盈余），则在弥补以前年度亏损后（若有），进行后续分配。

1. 盈余公积金

盈余公积金历年从净利润中提取形成，用于弥补公司亏损、扩大公司生产经营或者转增资本。盈余公积金分为法定公积金和任意公积金。按照我国《公司法》的规定，法定公积金按照当年税后利润 10%的比例提取；当盈余公积金累计达到公司注册资本的 50%时，公司可不再继续提取。任意公积金的提取由股东大会根据需要决定。

2. 股利分配

企业向股东支付股利，要在提取盈余公积金之后。股利的分配以各股东持有股份的数额为依据，每一股东取得的股利与其持有的股份数成正比。股份有限公司原则上应从累计盈利中分派股利，无盈利不得支付股利，即所谓的"无利不分"。股利与净利润的比率即为股利支付率。由于累计的以前年度盈余也可以用于股利分配，股利支付率甚至会大于 100%，所以，在比较不同公司的股利分配水平时，通常采用若干年度的股利支付率的平均值。

需要注意的是，上述利润分配是按顺序进行的。若公司股东会或董事会违反利润分配顺序，在抵补亏损和提取法定公积金之前向股东分配利润，则违反规定发放的利润必须被退还公司。

苹果公司已故的CEO史蒂夫·乔布斯（Steve Jobs）曾在公司股东大会上表示，与分红和回购股票相比，他更喜欢持有现金进行投资。乔布斯说："苹果希望进行'大胆的、投入巨额资金的'冒险""当你尝试冒险时，那种感觉就像跳跃在半空中，只有当你的双脚最终着地时才能够放下心来。我们之所以采取从财务角度来看比较保守的企业运作模式，是因为人们永远无法预见下一个机遇到底何时才能到来。我们非常幸运，因为我们在想要收购一样东西的时候，可以直接写一张支票，而无须东拼西凑地借钱。"截至2011财年第三财季，苹果公司的现金储备达到了762亿美元，股价从1997年不到5美元升至当时的400美元左右，其间股价涨幅高达近80倍，这无疑是对股票持有者最大的回报。苹果公司自2012年恢复派息以来，持续增加年度股息。2023年的各季度股息分别为0.23、0.24、0.24、0.24美元，股息率在0.45%至0.55%之间，其定期的季度分红向股东提供了稳定的现金流回报。

13.2.2　股利支付方式

股利支付方式有多种，现金股利、股票股利及二者组合是常见的方式。我国法律虽然不禁止财产股利和负债股利，但在公司实务中比较少见，实际上它们是现金股利的替代。

1. 现金股利

现金股利是指股份公司以现金支付的股利，它是股利支付的主要方式。例如，每10股派现2元。发放现金股利的多少取决于公司的股利政策和经营业绩。上市公司发放现金股利主要出于3个原因：迎合投资者偏好，减少代理成本，传递公司的未来信息。发放现金股利的优点是能够满足投资者获取现金的投资要求，并且分配后不影响公司原来的所有权结构。其不足是加大了公司支付现金的压力，公司支付现金股利除了要有累计盈余（特殊情况下可用弥补亏损后的盈余公积支付），还要有足够的现金，因此公司在支付现金股利前必须筹备充足的现金；此外，通常来说，现金股利的发放会造成短期内股票价格下跌。

股票回购相当于现金股利的一种替代方式。股票回购是指公司出资购回自身发行在外的股票。公司付出现金购买（或举债回购）股东持有的股份，减少了流通在外的股份，使得每股收益增加，同时向外界传递了公司股价被低估的信号，一般会导致公司股价上涨，股东因此获得资本利得，相当于公司给股东支付了现金股利。在资本利得税低于股利所得税的情境下，股东还会获得纳税上的好处。我国公司法对公司回购股票需满足的特定情形做出了规定，且要求回购的股票必须在具体规定的各自时间节点内注销或转让，不允许库藏股。

2. 股票股利

股票股利是公司以增发的股票作为股利的支付方式。股票股利的优点在于公司既进行了股利分配，又没有动用现金，使公司留存了现金，便于进行再投资，有利于公司长期发展；对股东而言，其可以在需要现金时将分得的股票股利出售，获得节税的好处（很多国家税法表明出售股票的资本利得税比现金股利所得税低），或者继续持有股票在未来获得更多现金股利。如果公司在发放股票股利后发放现金股利，股东会因为所持股数的增加而得到更多的现金。

世界500强企业Archer Daniels Midland公司，保持了连续88年支付股息的纪录，从2001年开始以现金形式分红，并保持了连续20年每年增加每股现金股息的纪录。其曾连续多年每年都发放5%的股票红利，也就是说，股东每持有100股当前股票就将再得到5股额外的公司股票。假如公司宣布发放5%的股票股利后每股再支付现金股利2元，某投资者拥有100股，可得现金股利为：2×100×（1+5%）=210（元）。若先不发放股票股利，该股东所得现金股利只有200元。

股票股利不直接增加股东的财富，不会导致公司资产的流出或负债的增加，也不增加公司的股东权益总额，但是会引起所有者权益各项目的结构发生变化。因为多数投资者厌恶高价股而偏好低价股，资金较少的投资者可能不会考虑股价过高的股票。而股票股利将公司的留存收益转化为股本，留存收益和股本此消彼长。公司增加流通在外的股票数量，降低了股票的每股价值及每股市价，从而可以吸引更多投资者购买该股票。

有一家公司，从1993年上市到2009年连续16年现金分红，累计派现高达21.1亿元，是沪深两市唯一一家现金分红超过股票融资的公司，有"现金奶牛"之称。这家公司就是佛山照明。但其股价一直在低位平稳运行，除了2007年在大牛市行情中股价冲击29元，上述的16年里的大多数年份股价稳定维持在十几元的水平，且换手率低。股价的不活跃导致短线投资者对该公司不选择股票分红的方式很不满。

佛山照明的董事长认为："作为一个企业，最好的回报还是给投资者分钱，我们每赚一元钱有6角5分到6角7分给人家，毕竟自己还留了3角多钱，这对于再投资已经很好了。""我们坚持分红不送股，为什么？我们认为送股等于送水分。"这种想法与一些崇尚价值投资的投资者的观点不谋而合：相对于股票股利，能够真金白银对投资者进行现金分红是检验上市公司勤勉尽职、真心回报股东的"试金石"。一个成熟的股市不应该大涨大跌，让短线投资者赚很多钱，而让稳健的投资者失望。

股票分割不属于股利分配方式，但其与发放股票股利十分相似，都是在不增加股东权益的前提下增加股票的数量。

股票分割又称拆股，是指股份有限公司将面额较高的股票交换成面额较低的股票，将股票分割或拆细的行为。例如，两股换一股的股票分割，是指两股新股换一股旧股的行为。当股价暴涨且预期难以下降时，公司才会采用股票分割的方式降低股价，提高股票的可转让性、流通性和促进市场交易活动，增加投资者对股票的兴趣，如此股票价格有望进一步上涨；当股价上涨幅度不大时，往往通过发放股票股利使股价维持在理想范围内。与股票分割相反，公司有时也进行股票合并操作。股票合并又称合股、逆向分割或反分割，即公司用一股新股换取一股以上的旧股。股票合并可以减少流通在外的股票数量，提高每股股票的面值和其所代表的净资产的数额，进而提高股票的市场价格。

3. 财产股利

财产股利是以除现金以外的实物或者证券资产支付的股利。其中，实物股利是指以公司实物资产或产品充当股利；证券股利则是以公司拥有的其他企业的有价证券或政府公债等作为股利。财产股利一般不改变公司的现金流，不会增加现金流出，不会产生现金支付压力；财产股利并不是一种每年都派发的经常性的股利，而是具有一定的偶然性、特定性；财产股利分配实物资产，在一定程度上为公司产品做了广告宣传，可以扩大销路。

继南方食品给投资者发放黑芝麻乳、量子高科向投资者赠送龟苓膏后，医药上市公司也向投资者赠送新产品，安全套、感冒药和艾滋病快速自检试剂三选一。接连出现的"实物馈赠"被认为是财产股利形式的另类分红方案。

4. 负债股利

负债股利是公司以负债形式所界定的一种延期支付股利的方式，通常以公司的应付票据等作为股利支付给股东，在不得已的情况下也有发行公司债券作为股利的。也就是说，股东将在一定期间后得到现金。负债股利在我国上市公司的股利分配中难得一见。

13.2.3 股利分配流程

股份有限公司的股利分配方案通常由公司董事会提出，然后提交股东大会决议，股东大会据以通过分配预案之后，向股东发布股利发放的方案。不同国家的公司每年发放股利的次数不同。我国的股份有限公司一般每年发放1次股利，美国公司则为每季度发放1次。股份有限公司向股东支付股利，主要包括以下时间流程节点：股利宣告日、股权登记日、股票除息日和股利支付日。

1. 股利宣告日

股利宣告日即指公司董事会将股利支付情况予以公告的日期。股份有限公司董事会一般根据发放股利的周期举行董事会讨论并提出股利分配方案，由公司股东大会讨论通过后，正式宣布股利发放方案。公告将宣布每股派发股利、股权登记日、股票除息日、股利支付日和派发对象等事项。

2. 股权登记日

股权登记日即指有权领取股利的股东其资格登记的截止日期。只有在股权登记日前在公司股东名册上的股东，才有权分享股利。

上市公司的股票在公司宣布发放股利至公司实际发出股利间有一定的时间间隔，在此时间间隔内交易并没有停止，公司股东也会随股票交易而不断改变。为了明确股利的归属，公司确定了股权登记日，凡在股权登记日之前（含登记日当天）列于公司股东名册上的股东，都将获得此次发放的股利，而在这一天之后才列于公司股东名册上的股东，即使在股利实际发放之前取得股票，也将得不到此次发放的股利，股利归原股东所有。

3. 股票除息日

股票除息日即指领取股利的权利与股票相互分离的日期，也称除权日。一般规定股票除息日为股权登记日的次交易日。在股票除息日前，股利权从属于股票，持有股票者即享有领取股利的权利；自股票除息日开始，股利权与股票相分离，新购入股票的股东不能分享股利。

股票除息日通常会显著影响股票的价格。因为股利的价值在股票除息日之前已包含在股票价格中，而对于在股票除息日之后进行的股票交易，股票价格中不再包含股利收入，所以股票除息日后的交易价格一般低于股票除息日之前的交易价格。在股票除息日当天及其后购买的股票又被称为除息股。

4. 股利支付日

股利支付日即指向股东发放股利的日期，也称付息日。

中国中铁股份有限公司2023年年度权益分派实施公告显示，本次利润分配每股派发现金红利0.21元（含税），股利宣告日为2024年7月19日，股权登记日为2024年7月25日，除权（息）日及现金红利发放日为2024年7月26日。

2023年11月1日，阿彻丹尼尔斯米德兰公司（ADM）的董事会宣布了每股普通股0.45美元的现金分红。该分红将于2023年12月6日支付给2023年11月15日记录在册的股东。2024年1月25日，ADM宣布将每股现金分红提高到0.50美元，相较于上一季度的0.45美元，增长了大约11%。这次分红于2024年2月29日支付给2024年2月8日记录在册的股东，这是ADM连续第369次季度派息。

13.3　股利分配的理论与实践

13.3.1　股利分配的相关理论

股利分配是财务管理的一部分，我们同样要考虑其对公司价值的影响。一种观点认为股利政策与公司价值无关，因为公司价值由公司的盈利能力和经营风险决定，价值取决于收益的产生，而与收益在股利和留存收益之间的分配无关；另一种观点则相反，认为税收因素、资本成本、投资者存在对当期股利的偏好等因素导致股利政策与公司价值相关。

1. 股利无关论

股利无关论的主要倡导者是米勒和莫迪葛利安尼[①]，两人分别获得 1990 年及 1985 年的诺贝尔经济学奖，他们认为，股利政策对公司股票价格或者资本成本都不会产生影响。该理论建立在一些假定之上：不存在个人或公司所得税；不存在股票的发行和交易费用；公司的投资政策已经确定并且为投资者所理解；经理与外部投资者之间不存在代理成本；公司的投资者和管理当局可相同地获得关于公司未来投资机会的信息，即假定投资者处于完美的市场，因而股利无关论又被称为完全市场理论。其主要观点如下。

（1）投资者并不关心公司股利的分配

投资者对股利和资本利得并无偏好，即对于当期利益和长远利益并无偏好，送股和送红利

---

① Merton H Miller, Franco Modigliani. Dividend Policy, Growth, and the Valuation of Shares[J]. The Journal of Business, 1961,34, (10): 411-433.

没有区别。即使当期股利不高，但是如果公司为再投资留存了较多的收益，也会促使公司股票价格上涨，此时，投资者同样也可以通过出售股票的方式获取现金收益。同样，如果公司发放的股利较多，投资者也可以用现金再购入一些股票提高出资以获取长远利益。

（2）股利的支付比率不影响公司的价值

既然投资者不关心股利的分配，那么公司的价值就完全由其投资决策及获利能力所决定，公司的股利支付比率并不影响公司的价值。即便公司已经支付了高额股利，与此同时又遇到了理想的投资机会，也可以重新募集新股，因为新投资者会对公司的投资机会做出认可。

股利无关论的缺陷主要表现为其假设缺乏现实性：公司和投资者需要支付所得税；公司增发新股需要支付发行费用，投资者需要支付交易费用；股利政策通过影响公司现金流量，从而影响投资决策；公司管理层与投资者之间存在信息不对称现象。很多投资者不仅关心公司股利分配，而且还关注股利支付比率。

2. 股利相关论

"手中鸟"理论和税差理论等股利相关论认为，公司股利分配对其市场价值是有影响的。

（1）"手中鸟"理论

"手中鸟"理论又称为"一鸟在手"理论[1]，源于谚语"双鸟在林不如一鸟在手"。其基本观点是：投资者对投资风险有天生的抵触情绪，因此对股利收益与资本利得有着不同的偏好。资本利得指的是卖出股票时卖出价和原来买入价的差额。股票出售时的价格具有不确定性，尤其是当股价下跌的时候，资本利得就会大大损失，公司此时用留存收益再投资方式带给投资者的收益不确定性和不稳定性增加，尤其是随着时间的推移，投资风险将进一步加大。相比之下，现金股利具有较高的确定性和稳定性，投资者有把握按时、按量得到收入，就如同手中之鸟一样，所以投资者偏好现金股利。正是由于未来的资本利得比现在的现金股利具有更高的风险，因此未来的资本利得的折现率更高，这说明现金股利越高，权益资本成本越低，反之越高，即权益资本成本与现金股利成反比。

这一理论对股利的解释尚存一定疑问。从长远来看，公司的实际业绩才是支撑现金股利和资本利得的支柱。如果没有长期盈利业绩的支持，公司必然会在某一时期内无法保证现金股利的发放，因此，即便公司在短期内依靠资金的调度和安排满足了既定数额的现金股利的发放，也无法保证未来能够一直有资金支持。相反，如果公司能够长期保持良好的盈利势头，尽管在一定期间内市场也许并不能充分识别公司股票的价值而导致其价格被低估，但从长远来看公司的实际价值一定会反映在股票价格上。当然，这些结论必须有一个前提作为保障，即股票市场在较长时期内是一个有效率的市场。

（2）税差理论

税差理论的基本观点是[2]，资本利得税一般低于股利所得税，即使股利与资本利得按相同的税率征税，考虑到货币的时间价值，投资者可以通过延迟实现资本利得而延迟缴纳资本利得所得税，股东会倾向于选择资本利得而非现金股利。

然而，对于那些希望保持资本的流动性、交易成本较高的股东而言，现金股利仍是较好的选择，因为在资本市场上转让股票所发生的交易成本将会抵消税收收益。即使交易成本不是很高，但只要交易成本不为零，那些享受免税又希望保持资本流动性的股东将倾向于现金股利，以避免交易成本。

（3）客户效应理论

客户效应理论认为，投资者不仅对资本利得和股利有偏好，还因其所处的边际税率等级不

---

① M. J. Gordon. Dividends, Earnings and Stock Prices[J]. The Review of Economics and Statistics, 1959, 41 (2): 99-105.
② Litzenberger Robert H, Ramaswarmy Krishna. The Effects of Personal Taxes and Dividend on Capital Asset Prices[J]. Journal of financial Economics, 1979, (6): 163-195.

同，导致其对待股利政策的态度存在差异。收入高的投资者因其边际税率较高，偏好于低股利支付率的股票，希望少分或不分现金股利，以更多的留存收益进行再投资，从而提高所持有股票的价格。而收入低的投资者及享有税收优惠的养老基金投资者，偏好高股利支付率的股票，希望支付高且稳定的现金股利。

（4）代理理论

公司利益相关者的各自目标并非完全一致，在各方追求自身利益最大化的情况下，可能会牺牲其他利益方的利益，由此产生了代理冲突和代理成本。这种代理冲突在股利分配中也存在，突出表现在股东与债权人、股东和管理层、大股东和小股东之间。例如，债权人希望企业少发股利，以保证充足的资金和较强的偿债能力，而有些股东可能期待高股利收回投资；管理层为了在职消费、建立公司帝国等目标，倾向于多留存少发放股利，而与有些股东取得股利收益的愿望相背离；大股东倾向于保持控制权以获得控制权私利，往往忽视小股东获得正常股利收益的需求。代理理论表明，股利决策影响着利益相关者的反应，并因此与公司价值相关。

（5）信号理论

发放股利与否作为一个信号向市场传递了关于公司经营的信息，因此与公司价值相关。例如，成长期公司的股利增长一般表明公司经营状况良好、业绩上升、资金充裕、管理层对公司未来充满信心，而衰退期的公司股利增长可能表明公司资金没有用武之地，缺乏欲开辟的新领地。但是，利益相关者对股利信号的不同解读，导致股利信号对公司价值的影响较难预测。

13.3.2　股利分配的实践

支付给股东的盈余与留在公司的保留盈余之间是此消彼长的关系。所以，股利分配政策既决定给股东分配多少红利，也决定公司有多少盈余留存。减少股利分配，会增加保留盈余，从而降低外部融资需求，因此股利决策也属于内部融资决策。

在股利分配的实务中，公司采用的股利政策包括剩余股利政策、固定股利额政策、固定股利支付率政策、低正常股利加额外股利政策等。

1. 剩余股利政策

剩余股利政策是指将股利的分配与公司的资本结构有机联系起来，根据公司的最佳资本结构测算公司投资所需的权益资本数额，先从盈余中留用，然后将剩余盈余作为股利向投资者分配。

（1）剩余股利政策确定股利的步骤

第一，确定公司的最佳资本结构，即确定权益性资本和债务性资本的比例关系。在最佳资本结构下，公司的资本成本率最低。

第二，确定最佳资本结构下所需的权益资本数额。

第三，最大限度地使用公司留存收益来满足投资方案所需的权益资本数额。

第四，投资方案所需的权益资本得到满足后，如果公司的未分配利润还有剩余，则将其作为股利发放给股东。

例13-1　某公司某年提取了公积金后的税后净利润为700万元，第二年的投资计划所需资金为900万元。公司的最佳资本结构为权益资本占60%、债务资本占40%。那么，按照剩余股利政策，公司能够发放的股利是多少？

解： 按照最佳资本结构的要求，公司投资方案所需的权益资本数额为：900×60%=540（万元）

公司当年提取了公积金后的税后净利润为700万元，可以满足上述投资方案所需的权益资本数额并有剩余，剩余部分再作为股利发放。当年发放的股利额即为：700-540=160（万元）

假设当年该公司流通在外的普通股为80万股，则每股股利为：160÷80=2（元）

（2）剩余股利政策的优缺点

公司采用剩余股利政策，首先保证了留存收益能满足再投资的需要，并且可以充分利用筹资成本最低的资金来源，保持理想的资本结构，并使资金供求相等，使加权平均资本成本最低，能够实现公司价值的长期最大化。

剩余股利政策的股利发放额每年会随投资机会和盈利水平的波动而波动。即使投资机会和盈利水平不同时变动，只要其一发生改变，股利也会随之改变。具体而言，在盈利水平不变时，股利将与投资机会的多寡呈反方向变动，投资机会越多，股利越少；反之，投资机会越少，股利越多。而在投资机会维持不变的情况下，股利将因公司每年盈利的波动而呈同方向波动，盈利越多，股利越多；反之，盈利越少，股利也会越少。剩余股利政策，容易造成股价不稳定，影响公司树立的良好形象，同时也不利于投资者安排收入与支出。因此，这种政策一般适用于公司初创阶段。

2. 固定股利额政策

固定股利额政策是指公司支付给股东的现金股利不随公司税后利润的多少而调整，即公司定期支付固定的股利额。采用这种股利政策的公司，一般盈利水平比较稳定或正处于成熟期。有时，为了维持投资者对公司持续经营的信心，衰退期公司也可能采用固定股利额政策。

（1）固定股利额政策的优点

分配固定股利可使公司树立良好的市场形象，有利于公司股票价格的稳定，增强投资者的投资信心。尤其当公司利润下降而现金股利保持稳定时，其能证明公司管理层对公司未来的盈利能力、财务状况充满信心，尽管短期内公司利润出现下滑，但公司有能力扭亏为盈，同样也有能力保持其股东应得的固定股利。同时，稳定的股利政策降低了投资风险，投资者可以预先根据公司的股利水平安排支出，尤其是那些期望有固定数额收入的投资者，更希望其投资的股利回报能够成为其稳定的收入来源，以便安排各种经常性的消费和其他支出。

（2）固定股利额政策的缺点

固定股利额政策的缺点主要在于股利的支付与公司盈利脱节。无论盈利多少，公司均要按照固定的比例支付股利，对公司来说，固定股利成为一种必须开支的"固定费用"，增加了公司风险。并且，公司在成长过程中难免出现经营状况不佳或短暂的困难时期，此时固定股利的支付将变成固定的负担，这会导致公司资金紧张、财务状况恶化，影响其正常的生产经营活动和后续发展。同时，固定股利额政策没有考虑投资者希望股利能够抵消通货膨胀等不利影响的期待。

鉴于此，采用固定股利额政策的公司必须对其未来的盈利和支付能力做出良好的判断。一般而言，固定股利额不应过高，要留有余地，以免公司陷入无力支付的被动局面。

佛山照明2020年的股利政策是每10股派发现金股利1元；2021年也是每10股派发现金股利1元；2022年同样是每10股派发现金股利1元。这3年该公司就执行了固定股利额政策。

3. 固定股利支付率政策

固定股利支付率政策是指公司预先确定一个股利占净利润的比率并按此比率支付股利。

（1）固定股利支付率政策的优点

其优点是保持分配利润和留存收益之间一定的比例关系，"多盈多分、少盈少分、无盈不分"，使股东与企业共担风险、共享收益，体现了投资与收益的一致性。同时，当公司盈利逐年增多时，投资者可以得到更多的股利，公司也能得到更多的留存收益。

（2）固定股利支付率政策的缺点

公司每年支付的股利会随其净利润额的多少而波动，股利支付额不稳定，容易使投资者产生公司经营不稳定的感觉，对稳定股票价格不利，也不利于公司良好形象的树立。固定股利支付率政策也不像剩余股利政策那样能够保持相对较低的资本成本。因此，大多数公司不采用这一股利政策。

4. 低正常股利加额外股利政策

低正常股利加额外股利政策是指公司在盈利一般的情况下每年支付固定的、数额较低的股利，在盈利多的年份，根据实际情况向股东支付额外股利。但额外股利并不固定，不意味着公司永久地提高了股利支付率。这种股利政策适用于各年盈余变化较大且现金流量较难把握的公司，因而被大多数公司所采用，特别是处于成长期的公司。

（1）低正常股利加额外股利政策的优点

这种股利政策既保持了股利发放的持续性，又具有较大的灵活性。当公司盈余较少或投资需要较多资金时，可维持既定的低正常股利，股东不会有股利跌落感，每年至少获得虽然较低但稳定的股利收入；而当公司盈余较多时，则可通过增加额外股利，把公司高收益与股东额外股利分配结合起来，使投资风险较小，增强股东投资信心，有利于稳定股票价格，吸引股东投资。

（2）低正常股利加额外股利政策的缺点

若公司不同年份之间的盈利波动大，额外股利就会不断变化，这容易使投资者对公司收益的稳定性产生怀疑；当公司在较长时期内持续发放额外股利后，股东容易产生额外股利就是正常股利的错觉，而一旦取消了这部分额外股利，传递出去的信号可能会使股东认为这是公司经营状况恶化的表现，进而可能引起公司股价下跌等不良后果。

13.3.3 股利分配的影响因素

在现实生活中，法律、股东、公司等因素都影响着公司的股利分配。

1. 法律因素

为了保护债权人和股东的利益，有关法律法规对公司的股利分配有资本保全、资本积累、偿债能力等方面的限制性规范。此外，一些国家规定公司不得超额累积利润，公司的保留盈余一旦超过法律认可的水平，将被额外加征税额。我国法律目前尚未对公司累计利润的额度做出限制性规定。

2. 股东因素

一方面，股利政策要协调股东的不同需求。一些依靠股利生活的股东或用股利发放养老金的机构投资者往往会要求公司支付稳定的股利，而反对公司留存较多的利润；一些高股利收入的股东出于避税考虑会反对公司发放较多的股利。另一方面，股利政策要考虑对股东控制权的影响。公司支付较高的股利会导致留存盈余减少，这意味着将来发行新股的可能性加大，而发行新股必然稀释公司的控制权。而且，发行新的普通股使流通在外的普通股股数增加，将导致普通股每股盈利和每股市价的下降。这都是公司的现有股东们所不愿看到的局面，因此，由现有股东组成的董事会为维持其控制权地位，往往倾向于公司少分配现金股利，多留存利润。

3. 公司因素

就公司的经营需要来讲，很多因素都会影响股利分配。

（1）盈余的稳定性。长期稳定的盈余是公司股利决策的基础。盈余相对稳定的公司比盈余不稳定的公司有更大可能支付高股利。盈余下降容易产生无法支付股利、股价下降的风险，为有效地降低风险，盈余不稳定的公司往往采取低股利政策。

（2）资产的流动性。现金股利的支付会造成公司的现金持有量减少，使资产的流动性降低。倘若公司没有足够充裕的现金，则其发放现金股利的数额必然受到限制。

（3）举债能力。具有较强举债能力的公司能够及时地筹措到所需的现金，能够通过增加外部筹资来弥补现金短缺，有可能采取较宽松的股利政策。举债能力弱的公司则往往采取保守的股利政策。

（4）投资机会。有着良好投资机会的公司，需要有强大的资金支持，因而往往少发放股利，将大部分盈余用于投资。一般来说，处于上升期的公司投资机会多，资金的需求量大，通常股利分配额较低。而处于成熟期和衰退期的公司，投资机会少，资金的需求量较小，同时其前期的利润积累相对较为丰厚，资金充裕，因此其现金股利分配额通常相对较高。

（5）资本成本。与发行新股相比，保留盈余是一种较为经济的筹资渠道，无须花费筹资费用。因而，从资本成本角度考虑，公司若存在扩张需求，则应采取低股利政策。

（6）还债需要。公司可通过举借新债、发行新股等方式筹资偿债，亦可用经营积累直接偿还债务。若前者资本成本较高或受其他限制，公司则将因还债需要而减少股利支付。

4. 其他限制

由于通货膨胀导致货币购买力下降，公司需动用盈余补足折旧，甚至无法满足固定资产更新等经营需要，因此在通货膨胀时期往往实行偏紧的股利政策。另外，公司的债务合同，尤其是长期债务合同，往往限制现金支付程度，从而使公司多采用低股利政策。

📁 讨论案例

贵州茅台的股利政策

贵州茅台酒股份有限公司（证券代码：600519）2023年、2022年及2021年的权益分派方案如下。

一、2023年度权益分派实施公告的主要内容

贵州茅台酒股份有限公司（以下简称"公司"或"本公司"）2023年度权益分派方案在2024年5月29日召开的本公司2023年度股东大会上审议通过。

分派对象：截至股权登记日下午上海证券交易所收市后，在中国证券登记结算有限责任公司上海分公司（以下简称"中国结算上海分公司"）登记在册的本公司全体股东。本次利润分配以方案实施前的公司总股本1 256 197 800股为基数，A股每股现金红利30.876元（含税），共计派发现金红利38 786 363 272.80元。股权登记日：2024年6月18日；除权（息）日及现金红利发放日：2024年6月19日。

二、2022年度权益分派实施公告的主要内容

2022年度权益分派方案在2023年6月13日召开的本公司2022年度股东大会上审议通过。

分派对象：截至股权登记日下午上海证券交易所收市后，在中国结算上海分公司登记在册的本公司全体股东。本次利润分配以方案实施前的公司总股本1 256 197 800股为基数，每股派发现金红利25.911元人民币（含税），共计派发现金红利32 549 341 195.80元。股权登记日：2023年6月29日；除权（息）日及现金红利发放日：2023年6月30日。

三、2021年度利润分配实施公告的主要内容

2021年度利润分配方案在2022年5月18日召开的本公司2015年年度股东大会上审议通过。

发放范围：截至2022年6月29日（股权登记日）下午上海证券交易所收市后，在中国结算上海分公司登记在册的本公司全体股东。本次分配总股本125 619.78万股为基数，对公司全体股东每股派发现金红利21.675元（含税），共分配利润27 228 087 315.00元。股权登记日：2022年6月29日。除权（息）日及现金红利发放日：2022年6月30日。

思考：

（1）请结合各年财务报表数据，计算该公司的股利支付率，并比较分析其这3个年度的股利分配方案的异同。

（2）在股利分配过程的各个时间点，你认为股价理论上会有怎样的变化？实际结果和理论分

析是一致的吗?

（3）进一步分析该公司股利政策的类型。

◎ 复习思考题

一、单选题

1. 可最大限度满足企业对再投资的权益资金需要的股利政策是（　　）。
   - A. 固定股利政策
   - B. 剩余股利政策
   - C. 固定股利支付率政策
   - D. 低正常股利加额外股利政策

2. 能使股利与公司盈利紧密结合的股利政策是（　　）。
   - A. 剩余股利政策
   - B. 固定股利政策
   - C. 固定股利支付率政策
   - D. 低正常股利加额外股利政策

3. 某公司上一年亏损50万元，当年净利润为100万元，则当年以10%提取的法定公积金为（　　）万元。
   - A. 15
   - B. 5
   - C. 7.5
   - D. 10

4. 某企业年初未分配利润为50万元，当年净利润为100万元，则当年以10%提取的法定公积金为（　　）万元。
   - A. 15
   - B. 5
   - C. 7.5
   - D. 10

5. 属于影响股利分配的法律因素的是（　　）。
   - A. 资本保全限制
   - B. 资产的流动性
   - C. 筹资能力
   - D. 资本成本

6. 下列不属于利润分配的项目是（　　）。
   - A. 法定公积金
   - B. 任意公积金
   - C. 所得税
   - D. 股利

7. 要保持目标资本结构，应采用的股利政策是（　　）。
   - A. 固定股利支付率政策
   - B. 固定股利政策
   - C. 低正常股利加额外股利政策
   - D. 剩余股利政策

8. 领取股利的权利与股票相分离的日期是（　　）。
   - A. 股权登记日
   - B. 除息日
   - C. 股利宣告日
   - D. 股利发放日

9. 有利于稳定股票价格、树立公司良好形象，但与公司盈利脱节的股利政策是（　　）。
   - A. 剩余股利政策
   - B. 固定股利政策
   - C. 固定股利支付率政策
   - D. 低正常股利加额外股利政策

10. 我国公司常采用的股利分配方式是（　　）。
    - A. 现金股利和财产股利
    - B. 现金股利和负债股利
    - C. 现金股利和股票股利
    - D. 股票股利和财产股利

二、多选题

1. 影响股利政策的法律因素有（　　）。
   - A. 资本保全限制
   - B. 资本积累限制
   - C. 避税考虑
   - D. 偿债能力限制

2. 影响股利政策的公司因素有（　　）。
   - A. 举债能力
   - B. 资产的流动性
   - C. 投资机会
   - D. 盈利的稳定性

3. 影响股利政策的股东因素有（　　）。
   - A. 避税考虑
   - B. 个人偏好
   - C. 股权稀释
   - D. 筹资能力

4. 剩余股利政策（　　）。
   - A. 可最大限度满足企业对再投资的权益资金需要
   - B. 能使综合资本成本最低

C. 有可能盈利而不分股利

D. 不利于保持理想的资本结构

5. 固定股利政策（　　　）。

A. 有助于消除投资者的不确定感　　　B. 股利的支付与盈利相脱节

C. 有可能使企业财务状况恶化　　　　D. 适用于盈利稳定的企业

6. 固定股利支付率政策（　　　）。

A. 能使股利与企业盈利紧密结合　　　B. 股利随盈利波动

C. 会增强股东对企业的信心　　　　　D. 有利于股票价格的稳定

7. 现金股利（　　　）。

A. 是最常见的股利支付方式　　　　　B. 是最易被投资者接受的股利支付方式

C. 会减少企业的资产和所有者权益　　D. 常被资金短缺的企业采用

8. 股票股利（　　　）。

A. 常被资金短缺的企业采用　　　　　B. 可节约企业的现金支出

C. 会减少企业的资产和所有者权益　　D. 不会减少企业的资产和所有者权益

9. 股票股利对企业的好处是（　　　）。

A. 股东可能得到利得收益　　　　　　B. 可获得纳税上的好处

C. 能节约现金　　　　　　　　　　　D. 有利于吸引更多的投资者

10. 在股利支付程序中涉及的时间节点有（　　　）。

A. 股利宣告日　　B. 股权登记日　　C. 除息日　　　　D. 股利发放日

11. 财务管理中常用的股利政策有（　　　）。

A. 剩余股利政策　　　　　　　　　　B. 固定股利政策

C. 浮动股利政策　　　　　　　　　　D. 固定股利支付率政策

12. 支付现金股利（　　　）。

A. 会使企业的现金减少　　　　　　　B. 会使企业的未分配利润减少

C. 不会使企业的所有者权益减少　　　D. 会使企业的所有者权益减少

13. 支付股票股利（　　　）。

A. 实际是向投资者再融资的一种方式　B. 只涉及所有者权益的内部调整

C. 不改变所有者权益总额　　　　　　D. 只对企业有好处，对股东没好处

三、判断题

1. 固定股利支付率政策，使股利与公司盈余紧密结合，多盈多分、少盈少分。（　　）

2. 成长企业一般采用低股利政策；而经营收缩期的企业，则可能采用高股利政策。（　　）

3. 新股东想取得股利，必须在除权日前购入股票，否则无权领取股利。（　　）

4. 股份有限公司股利分配遵循"无利不分"的原则，公司当年无盈利就不能支付股利。（　　）

5. 公司只要拥有足够的现金，就可以发放现金股利。（　　）

四、计算题

1. 某公司目标资本结构为权益资本占 60%，负债占 40%，本年度净利润为 100 万元，下年度计划固定资产投资 120 万元，该公司执行剩余股利政策，求该公司需留存的利润和发放的股利各是多少，需对外筹资多少。

2. 某公司执行剩余股利政策，目标资本结构为资产负债率 50%，本年税后利润为 100 万元，若不增发新股，可从事的最大投资支出是多少？

3. 某公司当年实现净利润 500 万元，年初未分配利润 200 万元，按 15% 提取法定公积金和任意公积金，按可供给投资者分配利润的 30% 向投资者分配现金股利，求提取的盈余公积金及支付的现金股利总额。

第五部分

企业财务战略与控制

第14章　财务战略

引导案例

2012年7月，盛大网络私有化之后，在新加坡成立了国际总部，正式涉足股权投资和全方位不动产业务。盛大网络创始人陈天桥对外表示，盛大网络将转型为一家以互联网为核心，以文化产业为依托的，向周边产业拓展，并以创新为灵魂的互联网投资控股集团。

老牌互联网公司盛大网络频频抛售资产。2012年，盛大网络陆续抛售杭州边锋、上海浩方在线和成都吉胜等资产。2014年，盛大网络继续频繁抛售资产，盛大网络架构发生翻天覆地的变化。4月将其持有的41%的"酷6网"股份出售给一家名为Sky Profit的公司；11月出售其最后持有的盛大游戏18.2%的股权；12月宣布将盛大文学出售给腾讯。至此，盛大网络不再持有任何盛大游戏股份，这家曾经排名中国网络游戏行业第一位的公司，彻底抛售了主营业务，进行战略转型。

盛大网络全面转型为投资集团。2015年2月，盛大网络分别在加拿大和美国购置了超过70万英亩的林地，一举成为北美地区最大的土地拥有者之一。2016年，盛大网络分别对Lending Club、Legg Mason和Community Health Systems等三家纽交所上市企业进行股权投资，目前已成为他们的单一最大股东，陈天桥在投资领域的商业版图也初现端倪。此外，此前其已建立10亿元规模的互联网金融专项投资基金，目前已投资10余个项目，覆盖互联网信贷、网络理财、保险、证券等多个领域。

财务战略是涉及资金全局的、长期的规划，是战略管理思想在企业财务领域的应用与发展。财务战略是企业财务活动的主要依据和重要前提，是企业财务运作的指挥棒和方向标。制订合适的财务战略并付诸实施，是财务管理的一项重要任务。本章将了解财务战略的相关内容。

学习目标

- 了解公司财务战略的概念及其与企业战略的区别与联系；
- 了解财务战略的含义及分类；
- 熟悉构成财务战略的筹资战略、投资战略和收益分配战略；
- 了解财务战略的管理流程，包括财务战略的制订、实施和评价。

14.1 企业战略与财务战略

14.1.1 企业战略概述

企业战略是指企业根据环境变化，为谋求竞争优势并实现企业价值最大化目标，寻求企业长期生存和稳定发展而制订的总体性、长远性的谋划与方略。企业战略的总体性体现在它以全局为对象，确定企业的整体目标，是一种原则性和概括性的发展方向的规定，其重点在于企业的整体生存和发展。企业战略的长远性体现在其着眼点是企业的未来发展和长远利益，作为企业全体员工的行动纲领，要求妥善处理当前利益和长远利益的关系，经过一系列分析、展开和具体化的过程把战略变成实际行动。

一般来说，企业战略可以划分为三个层次：公司层战略、业务层战略和职能层战略。这种划分有助于使企业资源调动最大限度地符合企业长期发展目标的要求，同时还能实现分权管理，保证各业务层行动的灵活性。

（1）公司层战略

公司层战略又称公司总体战略，是公司总的行动纲领，是公司最高层次的战略。它是针对企业的整个经营范围，由最高管理层制订，用于指导企业一切行动的纲领。公司总体战略的确立在很大程度上取决于企业所处生命周期的发展阶段。

（2）业务层战略

业务层战略又称竞争战略，是企业的二级战略。它是在公司总体战略的制约下，为管理和指导具体业务单元的计划、行动而制订和实施的战略。业务层战略主要解决的是如何在一个具体的、可识别的市场上建立可持续竞争优势，形成各业务单位具体的经营战略，使企业生产经营活动更加有效，以保证总体战略的实现。依据迈克尔·波特的观点，企业可以通过成本领先、产品差异化和目标聚集三种基本的竞争战略来取得竞争优势地位。

（3）职能层战略

职能层战略主要是企业各职能部门具体的战略，是为了更好地服务于公司层战略或业务层战略，以及提高组织效率而制定的各职能领域的战略，涉及研究开发、采购、生产作业、市场营销、财务会计和人力资源等各个职能部门。与公司层战略和业务层战略相比，职能层战略更为详细、具体，是前两者的具体落实。

14.1.2 财务战略的含义及分类

为谋求企业资金均衡有效地流动和实现企业战略，增强企业的财务竞争优势，在分析内外环境因素对资金流动影响的基础上，对资金流动进行全局性、长期性和创造性的谋划，并确保其执行的过程即为企业财务战略[①]。

财务是一门研究资金运动的学科，企业财务战略关注的焦点是企业的资金流动，这是财务战略与其他各种职能战略的显著区别。财务战略与一般的战略管理相同，强调环境因素的影响，着重考察环境因素对资金流动的影响。财务战略的内涵说明财务战略是战略的一个层次，它是从财务的角度对企业总体发展战略所做的描述，为整体战略而服务，包含战略的制订、实施等基本环节，对企业的各项具体财务工作、计划等起着普遍而权威的指导作用。

由于每个企业的具体情况各不相同，因此其所制订的财务战略多种多样。企业财务战略按不同的标准有不同的分类。

---

① 鲁斯·本德. 公司财务战略[M]. 北京：清华大学出版社，2013.

1. 根据资金筹集和使用情况不同划分

（1）快速扩张型财务战略。快速扩张型财务战略以实现企业资产规模的快速扩张为目的。企业往往需要将大部分乃至全部利润留存，较少进行收益分配；同时，企业大量地进行外部融资，多利用负债弥补内部积累相对于企业扩张需要的不足，以享有负债融资带给企业的财务杠杆效应，并防止净资产收益率和每股收益的稀释。随着企业资产规模的扩张，收益的增长相对于资产的增长总是具有一定的滞后性，这往往使企业的资产收益率在一个较长时期内表现出相对较低的水平。

（2）稳健发展型财务战略。稳健发展型财务战略以实现企业财务绩效的稳定增长和资产规模的平稳扩张为目的，一般把优化现有资源的配置和提高现有资源的使用效率作为首要任务。企业为防止过重的利息负担，对举债持十分谨慎的态度，将利润积累作为实现企业资产规模扩张的基本资金来源。这种财务战略的特点是充分利用现有资源，集中竞争优势，兼有战略防御和战略进攻的双重特点。

（3）防御收缩型财务战略。防御收缩型财务战略以预防财务危机和求得生存及新发展为目标，一般将尽可能减少现金流出和尽可能增加现金流入作为首要任务，精简机构，盘活存量资产，节约成本开支，集中一切力量用于主导业务，以增强企业主导业务的市场竞争能力，并为将来选择其他财务战略积聚资金。

上述这三种不同的财务战略本身无谓优劣，每一个企业应结合自身的特点、所处的环境及不同的发展阶段等因素综合权衡，选择适合本企业的财务战略，并实行动态的调整。在现实中，不同企业所采取的财务战略并不一定能明确地归为上述三种中的一种，它们的界限模糊，只是侧重点有所不同。

2. 根据财务战略涉及的时间长度划分

根据所涉及的时间长度的分类方法有利于长期财务战略的落实，能够为长期财务战略的执行提供阶段性的措施和保证。

（1）长期财务战略。长期财务战略主要确定涉及企业财务的长远发展目标。时间长度一般在 10 年以上，属于企业具有方向性和趋势性的远景规划，一般不涉及具体的细节问题。

（2）中期财务战略。中期财务战略是对长期财务战略目标的阶段性分解和具体化，时间跨度一般为 3~5 年，是长期财务战略得到贯彻执行的阶段保证。一般要依据长期财务战略和各阶段企业所面临的财务环境的特点来拟订。

（3）短期财务战略。短期财务战略是中期、长期财务战略目标在短期内的落实和具体化，时间一般在 3 年以内。它明确了最近一个中期财务战略的目标及为实现这一目标的行动方案，是执行中期、长期财务战略最直接、最近期的行动纲领。

3. 根据财务战略的内容划分

财务战略可以划分为筹资战略、投资战略和收益分配战略。这是财务战略最重要、最普遍的一种分类，这种分类将财务战略与企业财务管理工作的内容相结合，因而有利于企业在财务管理工作中遵循财务战略的要求，实现财务战略目标。财务战略的具体内容将在 14.2 节中详细阐述。

14.1.3 企业战略与财务战略的关系

1. 两者的目标都是为了创造长远的企业价值

创造价值是管理者运用企业资源，增加企业价值的管理活动。企业的生存、发展和壮大都离不开价值创造，创造价值是现代企业理财的核心目标。最大限度地创造长远的企业价值是企业的战略追求。财务战略的制订与实施必须服从并贯彻企业战略的总体要求，从而支持和完成企业总体战略。财务战略也必须将企业价值创造置于核心位置，其制订和实施的目的服务于企业的价值目标，即创造长远的企业价值。因此，企业战略和财务战略的目标具有一致性，都是为了实现长远的企业价值最大化[①]。一方面，在市场经济条件下，企业的经营具有很大的风险，如果不针对可能存在的风险加以估计和防范，就会给企业的生产经营带来重大损失；制订财务战略，规划企业各种财务活动，提高企业财务系统对环境的适应性，控制财务风险，能够实现企业价值的创造。另一方面，财务战略的规划与实施，着眼于长远利益与整体绩效，通过财务活动的合理安排创造并维持企业的财务优势与竞争优势，提高创造价值的能力。因此，财务战略为企业安全可靠地创造价值，进而实现价值最大化提供有力保证。

2. 财务战略是企业战略的核心

财务战略具有一定的独立性和综合性，在制订或实施任何战略之前，企业都必须分析和论证其财务上的可行性，从而决定某战略方案的取舍。企业总体战略及生产、研发和营销等职能子战略实施都离不开资金的筹集与投放。资金是企业的血液，资金的有限性及资金在企业中的重要作用，要求企业在制订战略及其职能子战略的过程中对资金的可得性进行研究。而财务战略以促使资金长期均衡有效地流转和配置为决策标准，这就决定了财务战略必然会影响企业战略的方方面面，财务职能成为企业发展的中坚力量。只有资金能长期均衡有效地流动、合理地配置，企业才能实现整体价值的增加，才能行之有效地实现企业的战略，这也就决定了财务战略必定成为企业战略的核心战略[②]。第一，筹措必要的资金是企业战略实施的前提，筹集渠道和方式的不同选择会给企业财务带来不同的影响。因此，财务战略的制订与实施，不仅可以为企业战略的实施提供可靠的资金支持，而且可以通过对筹资渠道和方式的系统筹划提高企业的筹资效益。第二，企业通过财务战略的制订，明确资金投向，可以把有限的资金合理配置，优先保障符合企业总体战略方向的投资项目，并采取恰当的收益分配政策，从而提高资金的利用效率。

3. 企业战略与财务战略是整体与局部的关系

无论是什么类型的企业，财务战略都是企业战略的职能战略之一，财务战略从属于企业战略。财务战略应当与企业战略相协调，其制订、实施和评价都必须反映企业战略的总体要求，服从企业总体发展的需要，并为企业战略的顺利实施和圆满完成提供资金支持，反映并服务于企业战略目标。例如，一些项目本身无利可图，但对于创造企业的整体价值却有极大贡献，此时企业就必须从整体战略的角度对资金的流动进行修正分析。

总之，财务战略与企业战略密不可分，财务战略只有在充分分析企业内外环境诸多因素的同时，配合企业战略，才能制订出切实可行的战略计划，为企业长期发展奠定基础[③]。

14.2 财务战略的内容

财务战略关注的焦点是企业资金均衡、有效的流动，对企业资金流动进行全局性和长期性的谋划，包含整个企业的筹资、投资和收益分配等内容。

14.2.1 筹资战略

筹资战略是企业在总体战略的指导下，根据企业内外环境的分析和对未来趋势的预测，对企业筹资的规模、结构、渠道和方式等进行的长期和系统的谋划，保证稳定的资金来源，增强筹资灵活性，努力降低资金成本与筹资风险，旨在为企业战略实施和提高企业的长期竞争力提供可靠的资金保证，并不断提高企业筹资效益。具体内容包括以下几个部分。

---

① Tony Grand. Exploring Strategic Financial Management[M]. New York: Prentice Hall Europe, 1998.
② 陆正飞. 企业发展的财务战略[M]. 大连：东北财经大学出版社，1999.
③ 梯若尔. 公司金融理论[M]. 王永钦，等，译. 北京：人民大学出版社，2007.

1. 筹资规模

筹资规模决定了可供分配使用的资金数量。筹资越多，可用于生产经营的资金越多，投资的数量就可以增加，其生产规模也就可以扩大，从而加快企业的发展速度。而筹资不足则会导致资金短缺，使投资需要得不到满足，造成生产萎缩，效益下降。但是，筹资规模也不是越大越好。筹资规模过大，资金不能得到充分合理的利用，必然会产生资金闲置、浪费的状况，同时还可能使企业背上沉重的债务包袱，最终阻碍企业的生存与发展。由此可见，企业必须依据发展战略和资金投放战略确定筹资规模，对资金在战略期间的总需要量和每一主要阶段的需要量进行测算，以此为根据再适当考虑其他影响因素，从而确定战略期间内筹资的总规模及其时间安排。

2. 资金来源结构

资金来源结构直接决定企业的资本结构，进而决定企业的财务风险和资本成本的大小。一方面，企业的筹资战略必须考虑权益资金和负债资金的合理结构关系，防止企业负债过多而增加财务风险，增加偿债压力；另一方面，又不能惧怕风险放弃利用负债筹资，造成权益资金收益水平下降。通过筹资战略调整资金来源结构可以降低筹资风险、降低资本成本和提高权益资本净利润率。

3. 筹资渠道与方式

企业筹资战略不但要满足已确定的资金需要，而且要保持随时能够筹集足够数量资金的能力。同一渠道的资金往往可以采用不同的方式取得，而同一筹资方式又往往适用于不同的筹资渠道。但在多数情况下，筹资渠道与筹资方式的选择是紧密联系在一起的，不能截然分开。前者提出的是取得资金的客观可能性，后者提出的是通过什么方式把筹资的可能性变成现实。由于企业环境复杂多变，企业在其经营过程中往往会碰到许多意想不到的情况，企业应从战略角度设计、保持和拓展筹资渠道与方式。

4. 筹资时机决策

企业筹资的目的是投资。筹资时机决策，即企业应在何时进行筹资的战略决策。一方面，企业环境变化所提供的投资机会出现的时间决定了筹资时机的选择，即何时进行筹资取决于投资的时机。过早筹资会造成资金的闲置，过迟筹资则可能会丧失有利的投资机会。另一方面，企业外部的筹资环境也随着时间、地点、条件的不同而处于不断变化之中。这些变化往往导致筹资成本、难易程度时高时低等状况。因此企业若能抓住环境变化提供的有利时机进行筹资，将比较容易地获得成本较低的资金，这会对企业产生有利的影响。

14.2.2 投资战略

投资战略是在企业战略的指导下，企业为了长期生存和发展，在充分估计企业长期发展的内外环境中各种影响因素的基础上，对企业长期的投资行为所做出的整体筹划和部署。投资战略对全部资金乃至其他资源的运用具有指导性和方向性，是表达企业战略意图的一种重要方式，以及保证企业战略实施的一个关键性环节。投资战略决策的首要任务不是选择备选项目，而是确定诸如多元化或单一化的投资战略，这是搜寻和决策项目的前提。投资战略目标不仅决定投资的规模和实现方式，还决定了筹资的规模、方式和时机，以及企业日常经营活动的特点。

1. 投资战略目标

现代公司财务理论认为，财务管理的目标是实现价值最大化。这一目标在企业投资行为中的体现就是以较少的资金投放和较低的投资风险，获得较大的投资收益和竞争优势。但是，企业在制订和实施投资战略时必须充分考虑企业内外环境因素和企业战略的要求。为保证企业战略目标的顺利实现，企业必须制订相应的多元化或单一化的投资战略，并从收益性目标、成长性目标、市场占有目标、技术领先目标、产业转移目标、一体化目标、社会公益性目标等中诸多目标选择一个或者多个。

收益性目标是指企业获利程度方面的目标，如利润额及利润率、投资报酬率、每股盈余和股票价格等指标，都可用来表达企业资金投放所追求的收益性目标。在市场经济中，收益性目标应该是大部分企业投资的基本目标或最终目标。成长性目标指那些能表明企业成长、发展程度的目标，如企业规模扩大、企业产量增加、销售额增加、技术装备水平提高等。市场占有目标指以占领市场、提高企业市场占有率等为企业资金投放的直接目标。技术领先目标指企业进行投资的目的是能以某项技术占据领先地位。产业转移目标指企业投资的目的是改变生产方向，从一个行业转向另一个行业，或实现经营多元化，这是为适应风云变化的市场竞争形势，减少经营风险的必然结果。一体化目标指企业投资的目的是实现前向或后向或水平一体化，以取得或建立有保证的销售渠道、关键技术、原材料供应基地和能源供给等，是企业避开竞争威胁、增强竞争优势的重要途径。社会公益性目标指投资于社会公共效益方面的目标，如环境保护、公共交通和节约能源等，此类投资是维护人们正常生产、生活环境所必不可少的，企业和社会对此应越来越重视。

这些目标相互联系，共同构成一个多元化的投资战略目标体系。企业必须在对投资环境与投资能力进行正确分析的基础上，选定适合自身的投资目标。

企业投资目标不明确，就无法监控投资实施的效果。例如，美国安然能源公司，曾名列世界 500 强第 16 位，并连续 4 年荣获"美国最具创新精神的公司"称号，其投资领域不仅包括传统的天然气和电力业务，还包括风力、水力、煤、纸业、木材、化学药品、广告、投资和保险等。最终，曾经是"业绩优良"的巨型公司竟遭遇了破产。该公司的破产与其投资战略目标不明确有直接的关系。

2. 投资规模

投资规模即企业对选定的产品或投资领域的投资数量。一定程度内的投资规模扩大能引起企业成本降低而收益增加，提高投资的边际收益率，产生投资规模的经济性。但是，投资规模带来的规模经济效益并不是无限的，当投资规模达到一定程度时，此时再扩大规模，规模经济效益不仅不会再提高，还会带来一系列的新困难和新问题，如导致成本提高，效益下降，产生投资规模的不经济性。如果企业投资规模的经济性大于投资规模的不经济性，此时扩大投资规模是合理的，反之则不合理。对于企业来说，最佳选择是将规模扩大到使平均成本达到最低，边际收益率最高。特别值得注意的是，资金的投放要保证日常资金的需要，不能影响企业正常的资金周转，即要保持一定的流动性。

3. 投资实现方式

投资实现方式即企业达到投资目标的途径。企业投资实现方式主要有外延型投资实现方式、内涵型投资实现方式、兼并方式、联合方式、收购投资方式等。各种投资实现方式的特点不同，适应的情况不同，组织的难易不同，给企业带来的收益也不相同，所以企业在投资过程中必须认真做好投资实现方式的选择。

外延型投资实现方式是指以通过基本建设投资，增加劳动资料为主要手段实现投资目标的方式。内涵型投资实现方式是在现有企业规模的基础上，用先进的工艺、技术和装备代替落后的工艺、技术和装备，以改变企业落后的生产技术面貌，实现内涵为主的扩大再生产，以达到提高产品质量、促进产品更新换代、节约能源、降低消耗、扩大生产规模，最终实现增加企业的市场竞争能力和全面提高经济效益的目的。兼并方式是指企业通过对其他企业兼并实现扩大再生产目的的方式。联合方式是指在企业生产与再生产过程中，彼此相关的经济或非经济单位，为了发挥各自的优势，取长补短，为使企业得到发展和获取最大经济效益而组成的经济集合体。收购投资方式是指企业用现金、债券或股票购买另一家企业的部分或全部资产或股权，以获得该企业的控制权，从而增强企业实力。收购投资能使企业以较少的投资额获得对另一家企业的控制权，加强自身的优势地位，是一种投资较少的扩张方法。

14.2.3　收益分配战略

收益分配战略是指依据企业战略的要求和内外环境的变化，对收益分配所进行的全局性和长期性谋划。收益分配战略不仅是从单纯的财务观点出发决定企业的收益分配，而是从企业全局出发，从企业战略的总体要求出发来决定收益分配；同时，收益分配战略在决定收益分配时是从长期效果着眼的，它不过分计较股票价格的短期涨落，而是关注其对企业长期发展的影响。

1. 收益分配战略的目标

（1）保障和平衡股东利益

企业收益分配战略必须通过创造实实在在的高效益来回报投资者，保障股东权益。由于现代股份公司股权的分散性和股东的复杂性，控股股东、关联股东和零星股东关注的重点有所不同。控股股东和关联股东侧重于企业的长远发展，而零星股东倾向于近期收益。投资者以出资额享有利润分配权，收益分配战略要本着公开、公平和公正的原则，不侵蚀零星股东的利益。如收益分配政策仅限于满足控股股东和关联股东利益，则会使零星股东产生不满，行使"用脚投票"的权力，不仅会造成股价下跌，严重时将会导致法律诉讼事件，影响企业声誉。因此，企业要在不同的股东间平衡，保护投资者利益，从长远角度决策收益的分配策略。

（2）促进企业长期发展

如果企业不进行收益分配，其内部资金来源就等于其现金净流量，即

$$内部资金来源=现金净流量=净收益+折旧$$

如果企业进行收益分配，那么

$$内部资金来源=留存收益+折旧$$

$$留存收益=净收益-利润分配$$

确定利润分配在净收益中所占的比重，即利润分配支付率，是收益分配战略中最重要、最困难的问题。收益分配战略实质上就是探寻利润分配与留存收益之间的比例关系，是构成企业有关权益分配和资金运作方面的重要决策。收益分配战略要正确处理长期利益和近期利益的关系，坚持分配和积累并重。积累的净利润不仅可以为企业增强发展后劲，保证扩大再生产的进行，还能提供足够的资金抵抗未来的风险，以丰补歉，促进企业长期稳定发展。

（3）稳定股票价格

有研究表明，收益分配作为一种信号，会给投资者传达信息，对其投资决策产生影响，进而影响企业的股票价格。一般而言，股价过高或过低都不利于企业的正常经营和稳定发展。股价过低，必然影响企业声誉，不利于今后增资扩股或负债经营，也可能引起被收购兼并事件；股价过高，会影响股票流动性，带来股价快速下跌的隐患；股价时高时低，波动剧烈，将动摇投资者的信心，成为投机者的投资对象。所以，保证股价稳定必然成为收益分配战略的目标。企业进行收益分配要从长期效果着眼，关注收益分配对企业长期发展的影响，不要过分计较短期股票价格的涨跌。

2. 收益分配战略的影响因素

收益分配战略关注长期收益分配的稳定性。当收益分配战略置于企业战略的整体要求下时，其战略目标更加复杂，必须均衡考虑多种影响因素。收益分配不仅需要关注企业内部的相关财务因素，而且也受到外部因素的影响。

（1）内部因素

内部因素主要包括现金流量因素、筹资能力因素、投资机会因素、资本结构的弹性、收益分配的惯性等。

① 现金流量因素。企业的现金流量是影响收益分配的重要因素。如果一个企业的流动性较高，即持有大量的现金和其他流动资产，其支付收益分配的能力就强。如果一个企业的流动性较低，或因扩充资产、偿还债务等原因已消耗了大量的现金，再用现金大量支付收益分配显然是不明智的。企业在确定收益分配战略时，绝不能因收益分配而危及企业的支付能力。

② 筹资能力因素。如果企业外部筹资能力较弱，不能随时筹集到所需资金，或虽能筹集但成本太高，则应采用限制收益分配支付的方式，以大量保留盈余作为企业的重要筹资方式，那么其支付收益分配的能力较弱。经营期短和前景不明确的企业，新创立、小规模的企业，往往经历一段时间后，才能较容易地从外部取得资金。这些企业因经营的风险大，其筹资的代价很高，因此多限制收益分配的支付，以大量保留盈余。

③ 投资机会因素。一般来说，如果一个企业有较多的有利可图的投资机会，需要大量资金，则经常会采用高保留盈余、低收益分配支付的方案。在采用低收益分配政策时，企业的财务人员必须把股东的短期利益（支付收益分配）与长期利益（增加内部积累）很好地结合起来，并应证明从长远来看，提高保留盈余投资到高盈利项目的水平，可使股东获得更多的收益。

④ 资本结构的弹性。在最优资本结构上，企业的平均资本成本最低，企业价值最大。一般认为，平均资本成本呈曲线的形状，说明企业资本结构具有弹性。如果平均资本成本曲线弯度较大，说明债务比率的变化对资本成本影响很大，资本结构的弹性就小。收益分配在资本结构弹性小的企业比在资本结构弹性大的企业更加重要。如果企业的负债资金较多，资本结构欠佳，一般将净收益作为筹资的第一选择渠道。

⑤ 收益分配的惯性。在确定收益分配政策时，企业应当充分考虑政策调整可能带来的负面影响。如果企业历年采取的收益分配战略具有连续性和稳定性，一旦决定做重大调整，就应该充分地估计到这些调整为企业声誉、企业股票价格、负债能力、信用等方面带来的一系列后果。

（2）外部因素

外部因素主要包括经济因素、法律因素、债务（合同）条款因素、股东（所有权者）因素和其他因素等。

① 经济因素。在持续通货膨胀时期，投资者往往要求支付更高的收益分配，以抵消通货膨胀的影响。

② 法律因素。各国对企业收益分配制定多部法规，收益分配面临多种法律条文的限制，包括资本限制、偿债能力限制和内部积累限制等。

③ 债务（合同）条款因素。债务特别是长期债务合同通常包括限制企业现金收益分配支付权力的一些条款。

④ 股东（所有权者）因素。企业的收益分配最终要由董事会来确定。董事会是股东的代表，企业在制订收益分配战略时，必须尊重股东的意见。

⑤ 其他因素，如行业因素也会影响股利支付水平。

综合以上各种因素对收益分配的影响，企业就可以拟订可行的收益分配的备选方案。进一步来讲，企业需按照企业战略的要求对这些方案进行分析、评价，才能从中选出与企业战略协调一致的收益分配方案，确定为企业在未来战略期间内的收益分配战略并予以实施。

14.3 财务战略管理流程

14.3.1 财务战略的制定

财务战略的制定实际上就是财务战略方案的设计。它是在审视企业以往财务战略和对企业外部因素分析的基础上，根据企业在未来发展阶段的公司总体战略和经营战略，探索财务战略的路径选择、拓展方向、措施和目标体系等问题，对企业未来发展阶段的筹资、投资和收益分配等财务活动进行全局性、长期性和创造性的谋划[①]。

1. 财务战略环境分析

财务战略环境可分为外部环境和内部环境两个方面。外部环境存在于企业外部，包括直接影响企业资金流动的客观条件和因素，如产业环境、竞争环境、金融环境等；或者间接影响因素，如政治环境、法律环境、经济环境、社会文化环境、科技教育环境、自然环境等。外部环境分析的目的主要是找出外部环境中存在的机会和威胁，以便充分利用发展机会，避免外部环境变化带来的威胁。内部环境存在于企业内部，包括影响资金流动的内部条件和因素，如企业管理体制、企业组织形式、生产经营规模及特点、管理水平及管理状况、财务组织结构及财务人员素质等因素。内部环境分析的主要目的是弄清本企业的财务优势和劣势，以便扬长避短，充分发挥企业自身的优势，增强企业的竞争能力和应变能力。

内部环境和外部环境相互影响、作用，共同构成完整的企业财务战略环境。一般来说，两者中外部环境起主导作用，企业要主动改善内部环境，以适应外部环境的发展与变化。通过对企业内外财务战略环境的分析，在尊重客观可能性的前提下，企业要充分发挥主观能动性，实现企业内外财务战略环境的动态平衡，从而制定最佳的财务战略。

2. 确定财务战略目标

财务战略目标是财务战略的核心和财务战略实施的最终成果。确定财务战略目标是制定财务战略的主要工作内容和关键环节，它应当符合企业价值增长目标，并具有激励性、定量性和前瞻性。有了明确的财务战略目标，企业才能根据自身的财务能力，并结合企业整体战略的要求，界定财务战略方案选择的边界，从而排除那些偏离企业发展方向和财务目标要求的战略选择[②]。

3. 制定财务战略方案

企业根据内外部环境和企业的财务战略目标，拟订若干财务战略备选方案，并从中选择最合适的。在制定财务战略的过程中，可供选择的方案越多越好。企业可以从企业整体目标的保障、管理人员积极性的发挥等多个角度考虑，选择自上而下、自下而上或上下结合的方法来制订财务战略的备选方案。管理层和利益相关者的价值观和期望在很大程度上影响着财务战略的选择。企业通过对各备选方案进行可行性分析论证，在权衡利弊得失的基础上，落实财务战略的风险和收益等财务指标，选择最适合本企业的财务战略方案。

14.3.2 财务战略的实施

财务战略的实施是指企业通过一定的程序，采取一定的方式和手段，将财务战略转化为行动。财务战略实施一方面要求企业将战略规划落实到可以量化的关键成功因素和关键绩效考核指标上；另一方面，与企业全面预算管理体系对接，确定本年度具体的目标指标体系，作为编制、监督、考核预算的起点和依据。一般来说，财务战略实施主要包括制订中间计划、拟订行动方案、编制财务预算、确定工作程序、实施战略控制等工作内容。

1. 制订中间计划

中间计划是介于长期战略与行动方案之间的计划。从时间上讲，一般在1~3年；从内容上

---

① Allen D. Strategic financial management in practice. London: Financial Times Business Information, 1991.
② 徐光华，沈弋. 企业共生财务战略及其实现路径[J]. 会计研究，2011（2）：52-58.

讲，它包括比行动方案更全面的内容。在财务战略的时间跨度不是很长的情况下，中间计划往往就是年度计划。

2. 拟订行动方案

行动方案是对中间计划的进一步细化，是实施某一计划的具体安排。例如，如果企业选择股票筹资战略，就需要在战略实施过程中为发行股票制订具体的行动方案。

3. 编制财务预算

财务预算是以货币形式综合反映企业未来一定时期内财务活动和财务成果的预算，主要包括现金预算、预计资产负债表、预计利润表和预计现金流量表等内容。从财务战略的角度讲，财务预算是财务战略目标的具体化、系统化、定量化，是财务战略行动方案及相应措施的数量说明。

4. 确定工作程序

工作程序规定了完成某一行动或任务的步骤和方法。企业在确定财务战略实施过程中的工作程序时，必须合理安排人力、物力、财力，使之与财务战略目标的要求相适应。为了制订最佳的工作程序，企业可以借助于计算机，采用计划评审法、关键线路法、线性规划、动态规划和目标规划等一系列科学管理方法。

5. 实施战略控制

在财务战略实施过程中，由于受环境因素的影响，财务战略的实际执行情况与预定目标往往会出现偏差，为此企业就需要采取措施进行控制。财务战略控制，就是将财务战略的实际执行情况与预定目标进行比较，检测两者的偏离程度，并采取有效措施进行纠正，使两者保持协调一致的过程。财务战略控制可以分为事前控制、事中控制和事后控制。事前就采取措施的事前控制与事后再采取补救措施的事后控制相比，事前控制具有事半功倍的效果。

14.3.3 财务战略的评价

财务战略评价是指通过评价企业的经营业绩，审视财务战略的科学性和有效性。这是财务战略管理的最后阶段。在阶段性推进财务战略实施之后，管理者需要了解该财务战略是否在企业中得到了有效实施，以及该财务战略本身是否需要调整。因此，财务战略评价既是对财务战略实施情况的总结，又是制订新一轮财务战略的重要依据，在财务战略管理过程中起着承上启下的作用。

1. 建立科学合理的评价指标体系

评价指标体系一般应具备适用范围广、兼顾长短期利益、评价成本低、层次分明、结构严密等特征。按照这一要求，我们在评价企业偿债能力时，可以设置资产负债率、利息保障倍数、流动比率、速动比率、现金比率、产权比率等指标；评价企业盈利能力时，可以设置净资产收益率、总资产报酬率、资本收益率、销售利润率、成本费用利润率等指标；评价企业营运能力时，可以设置总资产周转率、流动资产周转率、存货周转率、应收账款周转率、不良资产比率、劳动效率等指标；评价企业发展能力时，可以设置销售增长率、资本积累率、总资产增长率、固定资产增长率、收益增长率等指标。上述指标可按其作用分为基本指标和辅助指标两大类。基本指标是评价财务战略实施效果的主要指标，是整个评价指标体系的核心。辅助指标是对基本指标的进一步说明，是对基本指标的必要补充。

2. 制订适当的评价标准

评价标准是对评价客体进行客观、公正、科学的分析评判的标尺。有比较才有鉴别，我们只有将评价指标的实际值与标准值进行对比，才能揭示差异，鉴别优劣，从而得出正确判断。常用的企业财务战略实施效果的评价标准主要有：预期目标、以往的实际水平、企业所在行业的平均水平或先进企业的实际水平、竞争对手的实际水平等。在实际工作中，企业应综合运用各种不同的标准。

3. 选择科学合理的评价方法

评价方法是沟通评价指标与评价标准的桥梁，没有科学合理的评价方法，评价指标和评价标准就成了孤立的评价要素，从而失去了存在的意义。企业财务战略实施效果的评价方法可以分为一般方法和具体方法两个层次。一般方法是指，从财务评价的基本要求出发而确立的具有指导意义和普遍适用性的评价方法，即马克思主义唯物辩证法；具体方法是指，为了得出具体的评价结论而采用的技术方法。财务战略评价的具体方法大多根据系统论、运筹学和数理统计的基本原理建立，企业采用何种具体方法，要根据评价的目的、要求及所掌握资料的性质和内容来确定。常用的单一指标的评价方法主要有比较法、比率法、趋势法等；综合评价方法主要有功能系数法、综合评分法、绘制雷达图法、杜邦分析法、沃尔比重评分法等。

📁 讨论案例

红星美凯龙的企业战略与财务战略

2016年，红星美凯龙在企业的30周年庆典上宣布实施"1001战略"。该战略提出，红星美凯龙将利用技术手段进行企业智能化，在实体商场拓展到1 000家的基础上，打造1个互联网平台，以家为核心进行业务的上下游跨界外延。依靠线上线下一体化赋能的互联网+2.0模式，红星美凯龙将联合泛家居行业共同打造1个商业生命共同体。

红星美凯龙从一个传统的商业运营企业升级为一个资产运营企业，不仅通过物业的经营管理赢得经营收益，还通过金融化和证券化获取了快速变现的能力，使公司兼顾高的股本收益率和资产流动性。

1. 自建商场，滚动开发——第一阶段融资模式

红星美凯龙依托前期在行业中积累的影响力和成熟的业务流程，与拥有商业地产项目的公司合作，利用在建或已存在的商业地产项目开设红星美凯龙的商场，输出品牌和管理，每年收取委托管理费用。2007年，红星美凯龙与合作伙伴订立首份商场管理协议，开设首家委托管理商场。此后，红星美凯龙战略性地在一线和二线城市开设多家自营商场，在三线城市及其他城市迅速拓展委托管理商场。利用"自营+委管"双轮驱动的混合扩张模式，一路开疆拓土，抢占全国市场布局。自营商场让红星美凯龙的实力强大起来，委托管理商场让红星美凯龙的规模壮大起来。

2. 盘活资产存量——第二阶段融资模式

（1）并购基金模式。首先，红星美凯龙与私募股权投资机构（PE机构）合伙成立并购基金，红星美凯龙可以选择作为有限合伙人（LP），出资比例多为基金总额的十分之一或更多。而PE机构一般担任并购基金的普通合伙人（GP）并兼任基金管理人，出资比例低于上市公司。其余资金则由PE机构负责筹集。接着，红星美凯龙和PE机构共同决定目标投资项目，红星美凯龙对拟投资项目具有一票否决权。投资项目确定以后，并购基金获取标的项目的控制权。只有取得了目标企业的绝对控制权，基金公司才能对其进行业务整合和经营指导。最后，等到项目成熟时，红星美凯龙再对其兼并收购。通过两次并购，红星美凯龙可以将商场收入囊中。

（2）房地产信托投资基金（REITs）。红星美凯龙先在自营商场中选择一家或几家作为基础资产，以其未来的收益做保证，将其出售给基金公司，基金公司在获得相关政府批准后，在国内发起类REITs计划。通过基金公司的一系列运作，该专项计划就可以依据基金基础资产的权益，对外出售证券。市场参与者通过购买证券，可以变为投资者。这样，红星美凯龙也获得了相应的融资。红星美凯龙在将商场出售给基金公司后，可以通过签订协议的方式对标的物业进行经营管理，依旧掌握商场的经营权。而在计划结束后，红星美凯龙也对标的资产拥有优先购买权。

思考：通过阅读材料，你认为红星美凯龙的企业战略和财务战略是如何融合的？

复习思考题

一、概念题

1. 财务战略　　2. 筹资战略　　3. 投资战略　　4. 收益分配战略

二、多选题

1. 关于不同阶段的财务战略，下列说法中正确的是（　　）。

   A. 初创期企业应该尽量使用权益筹资，应寻找从事高风险投资、要求高回报的投资人

   B. 在成长期，由于风险降低了，因此企业可以大量增加负债比例，以获得杠杆利益

   C. 在成熟期，企业权益人主要是大众投资者，企业多余的现金应该返还给股东

   D. 在衰退期，企业应该进一步提高债务筹资比例

2. 财务战略按财务管理的职能领域分类，可以分为（　　）。

   A. 投资战略　　　　B. 筹资战略　　　　C. 营销战略　　　　D. 股利战略

3. 财务战略的特征包括（　　）。

   A. 财务战略属于全局性、长期性和导向性的重大谋划

   B. 财务战略涉及企业的外部环境和内部条件环境

   C. 财务战略是对企业财务资源的短期优化配置安排

   D. 财务战略与企业拥有的财务资源及其配置能力有关

4. 某企业刚刚成立，致力于媒体产品研制和生产，产品还处于研发投入阶段，尚未形成收入和利润，但其市场前景被评估机构看好，对这家企业，以下说法中正确的有（　　）。

   A. 该企业处于引入期

   B. 该企业面临的经营风险非常小

   C. 该企业的筹资战略应是筹集股权资本

   D. 该企业的股利战略最好是不分红

5. 某企业是一家成立不久的清洁用品开发生产企业，其开发的新产品荣获多项国家专利，并已经成功打入地方市场，销售区域正在全国快速铺开，利润有了大幅增长，超额利润明显。该企业在企业战略上可以考虑进行的安排包括（　　）。

   A. 以促进销售增长、快速提高市场占有率为战略重点

   B. 采用快速扩张型财务战略

   C. 在筹资战略上尽量利用债务资本，适度引入资本市场增加股权资本

   D. 投资战略是对核心业务大力追求投资

三、判断题

1. 财务战略属于局部性、长期性和导向性的重大谋划。　　　　　　　　　　　（　　）

2. 财务战略与企业文化和价值观没有关系。　　　　　　　　　　　　　　　　（　　）

3. 财务战略的选择必须与宏观经济周期相适应。　　　　　　　　　　　　　　（　　）

4. 财务战略的选择必须与企业发展阶段相适应。　　　　　　　　　　　　　　（　　）

5. 在企业的衰退期，企业财务战略的关键是如何回收现有投资，并将退出的投资现金流返还给投资者。　　　　　　　　　　　　　　　　　　　　　　　　　　　　　　　　（　　）

四、简答题

1. 简述财务战略与企业战略之间的关系。

2. 列举财务战略的类别。

3. 简述财务战略流程管理。

第15章　财务规划

📑 **引导案例**

　　珠海格力电器股份有限公司（以下简称"格力电器"）主要从事各种电器设备的生产、销售并提供安装服务。这些电器设备主要有家用空调、暖通设备、智能装备、生活电器、工业制品等产品，不同产品的功能、消费人群各不相同，因此相应的生产、销售计划也各不相同。

　　每年，格力电器都要对企业的整体经营活动进行财务规划，预测各种因素变动对利润变动的影响并及时采取相应的处理措施。同时，格力电器还要对企业的原材料采购、生产、销售进行整体规划。例如，如何优化主营产品销售结构，进一步拓展市场份额，然后依照这些规划制订下一年的生产计划和零配件的采购计划等，最终形成对企业生产经营活动过程的整体规划。

⭐ 学习目标

- 了解利润规划的概念；
- 掌握本量利分析、盈亏平衡分析，以及影响因素变动分析的相关内容；
- 了解全面预算的概念；
- 了解预算编制方法。

　　企业财务规划是使企业理财目标更具有层次性、多元性、相对稳定性和可操作性，使财务从健康到安全，从安全到自主，从自主到自由的过程，并在此过程中使企业实现现金流的顺畅、创造财富能力的提高。企业财务规划主要包括利润规划和全面预算体系。

15.1　利润规划

　　利润是企业生产的目的和直接动机，因此规划企业的经营活动首先要进行利润规划。目标利润规划是企业为实现目标利润而综合调整其经营活动的规模和水平，它是企业编制期间预算的基础。利润规划采用本量利分析、盈亏平衡分析和影响因素变动分析等方法[1]。

15.1.1　本量利分析

　　本量利分析是成本、业务量和利润三者依存关系分析的简称。它以数量化的模型与图形揭示固定成本、变动成本、销售量、销售单价、销售收入和销售利润之间的内在规律性联系，是为预测、决策和规划提供必要的财务信息的一种技术方法。企业运用本量利分析主要实现以下两个目标：（1）测算保利点，实现目标利润。在销售价格和成本水平保持基本稳定的情况下，为实现预算目标利润测算需要达到的销售量和销售额。（2）测算保本点，降低企业成本。成本控制是企业管理活动中永恒的主题，借助本量利分析，调整和改进现有的经营管理方法，降低

---

　　[1] Horngren, C. T., S. M. Datar, G. Foster, M. V. Rajan, C. Ittner. Cost Accounting: A Managerial Emphasis[M]. 北京：人民大学出版社，2012.

213

企业成本，提高企业的综合竞争力。

1. 成本性态

所谓成本性态，是指成本总额与业务量的依存关系。其中，业务量指企业生产经营活动水平的标志量。它可以是产出量也可以是投入量；可以使用实物度量、时间度量，也可以使用货币度量。全部成本按其性态可以分为固定成本、变动成本和混合成本[①]。

固定成本是指在一定时期和一定业务量范围内，其总额不受业务量增减变动影响而能保持相对稳定的成本，如固定工资、固定资产折旧、取暖费、财产保险费等；变动成本是指在特定的业务量范围内其总额随业务量变动而正比例变动的成本，如直接材料、直接人工、外部加工费等；混合成本是介于固定成本和变动成本之间的成本，总额因业务量变动而变动，但不是呈正比例关系，可以将其分解成固定成本和变动成本两部分。这样全部成本都可以分成固定成本和变动成本两部分。

2. 本量利关系的数学模型

（1）损益方程式

① 基本的损益方程式。目前多数企业都使用损益法来计算利润，即首先确定一定期间的销售收入，然后计算与这些销售收入相配合的总成本，两者之差为销售利润，相关计算公式如下：

$$销售利润=销售收入-总成本 \tag{15-1}$$

由于：总成本=变动成本+固定成本=单位变动成本×销量+固定成本

销售收入=单价×销量

假设产量和销量相同，则有：

$$销售利润=单价×销量-单位变动成本×销量-固定成本 \tag{15-2}$$

在规划销售利润时，通常把单价、单位变动成本和固定成本视为稳定的常量，只有销量和销售利润两个自由变量。给定销量时，可利用方程式直接计算出预期销售利润；给定目标销售利润时，可直接计算出应达到的销量。

例15-1 某企业每月固定成本2 000元，生产一种产品，单价20元，单位变动成本10元，本月计划生产销售500件，问预期销售利润是多少？

将有关数据代入损益方程式：

销售利润=单价×销量-单位变动成本×销量-固定成本=20×500-10×500-2 000=3 000（元）

② 损益方程式的变换形式。基本的损益方程式把"销售利润"放在等号的左边，其他变量放在等号的右边，这种形式便于计算销售利润。如果待求的数值是其他变量，则可以将方程进行恒等变换，使等号左边是待求的变量，右边是其他参数，由此可得出不同的损益方程式的变换形式，即计算销量、计算单价、计算单位变动成本、计算固定成本的方程。

$$销量=\frac{固定成本+销售利润}{单价-单位变动成本} \tag{15-3}$$

$$单价=\frac{固定成本+销售利润}{销量}+单位变动成本 \tag{15-4}$$

$$单位变动成本=单价-\frac{固定成本+销售利润}{销量} \tag{15-5}$$

$$固定成本=单价×销量-单位变动成本×销量-销售利润 \tag{15-6}$$

例15-2 某企业每月固定成本2 000元，单价20元，计划销售300件产品，要实现目标利润1 600元，单位变动成本应为多少？

[①] Atkinson, A. A., R. S. Kaplan, E. M. Matsumura, S. M. Young. Management Accounting[M]. 北京：清华大学出版社，2011.

将有关数据带入计算单位变动成本的方程式：

$$单价变动成本=单价-\frac{固定成本+销售利润}{销量}=20-\frac{2\,000+1600}{300}=8（元/件）$$

③ 计算税后利润的损益方程式。考虑税后利润的损益方程式为：

$$税后利润=销售利润-所得税=销售利润\times（1-所得税税率）\tag{15-7}$$

$$税后利润=（单价\times销量-单位变动成本\times销量-固定成本）\times（1-所得税税率）\tag{15-8}$$

$$销量=\frac{固定成本+\dfrac{税后利润}{1-所得税税率}}{单价-单位变动成本}\tag{15-9}$$

例15-3 企业只生产甲产品，每月固定成本2 000元，甲产品单价20元，单位变动成本5元，本月计划生产600件，企业适用的所得税税率25%，则本月企业的预期利润为多少？如果要实现净利润700元，甲产品最低销量要达到多少？

$$\begin{aligned}税后利润&=（单价\times销量-单位变动成本\times销量-固定成本）\times（1-所得税税率）\\&=（20\times600-5\times600-2\,000）\times（1-25\%）=5\,250（元）\end{aligned}$$

$$销量=\frac{固定成本+\dfrac{税后利润}{1-所得税税率}}{单价-单位变动成本}=\frac{2\,000+\dfrac{700}{1-25\%}}{20-5}\approx196（件）$$

（2）边际贡献方程式

① 边际贡献。边际贡献又称边际利润或边际毛利，是指产品扣除自身变动成本后为企业做出的贡献。产品边际贡献首先用来弥补企业生产经营活动所发生的固定成本总额，如有多余，才能构成企业的利润。相关计算公式如下：

$$边际贡献=销售收入-变动成本\tag{15-10}$$

$$单位边际贡献=单价-单位变动成本\tag{15-11}$$

通常，"边际贡献"指产品边际贡献，"边际贡献率"指产品边际贡献率。

例15-4 某企业生产一种产品，该产品单价20元，单位变动成本5元，销量600件，则该产品的边际贡献和单位边际贡献均为多少？

$$边际贡献=20\times600-5\times600=9\,000（元）$$

$$单位边际贡献=20-5=15（元）$$

② 边际贡献率。边际贡献率是指边际贡献在销售收入中所占的比重，其高低说明该产品为补偿固定成本所做出的相对贡献的大小，直接反映该产品的获利能力。其计算公式如下：

$$边际贡献率=\frac{边际贡献}{销售收入}\times100\%=\frac{单位边际贡献}{单价}\times100\%\tag{15-12}$$

例15-4中，边际贡献率=75%，边际贡献率可以理解为每一元销售收入中边际贡献所占的比重，它反映产品给企业做出贡献的能力。

③ 变动成本率。变动成本率是指变动成本在销售收入中所占的比率，它是与边际贡献率相对应的概念。

$$变动成本率=\frac{变动成本}{销售收入}\times100\%=\frac{单位变动成本}{单价}\times100\%\tag{15-13}$$

销售收入可以分为变动成本和边际贡献两部分，变动成本是产品自身的消耗，边际贡献是销售收入减去变动成本后的余额，两者百分率之和为1，即变动成本率+边际贡献率=1。

④ 边际贡献方程式。边际贡献方程式是由上面介绍的基本损益方程式改写的。相关计算公式如下：

$$销售利润=边际贡献-固定成本=销量\times单位边际贡献-固定成本\tag{15-14}$$

例15-5 某企业只生产一种产品，单价20元，单位变动成本5元，预计销售量600件，固定成本2 000元，则销售利润是多少？

销售利润=销量×单位边际贡献-固定成本=600×（20-5）-2 000=7 000（元）

⑤ 边际贡献率方程式。相关计算公式如下：

$$销售利润=销售收入×边际贡献率-固定成本 \qquad (15\text{-}15)$$

$$固定成本=销售收入×边际贡献率-销售利润 \qquad (15\text{-}16)$$

$$销售收入=\frac{固定成本+销售利润}{边际贡献率} \qquad (15\text{-}17)$$

$$边际贡献率=\frac{固定成本+销售利润}{销售收入}×100\% \qquad (15\text{-}18)$$

3. 本量利图

将成本、业务量、利润的关系反映在直角坐标系中，即本量利图，又称盈亏临界图或损益平衡图[①]。

（1）基本本量利图

图 15-1 所示是根据例 15-1 有关数据绘制的基本本量利图，其绘制步骤如下：① 选定直角坐标系，以横轴表示业务数量，纵轴表示成本和销售收入的金额；② 在纵轴上找出固定成本数值，以此点（0，固定成本值）为起点，绘制一条与横轴平行的固定成本线 F；③ 以（0，固定成本值）为起点，以单位变动成本为斜率，绘制总成本线 V；④ 以坐标原点 O（0，0）为起点，以单价为斜率绘制销售收入线 S。

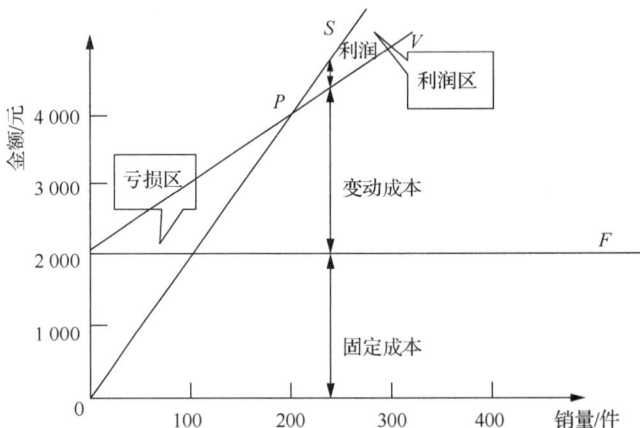

图 15-1　基本本量利图

基本本量利图 15-1 中，固定成本线与横轴之间的距离为固定成本值，它不因产量增减而变动；变动成本线与固定成本线之间的距离为变动成本，它与产量呈正比例变化；变动成本线与横轴之间的距离为总成本，它是固定成本与变动成本之和；销售收入线与总成本线的交点（P），是盈亏临界点。它在横轴上对应的销量是 200 件，表明企业在此销量下总收入与总成本相等，既没有利润，也不发生亏损。在此基础上，增加销量，销售收入超过总成本，S 和 V 之间的距离为利润值，形成利润区；减少销量，销售收入低于总成本，V 和 S 之间的距离为亏损值，形成亏损区。

图 15-1 中的业务量（横轴）不仅可以使用实物量，也可以使用金额来表示，其绘制方法与上面介绍的大体相同。如图 15-2 所示，基本本量利图通常画成正方形。

---

① Drury, C. ed. Management Accounting Handbook. London, U. K.: Butterworth Heinemann and Charted Institute of Management Accounting, 1997.

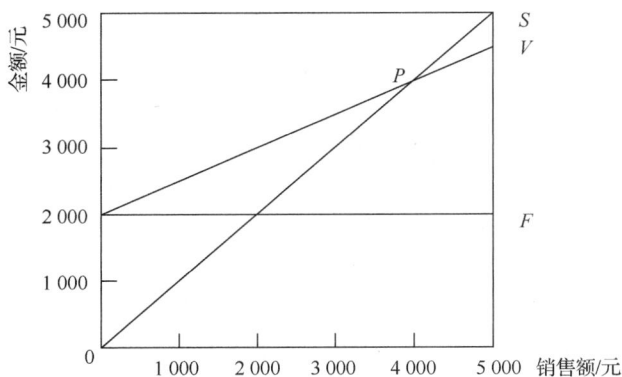

图 15-2　正方形本量利图

在绘制时，销售收入线 S 为从原点出发的对角线，其斜率为 1；总成本线 V 从点（0，固定成本值）出发，斜率为变动成本率。这种图不仅可以应用于单一产品，还可适用于多种产品的情况，只不过需要计算加权平均的变动成本率。

（2）边际贡献式本量利图

边际贡献式本量利图的绘制步骤：① 选定直角坐标系，以横轴表示销售量，纵轴表示成本和销售收入的金额；② 以坐标原点（0，0）为起点，以单位变动成本为斜率，绘制变动成本线 V；③ 在变动成本线基础上以点（0，固定成本值）为起点画一条与变动成本线平行的总成本线 T；④ 以坐标原点（0，0）为起点，以单价（销售金额/销售量）为斜率，绘制销售收入线 S。仍然根据例 15-1 有关数据，绘制边际贡献式本量利图（见图 15-3）。

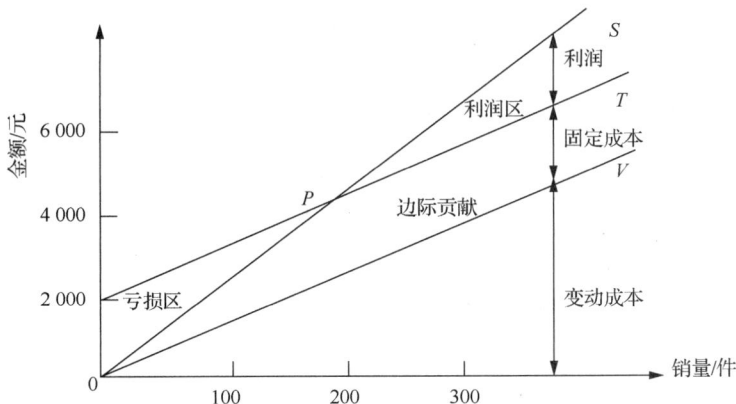

图 15-3　边际贡献式本量利图

与基本本量利图相比，绘制边际贡献式本量利图时需要先画出变动成本线，然后在此基础上以点（0，固定成本值）为起点画一条与变动成本线平行的总成本线。其他部分的绘制方法与基本本量利图相同。

边际贡献式本量利图的主要优点是可以表示边际贡献的数值。企业的销售收入与销量呈正比例增长关系。这些销售收入首先用于弥补产品自身的变动成本，剩余的是边际贡献，即 SOV 围成的区域。边际贡献随销量增加而扩大，当其达到固定成本值时（到达 P 点），企业处于盈亏临界状态，当边际贡献超过固定成本后，企业进入盈利状态。

15.1.2　盈亏平衡分析

规划企业利润首先必须要保本，即通过产品销售保证成本能够获得补偿，达到盈亏平衡。企业在项目开发前往往会进行盈亏平衡分析，计算盈亏平衡时的销售量或销售额。例如，在飞机制造业，由于开发一款新型飞机所需的成本极为高昂，因此飞机制造商及相关分析人士都十分关注实现盈亏平衡所需要销售的新型飞机的数量，同时也将其作为生产新机型所带来的企业风险的重要衡量因素。

2010年，EADS（空中客车的母公司）的首席财务官汉斯•彼得•林曾经说过，公司于2007年投产的巨无霸——空客380-800，将在2015年实现盈亏平衡。之所以需要五年才能实现盈亏平衡，是因为必须生产并销售出一定量架新飞机才能覆盖开发成本及每年固定的生产、销售和物流成本。

盈亏平衡分析可以对项目的风险情况及项目对不同因素不确定性的承受能力进行科学判断，为投资决策提供依据。传统盈亏平衡分析以盈利为零作为盈亏平衡点，没有考虑货币的时间价值，是一种静态分析，盈利为零的盈亏平衡实际上意味着项目已经损失了基准收益水平的收益，项目存在着潜在的亏损。

把货币的时间价值纳入到盈亏平衡分析中，将项目盈亏平衡状态定义为净现值等于零的状态，便能在进行盈亏平衡分析时将货币的时间价值考虑在内，变静态盈亏平衡分析为动态盈亏平衡分析。由于净现值的经济实质是项目在整个经济计算期内可以获得的、超过基准收益水平的、以现值表示的超额净收益，所以，净现值等于零意味着项目刚好获得了基准收益水平的收益，实现了资金的基本水平的保值和真正意义的"盈亏平衡"。

动态盈亏平衡分析不仅考虑了货币的时间价值，而且可以根据企业所要求的不同的基准收益率确定不同的盈亏平衡点，使企业的投资决策和经营决策更全面、更准确，从而提高项目投资决策的科学性和可靠性。

1. 盈亏平衡点的确定

盈亏平衡点，是指企业收入和成本相等的经营状态，即边际贡献等于固定成本时企业所处的既不盈利又不亏损的状态。通常用一定的业务量来表示这种状态。确定盈亏平衡点通常有两种方法，即销售量法和销售额法[①]。

（1）销售量法

销售量法以销售产品的实物量来表示盈亏平衡点。这种方法适用于产品单一的企业，也适用于多品种生产的企业要对各产品或重点产品分别确定其盈亏平衡点时。销售量法利用销售利润等于销售收入减总成本的关系来确定盈亏平衡点。相关计算公式如下：

$$销售利润=单价×销量-单位变动成本×销量-固定成本$$

令销售利润为0，此时的销量为盈亏平衡点的销量，得到：

$$盈亏平衡点销量=\frac{固定成本}{单价-单位变动成本} \tag{15-19}$$

又因为：单价-单位变动成本=单位边际贡献，因此：

$$盈亏平衡点销量=\frac{固定成本}{单位边际贡献} \tag{15-20}$$

例15-6 某企业只生产一种产品，单价10元，单位变动成本5元，固定成本2 000元/月，则其盈亏平衡点销量为多少？

$$盈亏平衡点销量=\frac{固定成本}{单价-单位变动成本}=\frac{2\,000}{10-5}=400（件）$$

（2）销售额法

销售额法以销售金额表示盈亏平衡点。这种方法适用于产销多种产品的企业，因为各种

① Drury, C. and M. Tayles. Cost System Design and Profitability Analysis in UK Companies. London. U. K.: Chartered Institute of Management Accountants, 2000.

产品销售实物量计量单位不同，无法加总，我们只能用金额才能汇总反映其销售情况。多品种企业的盈亏平衡点，尽管可以使用联合单位销量来表示，但是更常见的还是使用销售额法来确定。当然，生产单一产品的企业也可用销售额法来确定其唯一产品的盈亏平衡点。相关计算公式如下：

$$销售利润 = 销售额 \times 边际贡献率 - 固定成本$$

令销售利润为 0，此时的销售额为盈亏平衡点销售额，得到：

$$盈亏平衡点销售额 = \frac{固定成本}{边际贡献率} \qquad (15\text{-}21)$$

（3）盈亏平衡点作业率

盈亏平衡点作业率，是指盈亏平衡点销量占企业正常销量的比重。其中，正常销量是指在正常市场和正常开工情况下企业的销售数量，也可以用销售金额来表示。相关计算公式如下：

$$盈亏平衡点作业率 = \frac{盈亏平衡点的销量}{正常销量} \times 100\% \qquad (15\text{-}22)$$

例 15-6 中，假如企业正常的销量为 500 件，盈亏平衡点的销量为 400 件，则：

该企业盈亏平衡点作业率=400÷500×100%=80%，说明该企业的作业率达到正常作业的 80% 时，企业才能取得盈利，否则会发生亏损。

这个比率表明企业保本的业务量在正常业务量中所占的比重。由于多数企业的生产经营能力是按正常销量来规划的，生产经营能力与正常销量基本相同。因此，盈亏平衡点作业率还表明保本状态下的生产经营能力的利用程度。

2. 安全边际和安全边际率

安全边际，是指正常销售额超过盈亏平衡点销售额的差额，它表明销售额下降多少企业仍不致亏损。相关计算公式如下：

$$安全边际 = 正常销售额 - 盈亏平衡点销售额 \qquad (15\text{-}23)$$

企业生产经营的安全性，还可以用安全边际率来表示：

$$安全边际率 = \frac{安全边际}{正常销售额} \times 100\% \qquad (15\text{-}24)$$

安全边际和安全边际率的数值越大，企业发生亏损的可能性越小，企业就越安全。安全边际率是一个相对指标，便于与不同企业和不同行业的比较。企业安全性的检验标准如表 15-1 所示。

表 15-1　　　　　　　　　　　　安全性检验标准

安全边际率	40%以上	31%～40%	21%～30%	11%～20%	10%及以下
安全等级	很安全	安全	较安全	值得注意	危险

15.1.3　影响因素变动分析

影响因素变动分析是指本量利发生变动时相互影响的定量分析，主要研究两个问题：一是产销量、成本和价格发生变动时，测定其对利润的影响；二是目标利润发生变动时，分析实现目标利润所需的产销量、收入和支出。盈亏平衡分析主要研究的是销售利润为零的特殊经营状态时的问题，而影响因素变动分析研究的是销售利润不为零的一般经营状态的相关问题。

1. 分析有关因素变动对利润的影响

在进行生产经营决策之前，企业需要分析将要采取的行动对利润的影响。若行动产生的收益大于其支出，即可增加盈利，则这项行动在经济上是可取的。从本量利的关系中我们可以知道影响利润的因素主要有四个，即单价、单位变动成本、固定成本和销量。这些因素中的一项或多项发生变动，都会对销售利润产生影响。因此，在以下两种情况下，企业通常需要测定销售利润的变化量。

（1）单一因素发生变化

单一因素发生变化时，企业要测定其对利润的影响，预计未来期间内的销售利润。各因素变化对利润的影响规律如下。

① 单价的变动可通过改变销售收入总额从正方向影响利润。单价越高，利润越高，反之利润越低。② 单位变动成本的变动可通过改变变动成本总额从反方向影响利润。单位变动成本越高，利润越低，反之利润越高。③ 销量的变动可通过改变边际贡献总额从正方向影响利润。销量越大，边际贡献总额越大，利润越高，反之利润越低。④ 固定成本的变动可直接从反方向影响利润。固定成本越大，从边际贡献中扣除部分越多，利润越低，反之利润越高。

例15-7 A企业目前的损益状况如下。

销售收入（2 000件×20元/件）	40 000元
销售成本：	
变动成本（2 000件×15元/件）	30 000元
固定成本	4 000元
销售和管理费（全部固定）	2 000元
销售利润	4 000元

用方程式表示，则是销售利润=销售收入-变动成本-固定成本

$$=2\,000×20-2\,000×15-（4\,000+2\,000）=4\,000（元）$$

现假设由于原材料变动使单位变动成本上涨到16元，利润将变为：

销售利润=$2\,000×20-2\,000×16-（4\,000+2\,000）=2\,000$（元）

也就是说，由于单位变动成本上涨了1元，企业利润减少了2 000元。企业应根据这种预见到的变化采取措施，设法消除这种影响。当单价、固定成本或销量发生变动时，企业也可以用上述方法测定其对利润的影响。

（2）多因素变化

由于多因素独立变化，如当产品的材料成本、人工成本、固定成本等同时发生变化时，企业要测定其引起的利润变动，以便选择决策方案；或者企业拟采取某项行动使有关因素发生相互关联的变化，应就相关因素的变动对利润的影响进行测定，作为评价该行动经济合理性的尺度。

例15-8 上例中的A企业要实施一项技术培训计划，拟提高工效，使单位变动成本由15元降为14元。则销售利润变为：

销售利润=$2\,000×20-2\,000×14-（4\,000+2\,000）=6\,000$（元）

由此可见，该计划使销售利润增加了2 000元，它是培训计划的上限。也就是说，如果培训计划支出在2 000元以内，企业可从该项计划的新增利润中得到补偿，获得长期收益。反之，则要考虑是否执行该项计划。

2. 分析实现目标利润的有关条件

企业有时会碰到另一种相反的情况，即销售利润是已知数，而其他因素是待求的未知数。在这种情况下，企业就可以在测定现有生产经营条件下的盈亏平衡点的基础上，根据市场需求情况，合理安排生产和销售，采取适当措施以实现目标利润。

一方面，企业可以采取单项措施，如提高销售收入、降低单位变动成本等方式，来增加边际收益，即获得利润。另一方面，由于影响销售利润的各因素是相互联系的，如企业想要提高产量就必须要增加固定成本，同时降低售价，因此企业很少采取单项措施来提高销售收入，而是采取综合措施以实现目标利润。

3. 实现目标利润业务量的计算

实现目标利润业务量，是指在单价和成本水平既定的条件下，为保证事先确定的目标利润能够实现而应当达到的销量或销售额。实现目标利润业务量的计算公式如下：

$$实现目标利润的销量 = \frac{固定成本 + 目标利润}{单位边际贡献} \qquad (15\text{-}25)$$

$$实现目标利润的销售额 = \frac{固定成本 + 目标利润}{边际贡献率} \qquad (15\text{-}26)$$

例15-9 A公司只生产一种产品，单价为200元，单位变动成本为120元，固定成本全年为600 000元。公司制定了300 000元的目标利润。计算该产品的盈亏平衡点及实现目标利润的销量和销售额。

单位边际贡献=200−120=80（元）

边际贡献率=80÷200×100%=40%

$$盈亏平衡点销量 = \frac{600\,000}{80} = 7\,500（件）$$

$$盈亏平衡点销售额 = \frac{600\,000}{40\%} = 1\,500\,000（元）$$

$$实现目标利润的销量 = \frac{600\,000 + 300\,000}{80} = 11\,250（元）$$

$$实现目标利润的销售额 = \frac{600\,000 + 300\,000}{40\%} = 2\,250\,000（元）$$

4. 实现目标净利润业务量的计算

前述公式中的目标利润一般是指税前利润。目标净利润是指企业在未来计划期内应该实现的税后利润目标。

由于：目标净利润=目标利润×（1−所得税税率）

因而有：

$$目标利润 = \frac{目标净利润}{1 - 所得税税率} \qquad (15\text{-}27)$$

$$实现目标净利润销量 = \frac{固定成本 + \dfrac{目标净利润}{1 - 所得税税率}}{单价 - 单位变动成本} = \frac{固定成本 + \dfrac{目标净利润}{1 - 所得税税率}}{单位边际贡献率} \qquad (15\text{-}28)$$

$$实现目标净利润销售额 = \frac{固定成本 + \dfrac{目标净利润}{1 - 所得税税率}}{\dfrac{单价 - 单位变动成本}{单价}} = \frac{固定成本 + \dfrac{目标净利润}{1 - 所得税税率}}{边际贡献率} \qquad (15\text{-}29)$$

例15-10 按上例资料，假设A公司的所得税税率为25%，目标净利润为300 000元，计算实现目标净利润的销量和销售额。

$$实现目标净利润销量 = \frac{600\,000 + \dfrac{300\,000}{1 - 25\%}}{80} = 12\,500（件）$$

$$实现目标净利润销售额 = \frac{600\,000 + \dfrac{600\,000}{1 - 25\%}}{40\%} = 3\,500\,000（元）$$

15.2　全面预算体系

2024年，某儿童益智玩具公司各部门的支出失控，加之产品种类增加、生产线扩建等原因，资金一度非常紧张，险些发生现金流断裂。对此，咨询专家指出，现金流如同血液般贯穿于整个企业的运转之中，销售、生产、仓储、采购等任何一个环节出现资金断裂，都会影响现金流的循环，甚至导致企业破产清算。因此，企业需要通过全面预算管理预估每个环节的现金流量，同时还要在经营过程中根据实际情况不断修正预算计划，从而保证现金流的顺畅。在专家的指导下，该公司完成了预算计划，且在实施过程中根据市场变化、企业战略部署等具体情况做出适当调整。此后，该公司在现金流管理方面趋于平稳，各部门再没有出现严重超出预算的现象。

面对日益激烈的市场竞争，企业要想更好地适应不断变化的市场，必须要加强企业内部的管理与控制。为了降低成本和提高效益，企业需要引入科学先进的全面预算体系。

预算就是用数字编制未来某一时期的计划，即用财务数字或非财务数字来计量预期的结果。预算是计划工作的成果，它既是决策的具体化，又是控制生产经营活动的依据。

15.2.1　全面预算的内涵

全面预算是企业根据战略规划、经营目标和资源状况，运用系统方法编制的企业整体经营、资本、财务等一系列业务管理标准和行动计划[1]。企业的全面预算一般包括经营预算、资本预算和财务预算三大类[2]。

经营预算（又称日常业务预算）是指与企业日常生产经营活动直接相关的生产经营业务预算。生产制造企业的经营预算一般包括生产预算、直接材料预算、直接人工预算、制造费用预算、产品成本预算、销售及管理费用预算。这些预算前后衔接，既有实物量指标，又有价值量和时间量指标。

资本预算（又称特种决策预算）是对企业投资和筹资业务的预算，一般包括长期投资预算和长期筹资预算。

财务预算是对企业财务状况、经营成果和现金流量的预算，从价值方面整体反映了全面预算的结果，是企业的综合预算。一般包括现金预算、利润预算、财务状况预算等。它的编制必须以企业经营预算和资本预算为基础。

某有色金属工业公司在制订全面预算方案时主要涉及七个步骤。第一步，该公司最高领导机构根据公司发展战略，利用本量利等工具制定一定时期的总目标。第二步，最基层成本控制人员自行草编预算，使预算较为可靠。第三步，各部门汇总部门预算，并初步协调本部门预算，编出销售、生产、财务等业务预算。第四步，预算委员会审查，平衡业务预算，汇总得出公司的总预算。第五步，将主要预算的指标报告给董事长或上级主管单位，讨论通过或者驳回修改。第六步，将批准后的预算下达给各部门执行，签订目标责任书，规定目标利润和激励约束机制。第七步，定期总结，动态调整预算数据。该公司经过反复的调查研究和计算，编制了2017年度的预算实施方案，主要内容包括主营业务收入预算、直接生产费用预算、产品与中间产品成本预算、管理费用预算、财务费用预算、销售费用预算、主营业务税金预算、公司目标利润预算等。该公司在制订上述预算后，确定各项控制指标，并将指标分解到车间、分厂等，从而控制生产经营活动。

全面预算体系是由一系列预算构成的体系，各项预算之间相互关联，关系比较复杂，很难用一个简单的办法准确描述。图15-4反映了各项预算之间的主要联系。

[1] Merchant, K. A. Budgeting and the propensity to create budgetary slack [J]. Accounting, Organizations and Society, 1985, 10(2): 201-210.

[2] 荆新，王化成，刘俊彦. 财务管理学[M]. 北京：人民大学出版社，2014.

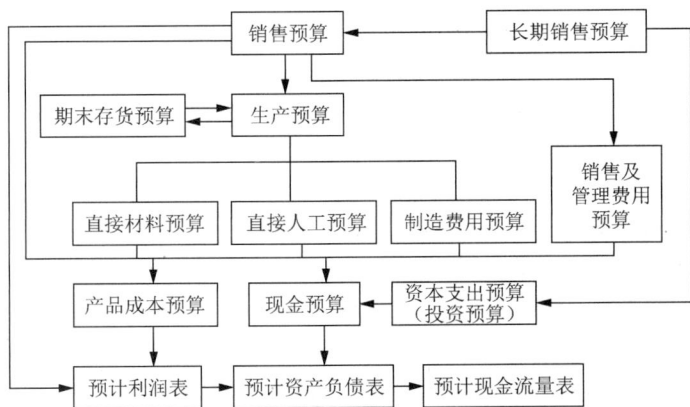

图 15-4　全面预算体系相互关系图

企业应根据长期市场预测和生产能力编制长期销售预算，以此为基础确定本年度的销售预算，并根据企业财力确定资本支出预算。销售预算是全面预算的编制起点，企业根据"以销定产"的原则确定生产预算，同时确定所需的销售费用。编制生产预算时，企业除了考虑计划销量，还要考虑现有存货和期末存货，如产品品种较多，可单独编制期末存货预算。企业根据生产预算来确定直接材料、直接人工和制造费用预算，在有关预算汇总的基础上编制产品成本预算和现金预算。预计利润表、预计资产负债表和预计现金流量表是全部预算的综合。

15.2.2　全面预算的方法

常见的预算编制方法主要包括固定预算与弹性预算、增量预算与零基预算、定期预算与滚动预算，这三对方法中前者均属于传统的预算方法，后者则属于比较现代的预算方法[①]。

1. 固定预算与弹性预算

固定预算又称静态预算，是指以预算期内正常的、可实现的某一固定的业务量（如生产量、销量）水平为基础编制预算的方法。预算编制后，在预算期内若无特殊情况，一般不被修改或更正，具有相对固定性。该方法通常适用于业务量水平较为稳定的生产和销售业务的成本费用预算的编制，如直接材料预算、直接人工预算和制造费用预算等。当实际业务量与编制预算所依据的业务量存在较大差异时，有关预算指标的实际数与预算数会因业务量基础差异而失去可比性。因为比较简单，传统预算大都采用这种编制方法。

弹性预算又称动态预算，是为克服固定预算的缺点而设计的，是在成本性态分析的基础上，以业务量、成本和利润之间的联动关系为依据，按照预算期内可预见的各种业务量（如产量、销量、直接人工工时、材料消耗量等）水平编制系列预算的方法[②]。业务量范围的选择要视企业或部门的业务量变化情况而定，一般来说，可定在正常生产销售能力的 70%～110%，或以历史最高业务量和最低业务量为其上下限。弹性预算适用于与业务量有关的预算的编制，从实用角度看，主要用于编制弹性的成本预算和弹性的利润预算。

2. 增量预算与零基预算

增量预算与零基预算主要用于销售费用预算和管理费用预算的编制，两者出发点不同[③]。

增量预算是指以基期成本费用水平为基础，分析预算期内业务量水平及有关影响因素的变动情况，通过调整原有成本费用项目及数额，编制相关预算的方法。

---

① Horngren C. T., S. M. Datar, G. Foster, M. V. Rajan, C. Ittner. Cost Accounting: A Managerial Emphasis [M]. 北京：人民大学出版社，2012.

② Van Horne J. C. Financial Management and Policy [M]. Prentice Hall, Inc., 1998.

③ Hansen S. C., D. T. Otley, W. A. Van der Stede. Practice development in budgeting: an overview and research perspective[J]. Journal of Management Accounting Research, 2003, 15(1): 95-116.

零基预算全称为"以零为基础编制预算的方法"，是指在编制销售费用、管理费用等预算时，不考虑以往基期所发生的费用项目和费用数额，而是以所有的预算支出均为零为出发点，一切从实际需要和可能出发，分析费用项目和费用数额的合理性，综合平衡编制费用预算的一种方法。应用零基预算编制费用预算，不受前期费用项目和费用水平的制约，能够调动各部门降低费用的积极性，现已被西方国家广泛采用并作为一种新的管理间接费用的有效方法。

3. 定期预算与滚动预算

定期预算与滚动预算是根据预算期间的固定性和滚动性而区分的两种预算编制方法。

定期预算是指在编制预算时以固定不变的会计期间（如年度、季度、月份）作为预算期的一种编制预算的方法。定期预算能够使预算期间与会计年度相配合，便于依据会计报告的数据与预算的比较，考核和评价预算的执行结果。定期预算预算数字准确性和灵活性差，易导致预算执行者的短期行为。

滚动预算是为了克服定期预算的缺陷而设计的，是指在上期预算完成情况的基础上，调整和编制下期预算，将预算期与会计年度脱离开，将预算期间逐期连续向前滚动推移，使预算期保持一定的时期跨度的方法。滚动预算能够保持预算的连续性，实现了与日常管理的紧密衔接，有利于管理人员从动态的角度把握企业近期的目标和远期的战略布局，有利于充分发挥预算的指导和控制作用。因此，滚动预算适用于连续性强的业务或项目的预算编制。

15.2.3 经营预算的编制

经营预算包括销售预算、生产预算、直接材料预算、直接人工预算、制造费用预算、产品成本预算和销售及管理费用预算。下面以 ABC 公司为例，分别介绍各项预算。

1. 销售预算

销售预算是指在销售预测的基础上，根据企业年度目标利润，用于规划预算期内各季度销售目标和实施计划的一种经营预算。它是整个预算的起点，其他预算的编制都以销售预算为基础。销售预算的主要内容是预计销售量、预计单位售价和销售收入，通常要分品种、分月份、分销售区域、分推销员来编制（见表 15-2）。在实际工作中，企业销售产品往往不能及时全部收回货款，因此会产生大量的应收账款。因此，销售预算中通常还包括预计现金收入（见表 15-3）的计算，其目的是为编制现金预算提供必要的资料。

表 15-2　　　　　　　　　销售预算表

项目	季度				全年
	1	2	3	4	
预计销售量/件	350	500	550	400	1 800
预计单位售价/元	200	200	200	200	200
销售收入/元	70 000	100 000	110 000	80 000	360 000

表 15-3　　　　　　　　　预计现金收入表　　　　　　　　　（单位：元）

项目	季度				全年
	1	2	3	4	
预计销售额	70 000	100 000	110 000	80 000	360 000
收到上季应收账款	16 000	28 000	40 000	44 000	128 000
收到本季销货款	42 000	60 000	66 000	48 000	216 000
预计现金收入合计	58 000	88 000	106 000	92 000	344 000

注：在表中，假设企业当期的销售收入中有 60%可以收回，其余 40%下期收回。预计预算年度第一季度可收回上年第四季度的应收账款为 16 000 元。

2. 生产预算

生产预算是在销售预算的基础上编制的，是经营预算中唯一仅以数量形式反映预算期内各季度有关产品生产数量及品种构成的一种预算。因为企业的生产和销售不能做到同步，企业生产产品除了用于销售，还要有一定的存货量，以保证应付不时之需，节省赶工的额外开支。生产预算涉及预计销售量、预计期初和期末存货量、预计生产量等，如表15-4所示。

表15-4　　　　　　　　　　　生产预算表　　　　　　　　　　　（单位：件）

项目	季度				全年
	1	2	3	4	
预计销售量	350	500	550	400	1 800
加：预计期末存货量	50	55	40	50	50
减：预计期初存货量	60	50	55	40	60
预计生产量	340	505	535	410	1 790

注：假设期末存货量为下一季度销售量的10%，预算年度第一季度期初存货量为60件，预算年度期末存货量为50件。

3. 直接材料预算

直接材料预算，是以生产预算为基础编制的，同时要考虑原材料存货水平。它是为规划预算期内直接材料情况及采购活动而编制的，是用于反映预算期内各种材料消耗量、采购量、材料采购成本等预算信息的一种经营预算。其主要内容有单位产品材料消耗定额、生产需要量、期初和期末存量等，如表15-5所示。为了便于后期编制现金预算，企业通常要预计材料采购各季度的现金支出，如表15-6所示。

表15-5　　　　　　　　　　　直接材料预算表

项目	季度				全年
	1	2	3	4	
预计生产量/件	340	505	535	410	1 790
单位产品材料消耗定额/千克	4	4	4	4	4
生产需要量/千克	1 360	2 020	2 140	1 640	7 160
加：期末存量/千克	404	428	328	450	450
减：期初存量/千克	500	404	428	328	500
材料采购量/千克	1 264	2 044	2 040	1 762	7 110

表15-6　　　　　　　　　　　预计现金支出表

项目	季度				全年
	1	2	3	4	
材料采购量/千克	1 264	2 044	2 040	1 762	7 110
材料单位成本/元	12	12	12	12	12
预计材料采购额/元	15 168	24 528	24 480	21 144	85 320
上季应付账款/元	4 000	4 550.4	7 358.4	7 344	23 252.8
应付本金现购款/元	10 617.6	17 169.6	17 136	14 800.8	59 724
现金支出/元	14 617.6	21 720	24 494.4	22 144.8	82 976.8

注：假设每季度末的材料存量为下一季度生产用量的20%，每季度的购料款当季付70%，其余款项下一季度支付。预算年度第一季度应付上年第四季度赊购材料款为4 000元，估计预算年度期初材料存量为500千克，期末材料存量为450千克。

4. 直接人工预算

直接人工预算是以生产预算为基础编制的，是一种既反映预算期内人工工时消耗水平，又规划人工成本开支的经营预算。内容包括预计产量、单位产品工时、人工总工时、每小时人工成本和人工总成本等，如表15-7所示。

表15-7 直接人工预算表

项目	季度				全年
	1	2	3	4	
预计产量/件	340	505	535	410	1 790
单位产品工时/小时	3	3	3	3	3
人工总工时/小时	1 020	1 515	1 605	1 230	5 370
每小时人工成本/元	5	5	5	5	5
人工总成本/元	5 100	7 575	8 025	6 150	26 850

5. 制造费用预算

制造费用分为变动制造费用和固定制造费用。变动制造费用以生产预算为基础编制；固定制造费用需要逐项预计，通常与本期产量无关，按每季实际需要的支付预计，然后求出全年数，如表15-8所示。制造费用和人工费用一般需要当期用现金支付，折旧除外。

$$变动制造费用分配率 = \frac{变动制造费用}{预计生产量} = \frac{32\,220}{1\,790} = 18$$

表15-8 制造费用预算表

项目	季度				全年
	1	2	3	4	
预计生产量/件	340	505	535	410	1 790
变动制造费用/元	6 120	9 090	9 630	7 380	32 220
固定制造费用/元	11 745	11 745	11 745	11 745	46 980
减：折旧/元	5 000	5 000	5 000	5 000	20 000
制造费用合计/元	12 865	15 835	16 375	14 125	59 200

注：假设在预算期间内变动制造费用为32 220元（包括：间接人工费用10 000元，间接材料费用8 000元，水电费12 000元，维修费2 220元），固定制造费用46 980元（包括：管理人员工资12 000元，维护费4 980元，保险费10 000元，设备折旧费20 000元）。且变动制造费用分配率按产量计算，以现金支付的各项制造费用均于当期付款。

6. 产品成本预算

产品成本预算是根据生产预算、直接材料预算、直接人工预算、制造费用预算汇总编制的，是反映预算期内各种产品生产成本水平的一种经营预算。内容包括产品单位成本和总成本，如表15-9所示。

表15-9 成本预算表

项目	单位成本			总成本		
	元/单位	投入量	成本/元	生产成本 （1 790件）/元	期末存货成本 （50件）/元	销货成本 （1 800件）/元
直接材料	12	4千克	48	85 920	2 400	86 400
直接人工	5	3小时	15	26 850	750	27 000
制造费用			44	78 760	2 200	79 200
产品单位成本	—	—	107	191 530	5 350	192 600

注：表中制造费用=（全年变动制造费用预算+全年固定制造费用预算）/预计生产量

=（32 220+46 980）/1 790≈44。

总成本=生产成本+销货成本+期末存货成本。

7. 销售及管理费用预算

销售及管理费用预算以销售预算为基础，分析销售收入、销售利润和销售费用之间的关系，力求实现销售费用的最有效使用。在对以往费用支出的必要性、合理性进行分析后，销售及管理费用预算反映预算期内为销售商品和维持一般行政管理工作而发生的各项费用支出的预算，如表 15-10 所示。

表 15-10 销售及管理费用预算表

项目	季度				全年
	1	2	3	4	
预计销售量/件	350	500	550	400	1 800
变动销售及管理费用分配率	2	2	2	2	2
变动销售及管理费用现金支出/元	700	1 000	1 100	800	3 600
固定销售及管理费用支出/元	3 000	3 000	3 000	3 000	12 000
现金支出总额/元	3 700	4 000	4 100	3 800	15 600

注：假设预算期内变动销售及管理费用总计为 3 600 元，按销售量计算分配率（3 600/1 800=2）；固定销售及管理费用为 12 000 元，因此每季度固定销售及管理费用支出=12 000/4=3 000（元）。

15.2.4 财务预算的编制

财务预算是企业的综合性预算，包括现金流量预算（预计现金流量表，又称现金预算）、预计利润表（利润预算）和预计资产负债表（财务状况预算）。其中，现金预算是销售预算、生产费用预算、期间费用预算和资本预算中有关现金收支的汇总；预计利润表要根据销售预算、生产费用预算、期间费用预算、现金预算等编制；预计资产负债表要根据期初资产负债表和销售、生产费用、资本等预算编制。

1. 现金预算

现金预算是企业预算期现金流转时间及金额数量的预算，是企业的一种综合性预算，其主要内容包括现金收入、现金支出、现金多余或不足、现金的筹集和运用四个方面。

现金预算如表 15-11 所示。其目的在于在资金不足时筹措资金，在资金多余时及时处理现金余额，并且提供现金收支的控制限额，发挥现金管理的作用。

表 15-11 现金预算表 （单位：元）

项目	季度				全年
	1	2	3	4	
期初现金余额	50 000	24 717.4	46 587.4	82 593	50 000
加：现金收入（表 15-3）	58 000	88 000	106 000	92 000	344 000
可供使用现金	108 000	112 717.4	152 587.4	174 593	394 000
减：现金支出：					
直接材料（表 15-6）	14 617.6	21 720	24 494.4	22 144.8	82 976.8
直接人工（表 15-7）	5 100	7 575	8 025	6 150	26 850
制造费用（表 15-8）	12 865	15 835	16 375	14 125	59 200
销售及管理费用（表 15-10）	3 700	4 000	4 100	3 800	15 600
支付所得税	17 000	17 000	17 000	17 000	68 000
购买设备	90 000				90 000
现金支出合计	143 282.6	66 130	69 994.4	63 219.8	342 626.8
现金多余或不足	35 282.6	46 587.4	82 593	111 373.2	5 1373.2

（续表）

项目	季度				全年
	1	2	3	4	
向银行借款	60 000				60 000
还银行借款				60 000	60 000
支付借款利息（年利10%）				6 000	6 000
期末现金余额	24 717.4	46 587.4	82 593	45 373.2	43 573.2

注：假设第一季度购买设备90 000元。期末现金余额少于20 000元时，企业需要向银行借款，借款年利率为10%。假设预算期初现金余额为50 000元。

现金收入主要指经营业务活动的现金收入，包括期初现金余额和预算期现金收入。销货取得的现金收入是其主要来源。现金支出包括预算期的各项现金支出。除直接材料、直接人工、制造费用、销售及管理费用等经营性现金支出外，还包括所得税费用、购买设备等现金支出。现金多余或不足列示现金收入合计与现金支出合计的差额。差额为正，说明收大于支，现金有多余，可用于偿还过去向银行取得的借款，或者用于短期投资。差额为负，说明支大于收，现金不足，要向银行取得新的借款。现金筹集是企业筹措、集聚其自身建设和生产经营所需要的资金，可以通过借款、发行债券和股票等方式实现。现金运用是指企业通过各种资金渠道及具体筹资方式获得必要的生产经营资金后，将其转化为相应的资产，分布于生产经营的全过程，具体包括流动资产、固定资产和无形资产等。

2. 预计利润表

按照全面预算体系的内容，在编制完现金预算以后，即可编制预计利润表和预计资产负债表。表15-12所示是ABC公司的预计利润表，它是根据上文各有关预算编制而成的。预计的利润表与实际的利润表内容、格式相同，但数字是面向预算期的。

表15-12　　　　　　　　　　　　　预计利润表　　　　　　　　　　　　（单位：元）

销售收入（表15-3）	344 000
减：销货成本（表15-9）	192 600
毛利	151 400
减：销售及管理费用（表15-10）	15 600
营业净利润	135 800
减：利息费用（表15-11）	6 000
税前利润	129 800
减：所得税（表15-11）	68 000
净利润	61 800

"所得税"项目是在利润规划时估计的，并已列入现金预算，它通常不是根据"利润"和所得税税率计算出来的，因为有很多纳税调整的事项存在。此外，从预算编制程序上看，如果根据"税前利润"和税率重新计算所得税，企业就需要修改"现金预算"，这会引起信贷计划修订，进而改变"利息"，最终又要修改"净利润"。

如果预算利润与最初编制的目标利润有较大的不一致，企业就需要调整部门预算，设法达到目标，或者经企业领导同意后修改目标利润。

3. 预计资产负债表

预计资产负债表是利用本期期初资产负债表，根据销售、生产、资本等预算的有关数据加以调整编制的。编制预计资产负债表的目的，在于判断预算反映的财务状况的稳定性和流动性。如果通过分析预计资产负债表，企业发现某些财务比率不佳，必要时可修改有关预算，以改善财务状况。预计资产负债表与实际的资产负债表内容、格式相同，但数据反映的是预算期末的财务状况。企业利用预算期初资产负债表，根据销售、生产、资本等预算的有关数据加以整理就可以编制预计资产负债表（见表15-13）。

表15-13　　　　　　　　　　　　　　　　预计资产负债表　　　　　　　　　　　　　　（单位：元）

	年初	年末		年初	年末
流动资产：			流动负债：		
现金	50 000	45 373.2	应付账款（表15-6）	4 000	6 343.2
应收账款（表15-3）	16 000	32 000	长期负债		
原材料存货（表15-5、表15-6）	6 000	5 400			
产成品存货（表15-4、表15-9）	6 420	5 350			
流动资产合计	78 420	88 123.2	负债合计	4 000	6 343.2
固定资产：			所有者权益：		
土地	60 000	60 000	实收资本	200 000	200 000
房屋及设备（表15-11）	240 000	330 000	盈余公积	100 420	156 160
减：折旧（表15-8）	40 000	60 000	未分配利润（表15-12）	34 000	55 620
固定资产合计	260 000	330 000	所有者权益合计	334 420	411 780
资产总计	338 420	418 123.2	负债及所有者权益总计	338 420	418 123.2

注：1. 房屋价值240 000，假设本年度价值保持不变。
　　2. 盈余公积年初值为149 980，本年的盈余公积增加额按法定盈余公积计算，法定盈余公积=税后利润*10%。

15.2.5　全面预算的考核

在全面预算管理循环中，全面预算考核是承上启下的关键环节，是对企业内部各级预算责任中心预算执行结果的考核和评价，是预算事中控制和事后控制的主要手段。它具有两层含义：一是对整个预算管理系统进行考核评价，对预算自身进行检查、衡量与评定，促使企业全面预算的改进，并为企业实行奖惩措施提供主要依据；二是对预算执行者的考核与评价，并对企业经营业绩进行评价。全面预算考核是发挥预算约束与激励作用的必要措施。

全面预算考核是对预算执行效果的一个认可过程，以预算目标为基准，动态考核并坚持时效原则，根据组织架构层次或预算目标的分解层次按预算完成情况评价预算执行者的业绩，考核必须与激励制度相配合。同时，对一些阻碍预算执行的重大因素，如产业环境的变化、市场的变化、重大意外灾害等，考核时应作为特殊情况处理。

📁 讨论案例

碱业公司利润规划

以下材料为碱业公司下一年度预计成本费用的构成情况。我们根据其与纯碱产销量的变动关系可将其划分为固定成本和变动成本两部分（见表15-14）。固定成本不随纯碱产销量变动而变动，变动成本随纯碱产销量变动成正比例变动。

请您通过本量利分析法，为公司下一年度利润做一个事前规划，以保证公司全年目标利润的完成。案例问题：（1）假定计划年度纯碱平均不含税销售价格为1 350元，计算公司盈亏平衡时的销售量和销售收入，并画出本量利图；（2）设定公司的目标利润为24 165万元，计算达到此目标利润的销量；（3）假定在计划执行过程中纯碱市场发生变化，纯碱销售价格由年初预计的1 350元降至1 325元，在其他因素不变的情况下，测定其对目标利润的影响。公司应采取哪些措施抵御由于价格下滑带来的不利影响？

表15-14　　　　　　　　　　　　　　碱业公司成本构成

（a）

变动成本构成（年纯碱产销量106万吨）				
	项目	金额/万元	项目	金额/万元
生产成本中直接材料费用	原盐	19 174.35	制造费用——机物料	612.00
	石灰石	7 965.21	制造费用——劳务费	325.10
	焦炭	4 560.59	制造费用——运输费	198.70
	液氨	776.95	制造费用——修理费（车间自控）	756.00
	包装物	3 582.43	销售费用——销售承包费	1 021.35
	动力费	17 327.86	销售费用——劳务费	18.50
			销售费用——仓库经费	610.15
			销售费用——出口费用	2 691.90
			销售费用——运输费	221.00
			小计	6 454.70
	小计	53 387.39	纯碱变动成本（元/吨）	572.28
产品销售税金及附加		819.50	合计	60 661.59

（b）

固定成本构成			
项目	金额/万元	项目	金额/万元
生产成本——工资	2 894.36	管理费用	6 248.55
生产成本——福利	519.62	销售费用——工资	402.80
制造费用——办公费	7.69	销售费用——办公费	15.00
制造费用——差旅费	10.10	销售费用——差旅费	21.00
制造费用——水电费	2 313.19	销售费用——修理费	86.50
制造费用——系统大修	3 110.21	销售费用——折旧费	67.20
制造费用——工资	1 052.85	销售费用——广告费	448.00
制造费用——福利	216.07	财务费用	3 107.88
制造费用——折旧费	5 453.96	营业外支出	350.00
制造费用——排污费	310.00	其他业务利润（亏损）	306.66
制造费用——劳保费	107.56	固定成本合计	27 049.20

复习思考题

一、概念题

1. 边际贡献　2. 盈亏平衡点　3. 全面预算　4. 经营预算　5. 财务预算

二、单选题

1. 某公司对营销人员薪金支付采取每月固定月工资，此外每推销一件提成 10 元的奖励，这种人工成本属于（　　）。

    A. 混合成本   B. 固定成本   C. 变动成本   D. 曲线成本

2. 在销售水平一定的条件下，盈亏平衡点的销售量越小，说明企业的（　　）。

    A. 经营风险越小   B. 经营风险越大   C. 财务风险越小   D. 财务风险越大

3. 已知某企业总成本 y 是销售额 x 的函数，二者的函数关系为：$y=5\,000+0.3x$，则该企业的边际贡献率为（　　）。

    A. 30%   B. 50%   C. 70%   D. 无法确定

4. 假设某企业只生产销售一种产品，单价 50 元，边际贡献率 40%，每年固定成本 300 万元，预计下一年销量为 20 万件，则价格对利润影响的敏感系数为（　　）。

    A. 10   B. 8   C. 4   D. 0.4

5. 某公司上年资本实际平均占用额为 1 500 万元，其中不合理部分为 100 万元，预计本年度销售增长 20%，资本周转速度加快 1%，则预测年度资本需要额为（　　）万元。

    A. 1 663.2   B. 1 696.8   C. 1 900.8   D. 1 939.2

三、多选题

1. 在生产多产品的企业中，下列可能会影响企业总边际贡献的途径有（　　）。

    A. 增加变动成本率较低的产品   B. 减少固定成本负担

    C. 提高售价   D. 降低变动成本

2. 下列公式中正确的有（　　）。

    A. 利润=边际贡献率×安全边际

    B. 安全边际率+边际贡献率=1

    C. 安全边际率+盈亏临界点作业率=1

    D. 边际贡献率=（固定成本+利润）/销售收入

3. 财务预算一般包括（　　）。

    A. 现金预算   B. 营业收入预算   C. 长期投资预算   D. 利润预算

4. 以下各项中属于财务状况预算内容的有（　　）。

    A. 短期资产预算   B. 长期资产预算

    C. 短期债务资本预算   D. 长期债务资本预算

四、判断题

1. 当销售额达到盈亏临界点时，经营杠杆系数趋近于零。（　　）

2. 市场对企业产品的需求量不管大小，只要稳定，企业的经营风险就不大。（　　）

3. 企业的全面预算主要由营业预算、资本预算和财务预算构成。（　　）

4. 在企业的全面预算中，营业预算的预算期最短，资本预算其次，财务预算的预算期最长。（　　）

5. 利润预算是企业预算期营业利润、利润总额和税后利润的综合预算，是企业综合性最强的预算。（　　）

五、简答题

1. 基本损益方程式是什么？

2. 怎样确定盈亏平衡点？

3. 全面预算的含义是什么？

4. 企业在实施全面预算管理时应注意哪些问题？

六、计算题

1. 某出版社与一畅销书作者正在洽谈新作出版的事宜，预计出版该书的固定成本总额为 70 万元，单位变动成本为 10 元/册；同时出版社与作者约定，一次性支付稿酬 100 万元，另按销售量给予 10%的提成，若该书的售价定为 20 元/册，预计该书的销售量为 40 万册，企业适用的所得税税率为 25%。

要求：

（1）计算损益平衡销售量。

（2）企业预计实现的销售净利率为多少？

（3）企业产品安全边际率为多少？

（4）假设其他条件不变，计算使税后销售利润率为 20%的单价增长率。

2. 某企业现着手编制当年 6 月的现金收支计划。预计当年 6 月月初现金余额为 8 000 元；月初应收账款 4 000 元，预计月内可收回 80%；本月销货 50 000 元，预计月内收款比例为 50%；本月采购材料 8 000 元，预计月内付款 70%；月初应付账款余额 5 000 元需在月内全部付清；月内以现金支付工资 8 400 元；本月制造费用等间接费用付现 16 000 元；其他经营性现金支出 900 元；购买设备支付现金 10 000 元。企业现金不足时，可向银行借款，借款金额为 1 000 元的倍数；现金多余时可购买有价证券。要求月末现金余额不低于 5 000 元。

要求：

（1）计算经营性现金收入。

（2）计算经营性现金支出。

（3）计算现金余缺。

（4）确定最佳资金筹措或运用数额。

（5）确定现金月末余额。

第16章　财务控制

📋 引导案例

中国华能集团从创立之初就建立了比较清晰的产权关系。目前中国华能集团内部可以分为三个层次：中国华能集团公司（母公司）、成员公司（子公司）和下设的生产经营单位。其中，母公司从1997年年初由国家电力公司组建后，成为国家电力公司的全资子公司；中国华能集团各专业成员公司和各地分公司所属的地方实业公司是中国华能集团公司的全资子公司；集团公司和各成员公司向下投资，设立了一些全资、控股和参股的直接生产经营企业。第一层次的母公司是中国华能集团的决策中心和资产运作中心；第二层次的子公司起着专业化发展、职能化经营和对生产经营企业进行监督管理的作用，并且有一定的投资功能；第三层次的企业是直接生产经营单位，不具有对外投资功能，只能从事生产经营业务。

中国华能集团公司对成员公司曾经只考评"两张表"（资产负债表和利润表）和"一个人"（总经理），对子公司监管较为宽松。这种模式存在很大弊端，因为中国华能集团公司无法控制子公司的决策错误及其由此产生的巨大损失，而且这类损失常常是不可逆转的，"事后控制"的风险相当大。

目前，中国华能集团公司对其子公司既给予一定的灵活性，又实行了必要的监控。母公司对子公司的财务控制主要体现在三个领域：① 筹资控制。各成员公司的筹资由母公司统一规划，子公司筹集的资金金额较大时必须经母公司审批。② 投资控制。现有规定是，投资金额超过一定限额需经母公司批准。例如，一些大的子公司，自主投资限额为三千万元人民币，小公司则为五百万元人民币。③ 财务业绩控制。每年的财务目标即为上一年的实际经营成果。财务业绩从三个方面来评价：利润、净资产收益率和经营活动中产生的现金流量。

⭐ 学习目标

- 理解财务控制的概念，掌握财务控制的内容；
- 了解采购中的财务控制的主要内容；
- 了解销售中的财务控制的主要内容；
- 理解成本控制、标准成本及成本差异的概念；
- 掌握成本差异分析方法，包括变动成本差异分析和固定成本差异分析。

财务控制是为确保企业目标的实现而采取的一系列控制财务活动的手段。本章将介绍财务控制的基本内涵，并从采购中的财务控制、销售中的财务控制和生产中的财务控制三个方面阐述财务控制的内容和方法。

16.1　财务控制概述

财务控制是内部控制的核心，是内部控制在资金和价值方面的体现。企业通过采购过程、销售过程和生产过程的财务控制，有助于实现企业经营方针和目标，实现实时的监控与评价，并且保证业务经营信息和财务会计资料的真实性和完整性。

财务控制是按照一定的程序和方法，以价值为手段，将不同部门、不同层次和不同岗位的各种业务活动综合起来，实行目标控制，确保企业及其内部机构和人员全面落实及实现财务预算的过程[①]。它是财务管理的重要环节或基本职能，同财务规划、财务决策、财务分析与评价一起成为财务管理的系统或全部职能。

财务控制的总体目标是实现企业价值最大化，统一企业现实的低成本和未来的高收益，而不仅仅是确保财务活动的合规性和有效性。财务控制致力于将企业资源加以整合优化，使资源消耗最少、资源利用最高、企业价值最大[②]。

16.1.1　财务控制特征

1. 以价值形式为控制手段

这是财务控制实现企业价值最大化目标的要求。在采购、生产和销售的环节中，财务控制的目标包括降低成本，实现财务预算。而财务预算所包括的现金预算、预计利润表和预计资产负债表等，都是以价值形式来反映的，因此，财务控制必须以价值形式为控制手段[③]。

2. 以综合经济业务为控制对象

财务控制涉及企业生产经营的各个环节，可以将不同岗位、不同部门、不同层次的业务活动综合起来，控制企业的综合经济业务，而不是某一单项经济业务。

3. 以现金流量控制为日常控制内容

日常的财务活动过程表现为组织现金流量的过程，因此，控制现金流量成为日常财务控制的主要内容[④]。

16.1.2　财务控制方式

1. 组织规划控制

组织规划控制，指对企业的组织结构进行控制。其要求在确定和完善组织结构的过程中，遵循不相容职务相分离的原则，即一个人不能兼任同一部门财务活动中的不同职务。企业经济活动的每一步骤都要由相对独立的人员或部门实施，以便于财务控制作用的发挥。

2. 授权批准控制

授权批准控制，指对企业内部部门或职员处理经济业务的权限进行控制。某部门或职员在处理经济业务时，必须经过授权批准才能进行，否则无权审批。一方面，授权批准控制可以保证企业既定方针的有效执行；另一方面，授权批准控制还可以限制职权滥用。

3. 实物资产控制

实物资产控制，包括限制接近控制和定期清查控制两种。限制接近控制，指对实物资产及与实物资产有关的文件的接触控制，如现金、银行存款、有价证券和存货等，为确保资产的安全，除出纳人员和仓库保管人员外，其他人员限制接触；定期清查控制，指对实物资产

---

① Atkinson, A. A., R. S. Kaplan, E. M. Matsumura, S. M. Young. Management Accounting[M]. 北京：清华大学出版社，2011.
② 赵岩，崔国平. 企业会计制度设计[M]. 上海：立信会计出版社，2009.
③ 刘德道. 企业会计制度设计理论与方法[M]. 北京：中国经济出版社，2011.
④ 宋艳敏，刘晓东. 会计制度设计[M]. 北京：科学出版社，2009.

进行定期清查，确保实物资产的实有数量与账面数量相符，如若不符，企业应查明原因，及时处理。

4. 预算控制

预算控制是财务控制的一个重要方面，它涉及企业经营活动的全过程。其基本要求是：① 所编制的预算必须体现企业的经营管理目标，并明确责任；② 预算在执行过程中，应当允许企业依照实际情况，经过授权批准对预算进行调整；③ 企业应当及时或定期反馈预算的执行情况。

5. 审计控制

审计控制主要是指内部审计控制，它是对会计的控制和再监督。内部审计，是为确定既定政策的程序是否贯彻，建立的标准是否有利于资源的合理利用，以及企业的目标是否达到，而在组织内部对各种经营活动与控制系统进行的独立评价。内部审计的内容十分广泛，一般包括内部财务审计和内部经营管理审计。内部审计对会计资料的监督、审查，不仅是财务控制的有效手段，也是保证会计资料的真实性和完整性的重要措施[①]。

6. 风险控制

风险控制，指对有可能出现或已经出现的不利于企业经营目标实现的各种风险进行控制。在这些风险中，经营风险和财务风险的控制最为重要。经营风险，是指因生产经营方面的原因给企业盈利带来的不确定性；财务风险，是指企业由于举债经营而给企业带来的不确定性。企业在进行决策时，必须尽力规避这两种风险[②]。

7. 成本控制

成本控制，分为粗放型成本控制和集约型成本控制两类。粗放型成本控制，指的是对从原材料采购到产品最终售出的整个过程进行控制。具体包括原材料采购成本控制、材料使用成本控制和产品销售成本控制三个方面。集约型成本控制主要通过改善生产技术或产品工艺来降低成本。

16.2 采购中的财务控制

某公司在推进标准成本管理，准备购买一批能够打印条码的高级电子秤，单个报价5 000～15 000元不等。采购部的意见是，先选定若干品牌，然后各买一个样品进行测试。财务总监不同意，认为这一采购策略存在三个方面的影响：第一，会为将来定下价格基调，单个购买不易砍价；第二，如果选定某一品牌，会让对方觉得有优势；第三，其他品牌的测试品，用也不是（程序等都不一样），不用就是浪费。采购经理了解了财务总监的想法后，采取的策略是让供应商免费拿出产品让公司测试，同时在测试结果出来前就开始报价竞争。不难发现，采购中的财务控制也非常重要。

采购业务是企业生产经营活动过程中的重要环节，是企业生存发展的基础。它是指在一定时间、地点条件下，企业根据生产经营活动的需要，通过搜集、整理和评价信息，选择合适的供应商，并就交易价格和其他交易条件进行谈判，最终达成协议，以满足企业生产经营需求的整个过程[③]。

采购中的财务控制，主要目的在于控制采购费用、节约采购资金，在保证企业生产经营的前提下，最大限度地降低采购成本。企业的采购流程及财务控制方式如图 16-1 所示。

---

① 叶陈云. 公司内部审计[M]. 北京：机械工业出版社，2009.
② 财政部企业司. 企业财务风险管理[M]. 北京：经济科学出版社，2004.
③ 孙光国，陈艳利，刘英明. 会计制度设计[M]. 大连：东北财经大学出版社，2010.

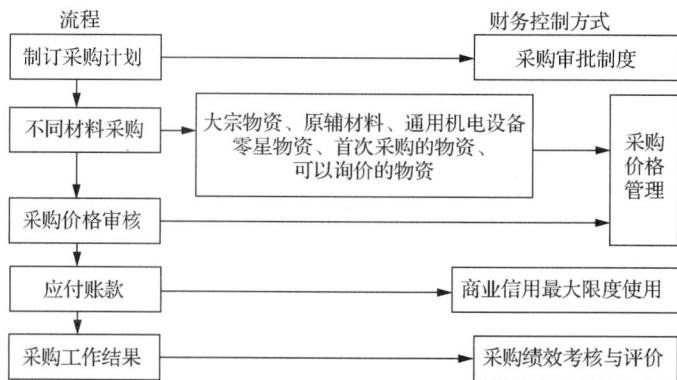

图 16-1 采购流程及财务控制方式

16.2.1 采购审批制度

企业采购部门应根据上年度的企业物资采购情况、生产情况、销售情况及企业资金流动状况，在对本年度生产能力及产品市场销售趋势进行预测的基础上，制订物资采购计划，并按月甚至按周滚动修改计划，确定最佳库存量、最佳采购量、最佳订货时间、最佳进货渠道及最佳订货形式等。此外，采购部门还需编制采购预算，使采购物资能够满足企业生产经营活动的需求，最大限度地避免物资积压成本和因物资短缺带来的额外采购成本。

对于生产部门提出的采购请求，企业要严格实行采购审批制度，结合物资的库存管理，做到物资采购有计划、资金使用有控制、储备资产有考核、采购信息有反馈。采购审批制度应规定采购的申请、授权人的批准权限、采购的流程、相关部门的责任和关系、各种物料采购的规定和方式、报价和价格审批等。

16.2.2 采购价格管理

1. 对不同材料采取不同的采购价格策略

对于采购企业来说，采购价格决策是其采购决策的一项重要内容。在"适价"原则（指为了买卖双方长期合作，使价格尽可能体现公平、合理的原则）的指导下，能否以最小的成本买到最好的材料已成为许多企业衡量采购人员工作绩效的一个标准。企业采购不同的材料应采取不同的采购价格策略。

（1）对大宗物资、原辅材料、通用机电设备实行公开招标采购，控制成本支出

公开招标是一种无限竞争性的招标方式，由招标人在报刊、电子网络或其他媒体上刊登招标公告，吸引投标人前来竞争投标。由于大宗物资、原辅材料、通用机电设备等物资的采购数量多、价值高、价格差异大，企业如果采用单项询价或比价，会增加管理成本，所以必须实行公开招标。公开招标，一定要坚持程序公开、竞争公开、授标公开的原则，这样可避免"暗箱操作"的行为，打破垄断，促使供应商提高工作质量，降低供应成本，从而节约采购企业的管理成本，直接享受由竞争带来的价格优势。招标采购完成后，企业还要对资产的分配、使用和管理情况进行监督、检查，以确保资产的安全与完整。

（2）对零星物资、首次采购的物资实行集中竞价，开展定点采购

实行集中竞价，开展定点采购是保证采购物资质优价廉的一项重要措施。选择的定点单位首先是信誉良好和有实力的直接生产的厂家，这可避免增加中间环节的费用。对价值较低的零星物资采购，可就近选择信誉良好和有供货能力的企业。对首次采购的物资，必须经过有关部门的考察，在产品质量、供货信誉、价格定位等方面通过认定后，才允许采购。

（3）对可以询价的物资实行比价采购，降低采购成本

价格竞争在一定程度上体现了企业优胜劣汰的自然法则。在买方市场条件下，价格就是潜力，比价采购则能提高经济效益。比价采购是指采购人员请数家厂商提供价格后，从中加以比价，决定选择哪个厂商进行采购事项。在市场经济中，企业为了降低成本，普遍采用比价采购的方法。企业对可以询价的物资实行比价采购可以保证原材料的产品质量，有助于防止采购工作中可能出现的腐败，有效地促进企业管理，完善企业内部控制制度，促进企业增收节支，提高经济效益和市场竞争力。

2. 建立采购价格信息系统以支持价格审核

采购价格信息系统应包括两方面内容：一是对所有采购物资建立价格档案库，对每一批采购物资的报价，要与档案中的物料价格进行比较，分析产生差异的原因。若无特殊原因，采购价格不可以超过档案中的价格水平；二是对重点物资建立价格评价体系，定期收集其供应价格信息，分析、评价现有价格水平，并对档案库中的价格进行评价和更新。

采购价格信息系统通过互联网，使企业可以以极低的成本获取和发布众多的信息，可以减少人为因素和信息不畅问题，节约时间和资金以提高产品和服务品质，集中精力改善内部管理，处理急需解决的关键问题。

16.2.3 采购绩效考核与评价

采购部门绩效的好坏对整个企业的生产、规划、决策都有着极其重要的影响，因此企业的财务控制系统必须要能完成采购绩效的考核与评价工作。财务控制系统应该能够评估采购部门所选择的供应商的供应能力、质量、价格、服务、财务稳定性、信誉等；能够评价采购渠道是否可靠，对一般原材料、零部件等是否保证了两个以上的供应商；能够考核采购部门是否执行了比质比价采购制度、招标采购制度；能够考核采购人员是否为降低采购价格而加大采购数量，从而导致企业存货过多、库存成本增加；能够通过采购金额、采购金额占销售收入的百分比、订购单的件数、采购人员数量、采购部门费用、新增供应商数量和采购完成率等指标来测定企业的采购效率。

总之，企业财务控制系统能够有效评价采购预算执行情况及采购成本、采购费用节约额等情况。

16.3 销售中的财务控制

某企业存在销售中的财务控制难题，在对销售部门费用实行按比例控制的情况下，假设以销售额10%作为总费用控制额度，但是销售有淡旺季，而且恰恰在淡季时越需要费用投入，如广告费用、差旅费用、招待费用等，按每月销售额10%去控制肯定不合理。但如果一开始按全年预算目标控制，企业又担心到了年终销售目标没完成，销售费用却超出预算。这些问题有没有解决办法？在极端的情形中，企业如果1月至10月是淡季，都是处于爬坡阶段，11月至12月是冲刺阶段，该如何控制呢？企业如果销售淡旺季规律性很差，又如何处理呢？

销售是企业与消费者连接的窗口，销售活动是企业价值链活动的重要环节，销售收入是实现企业财务目标及目标利润的关键，是企业利润和现金流入的来源。

销售中的财务控制是企业财务控制的一项重要内容，销售中财务控制的目的在于降低企业的销售成本、提高企业的销售利润。企业的销售流程及财务控制方式如图16-2所示。

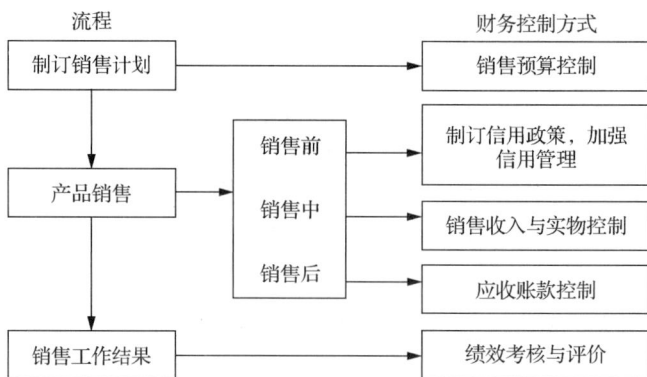

图 16-2 销售流程及财务控制方式

16.3.1 销售预算控制

1. 制订销售计划

销售计划是指在销售预测的基础上，设定销售目标额，为能实现该目标而分配具体的销售任务，然后编制销售预算，以支持未来一定期间内的销售额的达成。任何一个企业的销售活动都离不开销售计划的指导和控制，制订可行的、务实的销售计划的能力能够最真实地反映企业的营销管理水平。

在制订销售计划时，企业应根据企业的历史、产品的特点、营销组合的方式和市场的开发程度等多方面因素，以历史数据为基础，客观分析企业环境，充分调查产品市场状况，听取有关人员意见，制订客观、合理、符合实际的销售计划，在此基础上编制销售预算。

2. 预算控制

销售预算是计划的工具，也是实际工作的控制基准，形成了在销售计划方面的财务控制。销售预算使销售机会、销售目标、销售定额清晰化和集中化。销售目标同时被分解为多个层次的子目标，一旦这些子目标确定后，其相应的销售费用也被确定下来，从而使销售成本和费用等投入明确化。

常用的销售预算控制方法主要有专项费用控制和定额管理。专项费用主要是指企业的单项费用指标和无程序性的随机费用指标，主要包括单位成本、材料燃料消耗、办公费、医药费、储备资金周转天数等。它们共同的特点是费用量大、随机性强、涉及面广，企业在销售预算控制中很难进行有效控制，因此需要进行专项控制。定额是企业及员工在进行生产活动时，在人、财、物等企业资源利用方面应遵循的标准。进行定额管理的目的就是要以最少的消耗，完成最大的工作量，提高工作效率，进而提高企业的经济效益，同时重新核实、编制企业各项工作、各个岗位的工作人员计划，使工作人员与工作任务相适应。

16.3.2 制订信用政策

销售产品前，为防止销售与收款业务中的错误、欺诈舞弊等行为发生，企业财务控制系统中的信用政策是很重要的。企业财务控制系统中应设置有专门的信用管理岗位，与销售部门联合开展有关赊销业务的处理工作。

信用是一种建立在信任基础上的能力，是无须立即付款即可获取资金、物资、服务等的能力。信用政策主要包括信用标准、信用条件、信用额度和收账政策四个部分。信用标准是企业同意向客户提供商业信用而提出的基本条件，应该是在对收入和成本认真权衡的基础上慎重确定的。信用条件是企业要求客户支付赊销款项的条件，由信用期限和现金折扣组成。企业制订信用条件时要遵循本行业的惯例，在一定外部环境条件下，充分考虑企业本身的经济实力，以提高企业的经济效益，增强竞争力。信用额度是指企业在受到外部竞争压力时，根据自身的资金实力、销售政策、最佳生产规模和库存量等因素确定的可授予客户一定金额的信用限度。企业对每个重要客户都要建立档案和明细账，根据其购货数量、付款情况等信息，给予相应的信用额度。信用额度调整必须由销售人员提出申请，填写申请表报有关经理审批，再交财务部门审核确定。收账政策亦称收账方针，是指当客户违反信用条件，拖欠甚至拒付账款时企业所采用的收款策略与措施，即企业采取何种合理的方法最大限度收回被拖欠的账款。企业必须要设计完善的收账程序，选择优秀的收款人员，运用收账技巧收回企业款项。

控制中的关键环节包括：接受客户订单、信用调查、批准赊销、发货开票相互独立，由不同部门或人员负责处理；信用主管对财务部门负责而不是对销售部门负责；对新客户必须进行信用核查，其信用额度由信用主管在规定的额度内审批，超过规定额度的须由财务负责人批准后才能办理；对赊销单位进行信用调查是加强销售业务控制的重要环节，当客户信用额度超过一定标准之后，财务部门拒绝开具发票；应收账款总账控制人员不得从事应收账款明细账管理或记录等工作。

16.3.3 销售收入与实物控制

在产品销售过程中，企业财务控制系统与销售系统之间所实现的有效控制应包括：收取货款与记账相互独立，以防止货款被贪污且记录被篡改；销售业务人员不得同时经办收款业务；销售部门要按月编制资金收入计划，报财务部门；产品一经发出，销售部门及时将运输单、销售合同等有关资料转交财务部门，根据销售合同登记备查，列明付款时间、条件、方式等并及时通知收款；发送货物与开票相互独立，以防止发货未经批准、销售业务没有被记录或商品被盗窃；企业财务控制系统参与比价销售，建立管理制度，为价值增值服务；对销售费用进行详细分解、具体分析、制订控制标准等。

同时，对于实物进行定期盘点清查和账实核对，并且明确处理盘点差异的权限。企业可以采用全面清查或者局部清查，从效果上看，采用永续盘存制记录的盘点比采用定期盘存制的盘点效果更好。

16.3.4 应收账款控制

1. 应收账款控制目标

企业应收账款控制的基本目标是降低应收账款的成本，使企业因使用销售手段所增加的销售收益大于持有应收账款产生的所有成本。较高的应收账款持有额一方面对应较高的销售收入，另一方面也意味着较高的持有成本。应收账款控制就是要在两者间进行权衡，寻求应收账款最好的流动性和最高的收益性。

2. 应收账款控制内容

企业定期编制客户欠账分析表，进行应收账款的结构和账龄分析，定期与客户对账，及时催收账款、按期收回。严格控制赊销商品或服务的账款回收期，对于长期不能收回的应收款，要督促经办人员查明原因，积极催收并按照奖惩标准进行考核、奖惩。账款收回之后，根据收款单据及时记录客户明细账和总账。当确认应收款不能收回时，应根据权责划分范围，经有关主管人员批准方可注销，防止销售人员和财务人员利用坏账注销而贪污。由记录应收账款之外的人员每月编制应收账款明细表，并与总账核对调节后编制调节表，该调节表由财务负责人或其指定人员审阅批准。

16.4 生产中的财务控制

自20世纪以来，丰田生产方式TPS（Toyota Production System）取得了极大成功。"丰田模式"强调"准时生产"（Just in time），避免浪费，消除库存，有效地降低了财务费用和仓储费用，但同时强调减少浪费不是目标而是结果，丰田"拧干了毛巾上的最后一滴水"。在丰田第二工厂的一个洗手间中，洗手池上方的纸巾盒旁贴有一张纸，纸上详细地写明，按照每张纸巾0.03元计算，如果不使用纸巾，一年将节省多少钱，从而每年又将节省多少木材。

生产是企业经营的核心环节，是联系采购与销售环节的中间环节。生产相关部门多处于成本中心，因此，生产中的财务控制主要体现在成本控制上。成本控制的方法有标准成本控制、责任成本控制、目标成本控制、预算成本控制等（见图 16-3），这里仅介绍一种普遍应用且较有效的成本控制方法——标准成本控制法。

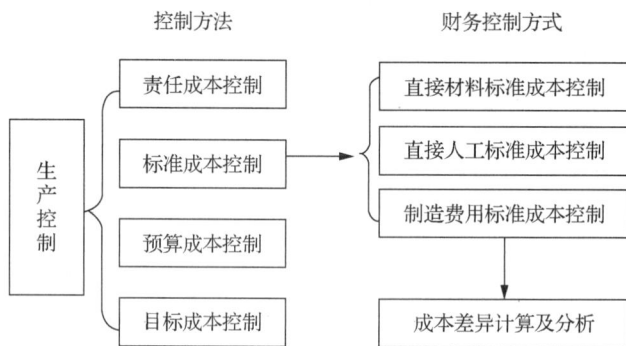

图 16-3 生产中的财务控制方法

16.4.1 成本控制概述

1. 成本控制的内涵

成本控制，是指运用以成本会计为主的各种方法，预定成本限额，按限额开支成本和费用，以实际成本和成本限额进行比较，衡量经营活动的成绩和效果，并以例外管理原则纠正不利差异，提高工作效率，实现预期的成本限额。

企业利润最大化的目标从成本角度讲就是成本费用的最小化，实施成本控制是企业完成成本目标和利润目标的重要手段，它在企业各控制体系中起着综合的控制作用，因此财务控制的重点在于成本控制。成本控制对于降低企业成本，增加企业盈利，提高企业经济效益，增强企业活力等也有着重要意义，成本控制直接关系到企业的生存和发展。

2. 成本控制的原则

（1）全面性原则

成本是一项综合反映企业生产经营状况的重要指标，它涉及企业内部的各个部门及每个职工，涉及生产经营的全过程，因此，成本控制必须坚持全面性原则。它包含三个方面的含义。

① 全面控制，指对产品生产的全部费用要加以控制，不仅要控制变动费用，而且要控制固定费用。

② 全员控制，指企业必须充分调动领导干部、管理人员、工程技术人员和广大职工控制成本、关心成本的积极性和主动性，做到上下结合，专业控制与群众控制相结合，加强职工成本意识，动员企业全体职工积极参加成本管理。

③ 全过程控制，指成本控制应贯穿于成本形成全过程，它包括从产品的设计、制造、生产、销售直至产品售后使用维修等各个环节。只有整个产品寿命周期的成本得到有效控制，成本才

会得到有效控制。企业应将控制的成果在有关报表上加以反映，借以发现缺点和问题。

（2）责权利相结合的原则

要使成本控制真正发挥作用，企业必须严格按照经济责任制的要求，遵循责权利相结合的原则。将成本管理目标层层分解后，明确规定有关各方应承担的成本控制责任，赋予其相应的权利，同时对他们的工作业绩进行考评，并同其经济利益挂钩，做到奖罚分明。

（3）讲求效益原则

成本控制的最终目的是获取最大的经济效益，也就是说因推行成本控制而发生的费用不应超过因缺少控制而丧失的收益。在进行成本控制的过程中，企业要围绕提高经济效益这一目标，尽可能地降低成本费用支出，减少人力、物力、财力的消耗，最大限度地创造收入，将成本控制所必须支付的成本限制在最经济的限度内。讲求效益原则的关键在于建立的成本控制系统的实用性和可操作性，企业要使所建立的成本控制系统能揭示何处发生了问题，发生了哪些问题，谁应对失误负责，应采取哪些纠正偏差的措施，同时应把注意力集中于重要事项，对成本费用影响细微或很小的项目可以从略。

（4）例外管理原则

在实际工作中，实际成本与标准成本之间的偏差是经常存在的，管理人员在进行成本控制时，不应把精力和时间分散在每一个差异上，而是要把注意力集中在那些重要的、不正常的、不符合常规的关键性成本差异上，查明原因，及时处理。这些不正常的、不符合常规的关键性差异，被称为"例外"。通常，确定"例外"的标准有以下几个。

① 重要性。重要性主要是根据成本差异的大小来决定的。一般来说，我们只应该对数据较大的差异给予足够的重视。数额的大小通常以成本差异率来表示。当差异率超过一个限度时，即视为重要差异，作为"例外"处理。

② 一贯性。如果有些差异虽未达到重要性标准，却一贯在控制线附近徘徊，则这些差异也应被视为"例外"，需引起高度重视。因为这种情况可能是由于原标准已经过时失效，也可能是由于成本控制不严造成的。因此，我们有必要提醒有关人员引起注意，找出原因，以求解决。

③ 可控性。对管理者来讲，有些引起成本差异的原因是可控的，有些是不可控的。凡属不可控因素引起的差异，即使达到重要性标准，也不视为"例外"，否则会挫伤管理者的积极性。

④ 项目本身的性质。凡对企业的长期获利能力有重要影响的成本项目，即使其差异没有达到重要性的标准，也应被视为"例外"，以引起重视。

（5）因地制宜原则

这一原则要求成本控制系统必须进行个性化设计，适合特定企业、部门、岗位和成本项目的实际情况，不可完全照搬其他企业的做法。这是因为不同企业不仅经营方式不同、成本形成过程和管理要求不同，而且控制的重点也有所不同。

16.4.2 标准成本控制系统

标准成本控制系统又称为标准成本制度，是为克服实际成本计算系统的缺陷，提供有助于成本控制的确切信息而建立的一种成本计算与控制系统。它把成本的事前计划、日常控制和最终产品成本的确定有机地结合起来，成为加强成本控制、全面提高生产经营效益的重要工具。

标准成本控制系统包括标准成本的制订、成本差异的分析和处理。其中，标准成本的制订与成本的前馈控制相联系，成本差异的分析与成本的反馈控制相联系，成本差异的处理则与成本的日常核算相联系。

1. 标准成本的概念

这里所说的标准成本是指在企业已经达到的生产技术水平和有效经营管理条件下应当发生

的成本，它是一种通过精确的调查、分析与技术测定而制订的，用来评价实际成本、衡量工作效率的预计成本。标准成本提供了一个具体衡量成本水平的适当尺度，为成本控制提出了合理的依据，为价格决策、投资决策提供了有用的信息，它将标准成本与成本差异分别列示，能大大简化日常的成本核算工作。

"标准成本"在实际工作中有两种含义。

一是指单位产品的标准成本，是根据单位产品的标准消耗量和标准单价计算出来的，准确地说应被称为"成本标准"。其计算公式如下：

$$成本标准=单位产品标准成本=单位产品标准消耗量×标准单价 \quad (16-1)$$

二是指实际产量的标准成本，是根据实际产品产量和单位产品标准成本计算出来的。其计算公式如下：

$$标准成本=实际产品产量×单位产品标准成本 \quad (16-2)$$

2. 标准成本的种类

（1）根据生产技术和经营管理水平分为理想标准成本和正常标准成本

理想标准成本是在生产技术水平和经营管理水平均处于最佳状态时，利用现有规模和设备能够达到的最低成本。制订理想标准成本的依据，是理论上的业绩标准、生产要素的理想价格和可能实现的最高生产经营能力水平。它是在假定材料无浪费、设备无事故、工时全有效、产品无废品、市场有销路的基础上制订的，这种标准是工厂的最高境界。由于要求过高，常常无法达到，因此一般不宜采用。

正常标准成本是指在效率良好的条件下，根据下期一般应该发生的生产要素消耗量、预计价格和预计生产经营能力利用程度制订出来的标准成本。它是根据已经达到的生产技术水平，以有效经营条件为基础而制订的。它在制订时一般以历史平均水平为基础，剔除生产经营中的异常因素，并考虑今后的变动趋势来进行调整，将现实生产经营条件下难以避免的损耗和低效也计算在内。因此，它是一种经过努力可以达到的成本标准。由于具有客观性、科学性、现实性、激励性和稳定性，其在实际工作中被广泛采用。

（2）根据适用期分为现行标准成本和基本标准成本

现行标准成本是指根据其试用期间应该发生的价格、效率和生产经营能力利用程度等预计的标准成本。当这些因素发生变化时，企业需要根据其改变的情况进行修订。现行标准成本可以成为评价实际成本的依据，也可以用来对存货和销货成本计价。

基本标准成本是一经制订，只要生产的基本条件无重大变化，就不予变动的一种标准成本。生产的基本条件的重大变化是指产品的物理结构变化、重要原材料和劳动力价格的重要变化、生产技术和工艺的根本变化等。只有这些条件发生变化，基本标准成本才需要修订。基本标准成本与各期实际成本对比，可反映成本变动的趋势。基本标准成本不按各期实际修订，不宜用来直接评价工作效率和成本控制的有效性。

16.4.3 标准成本的制订

标准成本是在对企业生产经营的具体条件进行分析、研究和技术测定的基础上，由会计部门会同采购部门、技术部门和其他相关经营部门，运用科学的方法制订的。标准成本由直接材料、直接人工和制造费用三部分组成。其中，每个成本项目都由用量标准和价格标准组成。用量标准包括单位产品材料消耗量、单位产品的直接人工工时等，主要由生产技术部门研究制订；价格标准包括原材料单价、小时工资率、小时制造费用分配率等，由会计部门和有关的责任部门，如采购部门、人力资源部门和生产部门等共同研究确定。

1. 直接材料标准成本的制订

直接材料的用量标准是指在现有的生产技术条件下生产单位产品所需用的各种材料的数量，其中包括必不可少的消耗，以及各种难以避免的损失。价格标准是预计下一年度实际需要支付的进料单位成本，包括发票价格、运费、检验和正常损耗等成本，是取得材料的完全成本。制订直接材料的用量标准和价格标准后，企业即可依据公式计算单位产品的直接材料标准成本。相关计算公式如下：

某单位产品耗用某种材料的标准成本=直接材料用量标准×直接材料价格标准 （16-3）

某单位产品的直接材料标准成本=∑该种产品所耗用的各种材料的标准成本 （16-4）

2. 直接人工标准成本的制订

直接人工的用量标准是指在现有的正常生产条件下，生产单位产品所需的标准工时，包括产品制造过程中所必需的工时、必要的间歇和停工时间、不可避免的废品损失所耗工时等。企业确定单位产品所需要的直接生产人工工时，需要按产品的加工工序分别进行，然后加以汇总。

直接人工价格标准是指工资率标准，计件工资制下就是单位产品的计算单价，计时工资制下就是小时工资率，它是在对现行工资水平及有关福利费用进行分析、计量的基础上确定的。

某单位产品直接人工标准成本由该产品生产所需的各工序的直接人工用量标准和相应的价格标准计算求得，计算公式是：

单位产品某工序直接人工标准成本=该工序直接人工用量标准×直接人工价格标准 （16-5）

单位产品的直接人工标准成本=∑单位产品生产工序直接人工标准成本 （16-6）

3. 制造费用标准成本的制订

制造费用标准成本是把同一产品涉及的各部门的单位制造费用加以汇总得到的。各部门的制造费用标准成本包括变动制造费用标准成本和固定制造费用标准成本两部分。

（1）变动制造费用标准成本的制订

变动制造费用的用量标准通常采用单位产品直接人工工时标准，它在直接人工标准成本制订时已经确定，也有的企业采用机器工时或其他用量标准。变动制造费用的价格标准是每一工时应负担的制造费用，即制造费用分配率。它由变动制造费用预算总额和直接人工标准总工时决定。相关计算公式如下：

$$变动制造费用标准分配率 = \frac{变动制造费用预算总额}{直接人工标准总工时} \quad (16\text{-}7)$$

变动制造费用标准成本=单位产品直接人工标准工时×变动制造费用标准分配率 （16-8）

（2）固定制造费用标准成本的制订

固定制造费用的用量标准与变动制造费用的用量标准相同，并应保持一致，以便进行差异分析。固定制造费用的价格标准是其每小时的标准分配率，它是由固定制造费用预算总额和直接人工标准总工时决定的。相关计算公式如下：

$$固定制造费用标准分配率 = \frac{固定制造费用预算总额}{直接人工标准总工时} \quad (16\text{-}9)$$

固定制造费用标准成本=单位产品直接人工标准工时×固定制造费用标准分配率 （16-10）

16.4.4 成本差异的计算分析

成本差异是实际产量下标准成本与实际成本之间的差额。实际成本低于实际产量下标准成本所形成的差额为有利差异，实际成本高于实际产量下标准成本所形成的差额为不利差异。成本差异是反映实际成本脱离预定目标程度的信息。计算分析成本差异，就是要查明产生差异的原因，进而有针对性地采取相应对策，以降低产品成本，加强成本控制。

1. 变动成本差异的计算分析

变动成本包括直接材料、直接人工和变动制造费用，它们的实际成本高低取决于实际用量和实际价格，标准成本的高低取决于标准用量和标准价格，因此，变动成本差异分析包括用量脱离标准造成的用量差异和价格脱离标准造成的价格差异两类。相关计算公式如下：

$$成本差异=实际成本-标准成本=实际数量×实际价格-标准数量×标准价格$$
$$=实际数量×实际价格+实际数量×标准价格-实际数量×标准价格-标准数量×标准价格$$
$$=实际数量×（实际价格-标准价格）+（实际数量-标准数量）×标准价格$$
$$=价格差异+数量差异 \tag{16-11}$$

（1）直接材料成本差异的计算分析

直接材料成本差异是指直接材料实际成本与实际产量下直接材料的标准成本之间的差额，它包括直接材料用量差异和直接材料价格差异两部分。相关计算公式如下：

$$直接材料成本差异=直接材料的实际成本-实际产量下直接材料的标准成本$$
$$=直接材料用量差异+直接材料价格差异 \tag{16-12}$$
$$直接材料用量差异=（实际用量-标准用量）×标准价格 \tag{16-13}$$
$$直接材料价格差异=（实际价格-标准价格）×实际用量 \tag{16-14}$$

例16-1 A公司生产甲产品400件，直接材料的实际用量为2 100千克，实际价格为5元/千克，直接材料的标准用量为2 000千克，标准价格为6元/千克，则：

$$直接材料用量差异=（2 100-2 000）×6=600（元）$$
$$直接材料价格差异=（5-6）×2 100=-2 100（元）$$
$$直接材料成本差异=直接材料用量差异+直接材料价格差异=600-2 100=-1 500（元）$$

直接材料的用量差异是在材料耗用过程中形成的，反映生产部门的成本控制业绩。产生用量差异的原因有很多，如工人用料不精心、新工人上岗造成多用料、操作疏忽造成废品和废料增加等。有时用量差异的产生可能并非是生产部门的责任，如购入材料的质量与规格不符合生产要求、材料在保管中质量受损等。因此，企业要进行具体分析，才能明确责任。

直接材料的价格差异是在采购过程中形成的，它通常由采购部门负责，而不应由生产部门负责。采购部门未按标准价格进货的原因有很多，如供应商价格变动、舍近求远致使运费增加、未按经济批量购货、不必要的罚款、紧急订货的额外成本等。当然，有时价格差异的产生可能并非是采购部门的责任，如受生产的影响导致采购批量的增减等，因此企业在分析价格差异时，也要查明原因，以便采取措施予以改进。

（2）直接人工成本差异的计算分析

直接人工成本差异是指直接人工实际成本与实际产量下标准成本之间的差额，它包括人工效率差异和工资率差异两部分。相关计算公式如下：

$$直接人工成本差异=实际直接人工成本-实际产量下标准直接人工成本$$
$$=人工效率差异+工资率差异 \tag{16-15}$$
$$人工效率差异=（实际工时-标准工时）×标准工资率 \tag{16-16}$$
$$工资率差异=（实际工资率-标准工资率）×实际工时 \tag{16-17}$$

例16-2 A公司本月生产甲产品实际使用工时500工时，支付工资4 000元，直接人工的标准工时520工时，标准工资率为8元/小时，则：

$$人工效率差异=（500-520）×8=-160（元）$$
$$工资率差异=（4 000÷500-8）×500=0（元）$$
$$直接人工成本差异=-160+0=-160（元）$$

直接人工效率差异的形成原因包括工作环境不良、劳动情绪不佳、机器或工具选用不当、设备故障多等。它主要由生产部门负责，但这也不是绝对的，如材料质量不好也会影响生产效率。

工资率差异形成的原因主要有加班或使用临时工、工人工资结构和工资水平变动、工人升级或降级使用等。一般来说，工资率差异应由人力资源部门负责，但产生差异的原因也会涉及生产部门或其他部门。

（3）变动制造费用差异的计算分析

变动制造费用差异是指实际变动制造费用与实际产量下标准变动制造费用之间的差额，它包括耗费差异和效率差异两部分。相关计算公式如下：

变动制造费用耗费差异=实际工时×（变动制造费用实际分配率-变动制造费用标准分配率） （16-18）

变动制造费用效率差异=（实际工时-标准工时）×变动制造费用标准分配率 （16-19）

变动制造费用差异=实际变动制造费用-实际产量下标准变动制造费用

=变动制造费用耗费差异+变动制造费用效率差异 （16-20）

例16-3 A公司本月实际发生变动制造费用4 500元，实际工时900小时，标准工时1 000小时，变动制造费用标准分配率为4元/小时，则：

变动制造费用耗费差异=900×（4 500/900-4）=900（元）

变动制造费用效率差异=（900-1 000）×4=-400（元）

变动制造费用差异=900-400=500（元）

变动制造费用耗费差异是实际支出与按实际工时和标准费率计算的预算数之间的差额。它反映了消耗水平即每小时业务量支出的变动制造费用脱离了标准。管理耗费差异是部门经理的责任，他们有责任将变动制造费用控制在弹性预算额内。

变动制造费用效率差异是实际工时脱离标准工时造成的，其形成原因与人工效率差异相同。

2. 固定成本差异的计算分析

计入产品成本的固定成本主要是指固定制造费用，固定制造费用差异是指实际固定制造费用与其实际产量下标准固定制造费用之间的差额，其计算公式如下：

固定制造费用差异=实际固定制造费用-实际产量下标准固定制造费用

=实际工时×固定制造费用实际分配率-标准工时×

实际产量固定制造费用标准分配率 （16-21）

固定制造费用差异的分析方法有两种，即二因素分析法和三因素分析法。

（1）二因素分析法

二因素分析法将固定制造费用分为耗费差异（又称为预算差异）和数量差异（又称为能量差异）。耗费差异是固定制造费用实际金额与预算金额的差额；数量差异是指固定制造费用预算与固定制造费用标准成本的差额。相关计算公式如下：

固定制造费用耗费差异=实际产量×实际工时×实际分配率-预算产量×标准工时×标准分配率

=固定制造费用实际数-固定制造费用预算数 （16-22）

固定制造费用数量差异=预算产量×标准工时×标准分配率-实际产量×标准工时×标准分配率

=固定制造费用预算数-固定制造费用标准成本

=（预算产量标准工时-实际产量标准工时）×固定制造费用标准分配率

（16-23）

固定制造费用成本差异=实际产量×实际工时×实际分配率-实际产量×标准工时×标准分配率

=固定制造费用耗费差异+固定制造费用数量差异 （16-24）

例16-4　A公司本月固定制造费用实际发生2 200元，实际产量600件，实际工时1 140小时；预算产量500件，预算工时1 000小时，单位产品标准工时为2小时，标准分配率为2元/小时，则：

固定制造费用耗费差异=2 200-500×2×2=200（元）

固定制造费用数量差异=（500×2-600×2）×2=-400（元）

固定制造费用成本差异=200-400=-200（元）

（2）三因素分析法

三因素分析法将固定制造费用成本差异分为耗费差异、效率差异和闲置能量差异三个部分。其中耗费差异的计算与二因素分析法中的相同，效率差异和闲置能量差异之和等于二因素分析法中的数量差异。固定制造费用的耗费差异表示费用的超支或节约，对于导致超支和节约的具体原因，企业应结合实际情况进行具体分析。效率差异和闲置能量差异反映的是现有生产能力的利用程度，若出现不利差异，说明企业现有生产能力未得到充分利用，反之说明生产能力已得到充分利用。相关计算公式如下：

$$\begin{aligned}&\text{固定制造费用}\\&\text{效率差异}\end{aligned}=（\text{实际产量实际工时}-\text{实际产量标准工时}）\times\text{固定制造费用标准分配率}（16\text{-}25）$$

$$\begin{aligned}&\text{固定制造费用}\\&\text{闲置能量差异}\end{aligned}=（\text{预算产量标准工时}-\text{实际产量实际工时}）\times\text{固定制造费用标准分配率}（16\text{-}26）$$

依例16-4资料计算，并将数量差异-400元分解为效率差异和闲置能量差异：

固定制造费用效率差异=（1 140-600×2）×2=-120（元）

固定制造费用闲置能量差异=（1 000-1 140）×2=-280（元）

📷 讨论案例

中国储备粮管理总公司的全面预算管理

中国储备粮管理总公司（以下简称"中储粮"）是经国务院批准组建的涉及国家安全和国民经济命脉的国有大型重要骨干企业。中储粮在母子公司的财务组织机构方面，基本套用国有制企业集团的模式，即在母公司和子公司同时设置财务部门，这两级的财务部门彼此独立。为了充分发挥财务管理的前瞻性、及时性、有效性和协调性作用，实现财务资源的集约化管理，中储粮进行了全面预算管理改革。

中储粮遵循两级法人、三级管理制度的原则，其全面预算管理体系在母公司及其子公司内已经基本建立。各项经营管理业务和各级组织机构都属于预算管理的范围。中储粮推行的全面预算管理实现了全员参与、全过程管理。同时年度预算编制、预算执行控制、预算执行分析、年中预算调整、经营目标考核等都是中储粮的全面预算管理的主要环节。公司目前已经将直属库、整体接管库和收储公司都纳入全面预算管理体系，继续强化预算流程管理；进一步完善预算执行问责制度，并严格落实；开发专用预算管理软件，加强预算管理过程控制，提高工作准确率。

思考：

（1）中储粮的企业集团财务控制的成功之处有哪些？

（2）中储粮的企业集团财务控制存在的问题有哪些？

◎ 复习思考题

一、概念题

1. 财务控制　　2. 销售计划　　3. 信用　　4. 成本控制

5. 标准成本　　6. 成本差异

二、单选题

1. 企业资金周转的第一个重要环节是（　　　）。

    A. 采购业务   B. 存货业务   C. 生产业务   D. 销售业务

2. 客户信用部门应定期编制应收账款账龄分析表，对账龄较长的客户重点采取措施。这项规定源自（　　　）。

    A. 销售价格政策控制制度   B. 销售发票控制制度

    C. 收款业务控制制度   D. 退货业务控制制度

3. 下列各选项中，既可以成为评价实际成本的依据，也可以用来对存货和销货成本计价的是（　　　）。

    A. 现行标准成本   B. 基本标准成本

    C. 正常标准成本   D. 理想标准成本

4. 固定制造费用的实际金额与固定制造费用的预算金额之间的差额为（　　　）。

    A. 耗费差异   B. 效率差异   C. 闲置能量差异   D. 能量差异

5. 下列哪些变动成本差异产生的原因，无法从针对生产过程的分析中找出？（　　　）

    A. 变动制造费用效率差异   B. 变动制造费用耗费差异

    C. 材料价格差异   D. 直接人工效率差异

三、多选题

1. 采购与付款业务的内部控制制度设计目标应保证（　　　）。

    A. 采购与生产、销售的要求保持一致

    B. 保持货款支付或负债增加的真实性与合理性

    C. 合理揭示企业应享有的购货折扣与折让

    D. 防止违法乱纪、侵吞企业资产等不法行为的发生

2. 销售与收款业务的内部控制制度的设计应（　　　）。

    A. 保证营业收入的真实性、合理性和完整性

    B. 保证商业折扣和现金折扣的真实性与适度性

    C. 保证销售折让和销售退回的合理处理与揭示

    D. 保证应收款记录的真实性和可收回性

3. 标准成本按其所依据的生产技术和经营管理水平分类，包括（　　　）。

    A. 基本标准成本   B. 理想标准成本

    C. 正常标准成本   D. 现行标准成本

4. 在确定直接人工正常标准成本时，标准工时包括（　　　）。

    A. 直接加工操作必不可少的时间   B. 必要的工作休息

    C. 调整设备时间   D. 不可避免的废品耗用工时

5. 在材料成本差异分析中，（　　　）。

    A. 价格差异的大小是由价格脱离标准的程度以及实际采购量的高低所决定的

    B. 价格差异的大小是由价格脱离标准的程度以及标准用量的高低所决定的

    C. 数量差异的大小是由用量脱离标准的程度以及标准价格的高低所决定的

    D. 数量差异的大小是由用量脱离标准的程度以及实际价格的高低所决定的

四、判断题

1. 货物的采购、验收和记账等工作可由同一人员负责。　　　　　　　　　　　（　　　）

2. 正常标准成本的主要用途是揭示实际成本下降的潜力。　　　　　　　　　　（　　　）

3. 变动制造费用效率差异的形成原因与人工效率差异的相同。　　　　　　　　（　　　）

4. 标准成本制度对服务类企业通常不适用。　　　　　　　　　　　　　　　　（　　　）

5. 在标准成本系统中，直接材料的价格标准是指预计下年度实际需要支付的材料市价。

（　　）

五、简答题

1. 财务控制的概念及目标是什么？
2. 财务控制都有哪些方式？
3. 企业进行采购成本控制有哪些手段？
4. 成本控制有何意义？应遵守哪些原则？
5. 企业的生产成本控制方法有哪些？
6. 什么是标准成本？标准成本有哪些类别？

六、计算题

1. A 公司生产甲产品，甲产品直接人工标准成本相关资料如表 16-1 所示：

表 16-1　　　　　　　　　　甲产品直接人工标准成本相关资料

项目	标准
月标准总工时	21 000 小时
月标准总工资	420 000 元
单位产品工时用量标准	2 小时/件

假定 A 公司实际生产甲产品 10 000 件，实际耗用总工时 25 000 小时，实际应付直接人工工资 550 000 元。

要求：

（1）计算甲产品标准工资率和直接人工标准成本。

（2）计算甲产品直接人工成本差异、直接人工工资差异和直接人工效率差异。

2. 某企业 3 月计划投产并完工 A、B 两种产品的数量分别为 160 件和 180 件，耗用甲材料的标准分别为 8 千克/件和 4 千克/件，材料标准单位成本为 17 元/千克，3 月实际生产 A、B 两种产品的数量分别为 150 件和 200 件，实际耗用材料分别为 2 100 千克和 840 千克，其实际成本总共为 33 600 元。

要求：

（1）根据产品所耗用的标准材料耗用量分配 A 产品、B 产品应分摊的实际材料费用。

（2）计算 A 产品材料费用的标准单位成本和实际单位成本。

（3）计算分析 A 产品材料费用的成本差异。